中国法学会优秀课题成果文库
ZHONGGUO FAXUEHUI YOUXIU KETI CHENGGUO WENKU

李光勇◎著

刑满释放人员重新犯罪影响因素检验与预防对策实证研究

基于上海市9所监狱累犯群体的抽样调查

XINGMAN SHIFANG RENYUAN CHONGXIN FANZUI YINGXIANG YINSU JIANYAN YU YUFANG DUICE SHIZHENG YANJIU
JIYU SHANGHAISHI 9 SUO JIANYU LEIFAN QUNTI DE CHOUYANG DIAOCHA

本书是中国法学会2014年度部级法学研究自选课题“刑满释放人员重新犯罪影响因素检验与预防对策实证研究——基于上海市12所监狱累犯群体的抽样调查”[课题编号CLS（2014）D040，主持人李光勇副教授]的主要成果，课题鉴定等级为优秀。

中国法制出版社
CHINA LEGAL PUBLISHING HOUSE

中国法学会优秀课题成果文库

出版说明

为了全面推进课题研究成果的应用转化，繁荣法学研究，服务法治实践，推进法治中国建设，中国法学会特设立“中国法学会优秀课题成果文库”，集中推出反映当前我国法学研究前沿水平，具有重大理论价值、重大学术价值、重大应用价值的学术精品，充分发挥优秀成果和优秀人才的示范引领作用。凡入选成果文库的作品，均为中国法学会年度招标课题或委托课题中鉴定等级原则上为“优秀”，选题价值较大，创新性强，对重要领域或重要问题有较为系统深入的研究，具有较高学术价值或应用价值，文风严谨，符合学术规范和出版形式要求。从2016年开始，每年从当年结项的课题成果中精选出符合上述条件的作品，纳入“中国法学会优秀课题成果文库”，予以出版。

中国法学会

2016年12月

目 录

Contents

第一章 导 论

第二章　研究设计

第三章　国内外重新犯罪研究综述

第四章 刑释人员早年成长时期经历与重新犯罪

第五章　刑释人员初次犯罪时期经历与重新犯罪

第六章　刑释人员上次监狱服刑时期经历与重新犯罪

第八章　研究结论

第一章 导论

重新犯罪是社会犯罪的一个重要组成部分，而且应该是一个比初犯更加需要引起重视的组成部分,更加应该着力加以解决的社会问题。从常识来判断，乐观一些的预测，重新犯罪比起初次犯罪，其罪行危害程度多数情况下至少与初次犯罪相当，因为在我国刑法语境中，重新犯罪是指接受刑罚处罚之后的再次犯罪，即初次刑罚处罚并未发挥预设的矫正功能，也未收获预期的矫正效果。悲观一些的推测，可以得出重新犯罪比起初次犯罪，其罪行危害程度有可能更加严重，因为，尽管相关个体已经接受过刑罚处罚，但却依旧重操旧业，重新铤而走险，再次挑战刑罚威慑，继续无视刑法权威，最终实施又一次或者第三次甚至更多次的犯罪行为。这种情形证明个体明知道再一次犯罪可能会导致被判刑，并且能够预测自己将会受到什么样的刑罚，在这种情况下再次犯罪，可以被界定为“屡教不改”“无所畏惧”，很显然，造成更严重的后果在情理之中。

实际上，我国众多重新犯罪研究者也揭示出重新犯罪者与初次犯罪危害程度之间的递增关系。他们指出，重新犯罪者比初次犯罪者主观恶性更加强烈，犯罪态度更加明确，犯罪手段更加残忍，犯罪行为与思想更加难以矫正，为害更烈等。[①] 因此，从犯罪与矫正角度来看，重新犯罪不仅是犯罪

---

① 席逢遥、沙春华:《抓住短板重其所重切实提高教育改造质量》，载《犯罪与改造研究》2009 年第 11 期。

现象中需要被重点关注的犯罪类型，而且是犯罪防治与罪犯矫正工作中的难点问题。从整个社会角度来讲，解决重新犯罪问题说到底是为了维护社会安全稳定与实现民众安居乐业，相应地，重新犯罪率的高低是检验社会治安状况好坏、社会是否良性运行、民众生活环境是否安全以及社会犯罪发展态势的一个重要指标。因此，研究重新犯罪主题，全面描述重新犯罪人群的各种特征，深度探讨他们重新犯罪的原因，构建预测他们重新犯罪风险的工具及体系，提出符合实际情况的预防罪犯群体重新犯罪的对策建议，就成为犯罪学界、罪犯矫正实务界与整个社会的必然要求。

第一节　研究背景

在当代各国社会公共生活中，重新犯罪是人们感到困扰的一个特殊性问题，因为犯罪与民众的生命财产安全直接相关，重新犯罪属于犯罪，而且很可能比一般犯罪更甚，其危害人们的切身利益，危害社会的稳定安全，对民众造成困扰。民众都希望没有犯罪现象，但是，犯罪与人类社会一直以来都如影随形。正如法国著名犯罪学与社会学家迪尔凯姆所提出的著名观点，即犯罪是一种人类社会中固有的社会现象，与人类社会的产生、发展与消亡同步，犯罪现象无法消灭，但是可以采取恰当的措施减少其出现。他进一步指出，社会出现犯罪，有可能是社会出现了问题，导致人们犯罪，社会应该以犯罪为参照，检验社会出现的问题，解决了社会问题，就可以减少犯罪现象，在此意义上，犯罪实现了其正向功能，即推动社会向前发展。[①] 迪尔凯姆关于犯罪现象的观点，赢得了众多学者的赞同，使得人们对

①［美］乔治·B. 沃尔德、托马斯·J. 伯纳德、杰弗里·B. 斯奈普斯：《理论犯罪学》，方鹏译，中国政法大学出版社 2005 年版，第 128 页。

犯罪的看法更加全面，更加提倡通过社会改良来消减犯罪现象。正如德国刑法学家李斯特的著名论点："最好的社会政策就是最好的刑事政策。"[①]迪尔凯姆与李斯特的观点互相呼应，互相印证，证明了预防犯罪、重新犯罪与整体社会之间的密切关系，这也是本研究的总体视角：解决重新犯罪问题，必须将重新犯罪纳入社会整体之中，通过解决社会制度、社会结构、社会资源等方面存在的问题，才能最大限度地解决重新犯罪问题。

不管是西方发达国家，还是我国这样的发展中国家，重新犯罪都是一个客观存在的社会现象，一个不容忽视的社会问题。重新犯罪是犯罪的类型之一，它与初次犯罪有相似之处，都是触犯刑法，破坏社会治安，扰乱社会稳定，应受刑罚处罚的行为，但不同之处也非常明显，主要是因为重新犯罪者是接受过或者经历过刑罚惩罚与教育的群体，在此前提下，他们却再次犯罪，可以推测他们再次犯罪的原因极有可能比初次犯罪更加复杂，对社会安全的威胁更加严重。正如李均仁指出："犯罪与社会治安之间有着密切的关系，即犯罪率是衡量社会治安状况的一项重要指标，而重新犯罪率则是衡量社会犯罪与社会治安的一项重要指标。当累犯、惯犯的比重达到足以在很大程度上决定社会犯罪的数量和危险程度的时候，当累犯、惯犯的年龄结构达到成年人为主的时候，这就告诉人们重新犯罪现象已经出现固定化的趋势，而社会犯罪已经成为社会的瘤疾，社会治安则已处于恶性循环状态。这是在西方资本主义社会、尤其在西方工业化大国中常见的现象。"[②]

从科技进步速度来看，整个社会的重新犯罪风险正在增大。个体的社会化虽然在成年之后速度稳定并且缓慢，但是社会化进程贯穿个体生命的始终，尤其是在当今信息时代，技术变化较快，个体社会化的中断将使他

① 马克昌：《近代西方刑法学说史》，中国人民大学出版社 2016 年版，第 274 页。

② 李均仁主编：《中国重新犯罪研究》，法律出版社 1992 年版，第 112 页。

们更加难以适应社会。由于大多数刑满释放人员有过监狱服刑经历，因此，从刑满释放人员自身的发展来看，他们被长时间地隔离于正常社会，不管他们是否成年，这种监禁刑处罚很大程度上干扰甚至中断了他们的进一步社会化。这种干扰与中断尤其表现在刑满释放人员从处罚或刑罚状态中回归社会后，难以继续学业，难以实现就业，从整体上看难以真正被社会接纳。这种局面很可能会导致有过犯罪经历的刑满释放人员为了生存下去走上重新犯罪的道路。正如英国犯罪学家 Dean J.Champion 对已有的研究进行分析与总结提出：年轻的重犯比年老的重犯更容易重新犯罪；犯罪经历越早，重新犯罪的可能性越大；没有接受很好教育的人与接受正式教育的人相比，重新犯罪可能性更大；以前就业稳定的人比就业不稳定的人重新犯罪可能性更大。①

鉴于此，犯罪学界一直都比较重视研究重新犯罪问题，期望能够发现重新犯罪的影响因素，研制控制这些影响因素的各类项目，实现预防重新犯罪，降低重新犯罪率，实现良好社会治安与维护民众生命财产安全的目标。随着国内刑满释放人员重新犯罪率的逐渐上升，以及刑事法学界对罪犯重新犯罪风险研究的多次强调，重新犯罪研究逐渐引起越来越多学者的关注。伴随着刑满释放人员重新犯罪研究的向前推进，逐渐深化与愈加精细的趋势，刑满释放人员犯罪群体作为一个可能存在多重弱势身份的群体逐渐受到越来越多的刑法学者、犯罪学者、心理学者、社会学者以及社会工作学者的关注。其根本原因在于重新犯罪的刑满释放人员是对社会治安可能造成一而再再而三危害的特殊人群。在这种背景下，刑事法学界与司法部门对罪犯重新犯罪风险研究与实践多次强调，重新犯罪研究逐渐引起越来越多学者的关注，具体情况如下。

---

① Champion, D. J., Measuring Offender Risk—A Criminal Justice Sourcebook, Connecticut: Greenwood Press, 1994: 8.

一、刑满释放人员重新犯罪是重新犯罪现象的重要组成部分

刑满释放人员重新犯罪是重新犯罪研究领域最为重要的板块，刑满释放人员重新犯罪是犯罪预防与罪犯矫正工作中最为重要的环节。在我国的重新犯罪研究领域，重新犯罪基本上就是指刑满释放人员的重新犯罪。虽然我国司法部从2003年8月开始在我国相关省市试点社区矫正工作，至今已全国推行，并且将社区矫正对象在社区矫正期间内重新犯罪界定为社区矫正对象的重新犯罪，但是，司法部的这个界定实际上并不符合刑法学与犯罪学意义上的重新犯罪，并且，目前关于社区矫正对象重新犯罪的研究成果实际上依然是凤毛麟角，因为社区矫正对象重新犯罪率非常低，据司法部的统计数据来看，每年全国社区矫正对象重新犯罪率低于0.2%[①]，在这种情况下，社区矫正对象重新犯罪研究这个议题本身有价值但是不可能成为重新犯罪研究中的关键部分。所以，目前关于重新犯罪的研究成果，绝大多数是关于刑满释放人员重新犯罪的研究成果。因此，笔者认为，重新犯罪基本可以等同于刑满释放人员重新犯罪。而且，刑满释放人员重新犯罪率也得到了司法部领导的高度重视，如前任司法部部长张军曾多次强调要降低刑满释放人员的重新犯罪率。例如，2017年8月21日，张军部长在黑龙江省哈尔滨市监狱调研中要求监狱以教育改造服刑人员为根本，提高教育改造质量，降低重新犯罪率，为维护社会稳定做出贡献。[②]2017年9月11日，张军部长在广东深圳调研司法行政工作中指出，监狱的治安安全观是指落实《监狱法》第3条的规定，就是改造罪犯不仅确保监狱内的安全，出了监狱也要安全，不再危害社会，减少重新犯罪率，这是党和政府赋予

① 凤凰网:《司法部：现有社区服刑人员70万重新犯罪率0.2%》，2017年1月16日，news.ifeng.com, 2017年9月11日访问。

② 黑龙江省司法厅网站:《张军部长到我省调研司法行政工作》，2017年8月21日，http://sfj.yc.gov.cn, 2017年9月11日访问。

司法行政机关、监狱的神圣职责。[①]

二、刑满释放人员重新犯罪率在总体上呈现出上升趋势

犯罪与社会治安、社会经济运行、民众生命财产安全以及民众安居乐业之间都有着密切的关系，即犯罪率是衡量社会治安、经济运行环境质量、民众生活质量与社会整体环境质量的一项重要的指标，它是一项特殊的指标,反映了社会存在的特殊问题。而重新犯罪率则不仅具有与犯罪率相同的指标意义，而且还反映了罪犯矫正的质量，安置帮教机构的工作质量以及矫正机构、安置帮教机构在工作中存在的问题。在重新犯罪率的统计方法上，我国与西方国家有所区别，造成区别的根源是不同国家刑法对犯罪及其重新犯罪概念的界定存在差异。例如，西方国家以刑罚轻重为核心，将反社会行为分为重罪、轻罪和违警罪，这三者均由刑罚管辖，刑事法网非常严密，行为性质的认定均通过司法程序解决，社会治安采取统一制裁体系，即刑罚。与西方国家不同，我国以社会危害程度为核心，将反社会行为分为犯罪和违反《治安管理处罚法》的一般违法行为，[②] 监狱与公安机关分别关押相应的违法犯罪人员，在我国，多数省市或地区的司法行政部门将监狱在押犯罪人员的再次犯罪统计为重新犯罪，有的犯罪学者采取同样的统计方法，也有的犯罪学者将两次及以上犯罪都统计为犯罪。[③]

重新犯罪率是检验我国监狱、社区矫正、安置帮教在教育、改造与帮助罪犯方面工作质量、水平的重要标准。虽然国内重新犯罪率的数据残缺不全，甚至很难观其全貌，但是，根据能够找到的相关数据，我国刑满释

---

① 深圳新闻网:《张军在深圳调研时强调：推进落实治本安全观不断创新提升公共法律服务水平》，2017 年 9 月 15 日，http://www.sznews.com/mb/content/2017—09/15/content_17313265.htm，2017 年 12 月 10 日访问。

② 储槐植、汪永乐:《再论我国刑法中犯罪概念和定量因素》，载《法学研究》2000 年第 2 期。

③ 王志强:《重新犯罪实证研究》，载《中国人民公安大学学报》(社会科学版) 2010 年第 5 期。

放人员重新犯罪率的变化趋势仍然依稀可辨。根据国内相关司法行政部门开展过的或一直在开展的重新犯罪率的调查与统计工作及其相关数据，可以发现不管是从全国范围的重新犯罪率来看，还是从各省市的重新犯罪率来看，我国重新犯罪率在总体上呈现出一种逐渐上升的趋势。例如，司法部曾经对 1982 年至 1986 年刑满释放的 16 万余名人员的重新犯罪情况以及回归社会后的其他情况进行过普查与抽样调查。有的省市司法局每年都会开展重新犯罪率调查与统计工作，如上海、天津、山东、广东、浙江、湖北、陕西、新疆八个省、市、自治区、直辖市。有的省市则开展了间隔性的重新犯罪调查与统计工作。司法部与相关省市开展的重新犯罪调查与统计工作对我国犯罪学界与司法行政部门了解与掌握重新犯罪发展趋势，开展重新犯罪理论与实践研究以及制定重新犯罪治理政策与预防对策起到了显著的促进作用，具有重要的学术与实践价值。具体来看，1986 年至 1990 年，我国司法部预防犯罪与劳动改造研究所和司法劳改局、劳教局联合组织了全国性的预防重新违法犯罪的调查研究，这种大型的、全国性的重新犯罪调查研究是新中国成立以来的第一次，具有里程碑与划时代意义。在这次全国调查研究工作中，从 1986 年开始，直到 1990 年，全国先后有 27 个省、市、自治区的司法厅（局）和劳改局、研究所，在当地政法委领导的支持下，并且得到公安、检察院、法院的协助，对 1982 年至 1986 年刑满释放的 16 万余名人员回归社会后的表现进行了普查和抽样调查。参加此次调查的监狱干警有 1 万余人。其中，上海、天津、山东、广东、浙江、湖北、陕西、新疆八个省、市、自治区开展了连续五年的调查。其余 19 个地区，有的连续开展了三年或四年的调查。调查的工具是按照统一制订的调查计划、提纲和统计表格进行，保证了调查资料具有可综合性和科学性。在调查的基础上，司法部预防犯罪与劳动改造研究所开展了统计分析与深入研究，得出如下结论：在五年间，全国 27 个省、市、自治区实际接受调查的刑满释放人员和解除收容教养人员共计 164998 人，成年刑满释放人员五年间的年平均重新犯罪率分别为：考察期三年的成年刑满释放人员的年平均重新犯罪率为 5.19%，最低年度是 1986 年释放的为 3.92%，最高年度是 1982 年释放的为 10.67%。刑满释放少年的年平均重新犯罪率为 14.10%，最低年度是 1985 年释放的为 10.36%，最高年度的是 1982 年释放的为 17.89%，其余三年的重新犯罪率分别是 5.96%、5.07%、3.97%。①

司法部在完成此次全国范围重新犯罪率的调查研究并公布相关重新犯罪率之后，在 2004 年又公布了一个全国层面的刑满释放人员重新犯罪率为 8% 的数据。②此后再未见官方公布全国层面的刑满释放人员重新犯罪率，但曾于 1992 年至 2006 年期间在司法部预防犯罪研究所从事研究工作的北京师范大学刑事法律科学研究院吴宗宪教授指出，在 20 世纪 80 年代中国重新犯罪率大约维持在 7% 至 8% 之间，21 世纪初期上升到了 13% 至 14%。中央司法警官学院翟中东教授则根据《邵雷同志在全国监狱局长座谈会上的讲话》中提及据 2007 年第三季度的一组数据推算，如果按照全国在押人员 150 万人为基数，全国监狱中被判刑 2 次以上的罪犯达 15.98%。③因此，笔者根据这些重新犯罪率数据整理出表 1.1.1，以期直观地呈现我国整体重新犯罪率逐渐走高的演变趋势，虽然有的数据是犯罪学者估算或者统计得来的，但是在司法部没有公布全国重新犯罪率的情况下，这些数据可以作为一个较为可靠的参考资料。

表 1.1.1　中国刑满释放人员重新违法犯罪率（%）

年份	1982	1983	1984	1985	1986	2004	2007
重犯率	10.67	5.96	5.07	3.97	3.92	8.0	15.98

① 李均仁主编:《中国重新犯罪研究》，法律出版社 1992 年版，第 36—37 页。

② 南方网:《我国刑满释放人员重新犯罪率保持在 8% 左右低水平》，2004 年 10 月 25 日，http://news.163.com/41025/7/13ICBSNG0001124T，2017 年 8 月 9 日访问。

③ 黄河:《重新犯罪率居高不下刑释人员面临制度性歧视》，载《方圆》2012 年第 1 期。

除了司法部公布的和相关犯罪学者测算或者统计出的全国层面的重新犯罪率之外，我国一些省市和地区也公布了自己省市的重新犯罪率数据。例如，北京市监狱局 2003 年 12 月的统计数据表明，累犯在押犯的比例达 20.1%。[①] 由于我国对累犯的界定为被判处有期徒刑以上刑罚的犯罪分子，刑罚执行完毕或者被赦免，在五年内重新犯罪应当判处有期徒刑以上刑罚之罪，而且不是过失犯罪的罪犯。可见，累犯属于重新犯罪人员的一部分，并且，实际上的重新犯罪人员人数要多于累犯。除了北京市之外，上海市监狱管理局所做的一项关于刑满释放人员的调查结果显示，刑满释放后两年内的重新犯罪者最多，占重新犯罪人数的 39.1%。[②] 福建省的统计资料也显示，从 1996 年到 2005 年重新犯罪人员无论从绝对数还是百分比均呈现上升趋势，十年间重新犯罪率上涨了 3.6 个百分点，并且有继续上升的趋势。[③] 图 1.1.1 呈现了福建省这十年中刑满释放人员重新犯罪率的变迁趋势。从以上全国和相关省市的数据可见，全国的刑满释放人员重新犯罪率在 7% 至 16% 之间，并且呈现出逐渐走高的趋势，另外，一些省市和地区如北京、上海的刑满释放人员重新犯罪率明显高于全国水平。

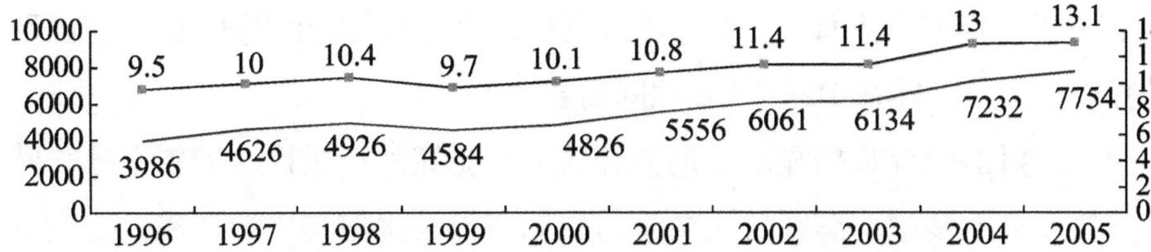

图 1.1.1 福建省 1996—2005 年刑满释放人员的重新犯罪率（%）

① 北京市监狱管理局"重新犯罪课题组"：《北京市在押犯重新犯罪情况的调查分析》，载《中国司法》2005 年第 6 期。

② 张竞兴、江伟人：《上海市监狱管理局关于刑释人员生存和思想状况的调查报告》，载《上海警苑》2008 年第 10 期。

③ 郑祥：《再论宽严相济政策与扼制重新犯罪》，载《中国监狱学刊》2008 年第 1 期。

除了司法部以及我国一些省市和地区都公布过相关的重新犯罪率数据。我国相关地区的研究者还对区域性的刑满释放人员重新犯罪及其特征进行了深入分析。以下的研究具有典型意义：如天津社会科学院的丛梅教授采用“天津重新犯罪调查科研数据库”的数据进行统计分析得到了相关的重新犯罪结论。“天津重新犯罪调查科研数据库”是在“天津市犯罪调查科研数据库”基础上建立的，丛梅教授经过长期艰苦细致的工作，建立了这一科研价值巨大的数据库。天津重新犯罪调查从1990年至2005年，历时十余年，调查对象累计3886名。经过丛梅教授的统计分析，发现从重新犯罪人员年龄结构上来看，第一次实施犯罪到再一次实施犯罪的年龄变化显示，初次实施犯罪行为时青少年占绝大多数。其中14—18岁的刑满释放人员占31.8%，18—25岁的青年占51.5%。也就是说，31.8%的刑满释放人员初次犯罪后又重新犯罪。[①] 除此之外，丛梅教授研究发现重新犯罪人员初次实施犯罪行为时，绝大多数正值未成年和青年时期，随着年龄的增长，其犯罪生涯在不断延续、后移，再一次实施犯罪的年龄要高于初次犯罪时的年龄。从重新犯罪人员的人生轨迹可以看出，实施重新犯罪最高峰的年龄段在18—25岁，很显然，这些重新犯罪人员其初次犯罪时应该还是不满18岁的的刑满释放人员。反之，可以得出结论，初次犯罪还不满18岁的刑满释放人员很可能在18—25岁期间重新犯罪。

除了以上统计数据显示了刑满释放人员犯罪的严重性，近年来随着网络的普及以及多起刑满释放人员暴力犯罪案例被报道与广泛传播，公众可以通过电视、报刊杂志与互联网这些传统媒体与新型媒介获得越来越多的刑满释放人员重新犯罪的资讯，一些暴力型的，造成极大恶劣社会影响的重新犯罪案件更是引起了社会广泛关注与普遍担忧。

综上所述，重新犯罪率的高低是检验罪犯矫正质量与效果的重要指标

---

① 丛梅:《刑满释放人员重新犯罪实证研究》，载《河南警察学院学报》2011年第5期。

之一，是社会治安好坏与社会是否正常运行的重要考量标准之一。预防重新犯罪，降低重新犯罪率，需要犯罪与矫正学术界与实务界的研究者与工作者共同努力。在重新犯罪研究工作中，寻找与确定重新犯罪影响因素，从重新犯罪的源头着手，及早发现激发与强化重新犯罪风险的各个方面的因素，在此基础上研制重新犯罪风险预测工具，构建重新犯罪风险预测系统，从而实现重新犯罪风险预判，主动与及时开展重新犯罪预防工作，真正实现重新犯罪的精准预防。因此，开展重新犯罪影响因素的分析与筛选从而构建的重新犯罪风险预测与评估体系，以及在此基础上提出相对应的刑满释放人员重新犯罪预防对策的相关研究具有非常重要的意义。

三、青少年罪犯占总体刑事罪犯比率较高对预防重犯工作有负面影响

由于初次犯罪年龄越小，越有可能重新犯罪；初次犯罪还不满 18 岁的刑满释放人员很可能在 18—25 岁期间重新犯罪。实际上，不管是未成年人还是 18—25 岁的青少年，他们的心智都不会太成熟，被犯罪影响的可能性都比较大。未成年人非常容易受到不良影响从而走上犯罪道路，25 周岁也并非一个人真正成熟的年龄。因此，了解这些群体的犯罪情况，对今后的重新犯罪率是走高还会降低，会有一个初步的判断。实际上，在刑满释放人员重新犯罪的语境中，很多学者都非常重视未成年犯、青少年犯重新犯罪现象。那么，在重新犯罪群体中，未成年犯、青少年犯究竟占比多大？笔者遍寻资料，目前无法找到全国未成年犯、青少年犯重新犯罪的统计数据，但是，却可以找到全国视野下的未成年人、青少年犯罪数据。笔者按照犯罪学理论来推测，未成年人、青少年犯罪率越高，那么，今后的重新犯罪率可能更高。如果未成年人、青少年犯罪率比较稳定，那么，今后的重新犯罪率则很难降低。鉴于此，笔者尝试通过查阅《中国统计年鉴（2016）》中人民法院审理刑事案件罪犯情况一栏的数据发现了相关的数据，并且做了进一步

的计算。结果显示：从 2006 年至 2015 年的十年间，青少年罪犯占刑事罪犯比重一直都比较高，绝大多数的年份，都超过 20%。未成年罪犯占刑事罪犯总数比例逐年下降，从 2006 年的 9.4% 下降到 2015 年的 3.6%，下降了 5.8 个百分点，可以说呈现出显著下降的局面。从 2011 年到 2015 年的五年间，未成年罪犯占刑事罪犯总数比例从 6.4% 下降到 3.6%，下降了 2.8 个百分点，五年间下降趋势依然明显。但是，从绝对人数来看，未成年罪犯人数从 2011 年的 67280 人下降到 2015 年的 43839 人，人数下降 23441 人，即未成年罪犯绝对人数依然比较多。然而，我们应该看到，未成年罪犯占刑事罪犯总数比例下降的一个重要影响因素是刑事罪犯总数呈现逐年上升趋势。从 2006 年的 889042 人增加到 2015 年的 1231656 人，足足增长 342614 人。因此，可以说，从 2006 年到 2015 年的这十年间，未成年犯、青少年犯虽然比例有所下降，这一比例下降与刑满释放人员总人数的增加直接相关，未成年犯与青少年犯绝对人数在近五年内却并无比较大的变化。也就是说，依据犯罪年龄越小，重新犯罪的可能性就越大这个原理来看，未来的重新犯罪现象并不会显著降低，而是有可能继续维持在原有水平上。因此，刑满释放人员重新犯罪在现在和今后都将是一个必须被重视的问题。

表 1.1.2　中国青少年罪犯人数占刑事罪犯总人数比重①

年份	刑事罪犯总数	青少年罪犯人数	未成年罪犯人数	18 岁至 25 岁人数	青少年罪犯占刑事罪犯比重（%）	未成年犯占青少年罪犯比重（%）
2006	889042	303631	83697	219934	34.2	27.6
2007	931754	316298	87506	228792	33.9	27.7

① 中华人民共和国国家统计局：《中国统计年鉴（2016）》，http://www.stats.gov.cn/tjsj/ndsj/2016/indexch.htm，2017 月 12 月 12 日访问。

续表

年份	刑事罪犯总数	青少年罪犯人数	未成年罪犯人数	18岁至25岁人数	青少年罪犯占刑事罪犯比重（%）	未成年犯占青少年罪犯比重（%）
2008	1007304	322061	88891	233170	32.0	27.6
2009	996666	302023	77604	224419	30.3	24.2
2010	1006420	287978	68193	219785	28.6	23.7
2011	1050747	282429	67280	215149	26.9	23.8
2012	1173406	282990	63782	219208	24.1	22.5
2013	1157784	265439	55817	209622	22.9	21.0
2014	1183784	249576	50415	199161	21.1	20.2
2015	1231656	236341	43839	192502	19.2	18.6

除了这些官方的统计数据，相关的研究者也使用其他研究方法开展更加深入的研究，这些研究证明青少年犯罪人在重新犯罪群体中的主导地位，结合上文的青少年犯罪率的数据，值得引起刑满释放人员重新犯罪研究群体的重视。例如，美国犯罪学家马汶·沃尔夫岗教授曾于1945年在费城对青少年团伙犯罪进行了长达十余年的调查研究并得出重要结论。他调查了1万名费城的刑满释放人员，并一直追踪到这些刑满释放人员成年，经过追踪调查发现：大多数青春期越轨的刑满释放人员在成年时已经改邪归正，只有6%的孩子成为累犯。这6%的调查对象对费城所有犯罪的52%负责，对暴力犯罪中的2/3负责，这些6%的身份为累犯的青少年，初次犯罪都发生在未成年阶段。[①] 又如，我国犯罪学家丛梅教授通过对“天津重新犯罪调查科研数据库”1990年至2005年的重新犯罪数据进行统计分析发现，在纳

① 杜强强、翟中东:《关于重新犯罪防治政策调整的思考》，载《法学家》2009年第2期。

人重新犯罪统计分析的人群中，在未成年时期实施第一犯罪的群体占总体的31.8%，名列第二位，第一位是在18岁至25岁阶段实施第一次犯罪的大龄青少年群体，占总体的51.5%，第三位的是在25岁至35岁实施第一次犯罪的成年人群体，占总体的14.8%，第四位是在35岁至45岁实施第一次犯罪的中青年群体，占总体的1.6%，第五位是在45岁至60岁实施第一次犯罪的大龄成年人群体，占总体的0.3%。① 可见，青少年初次犯罪之后继而重新犯罪的人群在所有重新犯罪人群中占比很大，值得引起犯罪学理论与实务界的重点关注。

四、重新犯罪问题已成为我国犯罪学研究领域的重要内容

根据新刑法学的观点，对于那些实施社会上大部分犯罪与最严重犯罪的占犯罪人数小部分的人，实施刑罚威慑与推行矫治的作用均有限。对于这些罪犯，要实现控制他们重新犯罪的目的，只能进行社会隔离与一定的人身控制，而如果能够“标定”这些罪犯，并剥夺或者控制他们的犯罪能力，全社会的犯罪将显著下降。② 研究罪犯重新犯罪可以实现此目的，它是指通过一定技术检验罪犯重新犯罪的各种影响因素，为控制重新犯罪危险因素提供依据，从而控制高风险罪犯，减少适用半监禁刑、社区刑的风险，同时对低风险罪犯可以充分使用促进重返社会的措施，以促进罪犯融入社会。

刑满释放人员重新犯罪影响因素研究是刑满释放人员重新犯罪风险控制的前提，研究的范围、准确程度直接影响重新犯罪风险控制的成效。国外特别是美国、加拿大、英国等欧美国家将刑满释放人员重新犯罪风险研究置于刑满释放人员管理与服务工作中非常重要的地位。研究者们指出刑满释放人员重新犯罪的影响因素主要有：犯罪史；犯罪情节；犯罪前的居

---

① 丛梅：《刑满释放人员重新犯罪实证研究》，载《河南警察学院学报》2011年第5期。

② Carter P., Managing Offenders, Reducing Crime: A New Approach. Correctional Service Review, 2003: 36.

住情况；罪犯所受教育情况；罪犯接受职业培训情况、就业情况；经济背景；社会关系；生活方式；人际关系；是否吸毒、酗酒；情感状况；生活态度等。①

国内刑满释放人员重新犯罪研究已有许多研究成果，首先，从研究成果的数量来看，据中国知网期刊数据库对我国1979年至2017年期间收录的195篇重新犯罪论文在来源学科方面的统计分析结果显示，有8个学科参与到重新犯罪研究领域，这8个学科对重新犯罪研究介入的强度依次为公安学（149篇）、诉讼法与司法制度学（43篇）、社会学与统计学（22篇）、刑法学（21篇）、法理学与法制史学（5篇）、中国政治与国际政治（2篇）、行政法及地方法制（1篇）、计算机软件及计算机应用（1篇）。② 这些数据可以呈现出重新犯罪研究受到多学科研究者的关注。

正如上文所述，由于近年来重新犯罪率逐渐递增，局部地区达到20%以上，这一现象引起了公检法司实务部门以及高等教育机构、科研院所学者的高度重视。为了明确重新犯罪的发文数量，本书以"重新犯罪""再犯"为篇名关键词，使用中国知网期刊数据库与维普数据库进行检索，以期获得重新犯罪论文发表情况的全貌。之所以使用期刊数据库，是因为在各种社会科学研究成果的知识载体中，期刊是极为重要的信息资源，系统研究期刊论文，在相当程度上可以反映一个学科或者一个领域的研究动态与研究水平。③ 在这两种期刊数据库中，中国知网期刊数据库是被学术家公认为收录期刊论文最全面的载体之一，之所以使用维普数据库，是因为它收录了中国知网期刊网没有收录的《中国监狱学刊》与《犯罪与改造研究》这两本重新犯罪研究领域的重要来源期刊。之所以没有使用"累犯"作为篇

① Champion D J., Measuring Offender Risk-A Criminal Justice Sourcebook. Connecticut: Greenwood Press, 1994. Andrews D A, Bonta J. LSI-R User' Manual. New York: MHS. 2001: 63.

② 本数据检索日期截止到2017年12月30日。

③ 金武刚:《定量研究中国社会科学》，载《情报资料工作》2002年第4期。

名关键词进行检索，是因为关于累犯的研究基本上属于刑法学的规范研究与制度研究范畴，相关论文思辨色彩甚为浓厚，严格来说重视社会事实的犯罪学研究与注重实证研究的“重新犯罪”研究有很大差异。

在检索的基础上，本书发现以重新犯罪为主题的论文从1981年到2017年期间呈现显著性增长趋势，尤其是2008年中央政法部门提出“要把刑释解教人员重新违法犯罪作为衡量监管改造工作的首要标准”之后，相关论文数量呈现井喷之势。为了更加直观地反映论文发表的数量特征与变化趋势，本书以3年为1个单位对年度进行整合，将37个年度整合为12个年度单位，制作出表1.1.3。表1.1.3显示，在1993年之前，重新犯罪论文数仅为个位数，从1993年开始，重新犯罪论文数一直在十位数以上，年度论文数估计依然为个位数。从2002年到2004年的三年阶段开始，重新犯罪论文数超过20篇。从2005年到2007年的三年阶段开始，重新犯罪论文数猛增至45篇，可以说2005年至2007年这个阶段是重新犯罪研究真正引起重视的三年，这个阶段也是重新犯罪研究的一道分水岭。再看2008年到2010年，重新犯罪论文超过70篇，可以说，重新犯罪论文数呈现出大幅度增长的态势。之后的2011年到2013年、2014年到2017年，重新犯罪论文数保持在70篇以上，可以推测重新犯罪初步形成了较为稳定的研究者群体与研究论文产出量。

表1.1.3　1981—2017年重新犯罪论文发表数量分布（篇）

年度	重新犯罪	再犯	合计
1981—1983	6	0	6
1984—1986	5	3	8
1987—1989	9	1	10
1990—1992	4	1	5

续表

年度	重新犯罪	再犯	合计
1993—1995	7	3	10
1996—1998	12	2	14
1999—2001	15	4	19
2002—2004	21	8	29
2005—2007	27	18	45
2008—2010	56	19	75
2011—2013	52	23	75
2014—2017	55	30	85
合计	269	112	381

值得一提的是，在重新犯罪研究领域，《中国监狱学刊》与《犯罪改造研究》这两本期刊收录的以“重新犯罪”与“再犯”为篇名核心词的论文数量也比较大。本书进行统计发现，在总共381篇相关论文中，《中国监狱学刊》与《犯罪改造研究》收录的论文有64篇，占总体的16.8%，可见，比重不小。而且这些论文主要的发表者来自监狱、公安局、检察院、法院系统，对于研究者了解重新犯罪防治实务部门的研究情况非常重要。

其次，从具体的研究成果来看，具有代表性的研究成果如下。例如，力康泰、韩玉生与袁登明指出，预防刑满释放人员重新犯罪需要从以下几个方面着手：一是实现“监企社”高度合一体制的彻底变革；二是健全和完善刑事执行法律体系；三是实现监狱布局、规模及分类合理化；四是提高干警的素质，大力选拔和培训合格人才；五是开展行刑调控制度的改革；六是加强对高重犯群体的有针对性的分类教育和分类改造；七是刑满释放人员保护措施的立法化、制度化；八是健全完善现有的刑罚及刑罚执行制度。[①] 翟中东教授指出，20 世纪 80 年代以来，我国的重新犯罪率上升问题很突出，成为犯罪发展的新动向，其对我国犯罪走向有着很大的影响，加大了犯罪防控的难度。当前控制重新犯罪的政策主要是改造政策，但这一政策已明显不适应现实需要。[②] 王志强教授指出，刑释解教人员为主体实施的重新犯罪是危害性较大的一类犯罪。因而，客观认识该类犯罪的现象与规律是预防犯罪体系构建中不可回避的环节。在现阶段，刑释解教人员重新犯罪是其犯罪易感和适应社会生活弱势双重作用的体现。[③] 王志强教授还指出，重新犯罪是刑满释放人员犯罪中的一种特殊形式，应该引起重视。[④] 曾赟教授指出，监狱行政机关应参照科学刑满释放人员重新犯罪风险的预测因子科学评估监狱对罪犯的教育改造质量；司法行政机关可参照预测结果科学管理社会中的重新犯罪风险。[⑤] 孔一教授指出，影响刑满释放青少年重新犯罪的有现实表现、安置就业、社会态度、首犯案由、回归婚恋、家庭关系、家庭住址、户口落实、捕前职业、家庭经济、刑期、首犯年龄、判前婚恋 13 项因素，而性别、帮教情况和文化程度 3 项因素与是否重犯无关。[⑥] 缪伟君教授指出，重新犯罪成因是多方面的，概括起来主要由诱发因素和社会控制因素构成，或者说是内部因素和外部因素共同作用的结果，将重新犯罪率上升的根源归结于监狱机关工作质量低下的说法是片面的、不科学的。[⑦]

---

① 力康泰、韩玉胜、袁登明：《刑满释放人员重新犯罪的原因及预防对象思考——兼论监狱的行刑改革》，载《法学家》2000 年第 3 期。

② 翟中东：《关于重新犯罪防治政策调整的思考》，载《法学家》2009 年第 2 期。

③ 王志强：《犯罪易感与社会弱势视角的重新犯罪实证研究》，载《中国刑事法杂志》2010 年第 7 期。

④ 王志强：《刑满释放人员的重新犯罪问题分析》，载《青年研究》2004 年第 11 期。

⑤ 曾赟：《服刑人员刑满释放前重新犯罪风险预测研究》，载《法学评论》2011 年第 6 期。

⑥ 孔一：《少年再犯研究——对浙江归正青少年重新犯罪的实证分析》，载《中国刑事法杂志》2006 年第 4 期。

⑦ 缪伟君：《重新犯罪成因实证调查研究》，载《宁夏大学学报》（社会科学版）2012 年第 3 期。

以上研究者在重新犯罪研究领域的成果具有代表性价值，在这些重新犯罪研究成果中，翟中东教授所著的《国际视域下的重新犯罪防治政策》是一部我国学者研究国外重新犯罪防治政策的极具分量的专著。这部专著尽可能全面地理顺和分析了国际上著名的各种重新犯罪防治政策的范式，包括威慑范式、矫正范式、重返社会范式、剥夺范式、综合范式、罪犯劳动、文化教育与职业技能培训等。翟中东教授在他的专著中重点梳理、介绍与评价了国际上主流的重新犯罪风险评估工具，如加拿大的“水平评估量表”（Level of Service Inventory-Revised），美国的“威斯康星危险评价工具”（The Wisconsin Risk-Assessment Instrument），英国的OASys（the Offender Assessment System）罪犯评估系统。首先，在介绍国际主流的重新犯罪风险评估工具与各种重新犯罪防治政策范式的基础上，翟中东教授将我国与国外在重新犯罪风险评估工作、重新犯罪防治政策方面的异同进行了深入的剖析与比较，其宗旨是着眼于推进我国在重新犯罪风险评估方面的研究与重新犯罪防治政策的完善。[①] 在论文方面，曾贇教授发表在《中国法学》的论文《逐级年龄生平境遇犯罪理论的提出与证立——以重新犯罪风险测量为视角》首次提出了测量重新犯罪风险的逐级年龄生平境遇犯罪理论，极大地提升了我国重新犯罪以及风险测量的研究水平。曾贇教授在研究犯罪发展理论、逐级年龄非正式社会控制理论、综合犯罪理论之于犯罪人持续与终止犯罪解释力的基础上，提出逐级年龄生平境遇犯罪理论的三个核心命题及11项相应假设。其次，设定了年龄、早年家庭依恋强度、早年学校依恋强度、服刑境况、生平遭遇、不良交往行为强度、反社会行为强度、反社会人格强度八个测量模型，在对来自不同类型监狱的1238个在押犯随机样本的问卷调查与回归分析的基础上，按照P值小于0.05的标准，从八个测量模型中逐一提取了20项预测因子，创建年龄、生平境遇、行为与选择

① 翟中东：《国际视域下的重新犯罪防治政策》，北京大学出版社2010年版，第121—215页。

三个测量模型。根据三个测量模型的二元 logistic 回归分析结果，论证了逐级年龄生平境遇犯罪理论的三个核心命题。三个核心命题分别是：个体生命历程中年龄转折的重要性；个体年龄变化中相应事件的重要性；行为与选择的重要性。[①]

五、研究者们逐渐开始重视研究刑满释放人员重新犯罪问题

重新犯罪的刑满释放人员是重新犯罪群体中的一个主要的群体，除此群体之外，还有监狱内服刑人员狱内重新犯罪，社区矫正对象在社区矫正期内重新犯罪。很显然，监狱内的服刑人员除了暴力攻击监狱管理者与监狱内其他服刑人员，很难有机会再犯实施其他犯罪行为，而司法部每年报告的社区矫正对象重新犯罪率均低于 0.2%，因此，刑满释放人员重新犯罪理所当然是重新犯罪研究与防控工作中的重中之重。实际上，预防刑满释放人员重新犯罪，帮助他们更好地融入社会并适应社会是安置帮教部门乃至整个社会都应该重视的议题。刑满释放人员重新犯罪因为其高发率、破坏性、危害的长久性以及在重新犯罪现象中扮演的重要负面角色一直以来都受到国外犯罪学理论界高度关注，我国犯罪学界从 2005 年之后也逐渐开始重视此领域的研究工作，目前已经形成重新犯罪研究的重点机构和重点研究群体，在这种背景下，一些研究者投身于刑满释放人员重新犯罪的研究中去，并且取得了许多有价值的研究成果。比较有典型意义的如朱妙、李振武、张世欣通过研究发现，在 2010 年至 2012 年间上海市刑满释放人员重新犯罪率均高于全国刑满释放人员重新犯罪率，在此基础上他们进一步分析了上海市 2010 年至 2012 年重新犯罪的刑满释放人员的基本情况，这些基本情况主要包括：刑满释放人员犯罪和重新犯罪的总体趋势是逐年降低；犯罪

---

① 曾贇：《逐级年龄生平境遇犯罪理论的提出与证立——以重新犯罪风险测量为视角》，载《中国法学》2011 年第 3 期。

类型主要为财产性犯罪、妨害社会管理秩序类犯罪、故意伤害与强奸等犯罪。刑罚情况是一年以下有期徒刑占比最大，即多数为短刑犯。年龄分布特征为绝大多数集中在16周岁以上不满18周岁，占比96.72%，作者指出，这与刑法规定的14周岁以上不满16周岁只处罚强奸、抢劫等八类严重犯罪有关。性别分布特征为98.68%是男性。身份情况特征为51.8%的重新犯罪刑满释放人员无业，仅有0.98%的人为在读学生。户籍分布特征为非户籍居多，占85.25%。前次犯罪地主要集中在上海，占78.43%。然后他们对刑满释放人员重新犯罪的原因进行分析，主要包括文化程度低、犯罪认知度低、立足社会难、家庭教养方式不恰当、有犯罪经历的成年人与同辈群体的负面影响、短期监禁刑造成的矫正工作不完整、心理矫正工作的不完善以及回归帮教工作上不完善。最后作者从公检法司应加强合作、刑罚方式应该以非监禁措施为主，强化法治、文化、技能培训，建立家庭、学校、社会、司法相衔接的保护体系四个方面提出了相应的预防刑满释放人员重新犯罪的具体建议。① 其他有典型意义的研究成果如《吉林省青少年重新犯罪的原因及对策的研究》②《刑满释放人员累犯问题研究》③《刑满释放人员的重新犯罪问题分析》④《少年再犯研究——对浙江省归正青少年重新犯罪的实证分析》⑤ 等。

---

① 朱妙、李振武、张世欣:《关于上海市刑满释放人员重新犯罪情况的调研报告》，载《上海公安高等专科学校学报》2014年第3期。

② 袁承为、韩雪梅、郑磊、王佳玲:《吉林省青少年重新犯罪的原因及对策的研究》，载《中国青年研究》2014年第3期。

③ 缐杰:《刑满释放人员累犯问题研究》，载《人民检察》2015年第11期。

④ 王志强:《刑满释放人员的重新犯罪问题分析》，载《青年研究》2004年第11期。

⑤ 孔一:《少年再犯研究——对浙江归正青少年重新犯罪的实证分析》，载《中国刑事法杂志》2006年第4期。

六、重新犯罪危险评估已成为立法部门关注的新焦点

新近修订和出台的几部重要法律中有关“犯罪危险”的表述体现了正在服刑的罪犯与罪犯重新犯罪成为了目前司法机关、立法部门关注的重点议题。首先,《刑法》规定对于与职业相关的犯罪人，在刑满或假释之后禁止其从事相关职业,其目的是预防罪犯再犯罪。具体而言,《刑法》第 37 条之一的规定:“因利用职业便利实施犯罪，或者实施违背职业要求的特定义务的犯罪被判处刑罚的，人民法院可以根据犯罪情况和预防再犯罪的需要，禁止其自刑罚执行完毕之日或者假释之日起从事相关职业，期限为三年至五年。被禁止从事相关职业的人违反人民法院依照前款规定作出的决定的，由公安机关依法给予处罚；情节严重的，依照本法第三百一十三条的规定定罪处罚。其他法律、行政法规对其从事相关职业另有禁止或者限制性规定的，从其规定。”

其次,《刑法》规定“没有再犯罪的危险”应当作为假释的必要前提条件，不得假释的九种情形主要是因为相关的犯罪人较大的再犯罪危险性，对犯罪分子决定假释时需要考虑其对所居住社区的影响的目的也是罪犯人的再犯罪危险。具体而言,《刑法》第 81 条对假释的适用条件作出的规定:“被判处有期徒刑的犯罪分子，执行原判刑期二分之一以上，被判处无期徒刑的犯罪分子，实际执行十三年以上，如果认真遵守监规，接受教育改造，确有悔改表现，没有再犯罪的危险的，可以假释。如果有特殊情况，经最高人民法院核准，可以不受上述执行刑期的限制。对累犯以及因故意杀人、强奸、抢劫、绑架、防火、爆炸、投放危险物质或者有组织的暴力性犯罪被判处十年以上有期徒刑、无期徒刑的犯罪分子，不得假释。对犯罪分子决定假释时，应当考虑其假释后对所居住社区的影响。”

再次,《反恐怖主义法》规定，为了预防恐怖活动罪犯和极端主义罪犯再次犯罪，需要对其在刑满释放之前进行社会危险性评估。具体而言,《反

恐怖主义法》第30条规定，“对恐怖活动罪犯和极端主义罪犯被判处徒刑以上刑罚的，监狱、看守所应当在刑满释放前根据其犯罪性质、情节和社会危害程度，服刑期间的表现，释放后对所居住社区的影响等进行社会危险性评估。进行社会危险性评估，应当听取有关基层组织和原办案机关的意见。经评估具有社会危险性的，监狱、看守所应当向罪犯服刑地的中级人民法院提出安置教育建议，并将建议书副本抄送同级人民检察院。罪犯服刑地的中级人民法院对于确有社会危险性的，应当在罪犯刑满释放前作出责令其在刑满释放后接受安置教育的决定。决定书副本应当抄送同级人民检察院。被决定安置教育的人员对决定不服的，可以向上一级人民法院申请复议。安置教育由省级人民政府组织实施。安置教育机构应当每年对被安置教育人员进行评估，对于确有悔改表现，不致再危害社会的，应当及时提出解除安置教育的意见，报决定安置教育的中级人民法院作出决定。被安置教育人员有权申请解除安置教育”。

最后，《刑事诉讼法》也对社会危险性不高的犯罪嫌疑人、被告人考虑了再犯罪危险。具体而言，《刑事诉讼法》第67条第1款规定：“人民法院、人民检察院和公安机关对有下列情形之一的犯罪嫌疑人、被告人，可以取保候审：（一）可能判处管制、拘役或者独立适用附加刑的；（二）可能判处有期徒刑以上刑罚，采取取保候审不致发生社会危险性的……”

上述法条的颁布充分证明了“重新犯罪”或“再犯罪”及其危险评估或预测已然成为我国立法部门关注的重点议题。由于立法部门的重视，司法机关必将积极跟进，可以预测，重新犯罪率、重新犯罪风险预测与评估以及重新犯罪风险防控必将成为今后司法机关工作的重要内容之一。

七、研制重犯风险评估工具也成为犯罪学界的工作重点

目前，研究重新犯罪风险评估工具，构建评估系统已经成为国际上通行的预防重新犯罪的方法与手段，而我国犯罪与矫正学术界与实务界也逐渐

开始重视重新犯罪风险评估工具的研究。特别是从近几年重新犯罪的理论研究成果与司法行政部门的实践工作来看，在过去的三年到五年之内，犯罪学理论界呈现出进一步加强重新犯罪风险评估的理论研究工作的趋势，司法行政部门也尤其重视研究重新犯罪风险评估工作。首先，从近几年的理论研究成果来看，笔者将“重新犯罪风险”“再犯风险”“重新犯罪风险评估”“重新犯罪风险预测”“再犯风险评估”“再犯风险预测”这六个词组作为篇名核心词，使用中国知网期刊数据库检索得到如下结果：重新犯罪风险：4 篇；再犯风险：7 篇；重新犯罪风险预测：2 篇；再犯风险评估：6 篇；共计 19 篇。

其次，从司法行政部门实践工作来看，近两年来司法部密集关注重新犯罪风险评估工作，在制度建设、调研考察、培训活动方面都体现出了这种明显的趋势，这意味着罪犯重新犯罪风险评估工作将成为司法行政部门中罪犯矫正机构的工作重点，也意味着重新犯罪风险评估将从以往学术界的理论研究与实务界的初步探索上升为罪犯矫正机构的必须开展的常规工作。（1）在调研考察方面，2015 年 10 月 12 日，司法部监狱管理局在上海市青浦监狱召开罪犯危险性评估工作调研会，听取了青浦监狱关于“罪犯再犯风险评估”课题开展情况，南汇监狱关于罪犯自杀风险评估工作以及教育改造处关于罪犯危险性评估工作的开展情况。调研小组组长、部监狱管理局巡视员何平指出，罪犯危险性评估工作是科学认识罪犯的重要手段，对于提高教育矫治质量、维护监管安全具有重要意义，为全面、准确了解各地罪犯风险评估工作开展情况，制定出科学、合理的罪犯危险性评估规范性文件，司法部将在全国分片区组织开展罪犯危险性评估调研，青浦监狱是第一站。他对上海市监狱管理局罪犯风险评估工作予以充分肯定，鼓励继续深入研究，为全国罪犯危险性评估工作提供样本。[①]2016 年 9 月 12 日至 13 日，司法部监狱管理局调研组到广东省惠州市、深圳市监狱调查罪犯危险评估工作，对深圳监狱在罪犯危险性评估、心理矫治、职业技术教育和出监教育方面所做的工作进行了深入了解，对惠州监狱罪犯危险性评估工作和犯情智慧预警系统进行了深入研讨。[②]（2）在制度建设方面，2016 年 2 月 17 日印发了《司法部 2016 年制度建设工作计划》的通知，提出“为了规范开展罪犯危险评估工作，维护监狱安全稳定，制定《关于开展罪犯危险评估工作的指导意见》，计划 11 月底前发布”，此项制度建设工作由司法部监狱局承办。[③]（3）在培训活动方面，司法部监狱局于 2016 年 6 月 13 日至 17 日在杭州举办了“罪犯危险性评估试点工作业务培训班”。司法部监狱局何平巡视员、狱内侦查处陈奉国处长、预防犯罪研究所周勇副所长出席培训活动。来自全国 12 个试点省份的监狱局领导及机关与基层有关同志，共 79 人参加培训。[④]2016 年 8 月 30 日至 9 月 1 日，司法部预防犯罪研究所周勇副所长作为特邀授课专家参与了四川省监狱罪犯危险性评估工作业务培训活动，本次培训还邀请了中央司法警官职业学院翟中东教授和四川省警官职业学院安宁调研员三位业内知名专家和川北监狱五位具有罪犯危险性评估实践经验的民警授课。[⑤]可见，罪犯危险评估工作将会是司法部监狱管理局非常重视的工作板块，并且从目前的各项工作、活动来看，监狱罪犯危

① 上海监狱网：《司法部监狱管理局调研上海监狱罪犯危险性评估工作》，2015 年 10 月 14 日，http://jyj.sh.gov.cn/jyw/n5/n38/u1ai3932.html，2016 年 9 月 26 日访问。

② 广东省监狱管理局：《司法部监狱管理局调查组到我省惠州、深圳监狱调研罪犯危险性评估工作》，2016 年 9 月 20 日，http://www.gdjyj.gd.gov.cn/?c=article&act=view&id=9486，2016 年 9 月 26 日访问。

③ 司法部：《司法部关于印发〈司法部 2016 年制度建设工作计划〉的通知》，2016 年 9 月 22 日，http://www.moj.gov.cn/fzxcs/content/2016—09/22/content_6813616.htm，2016 年 9 月 23 日访问。

④ 浙江省司法行政培训中心：《交流试点成果构建危评体系——司法部监狱局举办“罪犯危险性评估试点工作业务培训班”》，2018 年 5 月 29 日，http://www.ladpf.cn/detail_16501548.htm，2018 年 6 月 28 日访问。

⑤ 四川省监狱管理局：《全省监狱罪犯危险性评估工作业务培训在成都举行》，2016 年 9 月 5 日，http://www.scjyglj.gov.cn，2016 年 9 月 6 日访问。

险评估工作发展速度较快，也有一些相对而言水准较高的研究成果，但是，离成熟或者高水平尚有一段距离，尚处于试点的起步阶段，因此，此领域还有很大的发展空间。本书预测，随着司法部监狱管理局在罪犯危险评估方面的研究工作与试点工作逐步推进，另一罪犯群体即刑满释放人员重新犯罪也将成为司法部社区矫正管理局关注的重点对象，两类罪犯群体危险评估研究与实践工作最终将会形成合作与联动的局面。

八、刑满释放人员重新犯罪风险评估工具的研制是薄弱环节

虽然我国重新犯罪研究以及重新犯罪风险评估工具研制已经为我国犯罪学界与主管罪犯矫正的司法行政部门高度重视，但是无论是学术界还是实务界，针对刑满释放人员重新犯罪风险评估工具的研究成果却比较少，并且很多成果没有公开发表、出版，导致研究成果无法传播，无法被其他研究者所了解、进而借鉴和改良。学术研究需要交流与争鸣，学术研究成果需要改进与传承，学术界的研究成果与实务界的操作方式需要充分结合，但是，目前的传播范围与交流广度、深度都不尽如人意，这种局面不利于我国刑满释放人员重新犯罪研究的向前推进。进一步而言，从中国知网中检索到的刑满释放人员重新犯罪风险评估工具成果非常少，主要是关于刑满释放人员重新犯罪特征、原因、对策的理论探讨，并且一些研究成果之间出现了重复研究，突破力度非常小。这些理论探讨究竟怎样对刑满释放人员重新犯罪风险评估起到直接的指导作用，鲜有人去探讨。因此，可以认为，目前关于刑满释放人员重新犯罪风险评估工具的研制实际上是薄弱环节，这也是目前的理论研究难以被实务部门研究采纳的重要原因。也可以说，虽然刑满释放人员重新犯罪风险评估被我国相关的法律法规与司法行政部门所重视，但是刑满释放人员重新犯罪风险评估并未得到充分的研究，这种局面将导致我国刑满释放人员重新犯罪风险评估工作难以体系化、科学化和与国际接轨。

第二节　研究问题

本研究的研究问题是：使用多种方法相结合，分析刑满释放人员重新犯罪情况，描述与该群体重新犯罪相关的各个可能的因素与是否重新犯罪之间的关系，找出具有统计学价值的、显著影响重新犯罪的因素，将这些被检验的因素按照统计分析的结果赋予分值，构建刑满释放人员重新犯罪风险预测指标体系，并且提出预防刑满释放人员重新犯罪的对策，促进刑满释放人员进一步回归社会的建议。确定此研究问题主要的依据包括：刑满释放人员重新犯罪率总体上呈上升趋势，重新犯罪问题已经成为我国犯罪学研究领域的重要内容，重新犯罪风险评估成为了目前司法机关、立法部门关注的重点议题。特别是从近几年重新犯罪的理论研究成果与司法行政部门的实践工作来看，在过去的三年到五年之内，犯罪学理论界呈现出进一步加强重新犯罪风险评估的理论研究工作的趋势，司法行政部门也尤其重视研制重新犯罪风险评估工作。尽管如此，我国重新犯罪研究依然比较薄弱。该问题主要表现为无论是学术界还是实务界，针对刑满释放人员重新犯罪研究主要还是停留在描述特征，浅层次的分析原因，大多数研究者还没有突破纯粹的理论分析以及数据的频次与百分比类的简单统计分析，很少有研究者真正将这些分析指向开发刑满释放人员重新犯罪风险评估工具这一非常重要的目标。从公开发表的学术论文与公开出版的专著来看，针对刑满释放人员重新犯罪风险评估工具的研究成果也比较少。并且，学术界与实践部门之间彼此分离，学术界的研究者很难进入罪犯矫正系统开展调查研究，罪犯矫正系统自身比较封闭，他们不倾向于邀请学术界研究者介入和协助研究罪犯矫正系统相关重新犯罪问题，更加倾向于自起炉灶与自行研究，研究出来的成果运用于自己这一所监狱机构之内。他们也不愿意将自己研究出来的成果对外公开，也不愿意与外界开展交流。这种局面导致外界无法了解、学习与借鉴他们的研究成果，也无法以批判思维提出修改与完善针对他们研究成果的建议。从另一个角度来看，这也是学术界、理论界在刑满释放人员重新犯罪风险评估方面难以取得突破性研究进展的原因之一，如从中国知网中检索到的与刑满释放人员重新犯罪风险评估工具相关的成果非常少见，主要是关于刑满释放人员重新犯罪特征、原因、对策的理论探讨，并且重复研究现象比较突出，这些研究对实务部门的重新犯罪预测工作有指导价值，但是还需要很大程度的完善。实际上，学术研究需要交流与争鸣，学术研究成果需要改进与传承，学术界研究应该与实务界工作充分结合。但是，目前的传播范围与交流广度、深度都不尽如人意，这种局面不利于我国刑满释放人员重新犯罪研究的向前推进。因此，可以认为，目前关于刑满释放人员重新犯罪风险评估工具的研制仍是薄弱环节，大多数研究者还没有突破纯粹的理论分析与数据的频次与百分比类的简单统计分析，很少有研究者真正将这些分析指向开发刑满释放人员重新犯罪风险评估工具这一非常重要的目标。

目前，在重新犯罪研究领域，除了存在刑满释放人员重新犯罪风险评估工具开发不足的问题，还存在研究者开发了刑满释放人员重新犯罪风险评估工具，重新犯罪风险的确评价出来了，刑满释放人员也被分级为高风险、中等风险与低风险等不同的类别，但是，如何依据重新犯罪风险评估的结果进一步开展预防重新犯罪工作？应该说，有一些回应措施，但是呈现一种非正式与零散的状态，进一步说，这个问题少有研究者开展细致深入的研究，还未形成一种系统性的重新犯罪问题回应体系。笔者在监狱系统、刑满释放人员安置帮教系统调查过程中，有许多实务工作者指出，重新犯罪风险评估工作是做了，但是，究竟怎样去解决评估出来的问题，没有明确的指导，那么，这个评估工作有多大意义呢？鉴于这些问题，笔者认为应运用重新犯罪风险量表对刑满释放人员重新犯罪风险水平进行动态的测量与定量的评价，这种动态的评价应着眼于预防重新犯罪风险的过程，分析存在哪些问题，如何解决这些问题，如何开展阶段性的回应工作，如何调整相关工作方式方法，如何构建一个刑满释放人员重新犯罪的“风险—需求—回应”的体系。构建这种体系的重要作用是：一是明确解决问题的靶向，有的放矢地解决相关问题，二是在使用这种动态评价过程中，检视相关工作者的工作方式方法，更加容易看到工作者所付出的努力，当然也可能会检查出工作者的疏忽，换言之，使用重新犯罪风险测评工具进行动态测量更有利于判断刑满释放人员重新犯罪预防工作出现问题的责任主要在于工作者还是在于刑满释放人员自身，这样可以做到不错怪工作者，也可以做到遇到问题及时调整相关工作的方法方式。因此，强调过程的、动态的、以刑满释放人员重新犯罪风险测评结果为防治工作依据进而构建需求回应体系的研究非常重要。

总而言之，本研究的目的是使刑满释放人员重新犯罪预防工作评价方式更加合理，促进相关工作者更加有的放矢地开展刑满释放人员重新犯罪预防工作,降低刑满释放人员重新犯罪风险。既然是研究刑满释放人员重新犯罪风险问题，那么，刑满释放人员重新犯罪风险应该怎样测量？影响因素有哪些？哪些影响因素是最显著的、最应该加以重视的？通过对影响刑满释放人员重新犯罪风险的因素的研究，是否可以构建一套全面的、较为完善的、经过统计检验的，能够在监狱罪犯矫正与刑满释放人员安置帮教实际工作中便于操作的刑满释放人员重新犯罪风险水平测评的综合性工具？如何恰当地回应通过风险测评发现的问题与刑满释放人员的正当需求？这些正是本研究关注与期待解决的问题。

第三节　研究价值

刑满释放人员有过犯罪经历，虽然他们已经接受过刑罚处罚，已经成为正常的社会公民，但是由于犯罪经历，他们或多或少地面临着回归社会的困境，很多重新犯罪的刑满释放人员正是因为难以克服生活中的困难重新走上犯罪道路。如果刑满释放人员能够在刑罚处罚结束之后的关键期内得到充分的重视，获得恰当的帮扶和引导，那么，他们则更加可能顺利地度过这一阶段，克服他们所遇到的困难，更加顺利地回归主流社会。如果刑满释放人员群体的重新犯罪风险能够被识别，正当的需求能够得以满足，面临的种种困境得到足够的回应，那么，这个群体重新犯罪的可能性将会极大地降低，这个群体的重新犯罪率也将会明显降低。要做到这些，必然需要依靠犯罪学者们积极投身此领域的研究工作，加强理论与实践研究，为刑满释放人员重新犯罪预防工作打下坚实的基础。

一、理论价值

开展刑满释放人员重新犯罪风险评估体系研究有如下理论价值:（1）引入国际高水平刑满释放人员重新犯罪风险评估研究理念、理论、方式、方法与技术，转变目前我国在刑满释放人员重新犯罪风险评估体系研究方面的薄弱状态;（2）改变我国依旧停留在介绍西方刑满释放人员犯罪学理论、特征分析与描述性统计的状态，运用国外常用的中高级统计分析技术，如受试者工作特征曲线分析开展我国刑满释放人员重新犯罪风险评估实证调查研究，从根本上深化我国刑满释放人员重新犯罪风险评估实证研究;（3）改变我国刑满释放人员重新犯罪实证调查研究中统计数据较为丰富，但是理论框架与理论运用相对不足的局面，充分运用国内外刑满释放人员犯罪与重新犯罪研究领域中主流的、运用最广泛的犯罪学理论与重新犯罪理论作为本研究实证调查的分析框架与研究基础，更加强调刑满释放人员犯罪与重新犯罪实证研究的理论依据与理论框架，从而促进刑满释放人员重新犯罪研究朝着更加注重系统性的方向发展;(4) 进一步运用中高级统计分析方法检验西方刑满释放人员犯罪学理论在我国刑满释放人员重新犯罪研究的契合度，为刑满释放人员重新犯罪风险评估体系的构建提供理论依据;(5) 促进刑法学、犯罪学、社会学与心理学之间在刑满释放人员重新犯罪研究领域的交叉融合，形成各学科共同促进刑满释放人员重新犯罪风险评估体系构建与更加有效地防控刑满释放人员重新犯罪风险的新局面。

二、实践价值

从目前的我国刑满释放人员重新犯罪研究成果的内容来看，多数研究者关注的是刑满释放人员重新犯罪的特征、原因与解决对策，对刑满释放人员重新犯罪实践工作以及理论研究与实践工作之间的结合重视不够。诚然，在刑满释放人员重新犯罪预防与科学矫正领域，相关研究者采用传统的犯罪学研究方法分析刑满释放人员重新犯罪问题，特别是相关的理论研究成果对刑满释放人员重新犯罪的原因研究较多，这些肯定是重新犯罪防治实践工作的基础，这些研究成果的确对实务部门的工作有很重要的借鉴意义，但是对实务部门怎样开展刑满释放人员重新犯罪预防工作的研究明显不足。更确切地说，相关理论研究成果仅仅止步于描述和介绍刑满释放人员重新犯罪的原因，然后提出一些具有普遍意义的对策建议，但是对于怎样以这些原因分析为基础去编制刑满释放人员重新犯罪风险预测的工具，进而怎样使用这种工具，缺乏进一步思考。这种局面已经持续很长时间，虽然有少数研究者做过这方面的探索，但是绝大多数研究者长期以来对预防刑满释放人员重新犯罪的实务领域依然关照不足，这种局面会导致理论研究难以取得突破性进展，因为理论研究的价值最终需要体现在对实践工作的指导方面。因此，笔者认为刑满释放人员重新犯罪理论研究成果并未较好地转化为实务部门工作的理论依据、工作程序、方式方法与技术手段。这种问题造成了刑满释放人员重新犯罪学术研究与重新犯罪预测和防治实践工作之间的一定程度上的脱节，造成了刑满释放人员重新犯罪学术研究与相关实务工作之间衔接不足，导致研究者宝贵的研究成果难以转化为相关实务工作方式方法的困境，形成目前刑满释放人员重新犯罪理论研究难以充分直接地为重新犯罪预测与防治实务工作提供可操作性强的测评体系与工具，这种局面不利于刑满释放人员重新犯罪预防与矫正工作的向前发展。

因此，笔者开展刑满释放人员重新犯罪风险评估体系研究有如下实践价值：(1）比较美国、加拿大、英国与我国在刑满释放人员重新犯罪风险评估工作方面的相似与相异之处，开发既符合国际标准，又立足中国本土的刑满释放人员重新犯罪风险评估工具，推进我国刑满释放人员重新犯罪风险评估工作与防控工作的发展；(2）转变我国刑满释放人员重新犯罪风险评估工作职业经验色彩浓厚，犯罪学理论运用不足，实证与统计检验方法重视不够的现状，推进我国刑满释放人员重新犯罪风险评估工作更加客观化与科学化；(3）倡议以科学的刑满释放人员重新犯罪风险评估体系为基础，建立刑满释放人员矫正与安置帮教工作数据库，为今后进一步的追踪研究奠定研究基础；(4）依托刑满释放人员重新犯罪风险评估体系，筛选出显著影响刑满释放人员重新犯罪的风险因素，在此基础上开发针对性强的回应政策。

第二章
研究设计

本章将全方面地介绍刑满释放人员重新犯罪影响因素实证研究项目的研究设计，也就是研究的第一步，即在正式研究之前制订的研究计划。从研究设计的基本要素来看，本研究的研究设计主要包括刑满释放人员重新犯罪影响因素研究的总体理论框架是什么？总体研究假设是什么？研究思路是什么？研究结构是什么？研究地点在哪里？研究对象如何构成，需要符合什么样的条件？采用了什么样的研究方法？研究包括哪几个步骤？只有在研究的初始阶段，将这些问题规划清楚，做好顶层设计，研究才能够避免陷入混乱、进入误区，才能够有条不紊地往前推进。

第一节　核心概念界定

因为与重新犯罪这一概念相似的概念有好几个，如累犯、惯犯、重新违法等，并且在已有的研究中，存在着概念混用的情况，如有的研究者将重新违法与重新犯罪连用为重新违法犯罪，实际上却在研究中并不区分违法和犯罪行为，直接将两者合并。另外，许多研究者对重新犯罪概念的理解不同，造成分析的视角也存在差异，笔者认为只要研究者将自己研究中的重新犯罪概念界定清楚，明确概念的内涵和外延，不至于让读者产生误解即可。相关的具体情况，下文会详细介绍与解读。同样，如果笔者在研究设计阶段没有将上面提到的几个与重新犯罪有关联的概念区分清楚，就难免造成他人的误解。因此，只有首先明确重新犯罪的概念，才能准确地界定研究对象。

一、重新犯罪核心概念的界定

（一）重新犯罪概念的起源与界定

从 20 世纪 50 年代初期开始，重新犯罪逐渐成为我国犯罪与矫正领域的常见概念。1950 年 3 月 13 日，司法部在《关于假释人犯重新犯罪如何撤销假释问题的批复》中第一次正式提出重新犯罪概念。此后，一些法规、通知等文件也多次使用重新犯罪概念，如 1956 年 9 月 4 日，司法部《关于劳改犯刑期届满前或届满后留场重新犯罪如何确定其罪名的函》，1963 年 7 月 29 日，最高人民法院、最高人民检察院、公安部《关于监外执行的罪犯重新犯罪是否履行逮捕手续的批复》，1963 年 11 月 7 日公安部《关于严防刑满释放分子重新犯罪的通知》。

但是在 1979 年这个重要的年份，颁布了第一部《刑法》和《刑事诉讼法》，这两部最权威的刑事法律却没有给予重新犯罪一个精确的定义，而是使用了“累犯”概念。1979 年 7 月 1 日，第五届全国人民代表大会第二次会议通过的《中华人民共和国刑法》《中华人民共和国刑事诉讼法》,这两部效力超越之前的法规、通知和函的，在全国范围内具有强制效力的法律，却没有提及重新犯罪这个词,而是使用了“累犯”这个与重新犯罪概念相近的词，并且对累犯进行了明确的界定。具体来看，1979 年的《刑法》第 61 条规定:“被判处有期徒刑以上刑罚的犯罪分子，刑罚执行完毕或者赦免以后，在三年以内再犯应当判处有期徒刑以上刑罚之罪的，是累犯，应当从重处罚；但是过失犯罪除外。”第 62 条规定：“刑罚执行完毕或者赦免以后的反革命分子，在任何时候再犯反革命罪的，都以累犯论处。”据此，刑事犯的再次犯罪的时间限制，应以释放后3年以内为期。可见，在我国，1979年的《刑法》第一次提出了累犯的概念以及如何在时间和罪名上来界定累犯。严格来说，当年的《刑法》对累犯概念的明确界定并不能与重新犯罪等同。

虽然《刑法》《刑事诉讼法》两部法律都没有对重新犯罪概念进行界定，但是，政法部门却经常在工作中频繁使用重新犯罪概念，一方面是政法部门惯于使用重新犯罪概念，另一方面却没有任何部门对重新犯罪概念进行清晰的界定，这既表明重新犯罪在司法部门实践工作中的生命力，也导致了重新犯罪概念在实际运用中呈现出较为混乱与不太规范的局面。例如，法院将历史上受过刑罚，再次被判刑的人称为重新犯罪者；公安机关将历史上受过刑罚，因再次犯罪又被抓获的人称为重新犯罪者；司法行政机关将刑罚执行期间或刑罚执行完毕再次犯罪的人称为重新犯罪者。[①]还有些部门将不同性质的刑满释放人员的重新犯罪与解除劳教人员的重新违法混在一起使用。在2011年我国劳教制度被废止之前，“刑释解教人员重新违法犯罪”是一个极为常见的固定用法。如果说上述法院、公安机关、司法行政机关习惯使用重新犯罪有利于工作开展，那么后面的“刑释解教人员重新违法犯罪”则是一个明显不妥当的组合词。一是刑满释放人员前期是罪犯，接受的是刑罚处置，而被劳教的人员是违法人员，接受的是行政处罚，两者的性质不同，对公共或者他人造成的损失程度有着截然不同的评判标准，不合适放在一起。二是重新违法与重新犯罪，前者是违反了法律，但没有被处以刑罚，后者是违反了《刑法》，需要被处以刑罚，两者根本性质不同，也不适合相提并论。所幸2011年劳动教养制度被废止，目前，“刑释解教人员”这个词组已经很少见，但是“重新违法犯罪”依然被沿用至今，这需要学术界与实务界在以后的研究与实践中逐步改变过去的用法。

---

① 丛梅:《重新犯罪实证研究》，天津社会科学院出版社2011年版，第23页。

重新犯罪概念由于缺乏一个科学、统一的标准，导致各政法部门得出的重新犯罪率也相差较大，有时候甚至将重新违法与重新犯罪融合在一起得出重新违法犯罪率。这种关于重新犯罪率混乱的统计标准与统计方式不利于重新犯罪研究与重新犯罪预防工作的开展与深入。正因为各政法部门在司法实践中经常使用重新犯罪这一概念，所以非常有必要对重新犯罪概念进行明确的界定，否则，容易与累犯混淆而不利于司法实践，并且给正确衡量罪犯矫正机关对罪犯改造质量造成负面影响，不利于准确考察和检验社会治安综合治理工作。为此，司法部于 1985 年 1 月颁布了《关于调查刑满释放、解除劳教人员重新犯罪、违法问题的几点意见》，这个文件以 1979 年《刑法》有关累犯的规定为法律依据界定了重新犯罪概念，实际上是将重新犯罪等同于累犯，并分为两类，一是普通重新犯罪，即被判处有期徒刑以上刑罚的犯罪分子，刑罚执行完毕或者赦免以后，在 3 年以内再犯罪应当判处有期徒刑以上刑罚的，是重新犯罪，但是过失犯罪除外。二是特殊重新犯罪，即刑罚执行完毕或者赦免以后的反革命分子，在任何时候再犯反革命罪的，都是重新犯罪。①1997 年、2011 年刑法关于累犯的规定经过了两次修订，主要是将年限从 3 年修改为 5 年，将反革命罪修改为危害国家安全罪，并逐步增加了恐怖活动犯罪与黑社会性质组织犯罪，以及将未成年人排除在累犯之外。但是在这两次修订之后，各政法机关并未对重新犯罪概念重新进行调整，一般而言，应该是被认为与累犯的定义趋同。

上文中将重新犯罪概念等同于累犯，这种方式是否合适，需要回溯刑法学与犯罪学关于犯罪概念的界定。理论界主流的观点认为刑法学与犯罪学中的犯罪概念并不能等同。刑法学中的犯罪是严重危害社会的，违反刑事法律的，应受刑罚处罚的行为，犯罪学中的犯罪是应受到国家强制力进行干预的具有一定社会危害性的行为。很显然，这两个学科对犯罪概念的

① 江伟人:《关于刑释人员重新犯罪的研究》，载《检察风云》2015 年第 3 期。

界定并不相同。具体而言，两者的不同体现在以下三个方面:（1）对犯罪行为的危害性界定标准不同。刑法学中的犯罪要求是具有严重社会危害性的行为，并且要回答这类行为如何对之进行惩罚，而犯罪学要回答的问题是哪些行为应该被视为犯罪来进行研究，目的是考察犯罪行为的原因，最终找到控制预防这类行为的有效方案。（2）对是否违反刑事法律的要求不同。刑法学中的犯罪是违反刑事法律的行为，由于刑法学是一门规范性科学，其着眼于研究犯罪的构成要件及犯罪行为与刑法之间的关系，并将这种规范运用于生活中的实际案情。犯罪学则是一门陈述性科学，其着眼于研究犯罪现象，产生原因及预防犯罪的方案，以此维护社会和谐与稳定发展。（3）对是否受到刑罚处置的规定不同。刑法学中的犯罪是应受刑罚处置的，而犯罪学中的犯罪不一定受刑罚处罚，不过也需要国家强制力进行干预。①

笔者初步认为，与其像上文中提到的将重新犯罪概念等同于累犯，不如在司法实践中删除重新犯罪这一定义，全都使用累犯这一刑法意义上的定义，这样与刑法的规定一致，更加利于实际工作的开展。但是，深究起来，综观现有的重新犯罪研究成果，可以发现研究者们之所以关注重新犯罪现象，其根本目的并不是制定一个重新犯罪的规范性文件，也不是修改累犯的概念，亦不是制定对重新犯罪的处罚方式与处罚标准，而是要找出影响重新犯罪的所有因素，在此基础上制定预防重新犯罪、减少重新犯罪与降低重新犯罪率，促进社会稳定与社会和谐。因此，重新犯罪研究总体上具备的犯罪学意义非常突出，而刑法学意义明显不足。所以，应该在犯罪学的概念框架之下界定重新犯罪概念。

因此，笔者所界定的重新犯罪是犯罪学框架之下的重新犯罪，与刑法学意义上的累犯不同，比累犯的外延要宽泛，但是，笔者所界定的重新犯罪与刑法学的关系也密不可分。笔者认为重新犯罪必须有精确的定义、精细的

① 荣月:《犯罪学视野下的犯罪概念初探》，载《吉林师范大学学报》2008年第10期。

评价标准。模糊是学术研究的最大缺陷，精确是学术研究的生命线，为了实现本研究的精确性，笔者将重新犯罪界定为：重新犯罪是指个体的犯罪行为属于《刑法》规定之罪，并且此罪无论处刑轻重，无论再犯时间，无普通累犯与特殊累犯之区别，无故意犯罪与过失犯罪之差异。具体而言，笔者所研究的重新犯罪人员具有以下几个特征：

（1）遵循罪刑法定原则而定罪。《刑法》规定之罪即为罪，未规定之罪即不为罪，个体的再犯之行为如果属于《刑法》规定的犯罪行为，即为重新犯罪，个体重新违法不属于《刑法》规定之罪，应该排除在重新犯罪之外，如个体初犯之后，继而重新违反《治安管理处罚法》而被处罚，不属于重新犯罪。个体重新违规，如社区矫正对象因违反社区矫正相关规定被重新收押到监狱服刑，不属于重新犯罪。

（2）具有明确无争议罪犯身份。前后两次犯罪都是《刑法》规定的犯罪，有具体的罪名，身份非常明确。这样就排除了以往一些研究者将劳教时代的经公安机关处理的已经解除劳动教养的人员实施的违法行为，也排除了因为受到治安管理处理条例制裁与行政处罚的人所实施的违法行为。

（3）没有处刑轻重缓急的限制。主要是对是否被判处有期徒刑没有限制。目前刑法意义上的普通累犯的上一次犯罪必须被判处有期徒刑以上刑罚，再犯也应该是被判处有期徒刑以上的刑罚，但是本书中的重新犯罪者，只要其犯罪，不论其是否被判处有期徒刑，均为重新犯罪。

（4）没有重新犯罪时间的限制。刑法学意义上的普通累犯是必须在刑罚执行完毕或者赦免之后，在五年之内再犯应当被判处有期徒刑以上的刑罚之罪的人，而本书中的重新犯罪则没有此时间上的限制，因此，在监狱服刑期间，在社区矫正期间以及在刑罚执行完毕或者赦免之后，再次犯罪者都属于重新犯罪。

（5）没有普通与特殊重犯之分。刑法学意义上对累犯有普通累犯与特殊累犯的区分，但是本研究中的重新犯罪没有这种区分，也就是说不管是危害国家安全罪、恐怖活动罪、黑社会性质的组织犯罪还是其他所有类型的犯罪，只要是有两次或两次以上的犯罪经历，第二次或者以上次数的犯罪均属于重新犯罪。

（6）没有故意与过失犯罪限制。不管行为人第一次犯罪是过失犯罪还是故意犯罪，第二次不管是过失犯罪还是故意犯罪，均属于重新犯罪。因为过失犯罪的行为人能够正确认识一定的行为与危害社会的结果之间的联系，但其没有正确选择自己的行为来避免危害社会的结果发生，而是在自己自由意志的支配下，对国家和社会的利益采取了不负责任的态度，国家有充分理由要求过失犯罪的行为人对自己严重不负责任态度支配之下的行为承担刑事责任。因此，第一次因过失犯罪的行为人是受到刑法处置与接受刑罚改造的罪犯，第二次仍再实施过失犯罪行为依然显示了其不负责任的态度，因此，纳入重新犯罪研究对象范围。

本书界定的重新犯罪不宜与重新违法连用形成重新违法犯罪这一词组，笔者认为，虽然违法行为与犯罪行为均是对社会造成危害，破坏正常社会秩序的偏差行为，但是《刑法》与其他法律已经非常清楚地对两者加以区分，区分的标准也非常清楚，两者是截然不同、泾渭分明的不同性质的行为。在这种情况下，没有必要将违法犯罪连用，亦没有必要将重新违法犯罪连用。笔者认为这种分别研究而非混用的方式遵循了学术研究的精确性原则。

（二）重新犯罪与累犯的概念辨析

累犯一直以来都是我国《刑法》中的一个重要概念与制度安排，伴随着犯罪现象与犯罪形势的显著变化，累犯制度也会相应地做出调整与修改。比如，我国《刑法》对累犯的规定就经历了一次界定与两次修改。我国在1979年颁布了第一部刑法典，这部刑法典明确地规定了累犯概念。当年的《刑法》第61条规定："被判处有期徒刑以上刑罚的犯罪分子，刑罚执行完毕或者赦免以后，在三年以内再犯应当判处有期徒刑以上刑罚之罪的，是累犯，应当从重处罚；但是过失犯罪除外。”第 62 条规定：“刑罚执行完毕或者赦免以后的反革命分子，在任何时候再犯反革命罪的，都以累犯论处。”据此，刑事犯的再次犯罪的时间限制，应以释放后 3 年以内为期。可见，在我国，1979 年的《刑法》第一次提出了累犯的概念以及如何在时间和罪名上来界定累犯。严格来说，当年的《刑法》对累犯概念的明确界定并不能与重新犯罪等同。

从 1979 年中国颁布第一部《刑法》到 2017 年 12 月 1 日，《刑法》历经了一次修订十次修正，累犯这个概念一直被沿用下来，并且，在 38 年的修改历程中，涉及累犯的修改有 2 次，这 2 次修改对累犯时间限定与特殊罪名是否被判定为累犯这两个方面做出了些许调整。具体来看，1997 年第一次修改后的《刑法》第 65 条第 1 款规定：“被判处有期徒刑以上刑罚的犯罪分子，刑罚执行完毕或者赦免以后，在五年以内再犯应当判处有期徒刑以上刑罚之罪的，是累犯，应当从重处罚，但是过失犯罪除外。”第 66 条规定：“危害国家安全的犯罪分子在刑罚执行完毕或者赦免以后，在任何时候再犯危害国家安全罪的，都以累犯论处。”可见，1997 年修订后的《刑法》与 1979 年的《刑法》对累犯的规定已经有所不同，一是年限从三年改变为五年；二是将反革命分子这种特殊罪名改为危害国家安全的犯罪分子。

2011 年第八次修改后的《刑法》第 65 条规定：“被判处有期徒刑以上刑罚的犯罪分子，刑罚执行完毕或者赦免以后，在五年以内再犯应当判处有期徒刑以上的刑罚之罪的，是累犯，应当从重处罚，但是过失犯罪和不满十八周岁的人犯罪的除外。”第 66 条规定：“危害国家安全犯罪、恐怖活动犯罪、黑社会性质的组织犯罪的犯罪分子，在刑罚执行完毕或者赦免以后，在任何时候再犯上述任一类罪的，都以累犯论处。”可见，2011 年第八次修正后的《刑法》与 1997 年的《刑法》对累犯的规定又有所变化，一是将不满十八周岁的人重新犯罪排除在累犯之外，更加强调对有过犯罪经历的未成年人的教育引导与适当保护，而不是从重处罚；二是特殊罪名的外延扩大，加入了恐怖活动犯罪和黑社会性质的组织犯罪，只要第一次犯罪的罪名属于危害国家安全犯罪、恐怖活动犯罪、黑社会性质的组织犯罪三种罪名之一，如果在刑罚执行完毕或者赦免以后，在任何时候只要再犯这三种罪名中的任何一种，都以累犯论处。可见特殊罪名超越了一对一的模式，变成了三对三任意对应模式，表明国家对这三种严重危害社会的犯罪活动的重视。

累犯概念与重新犯罪概念紧密相关，笔者在本节第一部分初步对比了重新犯罪概念与累犯概念，明确了重新犯罪的概念与重新犯罪者的七个特征。实际上，重新犯罪与累犯之间有许多相同点，也有许多不同点。根据研究者们的观点与《刑法》对累犯的界定，重新犯罪与累犯之间存在着许多联系。第一，重新犯罪是一种客观社会现象，是累犯制度产生的现实社会条件，是人类社会长期存在的一种客观现象，它不以人们的意识为转移。而累犯是一种既具有客观性又加入了人们主观意识的制度构建与制度安排，它会随着人们意识的变化与思考方式的变化发生改变，如《刑法》修正案中累犯的规定发生过两次改变。所以可以说，重新犯罪是一种客观存在的社会现象，是累犯制度产生的现实条件，先有重新犯罪，后有累犯制度，重新犯罪很可能长久地存在于人类社会，难以消亡，但累犯制度却会不定期地发生改变。第二，累犯制度会反过来强烈地影响甚至决定政法机关对重新犯罪的界定。我国于1979年颁布第一部《刑法》，政法机关就开始直接借用这部《刑法》对累犯的界定方式作为重新犯罪的概念，使用累犯的法律标准来确定重新犯罪。例如，1987年4月13日，司法部批转的司法劳改局、劳教局、预防犯罪与劳动改造研究所联合制定与发布的《关于统一组织对提高改造质量和预防重新犯罪问题调查研究的意见》中指出："刑满释放人员重新犯罪的标准，请按中央政法委员会1985年1月8日批准司法部《关于调查刑满释放、解除劳教人员重新犯罪、违法问题的几点意见》执行。以《刑法》

第 10 条、第 61 条和 63 条的规定，为确定刑满释放人员重新犯罪的法律标准。”① 第三，犯罪学界的重新犯罪概念的外延要大于累犯概念的外延。正如上文所述，犯罪学研究与刑法学在研究对象、研究目的方面有所差异。犯罪学则是一门陈述性科学，其研究的是犯罪这种社会现象，目的是考察犯罪现象产生的生理、心理与社会原因，最终找到控制和预防这类行为的有效方案，以此维护社会和谐与稳定发展。重新犯罪属于犯罪学研究的重要板块，其研究对象是重新犯罪这种社会现象，其研究目的是考察重新犯罪现象产生的原因，找到预防与控制这类行为的有效方案。刑法学是一门规范性科学，其着眼于研究犯罪的构成要件及犯罪行为与刑法之间的关系，即哪些行为是犯罪以及应该受到什么样或者什么程度的处罚，刑法学对认定、约束与惩罚犯罪具有极强的规范性价值，并将这种规范运用于指导生活中的实际案情。累犯是一种制度安排，属于刑法学研究的重要内容，属于一种规范性制度，其着眼于研究累犯的构成要件及应该受到什么样的处罚。

进一步来说，一方面，重新犯罪现象是累犯制度建构的基础，重新犯罪现象的变化会引起累犯制度的调整与修改，如恐怖活动犯罪及恐怖活动重新犯罪是近年来的新型犯罪现象，造成的影响极其恶劣，人类社会因其损失巨大，因此，我国在第八次修改《刑法》时将此罪名纳入累犯范畴。另一方面，累犯制度为重新犯罪提供了精确性概念参考。虽然犯罪学意义上的重新犯罪一向以来与刑法学意义上的累犯概念不同，但是各政法机关在实践工作中却需要有一个精确的重新犯罪概念，因此，各政法机关在界定重新犯罪概念时往往会参照刑法学意义上的累犯概念。

（三）重新犯罪与惯犯的概念辨析

《刑法》中并无“惯犯”这一概念，惯犯只是我国政法机关在司法实践

① 李均仁：《中国重新犯罪研究》，法律出版社 1992 年版，第 27 页。

中的习惯用语。严格来讲，我国第一部刑法典以及后续的十次修正案中，均没有对“惯犯”进行界定，只是相关条文涉及一些常业犯，这些条文有一些关键字词，成为惯犯概念的来源，如“为常业的”“惯”“一贯”“为业”。因此，根据刑法的相关条文，我们可以将惯犯理解为以某种犯罪为常业，以犯罪所得为其主要生活来源，或者犯罪是其持久稳定的生活习性，在一定时期内反复多次实施某种犯罪的罪犯或者犯罪类型。

《刑法》中涉及上述的“为常业的”“惯”“一贯”“为业”四个字词的条文如下：我国第一部刑法典，即 1979 年《刑法》共有 4 个条文规定了惯犯，分别是走私、投机倒把；惯窃、惯骗、赌博；一贯制造、运输、贩运毒品。具体的条文如下：第 118 条以走私、投机倒把为常业的，走私、投机倒把数额巨大的或者走私、投机倒把集团的首要分子，处三年以上十年以下有期徒刑，可以并处没收财产。第 152 条惯窃、惯骗或者盗窃、诈骗、抢夺公私财物数额巨大的，处五年以上十年以下有期徒刑；情节特别严重的，处十年以上有期徒刑或者无期徒刑，可以并处没收财产。第 171 条制造、贩卖、运输鸦片、海洛因、吗啡或者其他毒品的，处五年以下有期徒刑或者拘役，可以并处罚金。一贯或者大量制造、贩卖、运输前款毒品的，处五年以上有期徒刑，可以并处没收财产。第 168 条以营利为目的，聚众赌博或者以赌博为业的，处三年以下有期徒刑、拘役或者管制，可以并处罚金。

不过，1997 年修订后的《刑法》将走私，投机倒把，惯窃，惯骗，一贯制造、运输、贩运毒品这五种犯罪均不称为常业犯或惯犯，只是在第 303 条中对赌博罪这一常业犯给出了规定。具体内容是：第 303 条以营利为目的，聚众赌博、开设赌场或者以赌博为业的，处三年以下有期徒刑、拘役或者管制，并处罚金。自此之后，关于惯犯的规定确定下来，在后续的九次修正案中，均无变化。

由上文可知，惯犯并非一个正式的概念，它与重新犯罪这个词一样并未出现在《刑法》中。但是这两个词都是我国政法机关司法实践中的常用词，具有比较重要的实际意义和研究价值。目前，我国司法实践中对惯犯的判别依据的是《刑法》对常业犯的规定。从刑法的规定来看，惯犯一般具有如下几个特征：（1）先行行为已经构成犯罪，刑法已经对其有明确固定，如“以赌博为业”。（2）行为人在长时期内多次实施同一种犯罪，如“为业”，即行为人实施某一种犯罪为职业。（3）主观上呈现出反复实施同一种犯罪的故意，犯罪恶习很深，多次矫正无效，有些行为人对犯同一种罪已经形成了持续的职业心理习惯。（4）行为人所犯之罪是同一种罪，而不是其他种类之罪。

惯犯的定义与特征明确之后，重新犯罪与惯犯之间的关系就变得非常清晰。很显然，惯犯是重新犯罪中的一种比较特别的犯罪，重新犯罪包含惯犯，但惯犯不等于重新犯罪，两者之间既有相同之处，也有不同之处。（1）相同之处在于：重新犯罪与惯犯在犯罪数量上都是多次犯罪；重新犯罪者如果以某一种犯罪为常业或为职业的话，那么，重新犯罪等于惯犯。（2）不同之处在于：第一，惯犯必须是被判处刑罚的犯罪，如第一次犯罪被法院认定犯诈骗罪，第二次犯罪又被法院认定犯诈骗罪，这样即构成惯犯，当然，也是重新犯罪。但重新犯罪者第一次犯诈骗罪如果没有被发现，这样就不存在被逮捕和被法院判刑的后果，但是第二次再犯诈骗罪被发现，并被逮捕且被法院判刑，此人在犯罪学意义上应该被认定为重新犯罪。第二，界定惯犯更重要的意义在于刑罚的判处；界定重新犯罪更重要的意义在于研究重新犯罪的原因，制订预防重新犯罪的方案。第三，重新犯罪既可以是同一种犯罪的再次犯罪，也可以是不同种犯罪的再次犯罪。例如，前罪是诈骗罪，再次犯罪是同时犯诈骗罪与抢劫罪，构成重新犯罪。而惯犯的前罪与后罪必须是同罪，即只能是多次实施同一种犯罪，如前罪是诈骗罪，后罪也是诈骗罪，构成惯犯，如果后罪是诈骗罪与抢劫罪，则属于数罪并罚问题，不构成惯犯。因此，本书中的重新犯罪包括惯犯，并且在研究过程中，本书将在适当时候分析未成年人重新犯罪者中是否存在惯犯，并且分析惯犯重新犯罪的可能性是否显著地大于非惯犯。

（四）重新犯罪与重新违法的拆分

之所以以“重新犯罪与重新违法的拆分”为题，是因为实践中两者常被合并计算，但两者之间的性质截然不同，存在本质的差异，因此，笔者认为这种合并价值不大。具体而言，违法与犯罪的区别体现在如下几个方面：（1）概念不同，违反的法律不同。违法是指国家机关、企业事业组织、社会团体或公民，因违反法律的规定，致使法律所保护的社会关系和社会秩序受到破坏，依法应承担法律责任的行为。我国《刑法》第13条规定一切危害国家主权、领土完整和安全，分裂国家、颠覆人民民主专政的政权和推翻社会主义制度，破坏社会秩序和经济秩序，侵犯国有财产或者劳动群众集体所有的财产，侵犯公民私人所有的财产，侵犯公民的人身权利、民主权利和其他权利，以及其他危害社会的行为，依照法律应当受刑罚处罚的，都是犯罪，但是情节显著轻微危害不大的，不认为是犯罪。《刑法》第3条规定了罪行法定原则：法律明文规定为犯罪行为的，依照法律定罪处刑；法律没有明文规定为犯罪行为的，不得定罪处刑。可见，犯罪是违反了《刑法》的规定，而违法分为广义违法与狭义违法，广义违法是指违反了一切法律的行为，包括刑法，即犯罪，这是违法中最严重的一种；但是我们一般使用狭义的说法，即违反刑法之外的法律的行为，不包括犯罪。（2）分类不同。违法按其性质和危害程度的不同，可分为刑事违法、民事违法和行政违法等。刑事违法上文已经界定。民事违法是指违反民事法规，包括民法、劳动法等部门法规的行为。行政违法是指违反行政管理法规的行为，包括两种情况：一是公民和法人违反行政管理法规的行为；二是国家工作人员执行职务时的轻微违法行为或违反纪律的行为。民事违法的行政违法因其危害较小，通常称为一般违法。而犯罪主要分为故意犯罪与过失犯罪。明知自己的行为会发生危害社会的结果，并且希望或者放任这种结果发生，因而构成犯罪的，是故意犯罪。故意犯罪应当负刑事责任。应当预见自己的行为可能发生危害社会的结果，因为疏忽大意而没有预见，或者已经预见而轻信能够避免，以致发生这种结果的，是过失犯罪。过失犯罪，法律有规定的才负刑事责任。

从上文关于违法与犯罪的区分来看，违法行为和犯罪行为有着严格的界限，民事责任、行政责任两者和刑事责任的性质也完全不同。因此，重新违法与重新犯罪也是性质截然不同的两种行为、两个概念。在统计分析时，应该分别计算重新犯罪率与重新违法率，两者不能混淆。例如，刑满释放人员违反民事法规或行政法规，不能算作重新犯罪，自然不能计入重新犯罪率；如果没有犯罪经历但有违反民事与行政法规的人重新违反民事与行政法规，只能算是重新违法，不能算作重新犯罪，自然也不能计入重新犯罪率。本书所调查的重新犯罪刑满释放人员，全部是有过至少两次犯罪经历的刑满释放人员。

二、重犯与未重犯研究对象的界定

本研究在确定研究对象方面，力求克服以往刑满释放人员重新犯罪研究存在的弊端，即仅仅研究有过犯罪经历的重新犯罪人员，没有寻找那些有过犯罪经历，刑满释放之后没有犯罪的人员。因此，本研究将研究对象确定为有过犯罪经历，刑满释放后重新犯罪与未重新犯罪的两类群体。本研究的基本方法就是比较这两个群体在各个方面的不同，以及这种不同是否能够显著影响他们的重犯与不重犯行为。因此，本书的研究对象分为两种类型。

（1）第一种类型为有过犯罪史，刑满释放之后又重新犯罪的正在监狱里面服刑的罪犯群体。课题组通过对上海市监狱管理局提供的该群体名单开展随机抽样获得。样本涉及上海市 9 所监狱，分别为这 9 家监狱中的有过犯罪史刑满释放之后又重新犯罪的群体，样本数量为258人。笔者尊重上海市监狱管理局的建议，对监狱名称与抽样涉及的总体数量保密。（2）第二种类型为有过犯罪史，在刑满释放之后没有重新犯罪的刑满释放人员。课题组获得了上海市司法局安置帮教机构领导的大力支持，从上海市6个区县找到了相关的未重新犯罪的刑满释放人员。笔者尊重上海市司法局的建议，对这6个区的名称保密。这6个区的样本数量一共为251人。（3）除了问卷调查之外，课题组还对相关刑满释放人员、司法局系统安置帮教工作者开展了深度访谈，期望获得关于刑满释放人员重新犯罪的感性材料与深度信息。

表2.1.1 各调查对象人数分布（人）

	问卷：重新犯罪刑满释放人员	问卷：未重新犯罪刑满释放人员	访谈：重新犯罪刑满释放人员	访谈：未重新犯罪刑满释放人员	访谈：安置帮教工作者
人数	258	251	12	10	16

第二节 总体理论框架与研究假设

本研究之所以要在研究的初始阶段建立一个总体的理论框架，是因为根据笔者对既有研究成果的分析，发现影响刑满释放人员重新犯罪的可能性因素非常多，几乎涉及刑满释放人员生活的各个重要方面。刑满释放人员重新犯罪严格来说属于一种人类行为，从法学、社会学、心理学等学科的角度来看，人类行为受到社会环境中的诸多要素的影响。这些要素非常多，为了避免各要素之间逻辑混乱，笔者认为有必要使用一个合适的理论框架将这些要素整合起来。由于犯罪学界普遍认为个人的成长经历与个人重新犯罪之间存在联系，因此，笔者将时间、历史或历程因素纳入理论框架，使用犯罪学的生命历程理论来搭建本研究的总体理论框架。然后，在搭建理论框架的基础上提出本研究的总体研究假设。

一、犯罪学的生命历程理论

生命历程理论已经成为国际犯罪学研究者理解犯罪行为的最重要的理论架构之一。与传统的犯罪学理论相比较，生命历程理论主要研究个体在整个生命过程中犯罪行为的持续性和变迁。生命历程理论认为犯罪行为是动态发展的，犯罪行为可以持续，表现为犯罪者在其生命历程中多次犯罪；犯罪行为也可以发生转折或停止，表现为犯罪者在某个生命历程中不再犯罪。重新犯罪的参照是前一次犯罪，初犯之后的再犯就是重新犯罪，从初犯到再犯，或者从上一次犯罪到下一次犯罪，这其实正是一个动态的生命历程。因此，生命历程犯罪学理论尤其适用于重新犯罪研究。

二、生命历程理论研究的缘起

生命历程理论所要解释的，是不同个体由于时代和社会因素而造成的生命轨迹的差别，以及同一个体在其整个生命过程中特定行为的持续性和变迁。生命历程理论不是某个学科的专属理论，犯罪学、社会学、心理学、生物学、历史学都可以运用生命历程理论研究自己学科面对的现象。因此，可以说生命历程理论是一个理论典范，是一种理解人类行为与发展的思维模式。①

美国犯罪学家额尔登是生命历程理论的主要代表之一。20 世纪 60 年代初期，额尔登来到伯克利人类发展中心参与了一项研究加利福尼亚州青少

---

① Elder, Glen, H, Jr. 1996. Human lives in changing societies: Life course and developmental insights. In Robert B. Cairns, Glen H. Jr. Elder, and E J. Costello (eds), Development Science, 31–62. New York: Cambridge.

年发展的项目。这项研究的主要目的在于了解青少年的发展及代际联系。从20世纪30年代到60年代，研究人员追踪调查了185名1920年至1921年出生的个体,并记录了他们从少年到中年时期的生活和成长历程。额尔登在研究中意识到，青少年的发展不是一个静态的过程，要了解青少年的发展和代际联系，首先要有一个动态的模型来理解个体在不同生命时期行为的持续性和变迁，而不只是研究个体间的差别。同时，由于在发展的过程中，个体和周边的社会和环境会有持续的互动，这个模型需要包容宏观的社会变迁和微观的个体发展。基于这样的考虑，额尔登尝试用生命历程理论来解释个体生命的持续性和变迁。这是犯罪学领域首次运用生命历程理论来研究犯罪人群与犯罪现象，自此之后，额尔登和其他犯罪学家在其他的研究中继续发展这个理论。如今，生命历程理论已经从当时的边缘理论发展为当今社会科学界的主流理论典范之一。[①]

三、生命历程理论的理论主张与实证研究

生命历程理论目前已经成为犯罪学理论中的主流典型理论，对犯罪人的犯罪轨迹及其影响因素具有很强的解释力。生命历程理论自20世纪八九十年代开始被应用到犯罪学领域当中，该理论对犯罪学的最大贡献在于犯罪学者应用长期数据及更为复杂精致的分析模型来研究个体犯罪行为在不同生命阶段的持续性和变迁。

（一）生命历程理论的理论主张

根据额尔登的阐述,生命历程理论建立在四个最基本的理论主张之上。[②]

第一个理论主张是：生命的发展和变迁应该是贯穿个体生命的整个过

---

① 曹立群、任昕:《犯罪学》，中国人民大学出版社2008年版，第44—45页。

② 曹立群、任昕:《犯罪学》，中国人民大学出版社2008年版，第45—47页。

程，而不应该局限于某个特定的阶段。犯罪学的一个显著特点是大多数理论研究仅仅关注某个特定的生命时期，而忽视其他阶段。比如说，犯罪学主要研究青少年时期的犯罪，而忽视犯罪之后的生命阶段。由于这种研究视角的局限性，犯罪学理论大都是静态的模型，缺乏解释犯罪行为发展和变迁的能力。在生命历程理论中，事件发生的时间顺序是一个重要的概念。生命的发展由一系列互相联系的事件组成，这些事件发生的顺序由一整套的社会规则与价值体系所指导，当这些有既定顺序的社会事件发生的时间顺序发生错乱时，个体的生命历程就有可能受到负面的影响。例如，个体在本应该努力读书上学的阶段却经常逃课，甚至因屡次违反校纪校规直至辍学，则刑满释放人员正常生活轨道就会受到负面影响，正常的社会化过程就会偏离社会主流价值观。

第二个理论主张是：生命轨道是多维的，而不是一维的。并且这些生命轨道相互交叉，相互影响。生命历程理论者认为，个体发展通常由不同的生命轨道组成，包括生理的、心理的以及社会的。这三种轨道密切联系，相互影响。比如说,心理轨道的变化会影响到社会行为的改变。众多犯罪学研究发现，心理压力的急剧增大会导致个体实施极端行为，如抢劫、盗窃、故意伤害等犯罪行为就是极端行为中的典型例子。

第三个理论主张是：个体发展受到社会和历史环境的制约。家庭和社区是影响个体的最直接因素。家庭结构、收入状况、父母亲教育程度等家庭背景都会对个体生活轨迹产生不可忽视的影响。例如，单亲家庭的子女，相较于双亲家庭，更容易表现出越轨行为。相同的道理，社区环境的变迁与个体的成长有着直接的联系。例如，一个刑满释放人员随父母搬迁到一个新社区，这个社区里面有许多没有上学，成天混迹于社区及周边街道的，经常实施偏差行为的刑满释放人员，如果这个新搬进社区的刑满释放人员的父母并不对其适当管教，该刑满释放人员则很有可能会逐渐融入这个社区中的偏差刑满释放人员群体之中。

第四个理论主张是：为促进防范和救治措施、项目的效益最大化，政策的制定和执行者必须考虑到个体生命发展的阶段性，以及在特定阶段个体的认知程度和发展需要的不同。据此，相同的防范和救治青少年犯罪的项目和措施，对不同的人会有不同的影响。例如，一个人在 14 岁时犯罪并被判刑 5 年，和其在 30 岁时犯罪并被判刑 5 年，对其产生的影响会截然不同。对 14 岁的少年而言，他接受教育、学习工作和社会技能，以及正常社会化的进程被打断。当他从监狱里面出来后，由于缺乏教育及基本的工作和社会技能，他在社会中依靠合法方式生存的机会将大为减少，而成为职业罪犯的可能性大为增加。而对于 30 岁的成年人而言，5 年的监狱生活，对其而言，差别只是那条道路更坎坷而已。

（二）生命历程理论的实证研究

美国犯罪学家罗伯特·桑普森与约翰·劳布运用生命历程理论开展的犯罪学实证研究具有典型意义，在美国乃至世界犯罪学历史上都有重要的影响和启示价值。桑普森和劳布的基本观点是：个体犯罪行为既有持续，又有变迁。桑普森和劳布在他们的著作《犯罪的形成》一书中，把生命历程的基本框架和赫希的社会控制理论相结合，提出了一个全新的理论，以年龄序列非正式控制理论来解释个体犯罪的持续和变迁。①

罗伯特·桑普森与约翰·劳布使用哈佛大学犯罪学家谢尔登·格鲁克与伊琳娜·格鲁克夫妇收集到的数据资料证实了他们提出的假设。该数据来源于 1939 年到 1948 年马萨诸塞州 500 名违法犯罪男性和 500 名非违法犯罪男性从儿童至成年时期的跟踪研究。比如，偏执的培养方式、威胁的培养方式在孩子的养育过程中出现频率很低的时候，孩子报告的对父母

---

①［美］罗伯特·J. 桑普森、约翰·H. 劳布：《犯罪之形成——人生道路及其转折点》，汪明亮、顾婷等译，北京大学出版社 2006 年版，第 143 页。

的依恋指数就高（r=-0.29 和 -0.24，$p < 0.05$）[①]。母亲的看护和孩子对父母的依恋呈正相关关系（r=0.38，$p < 0.05$）。但和父母的偏执、威胁性的教育方式呈负相关关系（r=-0.047，$p < 0.05$）。在某一家庭里，如果母亲对孩子的培育不负责任，并且呈现出严苛的、威胁性的教育方式，那么父亲也呈现出了相同的倾向（r=0.52，$p < 0.05$）。在官方记载的违法犯罪中，83% 的处于低监管状态的儿童有违法犯罪行为，而对于高监管状态的儿童，这个比例是 10%，前者是后者的 8 倍（gamma=-0.84）；在非官方记载的违法犯罪数据中，这个比例达到了 10 倍。父母对孩子的拒斥如不闻不问或敌意以及孩子对父母的依恋，既与官方记载的违法犯罪紧密相关，也与非官方记载的违法犯罪紧密相关。[②]这些检验结果都符合罗伯特·桑普森与约翰·劳布的理论预期。

罗伯特·桑普森与约翰·劳布的研究主要有两个创新之处，一是他们的研究涵盖了父母子女之间的两个方向的情感依恋研究，虽然戈夫和克拉奇菲尔德研究了父母感知对子女的依恋，但是大部分有关家庭和青少年违法犯罪的研究，都是从违法犯罪人收集资料，因此只是研究子女所感知的对父母的依恋，很少有研究者关注父母感知的对子女的情感依恋。[③]罗伯特·桑普森与约翰·劳布的研究从两方来对父母子女依恋程度进行测评，这使得

① r 是相关系数，是研究变量之间相关关系密切程度的量，它的取值范围是 [-1,1]，取值为正数时，表示负相关；取值为负数时，表示正相关。相关系数的绝对值越大，则表明变量之间的关系越密切。p 是统计学中假设检验结果中的概率值，它用来反映某一事件发生的可能性大小。统计学根据显著性检验方法所得到的 p 值，一般以 $p < 0.05$ 表示有统计学差异或者统计学意义。正文中的（r=-0.29，$p < 0.05$）表示在孩子的养育过程中，如果父母偏执的培养方式呈现低频率，则孩子报告的对父母依恋指数就会较高，这两者之间的相关系数为 -0.29，即表明前者频率越低，后者依恋指数越高，且两者之间的相关关系密切程度为 0.29，p 小于 0.05 表示两者之间的相关关系有统计学意义。

② Robert J. Sampson, John H. Laub. 1993. Crime in the Making: Pathways and Turning Points through Life. Boston: Harvard University Press, pp. 66–79.

③ Gove Walter R., Robert D. Grutchfield. 1982. The Family and Juvenile Delinquency. Sociological Quarterly 23:301–319.

他们可以对情感依恋变量做出更为充分的描述。二是他们的研究在父母违法犯罪状况以及管教方式等一些关键变量中，分别评估了父亲和母亲两者对子女的不同影响。洛伯和施多沙默尔－洛伯曾指出，我们对父亲的影响一无所知。[①]因此，罗伯特·桑普森与约翰·劳布认为探究父亲和母亲对孩子有相似还是有不同影响就显得非常重要了。

桑普森和劳布依据生命历程犯罪学理论进一步强调：在一个人的不同生命阶段，社会群体和社会机构起到了不同程度的控制作用。具体来说，他们的主要观点有如下几点：早期犯罪行为方面的差异至少通过两种途径对成年时期的犯罪行为产生影响。第一种途径是，个体会把其生命早期，特别是 14 周岁之前由于受家庭、兄弟姐妹、学校、伙伴影响而形成的犯罪性倾向带至成年时期。第二种途径是，状态依赖性，表明过去和将来犯罪行为之间的联系是一种自然的因果关系。虽然这种影响是潜在的，但是该模式说明，犯罪人的行为会逐渐消弱维系成年人与社会的联系的纽带，如与劳动部门的联系，与婚姻的联系等所起的作用，导致他们与主流社会之间的联系出现困难。这一研究可以更进一步用成年时期社会纽带的强弱来解释成年犯罪与否的变量。[②]同时，桑普森和劳布指出，生命历程事件的发生，尽管在一定程度上受到个体性格特征和早期行为的影响，但仍然具有一定的偶然性。也就是说，这些时间并不是完全由早期行为和个体性格特征所决定的，它们具有独立的对犯罪行为发展的预测价值。[③]

① Loeber Rolf, Magda Stouthamer-Loeber. 1986. Family Factors as Correlates and Predictors of Juvenile Conduct Problems and Delinquency. In Crime and Justice, Volume7, ed. Michael Tonry and Norval Morris. Chicago: University of Chicago Press, pp. 29.

②［美］罗伯特·J. 桑普森、约翰·H. 劳布：《犯罪之形成——人生道路及其转折点》，汪明亮、顾婷等译，北京大学出版社 2006 年版，第 143 页。

③ Robert J. Sampson, John H. Laub. 1993. Crime in the Making: Pathways and Turning Points through Life. Boston: Harvard University Press, pp. 66–79.

四、本研究对生命历程理论的借鉴与运用方式

本研究将犯罪学的生命历程理论作为总的理论框架，并将所有可能影响刑满释放人员重新犯罪的可能因素全都整合进该理论框架，具体地说是嵌入犯罪学的生命历程理论中去。之所以如此，具体有如下原因。

（一）刑满释放人员 14 周岁前的成长经历是一个典型的生命历程

本研究借鉴犯罪学研究的重要经验，即将犯罪人早年成长经历作为一个可能对犯罪人实施犯罪行为产生影响的重要阶段或时期，在此基础上开展相关的研究。在犯罪学研究领域，个体早年成长经历是指 14 周岁之前的成长经历，从时间角度来看，这是一个完整的，具有明显时间界限的时期。主要的依据是我国刑法规定，个体未满 14 周岁的前提下，除了需要对八种特殊的犯罪行为承担刑事责任之外，对其他的犯罪行为不需要承担刑事责任。从成长环境角度来看，14 周岁一般刚好完成初中学业，刚刚度过了整个青春期。众所周知，青春期对于偏差行为少年而言，是一个“狂飙突进”时期，是一个非常关键的时期，是少年最容易受到不良影响的时期，还是部分少年开始走上歧途的时期。在这个时期，家庭、学校、朋友圈、社会文化的不良因素都可能对少年越轨产生影响。这种内含犯罪的早年成长经历，在许多犯罪学者看来，将对其成年后的重新犯罪行为产生显著影响。

（二）刑满释放人员从初次犯罪到再次犯罪亦是一个典型的生命历程

本研究的研究对象是在未成年时期或者成年时期有过犯罪史的群体。这个群体既包括后来重新犯罪的群体，也包括后来没有重新犯罪的群体。本研究拟比较重新犯罪群体与未重新犯罪群体之间的差异，并在此基础上找出研究对象之所以重新犯罪或者未重新犯罪的原因。在这些研究对象之中，

重新犯罪的那部分对象曾经实施过第一次犯罪，也许实施过不止一次犯罪，当然，不管他们实施过几次犯罪，他们在刑满释放后的一定时期之内，难以适应主流社会，因为诸多影响因素的作用，他们又实施了第二次犯罪，有的人实施了第三次犯罪甚至更多次犯罪。另外一个群体曾经实施过第一次犯罪，刑满释放后经过一定时间之后，逐渐适应与融入主流社会，因为诸多影响因素的作用，他们没有实施第二次犯罪。虽然，这并不意味着这部分群体永远不会再次犯罪，但是，他们没有犯罪的原因却对预防犯罪有着重要的研究价值。显然，这两个群体的家庭生活经历、就业单位工作经历、朋友圈交往经历等都是典型的生命历程。因此，生命历程犯罪理论与刑满释放人员重新犯罪之间实际上非常契合。

（三）刑满释放人员重新犯罪影响因素可以被嵌入四个典型的生活历程

既然本研究中的两个群体的生活经历都是典型的生命历程，那么，他们的生命历程如何进行划分？如果不进行恰当地划分的话，可能会造成生命历程阶段边界难以辨认，不利于我们找出辨识度高的影响因素。借鉴既往的研究成果，本书将有过犯罪经历却未重新犯罪的刑满释放人员的生命历程划分为：第一个时期，早年成长时期，是指 14 周岁之前的成长时期。这个时期的经历包括五个方面的经历，即早年家庭成长经历、早年学校成长经历、早年社会交往经历、早年偏差行为经历、早年不幸事件经历。第二个时期，第一次犯罪时期，是指研究对象在 14 周岁之后第一次犯罪时的相关变量。第三个时期，上次监狱服刑时期，即监狱服刑期间的一些经历。第四个时期，上次刑释之后的时期，相关的维度包括刑满释放人员的人口特征、经济状况、家庭情况、社会交往、心理感受、权益认知、不幸遭遇。同时，本书将有过犯罪经历的且重新犯罪刑满释放人员的生命历程同样划分为以上四个时期。可以发现，本书对研究对象生命历程的划分，完全按照时间先后顺序，并且将某一时期与相关维度一一对应，找到最适宜的划分时期的标准，符合科学性的要求，符合逻辑。

五、总体理论框架与总体研究假设

从人类行为与社会环境的视角来看，个体行为与社会环境中纷繁复杂的各个因素都有可能存在直接或间接的联系。那么，根据这个观点，刑满释放人员同时是有过犯罪经历的个体，他们是否会重新犯罪？他们重新犯罪的风险有多大？他们是否能够最终回归社会？可能与他们所处的社会环境中的纷繁复杂的各个因素存在直接或间接的联系。本研究的目的正是试图分析刑满释放人员所处社会环境中究竟有哪些因素对他们的重新犯罪行为具有显著性的影响，在找出这些对刑满释放人员重新犯罪具有显著性影响的因素之后，又会面临许多新问题，即哪些因素的影响力更大，哪些因素的影响力更小？这些因素在测评刑满释放人员重新犯罪风险水平中扮演的角色是什么？这些因素的权重分别应该是多少？

基于这些思考，笔者将可能影响刑满释放人员重新犯罪的所有因素综合起来，尝试构建刑满释放人员重新犯罪生命历程理论，以犯罪学的生命历程理论为重新犯罪生命历程理论的载体，将各个可能的因素整合进刑满释放人员重新犯罪生命历程理论框架，使得可能影响刑满释放人员的多个纷繁复杂的因素以符合逻辑的方式、以系统化的形式构成刑满释放人员重新犯罪生命历程理论。

具体而言，笔者将刑满释放人员重新犯罪生命历程理论操作为四个维度，这四个维度依照刑满释放人员成长经历为逻辑主线串联，分别为：第一个维度是早年成长时期维度，是指刑满释放人员 14 周岁之前的相关经历。这个时期的经历包括五个方面的经历，即早年家庭成长经历、早年学校成长经历、早年社会交往经历、早年偏差行为经历、早年不幸事件经历。第二个维度是第一次犯罪时期维度，是指刑满释放人员 14 周岁之后第一次犯罪时的相关经历，这些经历包括犯罪年龄、罪名与被判刑期。第三个维度是上次监狱服刑时期维度，是指刑满释放人员初次犯罪后在监狱服刑期间的一些经历。这些经历包括刑满释放人员在监狱服刑期间的各种表现，他们对监狱管理工作的评价以及对监狱教育工作的评价。第四个维度是刑满释放人员从初次刑满释放日开始一直到接受调研日之间的时期维度，是指刑满释放人员在此期间的个人人口特征与其他重要的生活经历，具体包括刑满释放人员的人口特征、经济状况、家庭情况、社会交往、心理感受、不幸遭遇、悔罪态度。具体情况如表 2.2.1 所示。表 2.2.1 将刑满释放人员重新犯罪生命历程理论操作为四个维度，每个维度又被操作为若干个指标，早年成长时期有 5 个指标，初次犯罪时期有 3 个指标，初次监狱服刑时期有 3 个指标，初次刑释至重犯日或接受调查日时期有 7 个指标。实际上，这些指标尚未操作到最后一步，这些指标必须被操作为更加具体的甚至无法再具体的指标。因为在社会科学研究中，被测量的概念、命题以及理论都应该使用具体到无法更加具体的指标来测量。例如，第四维度中的人口特征就必须被操作为性别、文化程度、婚姻状况、户籍等最为具体的指标。经济状况则应该被操作为就业状况、收入状况、支出状况、住宿状况等更加具体的甚至无法进一步具体的指标。笔者遵循这一原则，开展进一步的操作工作，具体情况此处暂时不做介绍，而是在接下来的具体的分析中详细介绍。

正如表 2.2.1 所示，第四个维度包含的指标最多，那么这个维度对于刑满释放人员重新犯罪的影响是否最为重要？实际上，在理论假设角度来看，距离个体最近的因素应该对其行为有着更为直接的影响，刑满释放人员在重新犯罪或未重新犯罪之前的，最近的因素应该对其行为有着更为直接的影响。但是，这只是一种推测或者说假设，需要统计分析对这种假设加以验证。

表 2.2.1 刑满释放人员重新犯罪生命历程理论框架

理论	维度	指标
刑满释放人员重新犯罪生命历程理论	1. 早年成长时期	早年家庭成长经历
		早年学校成长经历
		早年社会交往经历
		早年偏差行为经历
		早年不幸事件经历
	2. 初次犯罪时期	初次犯罪年龄
		初次犯罪罪名
		初次犯罪刑罚
	3. 上次监狱服刑时期	监狱服刑表现
		对监狱管理工作的评价
		对监狱教育工作的评价
	4. 初次刑释至重犯或接受调查日	人口特征
		经济状况
		家庭情况
		社会交往
		心理感受
		不幸遭遇
		悔罪态度

在验证假设方面，验证某个维度对刑满释放人员重新犯罪风险的影响力大小需要首先验证相关维度中所有具体指标的影响力大小，其次将具体指标的影响力进行综合评价，在此基础上来考量相关维度影响力的大小。也就是说某一个维度的影响力是通过该维度各个具体的指标的影响力综合而

成。因此，笔者第一步构建了刑满释放人员重新犯罪生命历程理论框架，实现了影响重新犯罪的纷繁复杂的各个因素之间关系系统化与合乎逻辑的目标。第二步，笔者需要在此基础上提出本研究准备验证的假设。以刑满释放人员重新犯罪生命历程理论为基础，本研究的研究假设包括总体研究假设、各个维度研究假设、各个指标对应的研究假设。笔者在此仅提出总体研究假设，其他具体的研究假设将在后面的具体分析过程中逐一提出。如此，笔者在研究设计中提出宏观的总体研究假设，然后在具体分析过程中，将提出具体的研究假设与验证具体的研究假设无缝衔接，从而更好地呈现假设验证的过程。

总体研究假设：刑满释放人员生命历程中的各种经历对其重新犯罪风险具有显著影响。

在这个总体研究假设中，包括非常多的分假设或者称子假设，这些分假设、子假设与它们相关的指标对应，笔者将通过各种资料分析检验这些子假设、分假设来验证这些指标是否显著影响刑满释放人员重新犯罪风险水平。

第三节　研究思路与研究结构

一、研究思路

正如本书第一章所述，刑满释放人员重新犯罪研究得到了一些研究者的重视，取得了一些研究成果，笔者之所以认为这些成果的数量是“一些”，而不是“很多”“较多”，是因为，关于刑满释放人员重新犯罪的研究成果数量不多。正如第一章中的表 1.1.3 所示，从 1981 年到 2017 年的 37 年间，论文总数仅为 381 篇，平均每年仅 10 篇。从 2008 年到 2017 年，论文平均数有所增长，平均每年约为25篇。这些数据一方面可以呈现出近十年来重新犯罪研究正在逐渐被研究者重视，另一方面也说明重新犯罪论文总量不大，在目前犯罪与矫正实务界对重新犯罪议题越来越重视与密集关注的背景下，重新犯罪研究领域需要更多研究者加入。鉴于以上存在的问题与背景，笔者提出本研究的总体研究思路，即以刑满释放人员重新犯罪影响因素为研究主题，以提出符合调查研究结果的预防刑满释放人员重新犯罪的对策建议为目标，以减少刑满释放人员重新犯罪为研究目的，全方面比较刑满释放之后五年内重新犯罪的刑满释放人员与刑满释放之后五年内没有重新犯罪的刑满释放人员之间的差异，希望找到影响刑满释放人员重新犯罪的具体原因及细节资料。

在总体研究思路的基础上，笔者提出本研究的具体研究思路：第一步，使用中国知网检索刑满释放人员重新犯罪研究领域的论文，在图书馆搜寻刑满释放人员重新犯罪研究的著作，仔细分析这些论文与著作的研究发现，了解刑满释放人员重新犯罪研究的历史脉络、主要内容、最新发现与研究不足，为进一步开展该研究做出基础性的文献述评工作，从而明确后续工作的框架、内容与重点。第二步，收集一定数量的刑满释放之后五年内重新犯罪的刑满释放人员档案资料、工作台账与重新犯罪原因总结资料，将这些重新犯罪的个案与相近数量的刑满释放之后五年内没有重新犯罪的刑满释放人员的档案资料、工作台账与生活经历进行比较。第三步，在以上文献资料研究的基础上对这两类群体开展深度访谈，在访谈中深刻理解、分析影响刑满释放人员是否重新犯罪的因素，他们遭遇的困难，困难是否被解决，如果被解决，顺利解决的原因有哪些？如果没有被解决，没有被解决的原因有哪些？第四步，在访谈结束之后，依据访谈获得的信息编制调查问卷，通过调查问卷收集数据资料，为进一步开展描述性数据统计分析与解释性数据统计分析做好数据准备工作。在问卷调查过程中，课题组进一步对研究对象开展深度访谈，追问上一阶段中尚未厘清的问题，并且希望获得更多的、上一阶段没有涉及的、有价值的与新发现的问题的相关信息。在问卷调查结束后，尽快将问卷调查数据资料整理与录入 SPSS 统计分析软件，并且将深度访谈录音整理成文本文件，以备分析时使用。至此，课题组已经收集与整理相关的既有论文与著作资料、典型案例资料、深度访谈资料、问卷调查资料。第五步，以国际上重新犯罪风险因素研究使用的主流统计分析方法，即受试者工作特征曲线（Receiver Operator Characterristic Curve）——简称 ROC 曲线分析方法——来分析问卷数据资料，以描述性的百分比、频次分析为辅助分析方法，通过这些统计分析方法检验对刑满释放人员重新犯罪产生显著影响的因素。在相关影响因素筛选出来的同时，使用案例资料，访谈资料问卷数据统计分析结果进行分析、解释，探讨出现这种统计分析结果的原因。在此基础上，根据刑满释放人员重新犯罪的风险因素制定设计降低风险的思路，进一步根据本研究的案例分析、访谈分析与数据分析的结果编制刑满释放人员重新犯罪风险评估工具，提出刑满释放人员重新犯罪风险防控对策。

二、研究结构

本研究的结构呈总分结构，这种结构通过全书的章节安排得以呈现。具体而言，第一章是导论，主要介绍研究背景，界定研究问题，明确研究价值。第二章是研究设计，主要界定研究的核心概念，搭建研究的总体框架，提出总体的研究假设，介绍研究思路与研究结构，明确研究地点与研究对象，介绍研究方法。第三章是文献综述，主要综述重新犯罪的相关研究，总结与评价这些既往相关研究的借鉴之处。第四章是刑满释放人员重新犯罪的早年成长时期影响因素分析，主要使用案例分析、访谈资料分析、问卷调查数据分析三种方法，全面、深入地分析此时期的各种因素对刑满释放人员重新犯罪的影响。第五章是刑满释放人员重新犯罪的初次犯罪时期影响因素分析，与第四章使用相同的方法开展分析。第六章是刑满释放人员监狱服刑时期影响因素分析及上一次犯罪到重新犯罪日或接受调查日之间影响因素分析及重新犯罪影响因素研究的结论。第八章是刑满释放人员重新犯罪预防对策，并且讨论刑满释放人员重新犯罪进一步研究的空间。

第四节　研究方法

一、既有文献梳理与评价

既有文献是本研究的重要基础，对既有文献开展研究是大部分研究的必经阶段，因为每一个研究者在开展研究时都应该非常清楚目前的研究处于什么阶段、什么水平，只有这样，才能找到自己的研究出发点，明确自己研究的重点，这是一种了解相关研究现状的重要研究方法。[①] 因此，笔者尽可能充分收集已经公开发表的与本研究有直接关系的各种文献，如期刊论文、图书资料、网络资料。具体而言，本研究主要查阅和分析了四类文献。（1）学术研究文献。主要是国内外罪犯群体犯罪与重新犯罪相关的各种文献资料。（2）上海市犯罪矫正机构与刑满释放人员安置帮教机构提供的不涉密的各类工作规程、工作总结。这类文献可以帮助笔者了解刑满释放人员安置帮教工作的进程以及主要运作机制。（3）相关法律法规及政策文本。（4）新闻媒体的各类报道。

二、深度访谈与文本分析

深度访谈是定性研究的主要资料收集方法，是获得丰富的、有深层次意义资料的重要方法。本研究收集深度访谈资料与分析深度访谈资料的目

① 风笑天:《社会学研究方法》，中国人民大学出版社 2005 年版，第 224 页。

的有两个:(1)呈现刑满释放人员重新犯罪的过程资料，让感兴趣者对刑满释放人员重新犯罪过程有直观的认识;(2)为进一步理解定量研究数据统计分析结果提供丰富的、深层次的材料。本研究采用深度访谈方法收集丰富的谈话材料，该方法可以用来搜集被访谈对象各方面深层次的信息，与问卷的浅层次信息相比，深度访谈更适用于用来搜集行为与态度背后的原因。与问卷调查的统计数据不同，深度访谈搜集的丰富的语言文字能够更加深刻地反映有过犯罪经历人员各方面的情况，有利于掌握他们态度、行为变化的种种轨迹。深度访谈的缺点在于样本量不可能太大，因此，很难从整体的层面把握有过犯罪经历人员的面貌，也无法从数理统计方面探讨有过犯罪经历人员各种态度与行为的因果关系，因此将深度访谈与问卷调查结合起来收集有过犯罪经历人员的种种信息将会得到最全面的资料。

三、问卷调查与统计分析

深度访谈与文本分析是本研究的辅助研究方法，而问卷调查与数据统计分析则是本研究的主要研究方式，问卷调查与统计分析属于实证主义研究范式。库恩认为:“范式是常规科学研究的理念基础和实践规范，包括基本理论、观点、方法、共有的信念等。”[①] 目前，国内外学者对范式有较多的分类方法，主流范式包括四个类别即实证主义、后实证主义、批判理论和阐释主义。其中实证主义与阐释主义是比较流行的两种范式。实证主义研究者主要是实验的/操作的方法论取向，多采取数学与统计学方法。实证主义要求对假设进行验证、证伪或证实，主要使用调查统计分析方法。而阐释主义则主要采用定性研究方法，注重对人的意义建构的解释性理解，注重挖掘当事人的经历、故事、态度与行为的变化过程。本研究将采用实证主义研究范式，对刑满释放人员重新犯罪影响因素进行数据统计分析，从

① 陈向明:《质的研究方法与社会科学研究》，教育科学出版社 2000 年版，第 378 页。

而挖掘影响刑满释放人员重新犯罪显著性原因。

本研究采用的实证研究范式，对应的研究方法是社会科学研究中的定量研究方法。社会科学研究中的定量研究方法是指将社会现象转化为数据材料，进行收集、分析与提出相关研究结论的研究方法的总称。笔者主要使用问卷调查方法，深入上海市监狱系统与刑满释放人员安置帮教机构进行了实地的问卷调查。在调查现场，笔者得到了相关监狱民警与司法所安置帮教工作者的大力协助，在他们的协助下，刑满释放人员在现场填答问卷，答完问卷之后才可以离开，因此，保证了很高的问卷回收率。

在调查研究阶段，笔者首先需要考虑选择哪些研究地点和研究对象。（1）关于研究地点。上海市共有 16 个区，每个区都有相关的刑满释放人员安置帮教机构，这些安置帮教机构均属于各区司法局社区矫正科，除了区域面积很大的浦东新区和奉贤区拥有 2 家社区矫正中心之外，每个区都有一家社区矫正中心，每家社区矫正中心都有刑满释放人员安置帮教工作机构，负责全区刑满释放人员的安置帮教工作，对全区的乡镇街道司法所承担的安置帮教工作进行指导。因为上海市司法局安置帮教机构负责人认为在全市各区县的安置帮教系统建议抽取其中的 6 个区的安置帮教机构作为调查地点。因此，笔者采纳上海市司法局建议，随机抽取了 6 个区作为调查地点，具体的区名称尊重上海市司法局的建议，采取匿名处理，不对外公开。（2）关于调查对象。为了顺利开展调查研究，首先要明确调查对象。本研究的主要调查对象是是否重新犯罪的刑满释放人员，包括两类群体，一是上海市有过监狱服刑经历在刑满释放之后五年之内没有重新犯罪的人员，笔者在上海市司法局安置帮教机构领导的支持下抽取得到这部分未重新犯罪的人员。最终，笔者从上海市 6 个区县找到了 251 名未重新犯罪的刑满释放人员样本。二是上海市有过监狱服刑经历在刑满释放之后五年重新犯罪的人员，笔者在上海市司法局监狱管理局的支持下抽取得到这部分重新犯罪的人员，最终在上海市 9 家监狱中找到 258 名有过监狱服刑经历的重新犯罪人员的样本。在研究中，本书将对重新犯罪的刑满释放人员和未重新犯罪的刑满释放人员开展对比分析，使用 ROC 曲线分析方法分析检验这两个群体之间的不同之处。

具体来说，本书以是否重新犯罪作为因变量，其中“重新犯罪 =1，未重新犯罪 =0”。由于是否重新犯罪属于二分变量，因此，本书使用二元 ROC 曲线分析作为统计分析方法。表 2.4.1 是因变量的具体分布。表格显示，在 509 名接受调查的刑满释放人员中，有 251 人没有重新犯罪，占总体的 49.3%，有 258 人重新犯罪，占总体的 50.7%。重新犯罪群体与未重新犯罪群体之间的人数差异非常小，这样可以提高两个群体之间差异比较的准确度。

表 2.4.1　重新犯罪刑满释放人员与未重新犯罪刑满释放人员频数统计

	频率	百分比（%）	有效百分比（%）
未重犯	251	49.3	49.3
重犯	258	50.7	50.7
合计	509	100.0	100.0

本研究中的问卷调查与统计分析板块的研究方式属于采用实证主义研究范式，这种研究范式也是本研究中最重要、最主要的研究范式。目前，国内外学者对范式有较多的分类方法，主流范式包括四个类别即实证主义、后实证主义、批判理论和阐释主义。其中实证主义与阐释主义是比较流行的两种范式。实证主义研究者主要是实验的 / 操作的方法论取向，多采取数学与统计学方法。实证主义要求对假设进行验证、证伪或证实，主要使用调查统计分析方法。而阐释主义则主要采用定性研究方法，注重对人的意义建构的解释性理解，注重挖掘当事人的经历、故事、态度与行为的变化过程。本研究将采用实证主义研究范式，对刑满释放人员重新犯罪影响因素进行数据统计分析，从而挖掘导致刑满释放人员重新犯罪的原因。

本研究采用的实证研究范式，对应的研究方法是社会科学研究中的定量研究方法。社会科学研究中的定量研究方法是指将社会现象转化为数量材料，进行收集、分析与提出相关研究结论的研究方法的总称。此处的定量研究方法的指导思想是运用自然科学中的数学、统计学分析社会现象。定量研究方法包括问卷调查与分析、实验调查与分析、内容分析等方法。本研究将开展问卷调查和统计分析。笔者主要使用问卷调查方法，深入上海市安置帮教系统与监狱系统进行实地的问卷调查。在安置帮教调查现场，笔者得到了上海市司法行政系统安置帮教工作者的大力协助，在他们的协助下，刑满释放人员在现场填答问卷，答完问卷之后才可以离开，因此，保证了很高的问卷回收率。在监狱调查现场，笔者得到了监狱警察的大力协助，在监狱警察和课题组成员的共同指导下，调查对象现场填答问卷，答完问卷之后才可以离开，因此，同样保证了很高的问卷回收率。根据问卷调查方法的规则，笔者在下文报告本研究的整个实地调查过程：

在上海市司法局的大力支持下，笔者得到了全体重新犯罪与未重新犯罪人员的花名册，为了确保调查样本对总体的代表性，笔者采取了简单随机抽样的方式选取样本。简单随机抽样的步骤如下：第一步，将上海市 16 个区县编制成花名册，得到关于上海市区县的抽样框，然后使用简单随机抽样方法从中抽取了 6 个区县。同时，将上海市的 15 家监狱编制成花名册，得到关于上海市监狱的抽样框，然后使用简单随机抽样方法从中抽取了 9 家监狱。第二步，笔者从上海市司法局得到了上海市 6 个区县中近五年来所有未重新犯罪的刑满释放人员的花名册；从上海市监狱管理局得到了这 9 家监狱近五年来在五年期间重新犯罪后重新进入监狱服刑的所有人员的花名册与基本信息。由于上海市司法局要求不公开这些重新犯罪与未重新犯罪人员的总数，为了尊重上海市司法局的意愿，笔者很遗憾在此没能报告抽样总体。第三步，笔者以两份花名册为基础，为每个姓名编号，编制成抽样框。然后，笔者使用简单随机抽样方法抽取了相关的重新犯罪与未重新犯罪的对象。最终在上海市9家监狱中找到251名未重新犯罪的刑满释放人员。从上海市6个区县找到了258名重新犯罪的刑满释放人员。在研究中，本书将对重新犯罪刑满释放人员和未重新犯罪刑满释放人员开展对比研究。

在对象隐私保护方式方面，因为上海市司法局安置帮教机构与上海市监狱管理局对研究资料真实性、全面性、客观性、匿名性的重视，即如果在调查中遵循对调查对象隐私的保护，将有助于调查对象消除疑虑与担忧，从而提供真实可靠的信息。因此，本研究将能够反映出接受调查的机构、个人的基本特征信息，如区县、街道名称，个人的姓名、性别、年龄等资料隐去。这一原则笔者在第一次与受访者见面时就首先明确。遵守这样的匿名性原则不仅是获取真实而全面的资料的保证，更是对受访者的尊重。在上海市司法局安置帮教机构与上海市监狱管理局领导的帮助下，笔者顺利地联系到了符合笔者要求的机构、研究对象。

在开展资料分析方面，具体过程首先是资料审核。调查结束后，笔者将对问卷资料进行审核，去除信息不完整、错误的问卷，保证问卷的完整性和有效性。其次是对资料进行编码。笔者将对每一份问卷进行编号，按照被访者的顺序对被访者进行排序编号，以保证不遗漏资料。最后对资料进行分类。在定量研究中，资料分类工作在问卷设计的时候就已经解决。对于问卷调查资料，本研究采用SPSS20.0统计软件进行问卷调查数据的录入，并且使用SPSS20.0统计软件进行自变量与因变量关系的统计分析。

第五节　研究步骤

本研究的步骤分为两个泾渭分明的阶段：第一个阶段是调查研究阶段，在此阶段，笔者首先使用了文献调查方法收集与本研究有关的各种文献资料，目的是全面了解本研究主题目前的研究现状与需要改善之处。其次笔者使用一对一深度访谈的方法收集资料，目的是增加对刑满释放人员重新犯罪原因的感性认识。最后笔者使用问卷调查方法收集数据资料，主要用于了解刑满释放人员整体上的各种特征，也为后续的中高级统计分析奠定数据基础，与此同时，笔者开展一对一深度访谈，与前一阶段的深度访谈不同的是，此步骤中笔者使用深度访谈方法收集关于刑满释放人员重新犯罪的深层次信息。第二个阶段是报告撰写阶段，在此阶段笔者以问卷调查获得的数据为核心，主要对统计数据进行直接的分析，同时使用文献资料、深度访谈资料、案例资料进一步分析统计数据，期望能够总结出带有规律性的认识。具体的调查与研究的步骤如下。

一、查阅既有的文献资料

文献研究（document study）是一种通过收集和分析现存的，以文字、数字、符号、画面等信息形式出现的文献资料，来探讨和分析各种社会行为、社会关系及其社会现象的研究方式。① 此次研究主要查阅和分析了四类文献。（1）学术研究文献。主要是国内外罪犯群体尤其是有过犯罪史的重新犯罪人员的相关文献资料。（2）上海市监狱管理局与安置帮教机提供的各类工作规程、工作总结。这类文献可以帮助笔者了解现行罪犯重新犯罪预防的进程以及主要运作机制。（3）相关法律法规及政策文本。这类文献帮助笔者了解现行国家与各级行政部门对预防罪犯重新犯罪所制定的相关政策、法律和制度，从宏观角度了解刑满释放人员生存与发展的社会环境。（4）新闻媒体的各类报道。媒体以及社会其他渠道关于刑满释放人员的报告与讨论，对刑满释放人员回归社会的影响极大。对这部分信息和文本的了解，可以帮助笔者进一步了解刑满释放人员的生存环境和舆论氛围。

① 风笑天:《社会学研究方法》，中国人民大学出版社 2005 年版，第 224 页。

二、选择研究地点与研究对象

在问卷调查方面，本研究在地点和研究对象的选择上均采用了随机抽样方法，以确保样本对总体的代表性。在深度访谈方面，本研究采取目的性抽样方法选择样本，即抽取那些能够和愿意提供丰富信息的刑满释放人员以及相关工作者为访谈对象，以此确保样本的典型性、代表性与丰富性，即这些样本能够充分地反映研究所想要的全方面的资料。在随机抽样程序方面，鉴于上海市监狱管理局拥有上海市所有监狱累犯的花名册与基本信息，同样，上海市司法局安置帮教机构拥有上海市所有刑满释放人员的花名册，笔者获得了他们的支持，拿到花名册进行随机抽样。在深度访谈方面，笔者在选择研究对象时主要参考上海市监狱管理局与安置帮教机构的意见。在研究对象的选择上，所有的受访对象都符合目的性抽样的原则，即样本需要具备性格开朗、善于表达、客观公允等特征，对研究的主题非常熟悉，能够提供研究所需的丰富而全面的信息。他们是本研究中的“关键人物”。

因为上海市监狱管理局与上海市司法局安置帮教处对研究资料真实性、全面性、客观性的重视，也鉴于社会调查研究方法伦理中的匿名性原则，即如果在社会调查中遵循对调查对象隐私的保护，将有助于调查对象消除疑虑与担忧，从而提供真实可靠的信息。因此，本研究将能够反映出接受调查的机构、个人的基本特征信息，如区县、街道名称，个人的姓名、性别、年龄等资料隐去，并使用适当的、无法辨认出真实机构与个人的代号表示。这一原则笔者在第一次与受访者见面时就首先明确。遵守这样的匿名性原则不仅是获取真实而全面的资料的保证，更是对受访者的尊重。在上海市监狱管理局与上海市司法局安置帮教处领导的帮助下，笔者顺利地联系到了符合笔者要求的机构、研究对象。

三、开展一对一深度访谈

访谈是定性研究中一个最重要的资料收集方法。因为访谈可以帮助研究人员通过与研究对象的语言沟通，进一步了解他们的处境及思想。访谈的方法可以避免对别人的控制，在人与人之间建立一种联系。阮曾媛琪指出，深度访谈是一种“重复的面对面的在研究者和访问对象之间的接触，它的目的是要理解访问对象用自己的语言表达出来的，有关生活、经历或情景的种种观点”[①]。深入访谈需要较长的访谈时间，这对加强信赖和理解是十分有益的，有助于研究者和受访者之间平等和互动关系的建立。深度访谈将被访者的看法置于高度重要的位置，访问者必须高度尊重被访者的原意，不能有所扭曲。它希望通过分析重现被访问者的世界，用他们自己的语言和观点对资料进行诠释，通过对被访者的深入访谈，以达到理解和再现被访者生活经验的目的。[②]此次研究的主题是有过未成年犯罪史人员重新犯罪影响因素研究。从主题来看，本研究的访谈主体应该包括两个类别，分别是：（1）重新犯罪的刑满释放人员；（2）没有重新犯罪的刑满释放人员。

四、整理各类调查资料

笔者首先开展访谈与问卷资料的整理。一是资料审核。调研结束后，按照准确性、真实性、实用性原则对所得资料进行了整理，消除原始资料中存在的虚假、差错、短缺、冗余现象，保证资料的真实、有效、完整，为进一步加工整理打下基础。二是资料编码。问卷在调查之前就已经完成编码工作，每个题目、选项都有相对应的阿拉伯数字作为编码符号。深度访谈则采用开放式编码的方式，通过反复阅读访谈记录，寻找分类的标准，然后

---

① 阮曾媛琪：《中国妇女社会支持网络研究——“扎根理论”研究方法的应用》，北京大学出版社 2002 年版，第 31 页。

② 风笑天主编：《社会研究方法》，高等教育出版社 2006 年版，第 232—233 页。

对资料进行编码分类。研究对每一个深入访谈的个案均采用一级编号方式进行了标识，具体方法为：主要区分被调查者的身份，分为“监狱服刑人员”“刑满释放人员”“安置帮教工作者”。三是资料分类。在定量研究中，资料分类工作在问卷设计的时候就已经解决。在定性研究中,分类则是研究者运用比较法鉴别出材料内容的共同点和差异点，将类似的材料加以合并。在合并的过程中根据共同点将材料归结为较大的类，根据差异点将材料划分为较小的类。①

五、初步分析访谈与问卷资料

对于问卷调查资料，本研究采用 SPSS20.0 统计软件进行问卷调查数据的录入，并且使用 SPSS20.0 统计软件进行初步的描述统计分析，主要是指百分比与频次分析。对于深度访谈资料，本研究采用定性资料分析方法中的连续接近法。所谓连续接近法，即“通过不断地反复和循环的步骤，使得研究者从开始时一个比较含糊的观念以及杂乱、具体的资料细节，到达一个具有概括性的综合分析的结果”②。

六、问卷数据的 ROC 曲线分析

在此阶段本研究严格遵照实证研究的科学程序开展假设检验与统计分析工作。第一步是找到相关的理论依据，第二步是梳理与回顾以往的研究，第三步是依据既有理论与既有研究提出清晰的研究假设，第四步是使用问卷调查收集得到的数据进行统计分析，检验研究假设是否能够被接受。对于这些问卷调查的资料，本研究采用 SPSS20.0 统计软件进行问卷调查数据的录入，并且使用 SPSS20.0 统计软件中的 ROC 预测性统计分析技术开展

① 风笑天主编:《社会研究方法》，高等教育出版社 2006 年版，第 279—282 页。

② 风笑天:《社会学研究方法》，中国人民大学出版社 2001 年版，第 311 页。

分析，分析各个可能的影响因素对是否重新犯罪的预测力，然后根据相关的统计分析标准决定自变量的取舍。在本章中，笔者有必要介绍 ROC 曲线分析及其预测作用，以便于理解。

具体而言，ROC 曲线分析[①]是罪犯重新犯罪风险评估领域最权威的专家 Boton 博士使用的高级统计分析方法。他使用 ROC 来判别某一个自变量是否能够准确地预测有过犯罪史的研究对象重新犯罪的风险程度。本研究也使用 ROC 来检验各自变量对是否重新犯罪的预测力度。

1. ROC 曲线分析的概念

ROC 全称为受试者工作特征曲线（Receiver Operator Characterristic Curve），最初用于评价雷达性能，又被成为接受者操作特性曲线。ROC 曲线是以真阳性率，即灵敏度为纵坐标，假阳性率，即 1– 特异度为横坐标绘制的曲线。ROC 曲线分析对自变量也称检验项目的要求为一般应该是连续性变量，因变量即状态项目一般为二分类变量。

2. ROC 曲线分析的作用

ROC 曲线后来被广泛应用于医学中，它的主要作用在于很容易地查出任意界限值时的对疾病的识别能力。例如，两种或两种以上不同的诊断试验对疾病如肺结核抑或肿瘤的识别能力的比较。在对同一种疾病的两种或两种以上诊断方法进行比较时，可将各个试验的 ROC 曲线绘制到同一个坐标中，直观地鉴别这个方法的优劣。在此，将这个坐标形式举例如下：

从下面的图形中，对角线是一条直线，为参照线，另一条曲线即为 ROC 曲线。这条曲线越靠近左上角，则证明这条 ROC 曲线所代表的受试者工作越准确，或者说这种诊断疾病的试验对肺结核或肿瘤额的识别能力越强，越能准确识别疾病。用在重新犯罪研究中，则可以证明某个如父母关系融洽

① 中国统计网:《如何用 SPSS 做 ROC 曲线分析？》，2017 年 6 月 10 日，https://baijiahao.baidu.com/s?id=1569822776911336&wfr=spider&for=pc，2018 年 3 月 10 日访问。

与否这个自变量代表的 ROC 曲线对是否重新犯罪识别的准确程度。更进一步来讲，可通过分别计算各个试验或者各个自变量如父母关系融洽程度、是否有工作这两个或者更多个自变量的 ROC 曲线下面积 AUC(Area Under Curve) 进行比较，哪一种试验的 AUC 最大，则哪一种试验的诊断价值最佳。

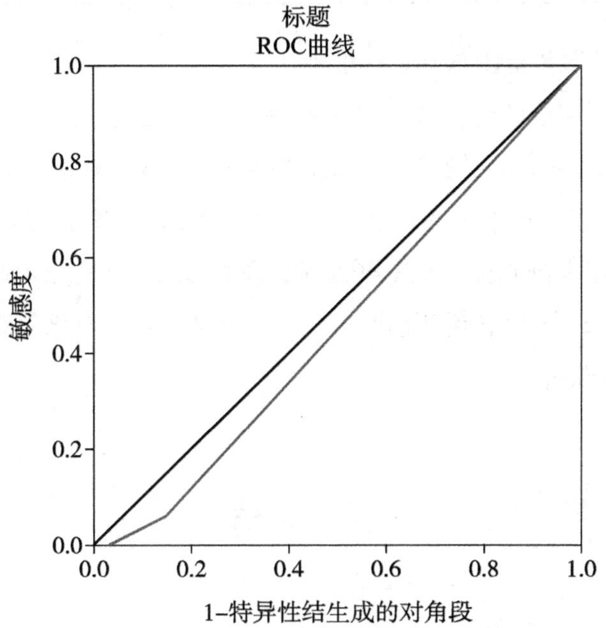

图 2.5.1　ROC 曲线对应的 AUC 面积

表 2.5.1 是对 ROC 曲线下面积的检验，曲线下面积为 0.455，P=0.181 > 0.005，无统计学意义，说明检验结果变量 A 对因变量的诊断或预测没有意义。曲线面积越大，说明该项检验的诊断效能越大。

表 2.5.1 对 ROC 曲线下面积的检验

面积	标准误[a]	渐进 Sig.[b]	渐近 95% 置信区间	
			下限	上限
0.455	0.033	0.181	0.390	0.520

a. 在非参数假设下 b. 零假设：实面积 = 0.5

3. AUC 的取值范围与判定标准

ROC 曲线评价统计计量计算标准是：ROC 曲线下面积值在 1.0 和 0.5 之间。在 AUC > 0.5 的情况下，AUC 越接近 1，说明诊断效果越好。AUC 在 0.5—0.7 时有较低准确性，AUC 在 0.7—0.9 时，有较高准确性，AUC 在 0.9 以上时有很高准确性，AUC=0.5 时，说明诊断方法完全不起作用，无诊断价值，AU < 0.5 时，说明诊断方法准确性特别低，应该忽略这种诊断方法，即没有诊断价值。

本章小结

在研究设计这一章中，笔者介绍了五个方面的情况：

（1）界定核心概念。在此部分，笔者首先界定了重新犯罪的概念，即重新犯罪是指个体的犯罪行为属于《刑法》规定之罪，并且此罪无论处刑轻重，无论再犯时间，无普通累犯与特殊累犯之区别，无故意犯罪与过失犯罪之差异。其次，笔者确定了两类研究群体，第一种类型为上海市有过犯罪史在刑满释放人员之后五年内又重新犯罪的正在监狱里面服刑的罪犯群体；第二种类型为上海市有过犯罪史在刑满释放之后五年内没有重新犯罪的刑满释放人员。

（2）搭建理论框架。本研究将生命历程理论作为总的理论框架，其他所有可能对刑满释放人员重新犯罪发生影响的因素都是内嵌入这个框架，具体说是嵌入生命历程理论中去，在此基础上本书尝试构建起刑满释放人员重新犯罪生命历程理论。基于此，本书将刑满释放人员的生命历程划分为：第一个时期，是早年成长时期，是指14周岁之前的成长时期。这个时期的经历包括五个方面的经历，即早年家庭成长经历、早年学校成长经历、早年社会交往经历、早年偏差行为经历、早年不幸事件经历。第二个时期，是第一次犯罪时期，是指研究对象在14周岁之后第一次犯罪时的相关变量。第三个时期，是上次监狱服刑时期，即监狱服刑期间的一些经历。第四个时期，是上次刑释之日到重新犯罪之日或者接受调查之日之间的时期，相关的维度包括刑满释放人员的人口特征、经济状况、家庭情况、社会交往、心理感受、不幸遭遇、悔罪态度。

（3）明确研究思路与结构。本研究的总体研究思路，即以刑满释放人员重新犯罪影响因素为研究主题，以提出符合调查研究结果的预防刑满释放人员重新犯罪的对策建议为目标，以减少刑满释放人员重新犯罪为研究目的，全方面比较刑满释放之后五年内重新犯罪的刑满释放人员与刑满释放之后五年内没有重新犯罪的刑满释放人员之间的差异，希望找到影响刑满释放人员重新犯罪的具体原因及细节资料。研究结构就是本研究的章节安排。

（4）介绍研究方法。本研究最终的研究方法是问卷调查与数据统计分析，但是也离不开其他研究方法的辅助。总体而言，包括三种研究方法。第一种是既有文献梳理与评价，笔者尽可能充分查阅和分析了四类文献：一是学术研究文献；二是上海市犯罪矫正机构与刑满释放人员安置帮教机构提供的不涉密的各类工作规程、工作总结；三是相关法律法规及政策文本；四是新闻媒体的各类报道。第二种是深度访谈与文本分析方法。本研究收集深度访谈资料与分析深度访谈资料的目的有两个：一是呈现刑满释放人员重新犯罪的过程资料，让感兴趣者对刑满释放人员重新犯罪过程有直观的认识；二是为进一步理解定量研究数据统计分析结果提供丰富的、深层次的材料。第三种是问卷调查与统计分析方法。在上海市司法局的大力支持下，笔者得到了全体重新犯罪与未重新犯罪人员的花名册，为了确保调查样本对总体的代表性，笔者采取了简单随机抽样的方式选取样本。对于问卷调查资料，本研究采用 SPSS20.0 统计软件进行问卷调查数据的录入，并且使用 SPSS20.0 统计软件进行自变量与因变量关系的统计分析。

（5）介绍研究步骤。本研究分为六个步骤：第一步是查阅既有的文献资料。第二步是选择研究地点与研究对象。第三步是开展一对一深度访谈。第四步是整理各类调查资料。第五步是初步分析访谈与问卷资料。第六步是开展问卷数据的 ROC 曲线分析。这六个步骤环环相扣、逐步推进。在这六个步骤的基础上，笔者找出对刑满释放人员重新犯罪影响力显著的因素，并且提出促进刑满释放人员回归社会，降低其重新犯罪风险的对策建议。

第三章

国内外重新犯罪研究综述

随着改革开放进一步深化，我国社会经历了巨大的变迁，各种社会矛盾和问题也日益突出，重新犯罪现象就是其中一个重要问题。国务院新闻办公室于1992年8月发布的《中国改造罪犯的状况》白皮书中公开了关于重新犯罪率的权威数字，即“多年来一直保持在6%至8%的水平”，这已经是许多年前的状况了。20世纪90年代以来，我国刑事案件的发案数激增，犯罪的状况尤其严峻，其中重新犯罪也较为突出，如丛梅教授指出，重新犯罪率从1996年的11.10%，上升到2006年的14.80%，上升了3.70个百分点。[①]一个国家的重新犯罪现状折射着刑罚执行的功效与社会的安稳程度，重新犯罪率过高，那么这个国家要考虑如何改善刑罚。重新犯罪率的上升呼唤更多的研究者关注这个领域，相关研究者也对重新犯罪问题进行了深入的研究。本章将梳理重新犯罪领域的主要研究成果，对国内外重新犯罪研究开展深入分析，期望能够为本研究提供可以借鉴的资料。

① 丛梅:《我国重新犯罪现状与发展趋势研究》，载《社会工作》2011年第12期。

第一节　国外重新犯罪研究与实践

国外重新犯罪研究非常注重理论与实践的结合，而且实践取向非常明显。重新犯罪研究的目的是什么？肯定是预防重新犯罪，降低重新犯罪率，维护社会治安与社会正常运转。由于国外的研究出发点就是为预防重新犯罪的实践服务，因此，国外研究者在重新犯罪研究领域不仅仅关注对重新犯罪特征、原因与预防对策的研究，他们更加重视对罪犯重新犯罪风险评估工具的研究。重新犯罪风险评估研究运用各种犯罪学理论，开发直接面向犯罪防治工作的评估工具，极大地推动了他们的重新犯罪研究向前发展以及重新犯罪风险评估工具的研制与改良。笔者认为，国外重新犯罪特征、原因与预防对策方面的研究成果与重新犯罪风险评估工具方面的研究都对本研究有借鉴意义。前者可以让笔者熟悉国外一般性的重新犯罪研究情况，后者可以让笔者了解国外重新犯罪风险评估主要涉及哪些维度、方面和因素，这对于本研究设置刑满释放人员重新犯罪可能的影响因素都有益处。因此，笔者分两部分介绍国外重新犯罪研究，第一部分是国外典型的重新犯罪理论研究，第二部分是国外典型的重新犯罪风险评估方面的研究。

一、国外重新犯罪理论研究成果梳理

世界主要发达国家的研究者在重新犯罪研究领域内都开展了研究，并且取得了许多成果。本部分将梳理一些具有典型意义的、对本研究有较大启发意义的，并且来自 SSCI 论文库中的研究成果。以下是一些国际上具有典型意义重新犯罪研究：

第一项研究是加拿大的性犯罪罪犯重新犯罪风险因素及预防对策。本研究主要是检验在性犯罪重犯与非性犯罪重犯中风险因素与预防因素的关

系。研究者选取的调查样本中有193名男性青年性犯罪者，平均年龄为15.26岁，这些样本的随访时间为7.24年。研究结果显示：用性犯罪再犯风险评估量表中的重犯风险因素评估性犯罪者，一部分重犯风险因素与性犯罪再犯相关。具体而言，一些风险因素如早前的违法行为、犯罪同伴与非性犯罪重犯相关；预防性因素与性犯罪重犯不相关。研究结果说明，非性犯罪再犯风险因素适用于一般罪犯重犯以及性犯罪重犯，但预防性犯罪重犯的因素有所不同。该研究的数据中，风险因素来源于Worling的元分析数据；预防因素来源于The Violence Risk Assessment Literature，该数据已为性犯罪研究领域提供了多次检验数据。①

第二项研究是美国的多系统与家庭功能治疗方法对预防少年重犯成效的比较研究。该研究的概况为：多年来Propensity Score Matching（PSM）被用来检验多系统治疗方法，通常将其与家庭功能治疗方法Functional Family Therapy Effectiveness（FFT）对全国青少年犯的治疗成效进行比较。结果包含一年内重新犯罪或者违反缓刑相关规定的罪犯。研究者在PSM中控制了有突出效应的变量，如越轨同辈群体、物质滥用、缺少遵守父母的规则、风险评估分数、初犯年龄、严重的前科以及相应的人口学统计特征等指标。检验结果显示，除了少年女性罪犯接受FFT有较低的重犯率，PSM与FFT的效应几乎没有什么不同。该研究的样本来源：来自弗罗里达州从2009年7月1日至2011年7月30日接受过MST以及FFT的2312名少年犯，研究内容包括他们的罪行、处置以及风险评估历史。研究中删除了不符合研究条件的109名少年犯，剩下2203名，其中629名接受过MST，1574名接受过FFT。该研究的测量方法：因变量为是否重犯。重犯的定义为终止PSM或FFT服务后的12个月内被宣判罪行或已定罪的罪犯。已重犯的编

① Andrew Spice, Jodi L. Viljoen1, Natasha E. Latzman, Mario J. Scalora, and Daniel Ullman. Risk and Protective Factors for Recidivism Among Juveniles Who Have Offended Sexually. Sexual Abuse: A Journal of Research and Treatment, 25(4): 347–369.

码为“1”，未重犯的编码为“0”。自变量是多系统治疗方法通常将其与家庭功能治疗方法中包括的重要自变量。这些自变量主要是指越轨同辈群体、物质滥用、缺少遵守父母的规则、风险评估分数、初犯年龄、严重的前科以及相应的人口学统计特征等指标。①

第三项研究是荷兰的基于警察档案的重犯预测精算风险评估工具开发研究(Y-ARAT)。该研究主要是为了开发 the Youth Actuarial Risk Assessment Tool（Y-ARAT）评估工具。该评估工具是基于警察档案开发对一般犯罪重犯预测的精算风险评估工具，该工具的主要目的是便于警察筛查，可仅基于警方记录进行评估，不需要警察进行临床诊断。在 Y-ARAT 量表中，罪犯基于 10 个变量被划分为 5 个风险组，这 10 个变量包括当事人作为犯罪嫌疑人所处的不同事件的类型、当事人作为犯罪嫌疑人的事件总数、其他事件总数、当事人被怀疑为共同犯罪嫌疑人的事件总数、性别、初犯年龄等。Y-ARAT 量表开发时基于 2501 份罪犯样本，检验时基于另外 2499 份罪犯样本，具有中度预测精度（AUC=0.73），预测精度对于开发样本和检验样本几乎没有什么变化。这说明，该评估工具可作为警察的筛选工具。该研究涉及 5000 份罪犯样本，样本分为 2 组，一组 2501 份样本用于建构量表，另一组 2499 份样本用于检验量表，这些罪犯 2007 年就被记录在案，研究中将 2007 年警方记录作为初始数据，5 年后警方记录作为结果，选择 5 年的跨度是因为警方记录一般都保存 5 年。②

① Michael T. Baglivio,Katherine Jackowski,Mark A. Greenwald, Kevin T. Wolff. Comparison Of Multisystemic Therapy And Functional Family Therapy Effectiveness. CRIMINAL JUSTICE AND BEHAVIOR, 2014, Vol. 41, No. 9, September 2014, 1033–1056.

② Claudia E. van der Put. Youth Actuarial Risk Assessment Tool(Y-ARAT): The Development of an Actuarial Risk Assessment Instrument for Predicting General Offense Recidivism on the Basis of Police Records. Assessment.2014, Vol. 21(3): 340–351.

二、国外重新犯罪风险评估研究的三个阶段

国外犯罪学家指出，根据新刑法学的观点，对于那些实施社会上大部分犯罪与最严重犯罪的占犯罪人数小部分的人，实施刑罚威慑效果不明显，推行矫治作用也不明显，对于这些罪犯，要实现控制他们重新犯罪的目的，只能进行社会隔离与一定的人身控制，而如果能够“标定”这些罪犯，并剥夺或者控制他们的犯罪能力，全社会的犯罪率将显著下降。[①] 罪犯重新犯罪风险评估可以实现此目的，它是指通过一定技术预测罪犯重新犯罪的可能性，为控制重新犯罪危险因素提供依据，从而控制高风险罪犯，减少适用半监禁刑、社区刑的风险，同时对低风险罪犯可以充分使用促进重返社会的措施，以促进罪犯融入社会。在罪犯重新犯罪风险评估的研究与实践方面，国外研究者与实践者均开展了长期的探讨。

在重新犯罪风险评估研究领域，欧美国家率先开展对罪犯重新犯罪风险评估工作的探索与研制，不管是学术界还是实务界都参与到罪犯重新犯罪风险评估研究与实践工作中来。从20世纪50年代开始，欧美国家对罪犯重新犯罪风险评估工具的完善一直没有停止脚步。罪犯重新犯罪风险评估工具的编制、使用与修订完善，不仅使得学术界与实务界对罪犯重新犯罪风险有了科学的认识，而且对罪犯矫正实务部门的实际工作逐步规范化、科学化、系统化起到了强有力的推进作用，特别是为罪犯循证矫正工作项目的研发、实施与完善提供了坚实的基础。如今，重新犯罪风险评估已经成为国外罪犯群体重新犯罪防治工作的重要环节。重新犯罪风险评估工作是罪犯管理工作或者有犯罪经历的刑满释放人员的帮教或者服务工作中非常重要的内容。他们关于重新犯罪及其风险评估的研究对本研究具有重要的借鉴意义与参考价值。

① Carter, P. Managing Offenders, Reducing Crime: A New Approach. Correctional Service Review, 2003: 36.

笔者在下文将理顺国外重新犯罪风险评估研究的三个阶段。[①]

（一）第一阶段：依据主观经验的重新犯罪风险评估

第一阶段始于20世纪50年代后期，该阶段重新犯罪风险评估工作的主要特征是相关工作者依据职业经验开展的评估，这种评估方式具有强烈的主观经验色彩。具体而言，惩教工作者主要是指缓刑官、监狱工作人员以及拥有心理问题与社会问题诊断技能的专业工作者，主要是心理学工作者、精神病工作者和社会工作者依据他们自身的职业训练和工作经验，开展针对罪犯重新犯罪的风险评估工作。此阶段的重犯风险评估工具的优点是依据相关工作者个人的实际工作经验，具有较高的效度，但正因如此，经验丰富与不丰富的工作者评估的结果往往有出入，并且这种依靠个人经验的评估方式具有较明显的主观性而容易受到质疑，因此，重新犯罪风险评估领域的理论研究者与实务工作者期望能够尽量克服重新犯罪评估方式的主观性，逐渐开始关注更加科学、客观性更强的重犯风险评估方式。

（二）第二阶段：依据实证的精算的重新犯罪风险评估

第二阶段始于20世纪70年代，该阶段重新犯罪风险评估工具的主要特征是相关工作者依据实证的、精算的科学技术开展评估，具有鲜明的客观与统计色彩。此阶段研究者们逐渐形成一个共识，即罪犯重犯风险评估应该淡化职业的、经验的、主观色彩明显的判断方式，强化基于实证的、精算的、客观色彩强烈的判断方式。实证的、精算的重犯风险评估工具的编制需要考虑各个单独的条款，如被逮捕的次数、不良朋友的人数、失业的次数等，并且要科学地赋予这些单独条款具体的分数，最后将这些单独条款的分数加总，以此来说明某罪犯重新犯罪的风险程度，较高的分值说明有较高的重

---

① 翟中东：《国际视域下的重新犯罪防治政策》，北京大学出版社2010年，第122—123页。

犯风险。重复的研究表明基于精算的风险评估工具与基于经验判断的风险评估工具相比较，能更准确地预测犯罪行为。因此，精算预测被扩展到不同罪犯群体的风险评估，如性罪犯、暴力罪犯、精神不正常罪犯等。此阶段的评估工具越来越广泛地被用于罪犯分类实践，区分出低度风险罪犯与高度风险罪犯，并依据评估结果对罪犯采取不同强度的监督管理措施。迄今为止，基于实证的、精算的重犯风险评估工具仍然被司法行政部门广泛使用，持续获得犯罪学研究者的青睐，并且在理论界与实务界继续得以发展。

虽然第二阶段重新犯罪风险评估工具具有以上优点，但是此类工具有两个主要的缺陷：一是评估工具或量表缺乏充分的理论依据。这些工具涉及的条款、因素或指标一般依据经验进行选择，一些与理论相关的条款没有被选择。二是评估工具较少考虑非犯罪历史或者说动态的条款。评估工具中入选的条款大部分是属于犯罪历史的、静态的条款。评估工具的这一特点没有考虑罪犯积极的或者消极的变化。例如，某罪犯有吸毒的历史，但是评估表没有考虑到他后来是否戒除或者是否有新的违法犯罪行为。因此，重新犯罪风险评估领域的理论研究者与实务工作者逐渐开始关注更加注重动态变化因素的、实证的重犯风险评估方式。

（三）第三阶段：包括动态风险因素的重新犯罪风险评估

第三阶段重新犯罪风险评估工具的主要特征是该类工具开始包括动态的风险因素。此阶段始于20世纪70年代末期和20世纪80年代初期。在此阶段的风险评估工具中，历史的、静态的犯罪因素仍然占据较大比重，除此之外，研究者与实务工作者开始调查罪犯已经变化与正在变化的情况，并且将其作为动态的评估因素。例如，了解犯罪人的就业状况，就业则为动态因素，因为一个人可能就业也可能失业。又如，犯罪人的家庭关系也为动态因素，因为一个人可能在犯罪之前得到家庭支持，犯罪之后失去家庭支持或者得到家庭更强烈的关注与支持。由于动态的风险因素，如滥用物质、就业、交往等包含在第三阶段评估工具中，惩矫工作者可以根据这些动态的风险因素对罪犯进行直接干预，从而减少罪犯重新犯罪的可能性。如今，许多犯罪学研究者仍在致力于开发或者完善此类型的重新犯罪风险评估工具。

三、国外重新犯罪风险评估的典型工具

重新犯罪风险"统计式"评估方法已经成为当今欧美犯罪学界与实务界最恰当与主流的评估方式，风险评估工具与风险评估研究成果大多基于定量统计方法，并且评估工具与评估研究成果都比较丰富。欧美"统计式"重新犯罪风险评估典型工具主要包括英国的罪犯评估系统 OASys（the Offender Assessment System）、加拿大的"水平评估量表"（Level of Service Inventory-Revised）、美国的"威斯康星危险评价工具"（The Wisconsin Risk-Assessment Instrument）。

（一）英国的罪犯评估系统

英格兰与威尔士所使用的罪犯危险评估工具是"罪犯评估系统"（OASys）。这个系统是 1999 年 4 月英国监狱当局与社区执行部门联合推出的一种罪犯危险评估工具。"罪犯评估系统"设计的目的包括：确认重新犯罪的可能；希望确定罪犯的需要，包括人格或者性格上的、认知上的与行为上的、社会上的需要；评估罪犯实施伤害的可能性，包括自伤的可能；将评估与监督计划、服刑计划结合起来；为特别的评估提供线索；评估罪犯向哪个方向转变。使用对象包括：所有要去提供判前报告的人；接受社区刑的罪犯，具体说是接受社会惩罚刑、社区矫正刑、结合刑的罪犯；被假释者；在矫正途中的人；在监狱中服刑超过 1 个月以上的未成年人；在监狱中服刑超过 6 个月以上的成年人。罪犯评估系统的基本价值在于使监狱工作人员从总体上能够了解犯罪的危险状况，包括重新犯罪的危险、伤害他

人的危险、自伤与自杀的危险、逃脱的危险，以降低监狱与社会执行部门推行促进罪犯回归社会各种措施适用的危险。“罪犯评估系统”的评估要素主要有：犯罪史、犯罪的情节、犯前居住情况、罪犯受教育情况、罪犯接受培训情况、就业情况、经济背景、社会关系、生活方式；与人的关系；是否吸毒、是否酗酒、情感状况、突出的思维方式、突出的行为特征、生活态度、罪犯在监狱内的表现。“罪犯评估系统”第二版的评估框架如下①：

英格兰与威尔士的“罪犯评估系统”

An Evaluation of the Offender Assessment System

（OASys 2003 年版）

部分A：现行犯罪

A1　这次犯罪被独立定罪的个数

犯罪的个数	1	2—3	4+
分数	0	1	2

A2　犯罪涉及下列因素

	打勾（一勾一分）
使用武器	
暴力威胁	
玩手段	
行为表现出一定的迷恋性	
行为表现出一定的装腔作势	

① 翟中东：《国际视域下的重新犯罪防治政策》，北京大学出版社 2010 年版，第 167—177 页。

续表

	打勾（一勾一分）
背信	
对财产造成一定损害	
长时策划	
有性的因素	

A3 现在的犯罪是否是行为模式的一部分？ 是 2 否 0

A4 现在的犯罪是否在以前犯罪的基础上有所发展？ 是 2 否 0

A5 被害人情况

被害人总数	分数
0—1	0
2	1
2 个以上	2

对同一个被害人侵害？ 是 2 否 0

被害人是否是老弱病残？ 是 2 否 0

被害人是否是陌生人？ 是 2 否 0

部分B：犯罪史（以前定罪情况）

B1 18 岁以前被定罪的情况

被定罪的次数	0	1—2	3+
分数	0	1	2

B2　成人以后被定罪次数

被定罪的次数	0	1—2	3+
分数	0	1	2

B3　第一次被定罪的年龄

年龄	18+	14—17	14 岁以下
分数	0	1	2

B4　第一次与警察打交道的年龄，包括受到警告

年龄	18+	14—17	14 岁以下
分数	0	1	2

B5　21 岁以下被监禁的次数

监禁刑	0	1—2	3+
分数	0	1	2

B6　21 岁以上被监禁的次数

监禁刑	0	1—2	3+
分数	0	1	2

B7　违反保释、保护观察？　　是 2　否 0

B8　是否有脱逃史？　　是 2　否 0

B9　在监管设施内具有实施暴力、攻击与破坏的历史？　　是 2　否 0

（监管设施包括哪些，没有明确。）

B10　犯罪种类

罪名	总分
故意杀人、伤害、故意杀人预备、伤害	
其他暴力，包括攻击、持有武器	
性犯罪	
绑架	
夜盗	
诈骗、伪造	
其他不诚实的行为	
投毒	
进口、提供与拥有毒品	
交通犯罪	

犯 3 种罪　　加 0 分

犯 3—4 种罪　　加 1 分

犯 4 种以上罪　　加 2 分

部分C：态度

	没有问题 =0	有些问题 =1	严重问题 =2
C1　接受或者说拒绝自己的犯罪责任			
C2　犯罪的动机			
C3　对被害人的态度			
C4　对量刑与法律程序的态度			
C5　对管理人员的态度			
C6　对假释等促进罪犯重返社会措施的态度			

续表

	没有问题 =0	有些问题 =1	严重问题 =2
C7　对自己犯罪的态度（将来）			
C8　对犯罪的一般态度（提供机会是否任何人都会犯罪）			
C9　对社会的态度			
C10　对自己的态度（是否有信心）			

部分D：住宿

	没有问题 =0	有些问题 =1	严重问题 =2
D1　罪犯住的哪类房屋?			
D2　释放后是否有确定的住所?			
D3　住宿的适宜性?			
D4　是否经常迁移?			
D5　释放后所使用的住宿是否与犯罪活动或者被害人比较接近?			

部分E：家庭或者婚姻关系

	没有问题 =0	有些问题 =1	严重问题 =2
E1　与家庭、孩子的关系，如是否能够经常关心孩子。			
E2　在未成年时期是否受到过虐待?			
E3　现在与最亲近亲属的关系。			
E4　过去与最亲近亲属关系的情况，如数量、满意程度等。			
E5　现在与配偶的感情情况。			

续表

	没有问题 =0	有些问题 =1	严重问题 =2
E6 家庭暴力情况。			
E7 为人父母角色下看与孩子的关系。			
E8 亲近的家庭成员是否有犯罪记录。	有 =2		没有 =0

部分F：所接受教育与训练情况

	没有问题 =0	有些问题 =1	严重问题 =2
F1 上学情况，是否逃过学、被学校逐出。			
F2 未获得文凭。			
F3 在阅读、写作与数学上存在问题。			
F4 在学习上有困难。			
F5 对学习与培训的态度。			

部分G：就业情况

G1 现在的就业情况

	分数
在狱内全时就业	0
临时就业	0
偶尔参加劳动	1
参加政府的训练项目	0
参加全日制教育	0
曾经失业（6 个月以下）	1
曾经失业（6 个月以上）	2

续表

	分数
退休	0
因为能力原因未能找到工作	0
其他没有找到工作的原因	0
照顾家庭成员	0

G2　就业史，如工作种类、数量、离职的原因。

G3　与工作相关的技能，如木工。　有技能 =0　无技能 =2

G4　最近有多少个月没有工作。

月数	0—17	18—21	22+
分数	0	1	2

G5　工作中与人的关系。　没有问题=0　有些问题=1　严重问题=2

G6　对就业的态度。　没有问题=0　有些问题=1　严重问题 =2

部分H：理财能力与收入

	没有问题 =0	有些问题 =1	严重问题 =2
H1　已经申请福利（入狱前）。	没有 =1		有 =2
H2　非法收入是钱物主要来源。			
H3　生活主要依靠别人的经济帮助。			
H4　理财情况，如收支关系处理。			
H5　存在滥用钱财问题，如赌博、滥用信用卡等。			
H6　对经济上需要帮助的人予以帮助，如自己的孩子、其他家庭成员。			

部分I：生活方式与外在联系

	没有问题 =0	有些问题 =1	严重问题 =2
I1 有些孤僻，很少有亲密朋友。			
I2 融入社会情况，是否加入诸如体育俱乐部类的社团组织？			
I3 与其他罪犯的关系。			
I4 是否与其他罪犯共度时光？			
I5 是否容易受到犯罪性交往的影响？			
I6 休闲活动是否与犯罪机会创造相关？			
I7 是否滥用友情，是否欺负他人，是否利用他人？			
I8 生活方式中的其他问题。			
I9 行为大意，存在对刺激的需要。			

部分J：酗酒

	没有问题 =0	有些问题 =1	严重问题 =2
J1 现在喝酒频率。			
J2 最近 6 个月喝醉酒的情况。			
J3 通常酗酒频率。			
	是 =0	否 =0	
J4 与处方药品一起使用酒精。			
J5 因酗酒身体状况很差。			
J6 家庭成员也存在酗酒问题。			
J7 由于酗酒从事任何工作都有问题。			
J8 其他与酗酒相关的问题，如驾驶、理财。			
J9 酗酒后有使用暴力的记录。			
J10 有证据证明监禁后还使用过酒品。			

J11　在矫治中酒瘾复发。

复发次数	0—1	2	3+
分数	0	1	2

部分K：使用毒品

K1　使用毒品情况。

毒品种类	没有使用	以前使用过	现在偶尔使用	现在经常使用
可卡因				
兴奋性的药品				
幻觉性的药品				
鸦片				
苯丙胺类毒品				
巴比妥类				
大麻类毒品				
苯二氮类				
类固醇				
其他				

说明：偶然使用 1 分；经常使用 2 分。

K2　使用的主要毒品。

	有 =2	没有 =1
K3　曾经注射过毒品		
K4　滥用处方药品。		
K5　经常性地与酒精一起使用药品。		
K6　因使用毒品存在健康问题。		

续表

	有 =2	没有 =1
K7 家庭成员与使用毒品有关。		
K8 因为使用毒品从事任何职业都有问题。		
K9 其他因使用毒品的问题，如个人经济问题、驾驶问题等。		
K10 与使用毒品相关的暴力使用史。		
K11 在监禁中使用过毒品。		

K12 在矫治中复发

复发次数	0—1	2	3+
分数	0	1	2

K13 是否以毒品买卖为职业？ 是 =2 不是 =0

K14 对使用毒品的态度。

部分 L：情感或者心理问题

没有问题 =0 有些问题 =1 严重问题 =2

L1 有问题，如情绪不稳定、处于紧张中，容易焦虑。

L2 存在抑郁问题。

L3 儿童时期存在问题，如破坏公物、残害动物、注意力不集中、不良性倾向等。

	是 =2	否 =0
L4 具有头脑被伤害的历史。		
L5 现在接受精神治疗。		
L6 曾经接受过精神治疗。		

续表

	是 =2	否 =0
L7　因为精神健康问题有过“静默”治疗。		
L8　在特别的医院或者地方安全机构。		
L9　具有自伤、自杀的想法。		
L10　现在的心理或者精神问题。		

部分M：相互之间的行为

	没有问题 =0	有些问题 =1	严重问题 =2
M1　交往技能水平。			
M2　交往中的敌对态度，是否对他人总有疑心，是否有敌对态度。			
M3　攻击性行为，有通过威胁或者暴力解决问题的倾向。			
M4　愤怒管理情况，如是否容易生气、不能管理自己的情绪、解决问题的能力差。			
M5　存在歧视他人问题，如种族歧视、性歧视等。			

部分N：思维形式

	没有问题 =0	有些问题 =1	严重问题 =2
N1　意识到问题的能力。			
N2　解决问题的能力。			
N3　对结果的判断与了解能力。			

续表

	没有问题 =0	有些问题 =1	严重问题 =2
N4 确定目标的能力，是否确定不具有可行性的目标。			
N5 解读环境，包括社会环境、人际环境，能否理解他人，体会他人的情感。			
N6 是否容易冲动，是否倾向于无计划前行动，倾向于刺激。			
N7 抽象思维能力，如以刻板的思维思考、看待问题。			

总分数

OASys 分值	重新犯罪可能
0—40	危险低
41—99	中度危险
100—168	高度危险

根据 2006 年的报告，“罪犯评估系统”认定的重新犯罪率的罪犯实际重新犯罪率是 26%；中度重新犯罪可能的罪犯实际重新犯罪率是 58%；高度重新犯罪可能的罪犯实际重新犯罪率是 87%。其准确性相比同类评估工具更高。并且，OASys 被认为是世界上同类系统中最先进的系统。①

在笔者看来，英国的“罪犯评估系统”对本研究的启示主要有如下几点：一是开展刑满释放人员重新犯罪研究应该考虑该群体在早年的成长经历，如“罪犯评估系统”包含被评估者儿童时期的问题，如“儿童时期存

① 翟中东:《国际视域下的重新犯罪防治政策》，北京大学出版社 2010 年版，第 177 页。

在问题，如破坏公务、残害动物、注意力不集中、不良性倾向等”。二是开展刑满释放人员重新犯罪研究应该考虑他们作为个体在社会环境中所面临的各个因素，如“罪犯评估系统”的评估要素涵盖的要素非常广，凡是有可能对评估对象有影响的因素都纳入评估工具：犯罪史、犯罪的情节、犯前居住情况、罪犯受教育情况、罪犯接受培训情况、就业情况、经济背景、社会关系、生活方式；与人的关系；是否吸毒、是否酗酒、情感状况、突出的思维方式、突出的行为特征、生活态度、罪犯在监狱内的表现。三是开展重新犯罪风险评估，应该将不同影响因素的权重加以区分，避免不同维度的重新犯罪风险因素的权重雷同或者说区别不大。因为一般而言不同的影响因素对个体重新犯罪的影响应该是不同的，有的影响因素对重新犯罪风险的影响比另外的影响因素明显更大。但是从“罪犯评估系统”的整体来看，很多维度的影响因素的权重趋于相近或者等同，这一点笔者觉得有进一步研究的空间。例如，在“罪犯评估系统”中，酗酒的总分最多为16分，家庭或婚姻关系的总分最高分也是16分，从常识来看，家庭或婚姻关系对刑满释放人员重新犯罪的影响比酗酒可能更重要。因此，我们对重新犯罪风险因素的研究应该不仅照顾到评估者方便操作的需要，更加要反映实践工作本身的规律。

（二）加拿大的罪犯评估系统

正如上文指出，加拿大的重新犯罪风险评估工具是水平风险评估工具（LS），该工具已经经过5次修订，目前应用最为广泛的是LS/CMI（Level of Service /Case Management Inventory）。笔者通过在加拿大罪犯矫正机构官方网站，查找到此罪犯评估工具的信息，官方网站上并没有该量表可供下载，但是网站上留有索取该评估工具纸质版的联系方式，即电子邮箱。课题组通过与此电子邮箱联系，后续获得了LS/CMI的资料。笔者在此仅展示该风险评估工具中最重要的表格，此表格在正在服刑的罪犯与刑满释放的群体中通用。具体如下表所示[①]：

LS/CMI

罪犯重新犯罪风险评估表格

D.A. Andrews, Ph.D., James L. Bona, Ph.D., & J. Stephen Wormith, Ph.D.

罪犯姓名 ________ 性别 ______ 年龄 ______ 出生年月 __________

身份证号码 ______________ 访谈者 ________ 访谈日期 ________

LS/CMI 操作手册描述了 LS/CMI 访谈者的作用和职责。访谈者可以选择发展他们自己的半结构化访谈以引出使用 LS/CMI 做出评级所需要的信息，或者他们可以直接使用这份访谈指引。如果这份访谈指引被使用，那么访谈者应该询问每一个被编号的问题，然而，问题的措词可能被改变，因为需要保持融洽的关系。方括号中的问题是探索性的；它们仅仅被问及提示罪犯以获得更多的细节性信息，或者澄清一个观点为了让罪犯提供更多的信息。一些项目提供了更多细节性的问题和注意事项。没有必要去问每一个问题，它们仅仅作为建议询问被提供。

一般而言，焦点在于当年的和/或过去的一年。LS/CMI 评估一个罪犯的状态和那些被要求注意的相关因素，目的是最小化重犯风险。标注了“不”的问题指示一个潜在关注的领域被使用星号标注出来。

第一部分：一般风险/需求因素

1.1 犯罪史

为了建立融洽的关系而首先询问犯罪史常常是有效的。因为大多数罪

① 笔者为了呈现出 LS/CMI 的本来面目，采取了严格按照其本来的排版方式，如英文原版中使用了斜体的地方，笔者同样使用了斜体；英文中加粗的地方，笔者同样加粗。

犯在回答这部分问题的时候都很放松。但是，很重要的是访谈者需要核实罪犯的回答，使用其他的基于有效的档案或者其他资料的记录。问题遵循QuikScore形式上的次序。

1—3. 你以前在青少年时期有定罪或受到法院处置吗（年轻罪犯）？＿＿

＿＿＿＿＿＿＿＿＿＿＿＿＿＿＿＿＿＿＿＿＿＿＿＿＿＿＿＿＿＿

（“青少年”时期是指16—18岁阶段，定罪及法院处置包括轻罪、因精神错乱而无罪释放）

你以前在成年时期有定罪或受到法院处置吗？＿＿＿＿＿＿

（包括轻罪、因精神错乱而无罪释放）

4. 你现在所犯的罪行有几个？＿＿＿＿＿＿

他们涉及什么？列举罪行：＿＿＿＿＿＿＿＿＿＿＿＿＿＿＿＿＿＿＿＿

＿＿＿＿＿＿＿＿＿＿＿＿＿＿＿＿＿＿＿＿＿＿＿＿＿＿＿＿＿＿

5. 你第一次被逮捕是多少岁？年龄：＿＿＿＿＿＿

（*注意：可能适用于41a*）

6. 你曾经因为犯罪而被监禁过吗？　□没有　□有

7. 你曾经因为在机构中有不当行为而被惩罚吗？

□没有　□有几次？＿＿＿＿＿＿

你曾经在监狱里有行为报告吗？

□没有　□有几次？＿＿＿＿＿＿

是什么违规行为？

＿＿＿＿＿＿＿＿＿＿＿＿＿＿＿＿＿＿＿＿＿＿＿＿＿＿＿＿＿＿

8. 你曾经在社区监管之下 / 之前有过缓刑中止或假释中止吗？你曾经在社区监管之下 / 之前遭受过新的指控吗？　□没有　□有

如果有，则描述事件。

＿＿＿＿＿＿＿＿＿＿＿＿＿＿＿＿＿＿＿＿＿＿＿＿＿＿＿＿＿＿

＿＿＿＿＿＿＿＿＿＿＿＿＿＿＿＿＿＿＿＿＿＿＿＿＿＿＿＿＿＿

1.2 教育/就业

这部分相对简单。但是，当完成 LS/CMI 量表的时候，如果罪犯在严格意义上来说是没有工作的话，就需要额外关注。当使用 LS/CMI 评估系统评估一个被监禁的罪犯时，将他或她的被监禁状态看作“停薪留职”的一种状态是有帮助的。如果他或者她正在服刑的期限严格意义上来说比较短的话（2 年以下），首先应该考虑到，他或者她在被监禁之前的工作状况，如果是这样，他或者她能够重返工作岗位吗？如果回答是肯定的，则评估第 15、16 和 17 个项目。如果回答是否定的，则罪犯被评估为是没有工作的。如果一个罪犯，不管是否被监禁，只要他在参加一项培训工作或者部分参与了一项工作，那么，他或者她被看作有工作。

如果回答者在当前的劳动力市场（即在社区/社会上或者在一个长期监禁场所），就询问以下的问题。

9. 你现在的就业状况是：

☐全职工作。

☐兼职工作。每周工作 ______ 小时。

☐未就业。

10. 在过去的一年（或在你被监禁的前一年里）你工作了多少个月？［在哪里或者每个地方工作了多少时间？在过去的一年内工作少于 6 个月吗？或者在这 12 个月里都处于监禁状态？在你可利用的时间内至少 50% 以上的时间都在工作吗？］__________ 月。

11. 你最长工作的时间是？______ 年？或者 ______ 月？

你曾经在社区连续一年没有工作吗？ ☐不是 ☐是

（注意：也适用于 43c）

（注意：项目 12 和 13 涉及教育上的成就，这种教育是指正规的学术或者技术高中课程。升级、等价、和对应的项目被认为是正规的高中学校项目，如果这种升级被教育当局，如国家教育部门或者教育部认为是正式方式。但

是，罪犯目前正在参加一项替代性的教育项目，那么就通过第 15、16、和 17 题来评估他或者她在学校的奖励等级）

12.（*若罪犯小于 17 岁，则该项目不用回答，也不用在快速得分表格中标注*）你最后完成的高等学校或是职业高中的哪一个等级？__________

如果罪犯在大学或职业高中期间没有完成 10 年级的教育，在快速得分表格中给这个项目评“yes”，第 13 题也评“yes”。

（*注意：也适用于 43d*）

13.（*注意：如果罪犯小于 19 岁，则该项目不用回答，且不用在快速得分表格中标注，请见项目 12*）。你最后完成的学业是否低于 12 年级？［在大学或职业高中期间你是否完成了 12 年级的教育？］ □不是 □是

14. 你曾经暂停学习或者是被开除吗？

（*注意：也适用于 43e*） □不是 □是

如果回答者在学校或者被监禁之前在学校并且计划在释放后回到学校，则询问接下来的问题。

15. 你在学校的表现怎样？［你做家庭作业吗？你的成绩如何？你喜欢学校吗？］

____

____

16. 你与你的同学相处情况如何？［你与他们一起吃午饭吗？在课外你也与同学待在一起吗？］

____

____

17. 你觉得你的老师如何？［你在课外与你的老师说话吗？你向老师咨询过个人问题吗？你如何看待他们的观点？你觉得你与老师相处的如何？］

____

____

如果回答者正在工作或者在被监禁之前有工作并且计划在释放以后返回其原有工作岗位或者在监狱 / 工厂工作，那么问以下问题：

15. 你的工作情况如何？［你喜欢你的工作吗？你的老板赞扬你的工作吗？你的工作中有升职吗？］

____

____

16. 你与你的同事相处的如何？［你与他们一起吃午饭吗？你在工作以外的时间也与他们待在一起吗？如果是监狱罪犯，那么要特别注意他们潜在的反社会影响可能会增加。］

____

____

17. 你喜欢为老板工作吗？［你觉得你的老板怎样？你尊敬他或是喜欢他吗？你曾经向老板咨询过你的个人问题吗？你乐意遵守老板的命令吗？］

____

____

1.3 家庭 / 婚姻

18. 你对你的婚姻满足程度如何？描述 ______________________

____

（*注意：在评估罪犯等级时请考虑以下几点*）

你们经常争吵吗？	□不是	□是
你对性生活满意吗？	□不是	□是
你经历过不忠的婚姻吗？	□不是	□是
有过意外怀孕吗？	□不是	□是
对小孩养育问题有过争吵吗？	□不是	□是
与父母或岳父母有冲突吗？	□不是	□是
为钱争吵吗？	□不是	□是

对同伴或朋友的选择有过争议吗？　□不是　□是
对休闲时间有过争议吗？　□不是　□是
对涉及以前的伴侣问题有过争吵吗？　□不是　□是
经历过因伴侣的个人问题而产生的压力吗？　□不是　□是
在开放、热情及亲密方面的表现有些困难？　□不是　□是
你有交往问题吗？　□不是　□是
你或者伴侣都过分依赖对方吗？　□不是　□是
你经历过分离或离婚吗？　□不是　□是
你正在经历分离或离婚吗？　□不是　□是
你能接受分离或离婚吗？　□不是　□是
你有儿童托管问题吗？　□不是　□是
你以前的伴侣还骚扰你吗？　□不是　□是
你的伴侣在生理上、心理上或性方面虐待过你吗？　□不是　□是

如果是单身，回答以下问题：

你对目前是单身满意吗？　□不是　□是
你喜欢单身生活吗？　□不是　□是
你希望有一天某人能进入你的生活吗？　□不是　□是
你希望得到某人的承诺吗？　□不是　□是

19. 请描述一下你与父母之间的关系

[*你看望他们吗？当你遇到困难时她们是否能提供帮助？你与他们争吵吗？对于囚犯而言：你的父母看望你吗？在看望期间你与父母争吵吗？你的父母写信给你吗？如果父母一方或双方去世了，请参考LS/CMI用户操作手册。*]（*注意，也适用43f*）

____

____

20. 请描述一下你与其他亲戚之间的关系。[祖父母？兄弟姐妹？表兄妹？公婆？阿姨？叔叔？]

____

____

21. 在你的家人，包括配偶和近亲属中有人有犯罪记录吗？

____

____

1.4 休闲/娱乐

22. 在你服刑的前一年（或者在你入狱之前的那年）你参加过什么组织或俱乐部？[你参加他们的会议吗？你帮助做了哪些事情？（对于服刑超过2年的罪犯问以下问题：你在监狱里定期参加社区志愿者领导小组吗？你定期参加教会会议吗？）]

____

____

23. 你平日里如何度过你的闲暇时间？[你有什么爱好？从中获得了什么满足感？]（*注意：也适用于43g*）

____

____

1.5 同伴

24. 你认识多少犯罪的人？

[你是否认识非常多的在法律方面陷入困境的人？]

□不是　□是

25. 你的朋友中有人犯罪吗？[有多少犯罪的朋友？你的朋友中有多少人在法律方面陷入困境？他们犯罪的严重程度是怎样的？]　□没有　□有

请举一些例子？

____

____

26. 你知道有哪些你所熟悉的人**没有犯罪**吗？　□没有　□有

27. 你的朋友中有多少人**没有犯罪**？　□没有　□有

请举一些例子？

____

____

（*注意：也适用于 43h*）

1.6　酒精 / 药物问题

（*注意：不包括尼古丁、咖啡因。这些问题还需通过附带审核来确认罪犯是否有相关历史*）

28. 你曾经有嗜酒问题吗？［每次喝多少呢？喝酒的频率是怎样的？你的朋友或亲戚告诉过你有嗜酒问题吗？］　□没有　□有

29. 你曾经有药物问题吗？［你的朋友或亲戚告诉过你有药物问题吗？你一般吃什么类型的药物？］　□没有　□有

指定药物：______________________________________

____

30. 你当前有嗜酒问题吗？［你平均一周喝多少？过去的一年你的喝酒习惯改变了吗？］　□没有　□有

____

____

31. 你当前有药物滥用问题吗？［你目前正在吃什么类型的药？过去的一年你的吃药习惯有改变吗？你在监狱里时也吃药吗？］

□没有　□有

____

____

32. 你认为喝酒或药物滥用违反法律吗？［你以贩养吸吗？你曾经为了获得金钱、获得毒品而盗窃财物吗？假释违规吗？你曾经为了非医疗目的

获取处方药吗？］ □没有 □有

____

____

33. 你的家人曾经向你抱怨过你的嗜酒或药物滥用问题吗？［你曾经因为嗜酒或药物滥用问题而被逐出家门吗？］ □没有 □有

____

____

34. 你曾经在学校或工作单位有嗜酒或者药物滥用问题吗？［你曾经因为嗜酒或者药物滥用而逃课或者旷工吗？或者被工作单位辞退或者被逐出学校？你曾经因为中毒或者“喝高了”失去自己的工作吗？你因为酒精和药物滥用问题而不能集中精力学习或者难以完成工作职责吗？］

□没有 □有

____

____

35. 你曾经因为酒精或药物滥用问题而遇到一些医疗问题吗？［医生告诫过你让你戒除酒精或药物滥用问题？你喝酒一直喝到你没有意识吗？你因为酒精或药物问题而使经济状况拮据？你曾经喝酒或者吸毒去避免宿醉吗？你早上一起床就喝酒吗？你曾经经历过停药或者药物检测吗？你曾经被送到戒瘾中心吗？你曾经经历过暂时失去知觉吗？］

□没有 □有

____

____

1.7 亲犯罪态度 / 取向

这个部分是关于一个人是如何考虑他 / 她自己，其他人，和世界的。他 / 她的态度，价值观和信仰，和亲犯罪 / 反社会思想或者反犯罪 / 亲社会思想。

36. 你对你所犯的罪行是如何认识的？［你感到后悔吗？你觉得那样做是错误的吗？你对受害人是如何考虑的？］（注意关于如下方面的表达：为犯罪行为找借口，对犯罪有良好的评价和一种犯罪生活方式）（*注意：也适用于 42a*）

37. 你想过没有犯罪的生活吗？［你认为法律公平吗？你如何看待一种简单的生活？你认为应该遵守法律吗？你认为法律公平吗？你认为教育重要吗？你认为工作的重要程度如何？］（*注意：也适用于 42b*）

38. 你认为对你的判决适当和公平吗？［你认为对你的判决是过于苛刻还是很宽容？你认为你在犯罪时还有其他的选择吗？你怎么看待被法院处置这件事？］

39. 你认为对你的监管是合适的或者是公平的吗？［对于重要的问题你尝试过合作或者是寻求帮助吗？你打算继续接受治疗吗？你认为你的缓刑办公室职员或者工作者处事是公平的或者是合理的吗？］（*注意：也适用于 42c*）

1.8　反社会模式

这个部分试图评估与反社会行为相关的一般人格和行为模式。（注意：目标是确定对于反社会模式而言是否存在一种专业的评估）

40. 你曾经被心理学家或者精神科医生评估吗？［如果有的话，你知道你的诊断结果吗？如果罪犯曾经有被评估但自己不知道诊断结果请工作者

查阅其相关的诊断报告。]　　□没有　□有

如果罪犯曾经没有被评估，或者无法得知罪犯是否曾经接受过评估，但是以下问题会反映罪犯的相关问题，那么如果存在以下评估问题，则在快速评分表格里划“是”。如：

□敌对；气愤；有潜在的攻击性行为；自负 / 具有攻击性。

□冲动控制；自我管理技能。

□不顾别人的感受；或者内疚感与羞耻感没有减少的可能性；可能从表面上看很迷人，但是反复地无视规则与他人的感受。

□做出不符合常规、不理性的行为。

□其他（详述）：

____

____

41a. 你在 16 岁以下曾经被逮捕过吗？［在你年少时曾经被送往儿童福利机构吗？儿童精神科医生曾经为你看过病吗？你逃过学吗？你曾经离家出走过吗？你父母在养育你的过程中有很多麻烦吗？］

□没有　□有

41b. 你曾经因为暴力犯罪而被定罪吗？　　□没有　□有

详述：______________________________

41c. 你曾经试图从青少年或成年人机构逃跑或尝试逃跑吗？

（这些机构包括监狱、中途之家等）　　□没有　□有

41d. 在社区矫正之前你曾经有过缓刑或者假释中止吗？（第 8 项）

□没有　□有

42. 犯罪态度，如果 42a、42b、42c 题回答的是“是”，那么该题也回答“是”

（*注意：42、42a、42b、42c、和 43 题在此处继续列出，但是这些题目在其他地方也访谈过*）

42a. 第 36 题，支持犯罪。　□否　□是

42b. 第 37 题，不喜欢规则。　□否　□是

42c. 第 39 题，不喜欢被监管或者治疗。　□否　□是

43. 广义的问题模式。如果 43a 到 43h 中至少有 4 个涉及广义的问题模式，则标注“是”。　□否　□是

43a. 财务问题（*注意：也适用于 4.1*）当评估这些项目时考虑以下几个因素。

i 收入来源

参考你现在生活的家庭（或者你被监禁的时候的生活状况），你估计的总体的、所有来源的年度合法收入是多少？这些来源除了来自工作收入，可能还包括非工作收入，如保险、福利等。

总收入 ＿＿＿＿＿＿

你的家庭是否有时候会接收到福利或者其他形式的援助吗？

□否　□是

你担心你有足够的钱去支付债务吗？　□否　□是

你的父母或者配偶曾经向你抱怨过你在非必需品方面花费太多吗？

□否　□是

ii. 银行服务使用情况

你有银行账户吗（储蓄或者支票）？　□否　□是

去年，你的一张或者多张个人支票被退票或者被“NSF”退回吗？

□否　□是

iii. 信用卡使用情况

你有信用卡吗？　□否　□是

你有大型百货商店的信用卡吗？　□否　□是

你曾经因为信用记录不良而被拒绝申请信用卡吗？　□否　□是

何时？____

____

____

你曾经因为要付到期的账务接到过电话访问、信件访问与个人拜访吗？

□否 □是

如果有，何时？

____

____

你目前有债务吗？ □否 □是

如果有的话，大约是多少？是欠谁的钱？________________

iv. 财务管理技能

你有个人预算吗？ □否 □是

你是根据你的个人预算开支的吗？或者你认为按照你的个人预算开支有困难吗？ □否 □是

你的收入是否能满足基本生活需求？（如房子、食品）

□否 □是

你曾经被建议破产，或者已经破产吗？ □否 □是

你的工资曾经有被扣押的威胁吗？ □否 □是

43b. 过去的一年，除了机构，你有几个住址？ □否 □是

检查抵押记录____

（注意：项目 43c 到 43h 在此处按照保留数字排序，但是它们在其他地方也被访问过）

43c. 第 11 题，从来没有一整年就业过。 □否 □是

43d. 第 12 题，没有完成 10 年级或同一级别的教育。 □否 □是

43e. 第 14 题，至少有一次被终止或者被驱逐。 □否 □是

43f. 第 19 题，没有被奖励过或者被父母养育过。 □否 □是

43g. 第 23 题，能充分利用时间。 □否 □是

43h. 第 27 题，未犯罪的朋友比较少。 □否 □是

注意：

以上是加拿大 LS/CMI 评估工具的核心表格，笔者在翻译该评估工具的过程中总结出如下几点对本研究的主要启示：一是加拿大 LS/CMI 的研制者将评估对象的犯罪史作为评估的维度之一，并且不考虑评估对象在童年时期的成长经历对后来犯罪行为的影响，这一点与国外的一些研究者有所不同。例如，美国著名犯罪学家罗伯特·桑普森与约翰·劳布研究指出，早期犯罪行为方面的差异至少通过两种途径对成年时期的犯罪行为产生影响。第一种途径是，个体会把其生命早期，特别是 14 周岁之前由于受家庭、兄弟姐妹、学校、伙伴影响而形成的犯罪性倾向带至成年时期。第二种途径是状态依赖性，表明过去和将来犯罪行为之间的联系是一种自然的因果关系。[①] 基于桑普森和劳布的研究，笔者拟将刑满释放人员 14 周岁之前的成长经历，包括家庭、学校、社会交往等因素纳入研究中，作为一个维度开展分析。二是加拿大 LS/CMI 包含的维度比较全面，涉及评估对象生活的各个方面，如犯罪史、教育、就业、家庭、婚姻、休闲娱乐、同伴交往、酒精 / 药物问题、亲犯罪态度或取向、反社会模式等。据笔者对相关资料的研究，发现该量表的研制者 Andrews 和 Bonta 采用荟萃分析方法选择影响因素。荟萃分析方法是指研究者通过分析已经公开发表的与自己研究主题有关的各种文献资料，从中找出与自己研究有关的影响因素。荟萃分析方法

---

①［美］罗伯特·J. 桑普森、约翰·H. 劳布：《犯罪之形成——人生道路及其转折点》，汪明亮、顾婷等译，北京大学出版社 2006 年版。

是一种兼容并蓄的研究方法，可以快速地扩大视野，非常便利地找到自己需要的研究资料与相关便利，这是一种非常有效的文献研究方法。本研究的主要研究方法是以犯罪学理论为基础，提取出相关的自变量即可能对刑满释放人员重新犯罪有影响的因素，然后进一步分析这些因素对刑满释放人员重新犯罪是否存在显著影响。在梳理相关文献时，笔者也会使用荟萃分析方法作为研究方法的重要补充。

（三）美国的罪犯评估系统

美国的贝尔德（Baird）、海因茨（Heinz）、贝莫斯（Bemus）在 1979 年编制了“威斯康星危险评价工具”。该风险评估工具是美国比较典型的罪犯重新犯罪风险评估工具。该风险评估工具共有 12 个打分项目，根据积分可将罪犯分为三等，该量表中打分的内容是[①]：

The Wisconsin Risk-Assessment Instrument

（1）在本次判刑的前 5 年是否被逮捕过?

未被逮捕过是 0 分，被逮捕过是 4 分，逮捕不包括因交通违法的逮捕

（2）过去在州或联邦的成人监狱被撤销而导致监禁的次数

没有为 0 分，一次以上为 4 分

（3）在过去的 12 个月中参加工作的时间

7 个月以上为 0 分，5—7 个月为 1 分，少于 5 个月为 2 分

（4）过去犯重罪（判监禁 1 年以上的罪）的次数

没有为 0 分，1 次为 2 分，2 次以上为 4 分

（5）狱中被关押的次数

① 刘强:《美国社区矫正的理论与实务》，中国人民公安大学出版社 2003 年版，第 192—194 页。

没有为 0 分，1—2 次为 3 分，3 次以上为 6 分

（6）过去受到缓刑或假释监督的次数

0 次为 0 分，一次以上为 4 分

（7）过去因为缓刑或假释或逮捕而导致被判重罪时的年龄

24 岁以上为 0 分，20—23 岁为 2 分，19 岁以下为 4 分

（8）本次犯罪被决定给予监禁和缓刑的年龄

30 岁以上为 0 分，18—29 岁为 3 分，17 岁以下为 6 分

（9）另外还有使用酒精的问题

依程度为 0 —4 分，使用毒品的问题依程度为 0 —4 分

（10）交往的问题

很少与有犯罪倾向的人交往的为 0 分，较多与有犯罪倾向的人交往的为 5 分

（11）逮捕的类型

没有被逮捕为 0 分，技术违规逮捕为 2 分，轻微的犯罪逮捕为 4 分，重罪被逮捕为 8 分

（12）态度

没有敌对的态度、希望转变的为 0 分，有一定的思想障碍、不能较好地与工作人员合作的为 2 分，经常处于敌对或消极态度、有犯罪倾向的为 5 分

根据以上的情况，分数在 17 分以上的为高度危险的罪犯，在 9—16 分范围的为中等程度的危险，在 8 分以下的为较低危险的罪犯。当然，这种预测并不是百分之百的正确。

笔者在搜集美国的罪犯重新犯罪风险评估工具过程中，发现美国由于联邦、各州及县的司法体制不一致，因而，在整个国家视野内，罪犯风险评估工具也不尽相同。实际上，在美国的罪犯重新犯罪风险评估工具非常多，

实践部门并非完全接受学者在理论上所设计的风险评估工具，有的工具被某些州、机构接受；有的工具的某些部分被接受。总体来看，学者所设计的风险评估工具很少被全部或者说原装接受。从上文中的“威斯康星危险评价工具”可以发现，这份罪犯重新犯罪风险评估工具结构简单，题量比较小，评分方法直观清晰，易于操作，实际上，美国的此类风险评估工具都有上述特征。若将美国与英国、加拿大的风险评估工具作比较，会发现美国的风险评估工具其风格非常简单明了。

第二节　国内重新犯罪研究与实践

本研究选择重新犯罪期刊论文作为分析样本。因为在各种社会科学研究成果的知识载体中，期刊是极为重要的信息资源。可以说，期刊论文在很大程度上可以反映一个学科或者一个领域的研究动态与研究水平。第一个样本通过以重新犯罪、重新犯罪率、再犯罪、再犯为篇名关键词在中国知网的期刊库、特色期刊库、学术辑刊库进行跨库检索得到。通过检索分别获得 221 条、12 条、78 条、124 条检索结果，检索日期截至 2018 年 4 月 27 日。第二个样本来源是中国知网收录年份不全或未收录的四种犯罪学主要期刊:《青少年犯罪研究》《青少年犯罪问题》《中国监狱学刊》《犯罪与改造研究》，以重新犯罪、重新犯罪率、再犯罪、再犯为篇名进行人工检索，检索年份为创刊以来至 2014 年年末，分别获得 46 条、8 条、47 条、63 条检索结果。

国内的重新犯罪研究经历了如下发展历程：1992 年 4 月，中国犯罪学研究会在北京成立，标志着我国犯罪学学术共同体的形成。这年可以被视为中国犯罪学发展的一个新起点。2002 年，中国犯罪学研究会加入中国法学会，在倡导科学发展观与构建和谐社会的时代背景下，犯罪学研究进入了新的时期。据此，发表时间变量在本文被分为三个历史时期：1981—1991年、1992—2002年、2003—2015年；分别简称为80年代、90年代、新世纪。三个历史时期论文发表的数量分别为66篇（15.6%）、97篇（22.9%）、260篇（61.5%）。20世纪80年代重新犯罪论文数量偏少。这可能与当时学术期刊的数量少、研究人员的规模小有关。1992年，中国犯罪学研究会成立后，犯罪学研究进入发展期。但20世纪90年代重新犯罪论文增长缓慢，表明犯罪学学术共同体没有普遍关注这一研究领域。近年来，重新犯罪率逐年递增，局部地区达到20%以上，引起政法部门以及学者的高度重视。由此，新世纪的论文数量呈现跨越式增长，尤其是2008年以后论文数量出现井喷态势。[①] 通过对国内重新犯罪文献的梳理，可以发现重新犯罪的主要议题包括重新犯罪特征分析、重新犯罪原因分析、重新犯罪预防对策分析与重新犯罪风险评估工具研制四个主题。此部分介绍前面三个主题，第四个主题将单独介绍。

一、国内重新犯罪研究的重点议题

第一个议题是重新犯罪特征分析。例如，戴艳玲认为，重新犯罪的群体特征主要有两点：（1）累犯是重新犯罪者中的突出群体。她指出，部分累犯“预后”不佳，回归社会难度较大，不仅自己难以融入社会，而且反社会情结不断积聚，而恰恰是这些人“一而再、再而三”犯罪，他们借助既往的犯罪经验，犯罪能力和反侦查能力不断强化，犯罪行为对社会的危害性更强。（2）青少年罪犯是重新犯罪群体中的高发群体。相关调查显示，再次犯罪成为累犯的高峰年龄约在26—35岁，而其中约有二至三成犯罪人在25岁之内先后两次犯罪并被判处监禁刑。[②] 李均仁等人经研究发现刑满释放人员

① 张崇脉：《我国重新犯罪研究的内容分析——以期刊论文为样本》，载《预防青少年犯罪研究》2015年第6期。

② 戴艳玲：《对社会转型期重新犯罪特点及防控策略的思考》，载《中国司法》2013年第6期。

重新犯罪特点为:(1)从原案情、刑期及改造表现上看，财产型犯罪者的重新犯罪率高于其他类型的犯罪者。1989年，在全国刑事案件中，盗窃、抢劫、诈骗三类案件比重高达92.46%；在重新犯罪人员中，这三类罪犯的比重为75%。短刑犯的重新犯罪占比较大。原判刑期三年以下的短刑犯只占初犯总体的25%左右，而刑满释放后的短刑犯在重新犯罪总体中占70%以上。重新犯罪的刑满释放人员多为累犯惯犯。重新犯罪人员中累犯和惯犯将近占到50%左右。(2)从年龄、文化和婚姻家庭状况角度来看，重新犯罪的刑满释放人员中，26岁至45岁的壮年和中年人所占比例远远高于25岁以下青年和46岁以上的老年人。文化程度低的刑满释放人员的重新犯罪率高，比重大，且初中以下文化程度的人员占重新犯罪总体中的大多数。未婚的人重新犯罪率高。重新犯罪人员中未婚比重远远大于已婚比重。(3)在犯罪方式上，重新犯罪以团伙犯案、暴力犯案、流窜犯案的方式为主。① 郑海、李国华经研究发现重新犯罪具有以下特点：在重新犯罪的罪名分布中，占前两位的依次为贩卖毒品罪、盗窃罪。重新犯罪均以轻罪为主。犯罪类型为不涉及国家安危等根本性问题的犯罪。从犯罪性质与犯罪被害的角度来看，重新犯罪都以“非暴力对私”为主，行为人更多是“克制地”采取非暴力手段。②

第二个议题是重新犯罪原因分析。只有找到问题发生的原因，才能防止问题的产生，因此，分析重新犯罪的原因对于预防刑满释放人员重新犯罪具有先导意义。重新犯罪的原因纷繁复杂，国内多位学者从不同的角度进行了分析。例如，史振、曹文江主要从内因与外因两方面进行了研究。他们指出，从内因角度来看，重新犯罪者犯罪能力的增强使重新犯罪的可能性增大，重新犯罪者用以实施犯罪的技能、手段比初次犯罪熟练，这使得刑

---

① 李均仁:《中国重新犯罪研究》，法律出版社1992年版，第90—104页。

② 郑海、李国华:《中观视野下重新犯罪的罪刑样态与耦合关系》，载《法律科学》2017年第4期。

满释放人员重新犯罪时比其初次犯罪时具有更强的犯罪能力，这一作案条件增大了重新犯罪的可能性。而且重新犯罪者文化水平较低和谋生技能的缺乏，导致他们在刑满释放后更易于重新犯罪。他们指出，在实际生活中，自我和超我的培养，在很大程度上是靠文化教育来完成的。在他们的研究中，他们通过对调查数据的统计分析，发现重新犯罪者的文化水平普遍不高，其中具有高中及以上学历的仅占6.7%，具有初中学历的占55.8%，小学及以下学历的占37.5%。这说明文化水平低是造成重新犯罪的一个重要原因。除此之外,刑满释放人员基本的生存需要得不到满足也是导致其重新犯罪的重要原因。当个体初次犯罪入狱时，其原本稳定的家庭关系遭到破坏，经济收入可能中断，个体的衣食住行等基本的生存需求的满足可能面临困难。如果这种基本的生存需求得不到满足就可能导致个体产生新的犯罪动机，个体很可能走上重新犯罪的道路。从外因来看，第一，社会的迅速变迁和刑满释放人员社会化的相对停滞使其回归社会面临困难。犯罪人被定罪判刑以后，长期生活于监狱内，与社会没有接触，对之前的社会化有遗忘的倾向，加上知识、技能、观念的老旧，自己本来就需要再社会化，而社会又处在不断的发展之中，使犯罪人出狱时与普通同龄人的社会化程度差距拉大，加之当前我国社会又处在转型期，时间压缩效应更是加剧这一现象。第二，刑满释放人员受社会排斥而导致重新犯罪。调查的数据显示，94.7%的受访者会在人际交往中区别对待刑满释放人员，69.1%的受访者在生活中会特别提防曾经被判入狱的人。除此之外，在就业问题上，超过80%的受访者表示会拒绝录用曾经被判刑入狱的求职者，这都表明社会大众对刑满释放人员的排斥,在实际生活中会给刑释人员回归造成很大的障碍。①另一位研究者戴艳玲主要从社会转型背景下对重新犯罪状况的成因进行了分析，她认为刑满释放人员重新犯罪的重要原因包括:（1）社会物质生活水平

① 史振、曹文江:《重新犯罪的原因分析及对策研究》，载《法制与社会》2016年第12期。

的迅猛发展对出狱人的心理冲击较大。在社会转型背景下，大众最直接的感受是经济快速发展、文化日益繁荣，生活方式趋于多元化。曾在监禁状态下或长或短服刑的出狱人，看到五彩的街道、热闹的市场、忙碌的人群，总会或多或少感受到变化，自觉落伍和生疏，感觉受到损失，自觉失去了很多时间和机会，在这样的内心冲击下，有些出狱人产生了“堤内损失堤外补的”心理，用各种非法手段攫取物质利益，获取内心平衡，得到财物才满足。（2）大众生活中各种科技手段被广泛应用，强烈刺激曾经的犯罪人潜在的侥幸心理。现代通信技术、网络技术等拉近了陌生人之间的距离，隐匿了面对面交往中很多的“直面”元素，各种“隔空”联络手段使人与人之间的交往隐蔽性、不确定性大大增强，这为一些人提供了犯罪途径与工具，产生犯罪不易被察觉的侥幸心理。（3）社会生活方式快速变化，加大了刑满释放人员适应社会生活的难度。刑满释放人员回到社会以后面对无处不在的变化有诸多的不知晓、不理解，难以适应或者不知所措。有些人则以重新犯罪行为来“化解”或者“对抗”重新融入社会的各种困惑和难题。（4）对青少年刑满释放人员特别保护的欠缺，是部分人再次陷入犯罪的重要原因。这个有如下体现：其一，法律、法规中的特别保障和关护大多“止步”于18岁，这与青少年的实际需求不符。其二，法律、法规保障体系和社会保障机制不健全。其三，家庭保护不力。①

第三个议题是重新犯罪预防对策分析。例如，史振、曹文江认为应该主要从监狱方面进行防控：（1）对初次犯罪人实行隔离监管，改变管理模式。减少初次犯罪人同“二进宫”等多次犯罪人的接触，分类别监管，让初次犯罪人处在相对隔离的监管区域，尽可能地减少监房住宿人数，不定期地重组监区。（2）加强对犯人的文化教育和专业技能培训。监狱管理方面可以大量开展成人教育和自考学历，以提升犯人的文化水平，真正起到改造作用。

---

① 戴艳玲：《对社会转型期重新犯罪特点及防控策略的思考》，载《中国司法》2013年第6期。

同时，在刑罚的劳动改造过程中，注重劳动技能的提升，并注意与社会企业等用工单位的需求相匹配，通过技能考核等方式，在出狱前与用人单位签订培训协议和一定时效的用工合同，保护性地解决刑满释放人员的就业问题。（3）开展针对刑满释放人员的保护性措施。对此应当尝试针对刑满释放人员的保护性措施，以轻度犯罪的刑满释放人员为试点对象，在其出狱后的半年或者一年内，联合地方居委会、民政局、公安局等单位，通过发放补助金、回归引导、定期心理调查等方式，帮助其恢复社会属性、建立正常的社会关系并被社会接纳。（4）对刑满释放人员进行再社会化教育。对即将刑满出狱的犯罪人组织开展时事政治教育和法治建设情况的宣讲，使其了解被监禁期间外部社会的发展状况。[①]戴艳玲针对上述重新犯罪原因提出了以下解决措施：（1）强化对青少年短刑期罪犯的针对性教育矫正。把对未成年犯的特别关注推及18—25岁的服刑人员，即强化对入监时25岁以下并被判处五年以下有期徒刑罪犯的管理和矫正，并且要动态关注其改造效果的持续和巩固。（2）改革服刑人员出狱方式，促进假释的扩大适用。长期监禁执行对于受刑人回归社会的障碍已得到广泛认同，因此，监狱应通过改进对服刑人员的考核管理制度，促进对中长刑期者的假释，让更多具备法定条件并符合考核评估要求的服刑人员在回归社会前得以在过渡期内有心理和行为方面的准备，随着刑期结束平稳地、逐步地适应社会、融入社会。（3）针对“短刑期”服刑人员与社会之间的“近距离”特点，避免过度封闭的教育矫正方式。允许其工作日或者工作时间走出监狱到附近工作或者参加劳动，周末或者晚上回到监狱。监狱还可以根据安全性评估的情况灵活掌握允许“离监探亲”的方式。（4）制定专门法律，提升社会关护的法律保障地位。（5）健全安置帮教工作机制。（6）设置特别安置机构，

① 史振、曹文江：《重新犯罪的原因分析及对策研究》，载《法制与社会》2016年第12期。

强化特别救助。[①] 谭观秀、高淼、彭维认为影响犯罪成本的构成因素是多方面的。重新犯罪动机的产生并转化为重新犯罪行为的可能性同犯罪成本成反比。为预防和减少重新犯罪，须把握重新犯罪形成的制约因素，增加重新犯罪成本。因此，他们提出，应该采取如下措施:（1）修订刑事法律，通过以上的《刑法》有关条款的修订和增补，可以增加重新犯罪人的预期成本投入，遏制重新犯罪心理的生成。（2）提高刑事案件破案率，在现实生活中，犯罪行为人往往针对低破案率而过低地估计自身因犯罪被发现、逮捕和定罪的概率，从而铤而走险。（3）量刑规范科学。在量刑上坚持规范化、科学化，做到罪责刑相一致、量刑恰当，同时保证使不同的法院对同样的案件有同一的审判结果，避免对同类案件产生太大的差异。（4）刑罚执行统一性。在刑罚的执行上，应准确把握减刑和假释的条件，做到恰如其分，如果不该减刑的减了刑，就会使其可能重新走上犯罪的道路，就会起到一种误导的作用。[②] 丛梅认为重新犯罪与社会有着重要的联系，所以她主要从社会层面提出解决措施。她的建议包括:（1）客观认识个体经济状况在犯罪形成中的作用，针对初犯和重犯不同的犯罪特征实施分类预防。所谓分类预防，即根据初犯和重犯不同经济生活状况的犯罪群体采取相应的预防措施，以消除或降低在该种经济生活状况下可能出现的犯罪或重新犯罪现象。具体来看，对于经济生活贫困的群体可侧重社会福利型的预防方案，提供或增加合法获取经济收益的渠道，注重经济政策的适时调整，如增加城市中技术要求较低的就业机会，增设社区就业辅导培训，提高社会保障程度。对于非经济贫困以外的其他群体的预防，应注重社会整体环境的公平和提高犯罪成本。（2）客观认识年龄与犯罪之间的关系，针对初犯和重犯不同的犯罪规律实行社会支持与社会控制相结合的刑事政策。在社会支持方面，

---

① 戴艳玲:《对社会转型期重新犯罪特点及防控策略的思考》，载《中国司法》2013 年第 6 期。

② 谭观秀、高淼、彭维:《犯罪成本与重新犯罪研究》，载《湘潮》2013 年第 5 期。

政府有关部门要合理制订刑满释放人员回归社会后的处遇方案，建立专职的社会工作者队伍，严格落实安置帮教工作，并对义务主体实施管理和责任追究；进一步完善社会扶持和社会救助体系，对刑满释放人员进行重返社会的生活指导、就业培训，减轻其重返社会后的紧张和压力，预防其重新违法犯罪。在社会控制方面，应建立剥夺政策。针对屡教不改、犯罪意识越来越强烈的重新犯罪人员，在他们犯罪的高峰期剥夺他们的犯罪能力，处以长期监禁,就可以有效控制他们重新犯罪。（3）客观认识无业与犯罪之间的关系,认真落实有关教育改造政策。一是要将罪犯作为教育改造过程中的主体。二是认真落实《监狱法》中有关教育改造政策，认真落实分类教育、个别教育、教育改造评估、刑满释放人员危险性评估等制度。推广运用电化教育、计算机教育等手段，以解决罪犯教育中的时间、地点、环境、师资以及罪犯文化水平参差不齐等问题。充分运用社会各方面资源和力量，对罪犯的职业技术教育应着眼于将来刑满就业，坚持实用为主，结合劳动生产，大力开展岗位培训，与用工单位和政府劳动培训机构联系，举办各类职业培训班，让罪犯获得回归社会的劳动技能，为他们从“监狱人”向“社会人”转变提供帮助。[①]

二、国内重新犯罪风险评估研究及典型工具

正如上文所述，我国重新犯罪风险评估工具研究工作比较滞后，但是，近年来，我国重新犯罪风险评估研究已经成为刑法学、犯罪学界研究的重要议题，并且我国整体上的重新犯罪风险评估学术研究已经取得了明显的进步，虽然此领域的研究依然存在着一些不足之处，但是相关的研究成果、研究经验与研究教训依然是刑满释放人员重新犯罪影响因素与预防对策研究的重要基础，具有重要参考价值。因此，有必要梳理这些已有的重新犯

① 丛梅:《我国重新犯罪现状与发展趋势研究》，载《社会工作》2011 年第 12 期。

罪风险评估研究，找到刑满释放人员重新犯罪风险影响因素研究可以借鉴的经验与规避的不足。以下内容便是笔者对我国重新犯罪风险评估研究的整体情况的梳理。

在我国重新犯罪风险评估研究领域，已经出现了不少的研究成果。笔者通过对国内既有文献资料的检索，找到有关罪犯风险评估博士、硕士学位论文 7 篇，期刊论文 116 篇，相关风险评估测量表 14 份。这些重新犯罪风险评估研究涉及监狱服刑人员、刑满释放人员、社区服刑人员三类群体。其中，监狱服刑人员因为被关押在监狱中，他们重新犯罪的条件和可能性都比较小，因此，监狱服刑人员的重新犯罪风险评估工具研究成果也比较少。刑满释放人员重新犯罪风险评估工具与社区服刑人员重新犯罪风险评估工具之间非常相似，因为这两个群体都在社会上生活，并未被关押在封闭环境中。因此，本书在介绍国内典型的重新犯罪风险评估工具时，会将刑满释放人员与社区服刑人员这两者基本上同等看待。

国内学者在编制以上三类群体的重新犯罪风险评估研究及相关量表过程中，多借鉴了国外的研究成果。重新犯罪风险评估的因素包括个人特征、既往表现、所犯罪行、犯罪情节、悔罪表现、所受刑罚、家庭环境、生活环境、社会环境、经济收入、文化素养、兴趣爱好、宗教信仰、思想教育等。相应的风险评估量表大多采用计分的方式来判定风险的大小，具有较强的客观性与合理性。少部分研究者在研究方法上能够参照欧美的实证研究方法，通过假设检验、统计分析筛选出显著影响罪犯重新犯罪风险的因素。与上文介绍加拿大、美国与英国重新犯罪风险评估工具的方式一致，笔者在下文中也将详细介绍国内比较有代表性的重犯风险评估研究成果，介绍这些风险评估工具的目的依然是借鉴它们采用的因素或者变量，作为本研究初步确定刑满释放人员重新犯罪影响因素的参考。

（一）北京的重新犯罪风险评估研究

2003 年 9 月，北京市正式在东城、房山、密云、朝阳、通州、顺义、昌平、怀柔、大兴九个区县的 34 个街道、乡镇开展社区服刑人员分类管理分阶段教育的试点工作。市司法局与首都师范大学政法学院社会工作系合作研发了“北京市社区矫正人员综合状态评估指标体系”（以下简称指标体系）。指标体系设计了 2 套包括接受社区矫正态度、再犯罪可能性、个性心理特质、再社会化程度、社会期望值等 9 个方面内容、100 项指标的测试量表。根据对测量指数的综合分析，来评估社区矫正人员的人身危险性大小和回归社会的趋向程度，然后依据评估结果对社区服刑人员进行分类和不同强度的管理。针对社区服刑人员的人身危险性的高低不同，对其实施宽管、普管、严管三种不同强度的管理。按照评估体系要求，要对社区服刑人员以人身危险性大小为标准，结合其回归社会的趋向程度，将其分为 A、B、C 三类，其中 A 类为人身危险性小、回归社会趋向好的服刑人员，B 类为人身危险性较大、回归社会趋向较差的服刑人员，C 类为人身危险性大、回归社会趋向差的服刑人员，三类人员从报到、走访、活动范围、教育、公益劳动等方面分别实施低、中、高三种不同强度的管理。[①] 从 2005 年 4 月起，在北京市 18 个区县内全面开展了对社区服刑人员分类管理分阶段教育的试点工作。北京市司法局联合首都师范大学，在认真总结第一版指标体系的成果与存在问题的基础上，合作开发了第二版指标体系，指标体系共有 3 套量表，分别适用于管制和缓刑、监外执行假释、剥夺政治权利 3 类社区服刑人员。每类社区服刑人员的量表又分别包含他评量表（表Ⅰ）、自陈量表（表Ⅱ）、自陈量表评分表（表Ⅲ）和评估报告表（表Ⅳ）4 张量表。重点评估社区服刑人员的人身危险性（再犯可能性）和回归社会趋向（再社会

---

① 李新春：《社区矫正风险评估问题研究》，中国政法大学 2011 年法律硕士学位论文。

化程度）两大方面的主体综合状况。每一方面又具体划分为家庭居住情况、犯罪与刑罚历史、接受社区矫正态度、悔罪认罪态度、法律法规认知程度、个性心理特质、再社会化程度、回归社会趋向等若干指标。① 到 2005 年 6 月底，北京市各区县完成了对 4000 余名社区服刑人员综合状态的评估、分类以及按评估类型实施不同管理措施工作，进入制订实施个案矫正方案的阶段。这项工作在全市范围内收到了比较显著的效果。

（二）上海的重犯风险评估工具研究②

到 20 世纪 80 年代末，我国大陆地区尚未研制出可供在司法实践和社会治安工作中实际使用的重新犯罪预测工具，而国外的重新犯罪预测表又不完全符合我国的国情，由于影响我国刑满释放人员重新犯罪的因素与国外刑满释放不同，因此国外所研制的刑满释放人员重新犯罪预测量表不宜简单搬到我国大陆地区使用。在这种背景下，1990 年上海市提篮桥监狱成立了“上海市重新犯罪预测量表研制课题组”，进行“刑释人员重新犯罪预测量表”的研制。课题组成员中包括监狱的领导和干警、上海市犯罪改造研究所和华东政法学院的研究人员。通过对上海市 1986 年刑满释放的所有人员出狱三年内的情况进行调查分析，形成有效的调查表（无项目漏填或明显没有乱填）有 4542 份，即能掌握 4542 个刑释人员释放前后的情况，有效的回收率达到 91%。在此基础上确定了与重新犯罪有相关关系的 12 种可以客观评定和定量的因素。然后采用社会测量学方法和数理统计原理，研制出我国第一份刑释人员重新犯罪可能性预测量表。1995 年，重新犯罪预测量表正式研制完成并投入实际试用。到 2002 年，由于我国的社会经济环境与 10 年前相比发生了很大变化，原定的各种影响刑释人员重新犯罪的因素

① 北京市司法局社区矫正工作领导小组、首都师范大学社区矫正与社区发展研究中心:《北京市分类管理分阶段教育的社区矫正模式研究》，载《北京市社区矫正工作研究报告》2005 年第 15 期。

② 邬庆祥:《刑释人员人身危险性的测评研究》，载《心理科学》2005 年第 1 期。

也随之有所变化，这导致预测的准确率下降，同时由于新刑法的颁布和实施，我国的刑事政策有所改变，原先所确定的调查项目已有部分过时，在填写预测表时会有困难，因此上海市监狱管理局在 2002 年又组织课题组对重新犯罪可能性预测量表进行了全面修订。课题组从调查所得资料中用数理统计方法检测和归纳出 17 种与重新犯罪显著相关又可以客观评定量化的因素，包括性别、被捕时年龄、出狱时年龄、犯罪种类、前科情况、原先职业、婚姻情况、文化程度、判决刑罚、实际所受刑罚、改造表现、居住地区、安置就业情况、帮教情况、家庭经济情况、是否有吸毒史、是否被剥夺政治权利，并建立了刑释人员人身危险性测定数学模式。

上海市对社区矫正对象风险评估制度的探索，开始于徐汇区斜土街道。该街道于 2004 年率先开始尝试建立社区矫正风险评估体系，对矫正对象量化测评实行分类管理。受上海徐汇区司法局的委托，上海政法学院社区矫正研究中心“社区服刑人员风险测评”课题组尝试制定了属于统计式风险评估的测评表。在制定过程中，参考了美国、加拿大等国有关风险评估的研究，参考了对社区服刑人员及社区服刑人员重新犯罪原因的研究，听取了社区矫正工作者对风险测评的意见，并与服刑人员进行了座谈和了解。试图制作一套简洁、易于操作的量化测评表，既注意到对相关因素的全面把握，又避免过于烦琐、不利于操作和形式化倾向。

测评表中共有 30 个测评项目，内容可分为三个部分：第一部分为服刑人员的基本情况；第二部分和第一部分相结合，用于对服刑人员开始社区矫正时的初次测评；第三部分是在进行阶段性评估（服刑人员在社区半年或一年后的评估）时需增加的内容。分值设计的跨度为 0 分至 5 分。分值越高，风险性越大。在每一个项目中，分值的设定不尽相同。通过对测评分值的相加，可算出每一个社区服刑人员的风险总分值，根据每个人总分值的不同，可将其大致划分为 3 类（稳定、重点关注、高危控制）或 4 类，对于分值较高的一部分人（1/3 或 1/4）需要给予特别的关注。

社区矫正服刑人员风险测评表

姓名______ 性别______ 年龄______ 身体状况______ 文化程度______

案由______ 矫正类型______ 原判刑期______ 矫正起止日期______

测评结果 ______

项目	分值
第一部分	
1. 犯罪的主观方面 0= 过失犯罪、共同犯罪中的从犯或胁从犯 1= 故意犯罪 3= 共同犯罪中的主犯或教唆犯	
2. 原判刑期 0=3 年以下（包括管制、剥夺政治权利） 1=3—10 年（包括剥夺政治权利） 3=10 年以上	
3. 是否为职务犯罪 0= 是 1= 否	
4. 初次犯罪时的年龄 0=26 岁及以上 1=18—25 岁 2=17 岁或更小	
5. 现在年龄 0=51 岁及以上 1=50—36 岁 2=35 岁及以下	

续表

项目	分值
6. 过去的刑罚处罚记录（包括五种主刑、三种附加刑） 0=0 次 1=1 次 3=2 次 5=3 次或 3 次以上	
7. 过去的行政处罚记录（包括劳动教养、违反治安管理处罚条例、受到行政拘留） 0=0 次 1=1—2 次 2=3 次或 3 次以上	
8. 受教育程度（个人道德修养状况） 0= 大专以上（结合道德修养状况） 1= 初中以上大专以下（结合道德修养状况） 2= 小学到初中（结合道德修养状况） 3= 文盲（结合道德修养状况）	
9. 个人成长经历 0= 一般，较平稳 3= 较曲折，受到较多挫折	
第二部分	
10. 法律意识及法制观念 0= 掌握基本的法律知识，法制观念较强 1= 法律和法制观念一般 3= 法律知识欠缺，守法意识淡薄	
11. 是否有吸毒史 0= 没有 3= 有	

续表

项目	分值
12. 是否酗酒 0= 没有 1= 偶尔 2= 经常	
13. 过去半年中情况 （1）工作情况（适用于未进监狱或看守所的人员） 0= 有稳定工作 1= 工作不太稳定 2= 无业 （2）监所意见（适用于刚从监狱或看守所回到社区的人员） 0= 表现稳定 1= 表现不够稳定	
14. 住房情况 0= 有固定住房 3= 没有固定住房	
15. 家庭接纳情况 0= 理解并接纳 1= 态度冷淡 3= 不接纳	
16. 谋生情况 0= 有一技之长，有较好的生活收入 1= 没有一技之长，但可以自食其力 5= 未获得适当的工作，不能自食其力	
17. 表现出来的个性特征 0= 平稳 1= 内向、沉默，总觉得有心事或做事有时冲动、脾气急躁 2= 个性强、暴躁、易冲动	

续表

项目	分值
18. 对法院判决的态度 0= 没有意见 2= 较为不满 3= 非常不满	
19. 对社会的评价 0= 认为社会不公正现象毕竟是少数，现实社会的主流是好的 1= 认为社会腐败问题严重，但有希望得到解决 2= 认为现在的社会很黑暗，对社会公正的前景不抱希望	
第三部分	
20. 对生活前景的态度 0= 对在社区中的生活（在工作或家庭方面）已有适当的安排，并对新的生活抱有信心 1= 在社区中尚能生活，对前景还没有什么打算，抱着得过且过的态度 3= 生活中困难较多，觉得自己前途渺茫	
21. 对个人经济状况的态度 0= 对目前个人的经济生活现状比较满意 1= 对自己的经济收入不够满意，感到有一定压力 3= 对目前的经济状况很不满意，有较大的压力	
22. 对社区矫正的态度 0= 能基本理解社区矫正的内涵与功能 1= 无所谓 2= 对自己被纳入社区矫正对象范围不理解或不服气	
23. 对在社区中被帮教的态度 0= 认为对自己有帮助 1= 认为基本上没有用，只不过是形式而已 2= 对帮教持抵触态度	

续表

项目	分值
24. 对公益劳动的态度 0= 能积极服从司法所的安排参加劳动，被剥夺政治权利 1= 态度一般 2= 消极怠工	
25. 对学习教育、思想汇报的态度 0= 能积极参与社区矫正机关安排的学习教育活动，并定期交纳思想汇报 1= 表现一般 2= 对学习教育经常请假、迟到，有时无故不来，经过催促才上交思想汇报	
26. 遵守社区矫正规章制度状况 0= 可以自觉遵守，没有出现违规现象 1= 偶尔有违规现象发生 3= 经常有违规现象发生	
27. 交往对象 0= 能与适当的社区居民正常交往 2= 偶尔与行为不轨人员或过去团伙的成员交往 5= 经常与不良分子来往	
28. 适应社区生活的程度 0= 能正常与居民交往，在社区中没有被歧视感和孤独感 1= 社会交往很少，自己感到被歧视和孤立 3= 觉得自己难以在这个社区生活下去，有强烈的孤独感	
29. 与被害人的关系 0= 被害人能予以谅解或对服刑人员回社区情况不明，犯罪人与被害人无直接利害关系 1= 被害人对服刑人员有一些矛盾 2= 被害人与服刑人员矛盾尖锐	

续表

<table>
<tr><th colspan="2">项目</th><th>分值</th></tr>
<tr><td colspan="2">30. 家庭配合情况
0= 家庭关系和睦，家庭成员能配合社区矫正机关做好矫正工作
1= 家庭成员与服刑人员的关系不太融洽，但没有明显的矛盾
2= 家庭关系不和，家庭成员对社区矫正机关的工作较抵触</td><td></td></tr>
<tr><td colspan="2">总分</td><td></td></tr>
<tr><td>阶段目标</td><td colspan="2">主要问题：
矫正对策：</td></tr>
<tr><td>说明</td><td colspan="2">1. 本表可用于对社区服刑人员开始在社区服刑的初次测评及每半年一次的阶段性测评。第 1—19 项用于初次测评的内容，第 20—30 项作为在以后的阶段性测评中增加的内容。
2. 初次测评时将 1—19 项各项目累计相加，阶段性测评时将 1—30 项各项目累计相加，计算出总分，得出测评结果：稳定级，重点关注级，高危控制级，总分需在测评表的第一页右上端处注明。
3. 根据预测的分值等级发现问题，制定下一阶段的工作对策。</td></tr>
</table>

测评人：__________ 测评日期：__________

因为从国外情况来看，美国一些州的测评表内容并非完全一致，所以，上海方面的研究者认为，由于各地情况的不同，测评的内容并非需要各地统一的模式。通过测评的实践检验，并随着认识的深化和研究的深入，还可以对测评项目进行增减或修改完善。项目内容的设定要尽可能注意客观性，减少和避免主观性。当然，主观的判断也是不可避免的。上海政法学院社区矫正研究中心风险测评表的不足在于没有进行社区服刑人员重新犯罪与未重新犯罪的抽样调查与对照统计分析。另外，对重新犯罪应变量分值的确定仅是参照国外相关量表的分值，对分值高低的确定尚无足够的依据。

虽然上海政法学院社区矫正研究中心风险测评表存在一些不足之处，

但是作为我国大陆地区第一份社区服刑人员重新犯罪风险评估测评表，其具有里程碑的意义，它开创了我国大陆地区社区服刑人员重新犯罪风险评估研究的先河，引领我国大陆地区社区服刑人员重新犯罪风险评估走向统计分析的道路。上海政法学院社区矫正研究中心风险测评表对监狱服刑人员与刑满释放人员重新犯罪风险评估研究工作也具有启发意义，因为社区矫正工作不仅与监狱工作有关如假释对象来自监狱，与监狱矫正工作之间相互联系，而且与刑满释放人员安置帮教工作也有关系，因为社区服刑人员与刑满释放人员同样生活在社区之中。

（三）浙江的重犯风险评估量表研究

浙江司法警官职业学院的黄兴瑞教授、孔一教授认为刑释人员再犯风险因素的获取应当以犯罪人生命历程为线索，分析其生活史中重要的人物、事件和社会关系对其犯罪行为的影响。根据此观点，黄兴瑞教授与孔一教授选取了与犯罪人生命历程紧密相关的51项因素对浙江省出狱罪犯开展了同期群比较研究，经过相应的统计检验与标准化计分之后，制作出了用于评估刑释人员再犯风险的结构化量表。① 该量表运用生命历程理论，将引发再犯的风险因素确定为八类，如早年家庭状况、早年行为、第一次犯罪情况、第一次受刑情况等。

RRAI 对犯罪风险因素涉及的类别考虑比较全面，预测因子的取舍比较合理，RRAI 是针对监狱出狱罪犯重新犯罪风险的评估工具，孔一教授在此项工具的研究基础上承担了司法部犯罪预防研究所 2012 年重点课题“社区矫正人员再犯风险评估系统研究”，他在该课题最终成果中指出了我国目前社区矫正人员重新犯罪的现状与问题。孔一教授认为，总体上，我国大部分地区目前主要采用依靠主观经验和直觉的临床评估，有的地方虽然有结

① 孔一、黄兴瑞:《刑释人员再犯风险评估量表（RRAI）研究》，载《中国刑事法杂志》2011 年第 10 期。

构化调查表，但计分规则缺乏实证基础和客观标准。少数地方制定和应用了精算预测工具，如“北京市社区矫正人员综合状态指标体系”“江苏社区矫正风险评估系统”，但这些研究本身存在着严重的缺陷，具体而言，这些缺陷包括:(1) 实验组与对照组选择错误。例如，用在监狱内服刑的短刑犯和社区矫正人员直接对照来分析差异，并将这两类群体的差异作为解释社区矫正人员再犯的因素;(2) 没有计算出不同相关因子对社区矫正人员再犯的不同影响力，即没有赋予不同因子以不同权重。例如，酗酒和吸毒对再犯都有影响，但程度肯定不同，而上述评估系统中却给予了同样的权重系数;(3) 评估题目中涉及了过多的主观的和含糊的项目，缺乏客观、统一的标准;(4) 已制定的预测工具的信度、效度也未见公开的检测报告。①

为了解决国内社区服刑人员重新犯罪研究存在的以上缺陷，黄兴瑞教授与孔一教授开展了新的研究。该研究的实验组与对照组分别为 2005 年 1 月 1 日至 2005 年 12 月 31 日期间出狱的 5 年内重新犯罪的 313 名刑释人员和未重新犯罪的 288 名浙江籍刑释人员，同时，访谈了在缓刑和假释期间再犯罪的 30 几名罪犯。通过统计分析和研究，最后形成了目前的浙江省社区矫正人员风险评估量表，此量表是刑满释放人员重新犯罪风险评估方面的重要文献，虽然孔一教授课题组最终将开发出的量表命名为“社区矫正人员重新犯罪风险评估量表”，但是，实际上孔一教授课题组设置的实验组与对照组都是刑满释放人员，严格来说，该量表更加贴近刑满释放人员重新犯罪风险评估研究。不过，因为社区矫正对象重新犯罪率非常低，并且社区矫正在我国全面试行的时间并不长，样本的积累需要一定的时间，在社区矫正对象重新犯罪群体样本不足的情况下，黄兴瑞教授与孔一教授选择刑满释放人员重新作为社区矫正重犯者的替代者，也是一种比较适应现

① 孔一:《社区矫正人员再犯风险评估量表 (CIRAI) 研究》，载刘强、姜爱东主编:《社区矫正评论》(第三卷)，中国人民公安大学出版社 2013 年版，第 45—51 页。

实情况的灵活变通的可取方法。

曾赟教授通过对浙江省不同类型监狱1238个随机押犯样本的科学调查与统计分析，合理提取了测量罪犯出监前重新犯罪风险11项预测因子，首次创建了罪犯出监前重新犯罪风险预测量表。其考虑了第一次犯罪出监时年龄、第一次犯罪实际执行刑期、本次服刑中会见强度等相关因素，在因素的选取上客观性较强，易于实践操作和把握。但是曾赟教授的研究依然可以更加优化，可以添加一些其他指标，如可以将导致重新犯罪的经济因素考虑进去，这些经济因素包括家庭经济条件、就业、居住条件等，这些因素在很大程度上影响着重新犯罪的发生。曾赟教授的研究对象是监狱服刑人员，他将重点放在罪犯出监之前的重新犯罪风险，这个群体即将成为刑满释放人员，因此，曾赟教授的此项研究对本研究具有重要的指导意义与价值。①

（四）陕西的重新犯罪风险评估研究

西北政法大学冯卫国在2011年度教育部人文社会科学研究规划项目《社区矫正的风险评估与管控机制研究》（立项号：11YJA820018）中，对风险评估量表进行了设计。他认为首都师范大学政法学院社会工作系合作研发的"北京市社区服刑人员综合状态指标体系"，以及上海政法学院社区矫正研究中心"社区服刑人员风险测评"课题组尝试制定的属于统计式风险评估的测评表。这些评估体系普遍存在的一个问题就是项目设计差别较大，规范性不强，统一性不够。因此，应尽快研发、制定出一套全国统一的风险评估指标规范体系。

他们设计出了一套初级的"社区服刑人员风险评估测评量表（试行）"。该量表可适用于全部五类社区服刑人员，属于统计式风险评估的测评量表。每套量表包括他评量表一张表格，目前可交由基层司法所的矫正干警填写。

① 曾赟：《服刑人员刑满释放前重新犯罪风险预测研究》，载《法学论坛》2011年第6期。

量表的测评分别在入矫后3个月内和解矫前3个月内进行,并且初次测评后每间隔不超过6个月重新进行测评，以便对社区服刑人员及时变换分类管理的级别。他们在量表的设计过程中，借鉴了加拿大有关地方风险评估的研究成果，参考了全国各地监狱、劳教所、社区矫正机构制作的有关罪犯、劳教人员、社区服刑人员的风险评估指标体系和评估量表，如浙江十里丰监狱课题组设计的“新入监罪犯危险性评估量表”、上海市少年劳教所制作的“劳教人员个体危险性评估指标体系”、上海政法学院社区矫正研究中心课题组制定的“社区服刑人员风险评估测评表”等，同时结合一些地方的社区矫正工作的实际状况和经验，听取了司法所矫正干警对于社区服刑人员危险性预测和心理矫治成效的意见，并且对10余名服刑人员进行了深入访谈，在此基础上制作出这套简单、基础、易于操作的量化测评表。

该量表中共有30个测评项目,其中主要涉及社区服刑人员的基本情况、不良习惯及嗜好情况、本次犯罪的情况、心理情况及相关态度、矫正情况以及对其开展心理矫治的情况六个层面的内容。项目设计的跨度为0分至3分。分值越高,风险性越大。在每一个项目中最高分值和最低分值的设定未必相同。根据矫正工作的实际情况，有的最高分值可能是3分，也可能是2分，甚至是1分；有的最低分值可能是0分，也可能是1分。应当指出，分值的设定也不可避免地带有某些主观臆断成分，不过，尽管存在不确定性，但通过测评，可以根据自己现有的知识水平和判断能力确定出每一个服刑人员的危险程度并进而确定对其进行工作的重点。同时，对于没有列入高危管控的服刑人员，也可以注意到其在测评量表的单项因素中具有较高分值的项目。冯卫国教授领衔开发的这套“社区服刑人员风险评估测评量表（试行）”涵盖全面，考虑周详，并且立足于社区矫正实务部门的深入调查研究，取得了非常显著的成效。

第三节 国内重新犯罪研究可进一步完善之处

从上文可以看出，研究者们在重新犯罪领域已经取得了较多的研究成果，一方面，这些研究成果是我国重新犯罪研究的重要发现，是本课题组开展刑满释放人员重新犯罪风险因素研究的重要前提与研究基础。另一方面，我国的重新犯罪还有可以进一步完善的地方。根据对既往研究的梳理与深入分析，笔者总结出国内重新犯罪研究的可以进一步完善之处。具体而言，主要有以下几点。

一、需要更加注重梳理国际上重新犯罪研究成果

纵观国内已有的重新犯罪研究成果，可以发现许多研究者都较为重视对国际重新犯罪研究成果的参考和借鉴，也有一些研究者梳理了国外重新犯罪风险评估工具的研究，如曾赟、冯卫国、邬庆祥等研究者均如此，他们比较重视国际上的重新犯罪研究。特别是翟中东所著的《国际视域下的重新犯罪防治政策》实乃国内学者对国际重新犯罪研究梳理分析的集大成者。但是，在重新犯罪研究领域，多数研究者并不是特别重视研究初始阶段对国际上重新犯罪影响因素研究所依据的理论，采用的方法，得到的结果开展全面而充分的梳理与分析。笔者通过对国内多数重新犯罪研究成果的梳理和分析发现，多数研究者在其文章的研究背景部分与文献综述部分并没有介绍国外重新犯罪研究成果，就直接开始展示自己的研究。这种研究成果的呈现方式与国际上犯罪学研究成果的呈现方式大有不同，国际知名犯罪学学术刊物刊发的犯罪学论文，在论文开头部分，肯定是对既有的比较有价值的研究成果的充分回顾，这一方面是表示对既有研究及其研究者科研工作的尊重，另一方面也是表示研究者自己了解和熟悉当前重新犯罪研

究的现状和不足之处的一种恰当与必要的方式。进一步来看，梳理和分析既有重新犯罪研究成果，也是研究者自身避免陷入低水平重复研究的必要准备工作。正是因为一些研究者对国际的重新犯罪研究成果没有加以回顾，导致了自身研究视野比较窄，难以做出与国际同等水平，更不用说超越当前水平的研究。实际上，犯罪学在欧美已经有100多年的发展历程，重新犯罪研究从20世纪50年代开始至今已经有近70年的历史，一些国家如加拿大、美国、英国的研究者进行了充分与扎实的实证调查研究与统计分析，已经取得了非常丰富的重新犯罪理论与实践研究成果，有的研究者还依据重新犯罪研究构建了各种罪犯重新犯罪风险评估工具或体系。我国重新犯罪影响因素研究严格来讲处于起步阶段，相当部分研究者却在很大程度上对国外的研究认识不足，掌握资料不够，这种局面导致我国重新犯罪研究的起点较低，视野比较狭窄，不利于我国重新犯罪研究的快速发展以及尽早与国际相同领域研究者对话。

二、需要更加注重回顾国内的重新犯罪研究成果

国内重新犯罪研究领域的确已经出现了许多有价值的研究成果，但是分析现有的研究成果，可以发现大多数研究者在开展重新犯罪研究的过程中，和对待国外的重新犯罪研究成果一样，并没有对国内其他相同领域的研究者所使用的理论、方法、研究发现进行一个应该有的回顾、梳理与评价。具体表现为：以往研究者所作的重新犯罪研究与自己的研究之间存在什么样的关系？以往研究者所使用的理论是否适合自己的研究？他们使用的研究方法是否科学？他们的研究发现给自己什么样的启示？他们的研究有哪些不足？他们的研究有哪些需要进一步深化之处？自己的研究是否能够进一步地推进既往研究？在哪些方面能够推进既往研究？回答这些问题，是一项研究在初始阶段必须要做的准备工作。但是，就目前来看，有些研究者没有做好这些准备工作，而是单刀直入，极速进入研究主题，摆数据，讲道

理，展开论证。虽然这些研究的确价值很大，但是，容易导致重新犯罪研究发展进程与发展方向的模糊不清，并且，容易出现大量的重复研究，不利于重新犯罪的正常发展。

三、需要在实证研究之前开展探索性的过程研究

正如上文所说，国内的重新犯罪研究已经积累了一定数量的研究成果，而且这些研究成果绝大多数是研究者们采取实证研究方法取得的定量研究成果。笔者认为，重新犯罪研究尚缺乏一个探索性的过程研究。探索性的过程研究重在清晰地、以流水方式或者以生命历程理论为前提而展示个体走上重新犯罪道路的整个过程。这种过程展示需要采取深度访谈甚至不带任何预设的田野调查方式开展资料收集，如美国犯罪学家富特·怀特就是采取田野调查研究美国一个意大利帮伙，与帮伙同吃同住，共同生活数月，才撰写出了伟大的、闻名世界的犯罪学名著《街角社会》。我们可能难以像怀特一样长期与研究对象同吃同住开展田野调查，但是尝试使用实地的、详细的深度访谈去挖掘个体走上重新犯罪道路的具体信息，应该可以获得问卷调查与统计数据难以获得的其他宝贵资料。这种采取访谈调查和田野调查方法，从重新犯罪和未重新犯罪者自身的角度来分析重新犯罪的发生机制的研究目前太少，需要更多研究者积极开展此类研究，以此增进对重新犯罪议题的认识。

四、需要更加重视遵循实证研究方法的科学程序

回顾既有的重新犯罪研究，可喜的是大多数研究都采用了实证研究方法，这是国际犯罪学的主流研究方法，即使用官方统计数据或者研究者亲自通过实地调查得到的数据来研究犯罪现象，探讨犯罪原因，当然，实证研究方法不能替代实地研究如定性研究中的访谈调查与资料分析、观察法及其资料分析，后者有前者不可替代的重要价值。目前除了少数研究者如曾

赞[①]、孔一、黄兴瑞[②]、王志强[③]等学者非常重视实证研究的科学程度，大多数既往的重新犯罪研究普遍缺乏对既有研究的回顾和梳理，缺乏理论研究假设。可以说，我国重新犯罪研究的科学性需要进一步增强。科学性需要进一步增强主要体现在，大多数采取实证研究方法的研究者尚需要更加遵循实证研究方法的科学程序，尤其是要更加注重理论的系统性与承续性，应该加强对既有的理论、研究进行回顾，提出研究假设，不应在没有做好研究工作前就直接使用自己的调查数据进行论证。正如英国著名犯罪学家赫尔曼·曼海姆（Hermann Mannheim）（1889—1974）根据理论假设的有无以及清晰程度将犯罪学研究的历史发展划分为前科学、准科学、科学三个阶段。[④]因为目前我国仅有少数重新犯罪研究者比较注重提出理论假设，注重理论假设的清晰程度，所以，严格来讲，我国的重新犯罪研究整体上尚未进入曼海姆所划分的科学阶段。但是，也应该看到，国内少数重新犯罪研究已经进入科学阶段，整体上正在向科学阶段迈进，或者说已经非常接近了，今后的研究如果能够在梳理既有的犯罪学理论与重新犯罪研究成果，并且在此基础上提出自己的研究假设，然后通过统计分析去验证自己的研究假设，实现实证研究的科学化也并非难事。

五、需要开展重新犯罪与未重新犯罪群体之间的比较研究

笔者认为，重新犯罪研究的研究对象应该包括重新犯罪与未重新犯罪两个群体之间的比较研究。众所周知，比较研究是学术研究中非常重要的研究方法，通过对两种适合比较的群体的比对研究，可以更加深入、清晰

---

① 曾赟：《逐级年龄生平境遇犯罪理论的提出与证立》，载《中国法学》2011 年第 3 期。

② 孔一、黄兴瑞：《刑释人员再犯风险评估量表（RRAI）研究》，载《中国刑事法杂志》2011 年第 10 期。

③ 王志强：《犯罪易感与社会弱势视角的重新犯罪实证研究》，载《中国刑事法杂志》2010 年第 7 期。

④ Hermann Mannheim，Comparative Criminology: A Text Book, Volume 1, London: Routledge & Kegan Paul,1965，84–86.

地发现两个群体之间的不同，获得单纯研究一类群体所无法获得的研究发现。因此，比较研究在学术研究中的作用一直都被青睐有加，当然，比较研究的难度也较之其他研究更大。比较研究需要具备的条件更多，能否找到比较对象也并非易事。正如目前关于重新犯罪的已有研究中，有少数研究者非常注重对重新犯罪与未重新犯罪两类群体开展多维度、多指标的比较研究，这些成果都非常值得本研究借鉴与学习。多数研究者仅仅对重新犯罪群体开展研究，也得到了许多有价值的研究成果。其实，许多客观原因造成了研究者们难以开展比较研究，一是因为获得重新犯罪与未重新犯罪两个群体的样本并非易事，监狱里的重新犯罪者，研究者尚且容易通过监狱机构获取，未重新犯罪的群体，则需要更多的时间、精力、经费以及关系的协调，更加不易。所以，比较研究难度较高，许多研究者没有开展比较研究有客观困难，但是，未来更高水平的重新犯罪研究肯定要求开展重新犯罪与未重新犯罪群体之间的比较研究，因此，需要研究者们在未来的研究中争取获得司法行政部门更多的支持，实现比较研究的目标。在刑满释放人员重新犯罪研究中，比较好的情况是对以下两种群体开展比较研究：一是重新犯罪群体，是指在刑满释放之后五年内再次犯罪的人群。这个人群严格来说仅仅包括从监狱里面刑满释放后重新犯罪的人员和从社区矫正期间正常解除社区矫正的人员。由于当前我国司法部统计社区服刑人员重新犯罪仅仅是指在社区矫正期间重新犯罪的人员，因此，本研究将刑满释放人员仅仅界定为从监狱里面刑满释放后五年内重新犯罪的人员。对未来重新犯罪研究来说，研究对象应该扩展到从监狱假释，被判处缓刑、管制、暂予监外执行的，在社区矫正考验期内重新犯罪的人员，还包括成功解除矫正之后重新犯罪的人员。二是未重新犯罪群体。未重新犯罪群体是指有监狱服刑经历的，刑满释放五年内未重新犯罪的人员。正如上文所言，因为目前司法部对社区矫正对象重新犯罪统计口径与此不同，因此，未重新犯罪群体中不包括正常解除社区矫正之后重新犯罪的刑满释放人员。目前，华东政法大学的邬庆祥教授①，浙江工商大学的曾贇教授，浙江警官职业学院的黄兴瑞教授、孔一教授关于重新犯罪的研究比较能够体现出重新犯罪群体与未重新犯罪群体之间的差异，代表了未来重新犯罪研究的方向，对本研究有非常重要的参考价值。

六、需要罪犯矫正与安置帮教部门更加积极与科研机构合作

目前国内刑满释放人员重新犯罪研究难以实现应有发展速度与水平的原因与高校、科研院所难以介入罪犯矫正机构与安置帮教机构中开展实地调查有着比较大的联系。在这种背景下，许多研究成果来自司法机关如法院、检察院系统，更多的是来自司法行政机关如监狱系统与安置帮教系统中的兼职研究人员。高校与科研院所这些聚集了全社会最多的以研究为主要职业专业技术人员的机构的研究者所创作的研究成果反而显得很少。诚然，实务部门的工作者与研究者与罪犯与刑满释放人员有着更直接和更频繁的接触，对他们的各方面的情况比较了解，做出来的研究成果也符合实际情况，对刑满释放人员重新犯罪预防工作有着不可替代的重要价值，但是，这些机构的工作人员同时承担着很多的事务性工作，实际上很难潜心、持续地开展科研工作。繁忙的工作状态也导致他们对国际国内的研究成果无暇顾及以至于不甚了解，这对于提升刑满释放人员重新犯罪研究的水平，与国际研究者对话等方面都比较困难。从另一个角度来看，高校与科研院所的研究人员的主要工作就是从事学术研究，他们从学生时代就系统地学习了刑事法学的理论与研究方法，搭建了自己的刑事法学知识体系。由于以研究为毕生事业，他们对国际国内的刑满释放人员犯罪研究状况都保持了较强的敏感性，这些正是做好学术研究必需的前提条件。同时，向实务部门学习与掌握第一手的刑满释放人员重犯罪方面的资料，是研究者们共同的期

① 邬庆祥：《刑释人员人身危险性的测评研究》，载《心理科学》2005 年第 1 期。

望与实现学术理想的关键条件。在此背景下，笔者认为罪犯矫正机构与安置帮教机构不必对高校与科研院所的研究人员保持太高的戒备心理，而应以更加开放的姿态欢迎高校与科研院校的研究人员介入实务机构，对他们进行保密、匿名方面的指导，发挥自己对实务工作熟悉与精通的优势，指导高校与科研院所的研究人员，与他们一起共同开展研究，共同推进我国重新犯罪研究事业的进步。

本章小结

本章将依照如下步骤进行文献述评。（1）从整体上梳理重新犯罪研究的价值和意义，并且介绍重新犯罪研究与重新犯罪风险评估之间的关系。（2）梳理世界各国，主要是加拿大、英国、美国这些在重新犯罪研究领域获得显著成果的国家的相关研究工作与研究成果。（3）梳理加拿大、英国、美国在重新犯罪风险评估研究领域内取得的成果。（4）梳理我国在重新犯罪研究领域的重点议题。（5）梳理我国在重新犯罪风险评估研究领域取得的显著成果。（6）评价我国重新犯罪风险评估研究的现状，指出需要提升的方面，为本研究打下基础。

通过梳理国内外重新犯罪研究的文献，笔者发现国内重新犯罪研究今后需要努力的方向，同时也是本研究在具体的研究工作中需要着重注意的方向：（1）需要更加注重梳理国际上重新犯罪研究成果；（2）需要更加注重回顾国内的重新犯罪研究成果；（3）需要在实证研究之前开展探索性的过程研究；（4）需要更加重视遵循实证研究方法的科学程序；（5）需要更加重视运用更科学有效的中高级统计分析技术；（6）需要开展重新犯罪与未重新犯罪群体之间的比较研究；（7）需要将完善罪犯矫正与刑释人员相关法规作为研究目的；（8）需要得到罪犯矫正与安置帮教部门更加积极地与科研机构合作。

第四章 刑释人员早年成长时期经历与重新犯罪

从生命历程理论来看，个体早期成长时期的各种经历与犯罪人未成年时期的偏差行为乃至初次犯罪及成年之后的重新犯罪之间都有着密切联系，因此，研究未成年犯罪人员早期成长时期的各种经历对探讨其重新犯罪的原因具有重要价值。这些早年成长时期的各种经历包括许多方面的因素，如家庭环境因素、家庭结构背景因素，学校环境因素、伙伴交往因素、偏差行为或越轨行为乃至犯罪行为、遭遇不幸事件等。那么，刑满释放人员早年成长时期经历与其重新犯罪之间有着什么样的关系？这些关系呈现出什么样的特征？前者是否能够成为引发后者产生的原因？本章将要分析刑满释放人员初次犯罪时的年龄、罪名与刑罚经历与其重新犯罪之间的关系，从而解答上述问题。

第一节　早年家庭成长经历与重新犯罪

在过去的二十多年中，犯罪学者非常重视从家庭角度解释儿童违法犯罪问题。其中，洛伯和施多默尔·洛伯曾做了一个犯罪学研究综述，这是犯罪学学界公认的一项十分全面的研究综述。在该综述中，他们为了让其他研究者更容易地理解儿童行为问题，将家庭功能区分为四个维度：忽略范式（neglect paradigm），此范式注重研究父母子女之间的关系状况以及父母对孩子的监管情况；冲突范式（conflict paradigm），此范式注重研究父母对孩子的管教情况以及父母子女之间彼此的拒斥情况；行为和态度偏离范式（deviant behaviors and attitudes paradigm），此范式注重研究父母的违法犯罪行为和态度偏离行为情况；破裂范式（disruption paradigm），此范式注重研究父母间冲突和父母的缺位情况。[①] 那么，究竟家庭对个体犯罪与重新犯罪有哪些影响？本节拟开展相关的研究回顾与深入分析。

一、研究回顾与研究假设

国外的犯罪学者一直都非常重视个体在其生命历程早期，主要是指 14 周岁之前的生活环境对其犯罪的影响。在诸多研究成果中，个体早期的生活环境通常被划分为家庭环境、学校环境与伙伴环境，其中家庭生活环境涉及的变量主要聚焦于父母身上。可见，这些环境基本上涵盖了个体 14 周岁之前的主要生活环境。

首先在家庭环境方面，犯罪学者重点关注父母对儿童违法犯罪的影响。虽然家庭因素中的一些变量对儿童偏差行为的预测力并不一致，但是其预测力都比较显著。由帕特森和他的同事共同提出的“强制理论”认为父母对儿童的直接控制非常重要，特别是在培养孩子方面，强制理论认为技能不好的父母会意外的强化孩子的反社会行为，并且对孩子们的偏差行为不能进行有效的惩罚。[②] 帕特森为证实自己的推理开展了相关的实证研究，在研究的基础上，他提出了一系列父母应该具备的有助于成功培养儿童的技能。这些技能包括“关注孩子所做的事情，对此做长久的监管，展现社会

---

① Loeber Rolf, Magda Stouthamer-Loeber. 1986. Family Factors as Correlates and Predictors of Juvenile Conduct Problems and Delinquency. In Crime and Justice, Volume7, ed. Michael Tonry and Norval Morris. Chicago: University of Chicago Press.

② Patterson Gerald R. 1982. Coercive Family Process. Eugene. Oreg.: Castalia.

技能的模范行为，明确告知孩子家规，在孩子做出偏离行为时能坚持做出合情合理的惩罚，强调遵循规则的必要，就冲突问题对话和协商以避免冲突和危机的升级”[①]。“父母没有能力或者不愿意使用家庭管理技能是青少年违法犯罪的主要决定因素”，“自身即为小偷的父母对其孩子的行为不追踪、不惩罚、也不关心”。[②]

其次是赫希的社会控制理论。赫希在他的著作《未成年人犯罪的原因》一书中提出了社会控制理论。他的这一理论的完整性超越了各种控制理论的分支。赫希完全立足于对问卷数据资料的分析，指出了青少年偏差行为或犯罪行为与家庭、学校、伙伴之间的关系。赫希的基本主张可以简单地用一句话来概述其精髓：“未成年人犯罪是天生的，循规蹈矩却是后天塑造出来的。”从此之后，赫希的社会控制理论成为犯罪学的主要理论之一。赫希的社会控制理论中的四大要素的第一个约束的就是依附，依附是指个人对家人、亲友、师长等“重要他人”所产生的感情联系，其中对父母的情感依附最为重要，即使父母分居或离婚，只要孩子依然深爱父母一方或双方，只要孩子对父母的情感依附度高，就不容易犯罪。[③]

值得注意的是，赫希的社会控制理论关于父母的直接控制与间接控制的论述经过了一个转向过程。赫希在其研究生涯的早期提出的传统社会控制理论中重点强调父母对孩子的非直接控制，这点与上文提及的帕特森强调父母对孩子的直接控制不一样。赫希认为社会控制中的父母非直接控制体现在孩子对父母的情感依恋或者情感联结。他不认为父母的直接控制，如直接的管教等，对儿童的偏差行为有非常突出的重要性，因为在违法犯罪行

---

① Patterson Gerald R. 1980. Children Who Steal. p. 81 in Understanding Crime: Current Theory and Research, ed. Travis Hirschi and Michael Gottfredson. Beverly Hills, Calif.: Sage.

② Patterson Gerald R. 1980. Children Who Steal. pp. 88–89 in Understanding Crime: Current Theory and Research, ed. Travis Hirschi and Michael Gottfredson. Beverly Hills, Calif.: Sage.

③ Hirschi, Travis. Causes of Delinquency. Berkeley: University of California Press. 1969.

为具有现实可能性的条件下，这些所谓的直接控制看起来并不具有可操作性，即许多儿童可能实施违法犯罪的情景中父母很可能不在场。[1]但是，赫希与戈特佛雷德森在后来对社会控制理论的表述中，加入了父母直接控制的因素，强调了父母直接控制的重要性。这些补充资料主要来自帕特森的强制理论。在赫希与戈特佛雷德森重新提出的社会控制理论中，他们认为父母有效的养育工作包括监管孩子的行为、认识到他们的不法行为并以一种持续关爱的态度对这些不法行为进行相应的惩罚或矫正。[2]赫希在后来的研究中进一步论证到，尽管有些青少年的违法犯罪行为非常简单而且谋划时间也很短，尽管父母可能难以在场直接管教，但是像管教和看护之类的直接控制仍然非常重要。他指出："违法犯罪行为的简单意味着管教困难程度增加……因此，一般情况下，潜在的违法犯罪会选择立即做自己想做的事，但是一旦这种努力遭到阻碍，那么他就不大可能继续坚持这方面的努力。"[3]即可以理解为，即使父母的直接控制在有些时候、有些场合难以实现，但是只要父母能够有机会阻扰孩子违法犯罪的努力，就会产生效果。[4]

最后是罗伯特·桑普森与约翰·劳布的非正式家庭社会控制理论。他们提出的非正式家庭社会控制理论认为，家庭过程变量与青少年违法犯罪状况有着非常强的直接关联。他们的研究模型吸收了社会控制理论、强制理论与"再融入蒙羞"理论的核心思想。他们的研究模型着眼于纪律、看护和依恋三个维度，在他们提出这个多维度研究模型之前，几乎没有人在研究中同时提及这些维度。因此，他们的研究模型有助于评估家庭过程中

---

① Larzelere Robert E., Gerald R. Patterson. 1990. Parental Management: Mediator of the Effect of Socioeconomic Status on Early Delinquency. Criminology 28: 301–323.

② Hirschi Travis, Michael Gottfredson. 1983. Age and the Explanation of Crime. American Journal of Sociology 89: 552–584.

③ Hirschi Travis. 1991. Family Structure and Crime. pp. 43–66 in When Family Fail: The Social Costs, ed. Bryce J. Christensen. Lanham, Md.: University Press.

④ Gottfredson Michael, Travis Hirschi. 1990. A General Theory of Crime. Stanford: Stanford University Press.

的各种变量对青少年违法犯罪与否的解释力。他们指出，要理解非正式家庭社会控制理论的纪律、看护和依恋这三个组成部分，关键在于理解这三个因素在多大程度上将孩子与家庭、社会联系了起来。这些联系的纽带有情感依恋、看护、直接控制与惩罚等。为了理解孩子与家庭、社会的这些联系，他们提出了四个研究假设：第一，来自父母的偏执的、严苛的、威胁性的和惩罚性的管教会增加青少年违法犯罪的可能性；第二，父母管教程度很低会增加青少年违法犯罪的可能性；第三，父母对孩子的拒斥会增加青少年违法犯罪的可能性；第四，孩子对父母的情感依恋程度低增加青少年违法犯罪的可能性。

国内少数犯罪学者使用问卷调查数据来验证父母与孩子之间关系对孩子儿童时期和成年时期的影响。虽然，国内在此方面的研究依然处于起步阶段，但是相关犯罪学者也采取了科学的研究，并且得出了与国外犯罪学者相似的结论。例如，犯罪学者曾赟通过对1238个监狱在押犯随机样本的问卷调查与回归分析，发现子女对父母情感依恋强度与重新犯罪不存在显著性关联；父母对子女的看护强度与重新犯罪负相关；父母拒斥强度与重新犯罪风险正相关。[①] 国内另一位犯罪学者孔一的研究也具有典型意义。孔一的研究目的是测量刑满释放人员的重新犯罪风险。他在研究中设置了实验组与对照组，其中实验组是2005年1月1日至2005年12月31日期间出狱的5年内重新犯罪的313名浙江籍刑释人员；对照组是同一时期出狱的5年内未重新犯罪的288名浙江籍刑释人员。孔一使用SPSS统计软件检验再犯组与未再犯组之间是否存在显著性差异。检验的方式为定类、定序变量进行卡方（X2）检验，对定距、定比变量进行平均数方差分析。研究发现，重新犯罪人与未重新犯罪人在14周岁之前，其父母关系存在显著差

① 曾赟：《服刑人员刑满释放前重新犯罪风险预测研究》，载《法学评论》2011年第6期。

异；父亲教育方式存在显著差异；母亲教育方式存在显著差异。[①]

国内除了以上遵循严格实证研究方法及其研究程度的研究成果之外，还有很多理论性的研究值得本研究加以借鉴。例如，孙耀胜认为，残缺的家庭结构是未成年人犯罪的原因之一。家庭是基于婚姻关系和血缘关系而产生的社会组织，在家庭关系中，夫妻关系、父母与子女的关系，都是家庭的重要组成部分，而夫妻关系是家庭存在的基础。一旦由于某种原因失去夫妻的一方或双方时，便意味着家庭结构的完整性遭到破坏。由于我国社会的急剧变化，出现了家庭结构和家长观念的双重失衡，造成大量的残缺破裂家庭。其表现形式有：（1）由离婚、配偶一方死亡而造成的单亲家庭。（2）由婚外情、分居、配偶一方出走等问题形成的“隐性”残缺家庭。（3）由父母外出打工后，老人、孩子留在家中的“留守家庭”。此外，孙耀胜认为家庭教育不当是未成年人走上违法犯罪道路的另一个重要原因。一般来说，溺爱放任和粗暴打骂可能是我国父母管教子女最普通的两种方式。在我国家庭中，父母单方面要求子女的较多，却又未能以身作则；重视子女的物质生活，却未能顾及子女的心理需要；以打骂方式要求子女服从，却未能注重与子女的沟通；凡事要求子女循规蹈矩，却未能给予信任和支持；只懂施行权威式命令，却不给予自主的空间等。这种既溺爱放任又粗暴打骂的家庭环境，成为滋生青少年犯罪的温床。[②]

于阳认为，导致父母离异家庭中未成年人犯罪的原因是多方面的。首先，父母离异的未成年人犯罪有更深层次的心理原因，其中因父母离异给未成年人造成心理创伤是内因和主要原因。此外，还有诸如生理变化影响心理、“疾风怒涛”的特殊心理、学校教育不当、社会不良环境影响以及法律、司法制度不完善等因素叠加后形成外因，即不仅仅是未成年人自身造

① 孔一：《犯罪及其治理实证研究》，法律出版社 2012 年版，第 208—209 页。

② 孙耀胜：《不良家庭环境对未成年人犯罪的影响》，载《学校党建与思想教育》2010 年第 21 期。

成的苦果。这些外因相较于父母离异给未成年人造成的心理创伤而言，后者对未成年人的影响更加深远，难以磨灭，甚至可能伴随他们的一生。可以说，父母离异的孩子可能要承受更大的压力，他们在同伴交往中表现得比其他人更加消极，且更不健康，就越可能走上违法犯罪的道路。①

石国兴、胡立伟、耿亚洳认为，导致未成年人犯罪的原因主要体现在三个方面：一是父母对他们过分严厉。在有些受访者记忆中，小时候只要没有达到父母的要求便会受到皮肉之苦，有的说父母曾用老虎钳夹自己，有的说父母曾用擀面棍打自己，他们大多承认从那时起就开始恨父母等。而这些经历不仅让这些个体从小便体会不到家庭的温情，心灵受到创伤，产生仇恨心理，也让他们习得了用暴力来解决问题的不良行为模式，为最终的犯罪埋下隐患。二是父母对他们放任不管、不闻不问。这一不良的教养方式一方面会导致亲子关系冷淡，导致他们体会不到父母的爱与温暖，产生强烈的孤独感；另一方面由于父母对他们的监管缺位，缺乏自律的未成年人极有可能走上歧途。三是父母对他们过分宠爱，百依百顺。这样的教养方式极容易让未成年人形成以自我为中心，认为一切对他们好的事情都是理所当然，一旦不能满足需求便会感到严重受挫，以致做出极端的事情。②

胡江、杜伟认为，监护缺失是留守未成年人犯罪的主要原因。他们通过对留守未成年犯罪人成长经历进行考察发现，实施犯罪行为的留守未成年人大多具有隔代监护或者失学辍学情况。由于父母外出务工，未成年人往往被交由爷爷或外公、奶奶或外婆照看，这就形成了所谓的隔代监护。对重庆市石柱县留守儿童监护状况的调查显示，由祖辈隔代监护的占 62.0%，这些监护人主要是对未成年人的一种生活照顾，而很少对未成年人进行教

---

① 于阳：《父母离异的未成年人犯罪原因探析》，载《天津大学学报》（社会科学版）2010 年第 12 期。

② 石国兴、胡立伟、耿亚洳：《未成年人犯罪成因及服刑期间心理状态》，载《当代青年研究》2014 年第 5 期。

育和监管。所以，在父母外出务工后，留守未成年人所生活的家庭实际上是一个结构不完整、功能不健全的家庭，纵使现代化的通信设备能够保证父母随时可以和留守未成年人电话联系等，但是就留守未成年人而言，在其成长过程中，他们期待和需要的不仅仅是生活上的照顾，更需要的是父母的陪伴和情感的关爱。研究表明，“孩子生活在残缺家庭或寄养家庭中往往得不到父爱或母爱，很可能对人格的早期发展产生许多负面的影响”①。同时，父母外出务工后，其法定的监护责任实际上很难实现，这就使得父母难以及时发现留守未成年人行为和心理上的变化，对于其诸如旷课等不良行为也难以进行及时有效的干预，事实上导致监护的缺失，使留守未成年人在很大程度上成为放任自流的社会群体。在社会环境中不良因素的影响下，因监护缺失所导致的留守未成年人问题会很快发生实际效果，加速留守未成年人走向违法犯罪。因此，监护缺失是导致留守未成年人犯罪的主要原因。②

笔者根据对以上既有相关研究成果的梳理与分析，将刑满释放人员早年家庭成长经历作为自变量，将刑满释放人员是否重新犯罪作为因变量。据此，笔者提出如下几个研究假设：

假设 1：刑满释放人员家长教育方式显著影响其是否重新犯罪；

假设 2：刑满释放人员家长是否知道交友情况显著影响其是否重新犯罪；

假设3：刑满释放人员家长早年是否认为自己是好孩子显著影响其是否重新犯罪。

二、研究对象

课题组于 2014 年 6 月—2014 年 9 月，在上海市监狱管理局与上海市

---

① 梅传强：《犯罪心理生成机制研究》，中国检察出版社 2004 年版，第 49 页。

② 胡江、杜伟：《留守未成年人犯罪预防的症结所在与根本出路》，载《青少年犯罪问题》2012 年第 1 期。

司法局安置帮教处的支持下，赴上海市 9 家监狱和 6 个区县司法局刑满释放人员安置帮教系统开展问卷调查。课题组在随机抽样的基础上共发放问卷 520 份，回收问卷 520 份，经整理分析出有效问卷 509 份，有效回收率为 97.9%。有效问卷中，重新犯罪者问卷共 258 份，未重新犯罪者问卷共 251 份。两者问卷数量基本相同。在此基础上，课题组使用统计软件 SPSS20.0 开展问卷数据分析。下文所有章节的分析也都是基于这 509 份问卷。

三、变量设置与测量方法

在本研究中，刑满释放人员早年家庭成长经历被操作为 3 个自变量，即“家长教育方式”“家长是否知道交友情况”“家长是否认为自己是好孩子”。本研究的目的是发现刑满释放人员是否重新犯罪的影响因素，由于是否重新犯罪这个因变量是典型的二分类变量，因此，适合的统计分析方法有 ROC 曲线分析与 Logistics 二元回归分析。ROC 曲线分析的中文翻译为受试者工作特征曲线分析。由于加拿大重新犯罪领域权威专家 Boton 博士使用 ROC 曲线分析来判别某一个自变量是否能够准确地预测有过犯罪史的研究对象重新犯罪的风险程度，并且他的统计分析结果得到了全世界广泛的认可，因此，本研究采用 ROC 曲线分析来检验各自变量对是否重新犯罪的预测力度。

ROC 曲线分析方法要求自变量为连续型定量，连续型变量包括定距变量、定比变量、虚拟变量以及定序变量。对于分类变量，即题目的选项为“是与否”或“没有与有”等二分类形式的变量，需要被转换为虚拟变量（0 和 1），才能开展 ROC 曲线分析。根据这些变量设置规则，笔者制作了表 4.1.1。表 4.1.1 显示，在描述性统计选项的设置中，笔者尽量使用了与实际生活相一致的选项，如家长教育方式这一概念被操作为温和、粗暴、冷漠、溺爱、没和家长住一起五个类别，这种概念操作化方式不仅符合问卷题目选项设计规则中对自变量互斥性与穷尽性的要求，也符合问卷题目选项必须具体化到无法进一步具体化的要求，还符合人们的常识，尽量避免歧义与模棱两可的问题，最终目的是便于填答者理解与选择。表 4.1.1 也显示，在 ROC 曲线分析选项中，笔者将“温和”设置为合适，将粗暴、冷漠、溺爱、没和家长住在一起全都设置为不合适。这一方面是因为 ROC 曲线分析规定自变量必须为定比变量、定序变量、虚拟变量，另一方面是因为填答者并不直接选择合适与不合适，什么为合适？什么为不合适？这种选项可能会造成填答者难以确定的问题，因此，在真正的问卷中，必须使用温和、粗暴、冷漠、溺爱、没和家长一起住这样的选项。在运用 SPSS 统计分析软件的过程中，则可以直接使用合适与不合适这样的选项。其他选项的设置方式与“家长教育方式”遵循同样的原则，即问卷中的题目与选项必须与实际生活吻合，以便于对方填答，而统计分析的时候则根据统计分析的要求进行调整。下文将不再一一解释各个自变量选项设置的方式。

表 4.1.1　早年家庭成长经历自变量设置表

维度	题目	描述性统计选项	ROC 曲线分析选项
家庭环境	1. 家长教育方式	① 温和 =1 ② 粗暴 =2 ③ 冷漠 =3 ④ 溺爱 =4 ⑤ 没和家长一起住 =5	①= 合适 =0 ②= 不合适 =1 ③= 不合适 =1 ④= 不合适 =1 ⑤= 不合适 =1
	2. 家长知道交友情况吗	① 通常知道 =1 ② 通常不知道 =2 ③ 没和家长一起住 =3	①= 通常知道 =0 ②= 通常不知道 =1 ③= 通常不知道 =1
	3. 家长认为您是好孩子吗	① 通常认为 =1 ② 通常不认为 =2 ③ 无法回答 =3	①= 通常认为 =0 ②= 通常不认为 =1 ③= 通常不认为 =1

四、早年家庭成长经历与重新犯罪之间关系的描述性统计分析

表 4.1.2 显示了刑满释放人员家庭环境的描述性统计分析结果，这些统计分析结果展示了一些刑满释放人员早年家庭成长时期的相关特征或状态。具体而言，表 4.1.2 显示了如下结果：其一，在“家长教育方式温和”中，未重新犯罪者占 80.2%，重新犯罪者占 48.2%；可见，未重新犯罪的刑满释放人员在早年成长过程中，家长教育方式温和的比重明显高于重新犯罪的刑满释放人员，前者比重比后者高出 41.0%。在“家长教育方式粗暴”中，未重新犯罪者占 6.9%，重新犯罪者占 17.8%；在“家长教育方式冷漠”中，未重新犯罪者占 2.4%，重新犯罪者占 6.3%；在“家长教育方式溺爱”中，未重新犯罪者占 5.6%，重新犯罪者占 14.2%；在“家长教育方式没和家长一起住”中，未重新犯罪者占 4.8%，重新犯罪者占 13.0%。可见，从教育方式为粗暴、冷漠、溺爱这三类不恰当的方式以及“没和家长一起住”这一类缺少父母陪伴教育的方式来看，重新犯罪的刑满释放人员所占比重都要大于未重新犯罪的人员。虽然在有的选项上差距较大，有的差距较小，但是，都是重新犯罪刑满释放人员的负面情况比重大于未重新犯罪人员，这样的话，可以说，如果刑满释放人员在早年时期的家庭教育方式不合适的话，那么，这部分刑满释放人员更容易重新犯罪。

表 4.1.2　家庭环境与重新犯罪交叉表（人 /%）

题目	选项	未重新犯罪	重新犯罪
1. 家长教育方式	温和	199/80.2	122/48.2
1. 家长教育方式	粗暴	17/6.9	45/17.8
	冷漠	6/2.4	16/6.3
	溺爱	14/5.6	36/14.2
	没和家长一起住	12/4.8	33/13.0

续表

题目	选项	未重新犯罪	重新犯罪
2. 家长知道交友情况吗	通常知道	190/77.6	97/38.0
	通常不知道	42/17.1	127/49.8
	没和家长一起住	13/5.3	31/12.2
3. 家长认为您是“好孩子”吗	通常认为	207/84.1	118/46.3
	通常不认为	16/6.5	52/20.4
	无法回答	23/9.3	85/33.3

另据深度访谈发现，父母的不合适的教育方式，是许多调查对象走上犯罪道路的重要原因之一。调查对象在早年成长期，父母教育方式不当导致了他们不良的性格，这种不良性格对其重新犯罪也有很大影响。例如，课题组在深度访谈过程中，相关工作人员给我们介绍了一个典型案例：

“有一个小家伙当初进来（监狱）时，他和父母关系非常淡。他是因为抢劫进来的，他抢劫的目的是为了（弄到钱）给他女朋友去堕胎。因为他和他的父母关系都不太好，所以当他出了事情的时候他没有去找父母帮忙。但是他面临这样的问题要解决，没有资源那怎么办？那他只有去抢，所以他就进来（监狱）了。他进来之后我们对他的家庭干预并不是很成功。这个小家伙出去之后到现在是没有重犯，但是这个小家伙后面也不太顺。因为现在他们那一家三个人分别住在三个不同的地方。父母最终离婚了！然后他搬出去，虽然他目前并没重犯，但是他基本上没有过上正常的生活，比如他有网瘾啊，我感觉这个人今后重犯的可能性还是很大的。这种家庭的教养方式跟他犯罪绝对是有关系的。当时我们去家访的时候，给人的感觉就是他的父母好像就是随便他，不怎么管。”（安置帮教工作者）

从以上典型案例中，我们可以发现家庭教育方式对子女犯罪影响的基本模式。案例中的当事人从小和父母关系不好，没有感受到应有的温暖。按照常理来看，子女无法从父母那里感受到父母的温暖和爱，往往是因为父母过于粗暴或者冷漠，责任不会在于一个小孩，肯定是父母的教育方式存在问题。这种不良的教育方式导致当事人遇到困境时，不愿意寻求父母的帮助，也就是说冷漠的亲子关系让他预估其父母根本就不会对他伸出援手。当他觉得无法依靠任何人来解决自己面临的困境时，便对他人实施了抢劫，走上犯罪道路。虽然当事人后来回到父母身边，但是亲子关系不仅没有得到改善，反而更加疏离。父母离异后没有一个人与当事人同住，也就是父母双方都不负责任地推卸了教育当事人的义务，导致当事人一人居住，过着不正常的生活，而且还有重新犯罪的风险。犯罪学理论认为，家庭对于预防有过犯罪经历的人重新犯罪具有非常重要的作用，家人对犯罪者的接纳、包容，以及在犯罪者遭遇困难时无私地提供帮助，将会在很大程度上防止犯罪者重新走上犯罪道路。社会学理论也认为，家庭是个体在成长早期社会化的最重要的载体，家庭中亲子关系的好坏，影响人一生的发展轨迹。因此，本案例中的当事人犯罪的重要原因之一，可以归结为家庭教育方式存在问题。

其二，在“家长知道交友情况吗”这一题中，回答通常知道的未重新犯罪者占77.6%，重新犯罪者为38.0%；回答通常不知道的未重新犯罪者占17.1%，重新犯罪者为49.8%；回答没和家长一起住的未重新犯罪者占5.3%，重新犯罪者为12.2%。从这一问题的数据分析来看，重新犯罪者比未重新犯罪者所占比例高出32.7个百分点，前者比后者高出很多。

显然，父母对子女交友情况的不关心，实际上反映了不正常的亲子关系。正常的亲子关系应该是家庭中最稳固的关系，因为它是先天的血缘赋予，血缘无法割断，具有不可解除性。亲子关系理应充满关爱和关心，哪怕父母表达关爱和关心的方式不够妥当，但是父母对未成年子女的关爱和关心是作为监护人在法律上应该履行的义务，为人父母在道德伦理上应该付出的情感。亲子关系处理不好，会带来严重的问题。例如，父母与子女不能互相理解、正确相处，就会产生家庭隔阂与代沟问题，导致子女觉得家中没有温暖和关爱，继而产生被冷落、疏忽甚至无视的负面情绪，最后导致子女在心理上脱离家庭，到社会上寻求关爱。在这种背景下，未成年人极易被有犯罪行为或偏差行为习惯的社会边缘人群影响，甚至加入这类不良群体。

其三，在“家长认为您是‘好孩子’吗”这一题中，回答“通常认为”的未重新犯罪者为84.1%，重新犯罪者为46.3%；回答“通常不认为”的未重新犯罪者为6.5%，重新犯罪者为20.4%；回答“无法回答”的未重新犯罪者为9.3%，重新犯罪者为33.3%。从这一问题的数据分析来看，未重新犯罪者比重新犯罪者所占比例高出37.8个百分点，前者比后者高出很多。从反面来看，觉得父母不认为自己是“好孩子”的重新犯罪者比未重新犯罪者所占比例高出13.9个百分点，前者比后者也高出很多。

家长认为子女不是好孩子或者是坏孩子，这种现象属于家长给孩子贴上负面或者污名化标签的行为。我们可以使用犯罪学的标签理论来解释这一个现象以及由此造成的后果。标签理论属于社会反应理论之一，持这种理论的学者强调社会和制度对犯罪和犯罪人的反应。他们的基本论点是，犯罪其实是一种社会互动的产物，也就是犯罪人与社会互动的结果，这种互动的结果由他人或社会的反应来做定论。社会反应论者指出，犯罪学家不应该总是问“谁犯了罪”而是要问“谁是观众”作为社会反应理论中的一支，标签理论学者提出，犯罪人是哪种人并不重要，犯罪行为的本质也不重要，最重要的是犯罪人和社会观众如民众与社会控制机构两者之间的互动过程和互动结果。标签理论的提出者，著名犯罪学家坦南鲍姆建议，与其说越轨行为源于越轨人对社会的适应不良，还不如说是越轨人适应了一个特定团体的表现。一旦孩子因案被捕，一个标签就会被贴上，小孩和贴标签者第一次互动的经验，形成了所谓“邪恶的戏剧化”现象，一旦有这个“邪恶”的标签贴在身上，犯罪动辄得咎，难以洗刷形象，难以重新做人，也就是说，种下了日后继续从事越轨行为的种子。因此，坦南鲍姆认为，给人贴上犯罪的标签只会使他们陷入更深的犯罪深渊。[①]另一位标签理论的著名学者乐默特提出了"衍生越轨行为"概念。衍生越轨行为所指的是,初次违法行为被发现后，被贴上犯罪标签改变了行为人对自己的看法，人格重组，改变自己的生活方式，逐渐养成犯罪的习惯。乐默特指出，在这过程中，无论是感化、教育，还是矫正、处罚，只会使得违法人更为孤立与封闭。在被公开贴上标签之前，违规人的违法行为呈现散乱、不持续、偶发等特征。一旦有了社会反应，越轨行为就可能转化为职业性的，稳定的行为模式[②]。英美国家已经有许多有关标签理论的定量实证研究。例如,英国学者费瑞顿 1977 使用英国剑桥大学收集的少年长期追踪资料，来验证标签理论。他用掌握的所有资料详细对比曾经被公开贴上标签的少年和从未犯罪的少年。他发现，两类少年的特征有着显著差异，曾被公开贴上标签的少年（以少年是否被定罪为标准）日后的犯罪行为会增加（以自陈的犯罪行为次数为标准）。[③]哈根和派洛尼使用同样的资料库，重新运用多变量统计方法分析标签对后续犯罪行为的影响。他们从标签理论的假设中设计了三个变量：父母给予的标签、子女自己给自己贴的标签以及两代标签的加乘效果。他们研究发现，在父母的标签、子女对自己的标签两者对子女到了十六七岁的犯罪行为有显著增强效果，如果加入两代标签的加乘效果，更是显著地增加了子女在十六七岁时的犯罪行为。[④]本研究得到的结果与哈根与派洛尼得到的结论相似，即父母给予孩子的标签对子女的犯罪行为有增强效果。

---

① Tannenbaum Frank. 1938. Crime and the Community. Boston: Gin. pp. 19–20.

② Lemert. Edwin M. 1951. Social Pathology. New York: McGraw-Hill. pp. 89–91.

③ Farrington David P. 1977. The Effects of Public Labeling. British Journal of Criminology17: 112–125.

④ Hagan John, Alberto Palloni. 1990. The Social Reproduction of a Criminal Class in Working-Class London, Circa 1950—1980. American Journal of Sociology96: 265–299.

五、早年家庭成长经历与重新犯罪关系的 ROC 曲线分析

笔者在上文中对刑满释放人员在早年家庭成长经历中的特征以及与是否重新犯罪之间的关系的百分比数据开展了分析。这些百分比可以比较简单直观地呈现出刑满释放人员早年家庭成长经历与重新犯罪之间关系的基本状态。那么，这两者之间的关系是否具有统计学上的显著意义？在统计学意义上，刑满释放人员早年家庭成长经历能否作为其是否重新犯罪的原因？这些问题无法使用百分比分析来回答，笔者使用了受试者工作曲线分析 ROC 来检验两者之间的关系。表 4.1.3 显示的结果是对两者之间 ROC 曲线下面积的检验，具体结果如下：（1）自变量“家长教育方式”对应的曲线下面积为 AUC=0.663，P=0.000，有统计学意义，并且，AUC=0.663 > 0.5，说明此自变量对重新犯罪的诊断有意义。（2）自变量“家长知道交友情况吗”对应的曲线下面积为 AUC=0.702，P=0.000，有统计学意义，并且，AUC=0.702 > 0.5，说明此自变量对重新犯罪的诊断有意义。（3）自变量“家长认为您是‘好孩子’吗”对应的曲线下面积为 AUC=0.693，P=0.000，有统计学意义，并且，AUC=0.693 > 0.5，说明此自变量对重新犯罪的诊断有意义。

表 4.1.3 早年家庭成长经历自变量的曲线下面积与显著值

自变量	AUC 面积	Sig.
1. 家长教育方式	0.663***	0.000
2. 家长知道交友情况吗	0.702***	0.000
3. 家长认为您是“好孩子”吗	0.693***	0.000

*P < 0.05，**P < 0.01，***P < 0.001

第二节　早年学校成长经历与重新犯罪

学校是个体在早年时期接受教育与实现初步社会化的主要场所。这个场所对于14周岁及以下学生教育与社会化的作用尤为重要。因为14周岁以下的学生，绝大多数正处于小学阶段与初中阶段，他们正值青少年时期，是长身体、长知识，形成某种人生观、道德观、价值观的主要场所。学校教育是否科学、合理将会在很大程度上影响他们是否能够形成正确的“三观”。学校教育的目的在于按照社会的要求培养出合格的社会成员，因此，学校是个体直接生活环境中较为特殊的组成部分，它的特殊性主要体现在其具有目的性、计划性和组织性的特征。

个体在早年的学校生涯中是否能够顺利的完成学业，实现教育目标，顺利实现社会化，学校环境对于他们至关重要，有着家庭无法替代的功能。虽然小学生与初中生的家庭依然重要，但是，这些学生的大部分时间都在学校度过，学业成败、师生关系、学校内同辈群体之间的关系成为继家庭之后又一个重要的、不同的场域。他们处于人生观、世界观、价值观最重要的塑造与培养时期，此场域环境的优劣对于他们今后的发展至关重要。

一、研究回顾与研究假设

学校作为个体早年接受教育的主要场所，对于个体的健康成长意义重大。在国内应试教育风气难以扭转，学校过于重视高分的氛围下，学生学业成绩的优劣与其在学校受到的评价与重视程度直接相关。教师肩负着教书育人的职责，对学生是否顺利完成学业，是否适应学习生活负有最直接的责任，因此，教师采取合适的、恰当的教育方式是对其的基本要求。学校被称为预防个体特别是未成年人犯罪的一道防线，在预防未成年人犯罪方面承担着重大责任。因此，学校理应采取各种有效措施，防止出现不利于学生健康成长的不利因素，有效预防和减少未成年人犯罪，起到预防未成年人犯罪的屏障作用，避免不正确的教育方式导致学校成为将学生推向犯罪道路的助手。

国外许多研究者指出积极的校园环境和青少年良好的心理社会适应相联系，而冲突的校园环境会导致青少年发展的消极的后果。例如，美国犯罪学家赫希从社会控制角度来看学校的作用，他认为学校和家庭一样，是一个非常重要的预防青少年违法犯罪的社会化机构。赫希指出，如果青少年愿意追求“高学历”这样的传统活动，那么他们就不容易犯罪，这是因为从事犯罪会有碍于他们想获取的“功名利禄”。如果青少年愿意将时间花费在正当活动中，如阅读、做功课等，并且他们花在这些活动上的时间越多，就越不会有额外时间去胡思乱想、去犯罪。因此，天天去上学可以减少犯罪的诱惑。① 戈特弗雷德森和赫希认为，与家庭相比，学校更有条件来实施社会控制。第一，从整体上说，学校比家庭的看管更有效率，因为老师可以同时监督许多孩子。第二，与许多父母相比，老师更容易辨认出孩子的偏离和不良行为。第三，与家庭相比，学校更加强调秩序与纪律，因此学校会采取一切可能措施来控制孩子的不良行为。第四，与家庭一样，当孩子因不能自律而出现偏离行为时，学校有足够的权威和手段来实施惩罚。② 美国犯罪学家格鲁克夫妇也非常关注学校对于青少年犯罪的影响。他们着重研究了逃学这个变量。他们将逃学这一行为设置为青少年学校生活环境变量，并在预测青少年违法犯罪方面的多种努力尝试之中使用该变量。他们发现了违法犯罪组与非违法犯罪组在学校相关因素方面的不同。他们发现“青少年违法犯罪人非常不喜欢学校，非常厌恶学校的规章制度，并且对家庭

---

① Hirschi, Travis. Causes of Delinquency. Berkeley: University of California Press. 1969.

② Gottfredson Michael, Travis Hirschi. 1990. A General Theory of Crime. Stanford: Stanford University Press. p. 105.

作业也非常缺乏兴趣”①。瓦特罗文斯基、格里斯沃尔德和罗伯茨认为随着孩子对学校依恋程度的增加，孩子违法犯罪的倾向在降低。他们区分了“学校依恋”这个概念的四个组成内容，它们分别是：学业表现、对教育的渴望和期望、对学校活动的参与程度以及与学校相关的满足和情感关系。②克尔琴在回顾了有关学校和违法犯罪之间关系的著作后发现，就上面四个内容来说，“学业表现和非法行为之间联系通常最为密切”③。

国内也有许多研究者非常重视学校环境与未成年人越轨、犯罪行为之间的关系。例如，石国兴、胡立伟、耿亚洳通过采取半结构方式访谈研究方法，从某未成年犯管教所在押的学员中随机抽取了10名男性未成年人作为访谈对象。研究发现表征未成年人与学校联系紧密度的“学校联结”对“犯罪程度”的作用系数值非常高（-0.384）。具体而言，在接受访谈的10人中，有7人是初中未毕业就辍学的。辍学原因多为贪玩、成绩不好、不想念书。其余3人是因为家庭原因无法继续读书，过早地离开学校进入社会。这使得这些未成年人脱离了学校监管，增加了他们受到不良社会风气影响并最终走上犯罪道路的风险。石国兴等人进一步指出影响未成年人犯罪的学校原因也许包括教育制度、校园环境等诸多方面，但是就他们的研究来看，最重要的原因是学校没能留住这些未成年学生，而让他们过早地，甚至在没有完成九年义务教育的情形下就离开了学校。这其中既有学校的责任，也有教育监管部门的责任。如果学校能够充分发挥教育职能，及时采取恰当的措施来防止学生的流失；学校老师能够对学生给予足够的爱和

---

① Glueck Sheldon, Eleanor Glueck. 1950. Unraveling Juvenile Delinquency. New York: The Commonwealth Fund. p. 153.

② Wiatrowski Michael D., David B. Griswold, Mary K. Roberts .1981. Social Control Theory and Delinquency. American Sociological Review 46: 525–541.

③ Kercher. Kyle. 1988. Criminology. Pp. 294–316 in The Future of Sociology, ed. Edger F. Borgatta and Karen S. Cook. Beverly Hills, Calif.: Sage.

关怀，让学生愿意上学；相关教育监管部门能够充分履行职责，确保九年义务教育的实施，或许可以成为阻止未成年人犯罪的第二道有力防线。[①]路琦、牛凯、刘慧娟、王志超认为可以从学校维度解释未成年人犯罪的原因。第一，应试教育顽疾较多。一些学校单纯追求升学率，未开设法制教育课程或法制教育课程流于形式，造成学生法治观念淡薄。他们通过调查与分析指出，受访的未成年犯中，仅有 10.3% 的人所在学校长期开设法制教育课程。另外，受访的未成年犯指出一些学校和老师对后进生的教育方法简单粗暴。32.8% 的未成年犯表示，当出现不良行为时未得到老师的教育和引导。第二，学校管理漏洞较大。部分学校管理不善，对校园周边环境的净化力度不足。受访的未成年犯在犯罪之前经常出入的娱乐场所排名前五位的是网吧、游戏厅、台球厅、歌舞厅和洗浴中心，分别占 62.1%、41%、36.3%、34.6% 和 30.5%。近 60% 的未成年犯表示自己的业余生活主要是与朋友玩，近 40% 的人业余生活主要是闲逛，近 67% 的未成年犯入监前以上网聊天与玩游戏为主要业余活动，21.4% 的人主要业余活动是赌博。第三，专门教育和工读学校面临多重困境。多年来，缺乏法律政策保障、职能定位不准、专业力量薄弱、招生困难和交叉感染等问题，一直困扰着专门教育、制约着专门教育的发展和作用的发挥。86% 的未成年犯有辍学情况，其中 79.6% 的人辍学时间超过三个月。他们过早步入社会，文化和技能水平无法满足就业要求，成为社会闲散人员，容易沾染不良习气。[②]孟昭晖认为，学校的教学管理体制不健全也是重大原因之一。目前的教育体制中学校过度追求升学率，只注重文化课的学习成绩。长期以来，分数是评价教育质量的主要标准；成绩是评价学生好坏的主要标准。部分学习不好的学生厌学、

① 石国兴、胡立伟、耿亚洳：《未成年人犯罪成因及服刑期间心理状态》，载《当代青年研究》2014 年第 5 期。

② 路琦、牛凯、刘慧娟、王志超：《2014 年我国未成年人犯罪研究报告——基于行为规范量表的分析》，载《中国青年社会科学》2015 年第 34 期。

旷课甚至违纪，学校为了整体的升学率会把这部分学生劝退，导致很多未成年人无法完成国家规定的义务教育。学校应该为未成年人创造宽松的成长环境，加大德育工作力度，让未成年人能够自觉遵循社会道德原则和道德规范，增强他们自觉抵制外在不良影响的意识和能力。[①] 曾赟通过实证研究发现监狱罪犯个体早年依恋学习程度与重新犯罪负相关；学校拒斥强度与重新犯罪正相关。[②] 国内另一位犯罪学者孔一通过实证研究发现，社区服刑人员重新犯罪人与未重新犯罪人在 14 周岁之前，其学校时期的学习成绩，在学校遭遇处罚情况都存在显著差异。[③]

笔者根据对以上既有的相关研究成果的梳理与分析，将刑满释放人员早年学校成长经历作为的自变量，将刑满释放人员是否重新犯罪作为因变量。据此，笔者提出如下几个研究假设：

假设 1：刑满释放人员早年学习成绩情况显著影响其是否重新犯罪；

假设 2：刑满释放人员早年有老师认为其“常惹麻烦”显著影响其是否重新犯罪。

二、变量设置与测量方法

在本研究中，刑满释放人员早年学校成长经历被操作为两个自变量，其中一个自变量是刑满释放人员早年学习成绩情况。之所以设置这个自变量，是因为个体早年学习成绩表现不仅是所有研究未成年犯罪的重要考虑指标，而且是对国内中小学片面追求高分与仅仅重视文化课成绩的一种回应。另一个自变量是刑满释放人员早年有老师是否认为其“常惹麻烦”，之所以设置这个自变量，是因为在目前国内中小学片面追求高分与仅仅重视文化课成绩的情况下，一部分学业成绩不好的学生是否被老师贴上负面标

① 孟昭晖：《未成年人重新犯罪问题研究》，载《法制与社会》2015 年第 14 期。

② 曾赟：《服刑人员刑满释放前重新犯罪风险预测研究》，载《法学评论》2011 年第 6 期。

③ 孔一：《犯罪及其治理实证研究》，法律出版社 2012 年版，第 208—209 页。

签。本研究的目的是发现这两个自变量是否是刑满释放人员重新犯罪的影响因素，由于是否重新犯罪这个因变量是典型的二分类变量，因此，与第一节一样，本研究采用 ROC 曲线分析来检验各自变量对是否重新犯罪的预测力度。表 4.2.1 显示，在描述性统计选项的设置中，笔者尽量使用了与实际生活相一致的选项，如“学习成绩”这一概念被操作为好、一般、不好、没上过学这四个类别。调查对象具体选择哪一个选项，需要依据他们自己的主观评价，这种主观评价并非不具有科学性与合理性，因为成绩好坏本身就是一个相对的概念，需要有参照物，因此，采取主观评价是合适的。另外，没上过学也是一种可能存在的客观事实，设置这个选项才能符合穷尽性的标准。表 4.2.1 也显示，在 ROC 曲线分析选项中，笔者将学业成绩好、一般全都设置为 0，表示这两者可以归为一类，都是学校可以接受的正常范围。笔者将不好界定为 1，作为与前两者相反的情况，将没上过学界定为 99，即缺失值，是因为这个选项无法与其他三个选项比较，并且实际上，选择这个选项的人特别少，没有纳入比较的价值。

表 4.2.1 早年学校成长经历自变量设置表

<table>
<tr><th></th><th>题目</th><th>描述性统计选项</th><th>ROC 曲线分析选项</th></tr>
<tr><td rowspan="2">学校
环境</td><td>1. 学习成绩</td><td>① 好 =1
② 一般 =2
③ 不好 =3
④ 没上过学 =4</td><td>①= 好 =0
②= 一般 =0
③= 不好 =1
④= 缺失值 99</td></tr>
<tr><td>2. 曾经有老师认为您“常惹麻烦”吗</td><td>① 有 =1
② 没有 =2
③ 没上过学 =3</td><td>①= 有 =1
②= 没有 =0
③= 缺失值 99</td></tr>
</table>

三、学校环境与重新犯罪之间关系的描述性统计分析

表 4.2.2 显示了刑满释放人员家庭环境的描述性统计分析结果，这些统计分析结果展示了一些刑满释放人员早年学校就读时期的相关特征或状态：

表 4.2.2　学校成长经历与重新犯罪交叉表（人/%）

题目	选项	未重新犯罪	重新犯罪
1. 学习成绩	好	108/43.9	46/18.1
	一般	115/46.7	127/50.0
	不好	21/8.5	72/28.3
	没上过学	2/0.8	9/3.5
2. 曾经有老师认为您“常惹麻烦”吗	有	39/15.7	119/46.9
	没有	208/83.5	125/49.2
	没上过学	2/0.8	10/3.9

表 4.2.2 显示了刑满释放人员学校环境的描述性统计分析结果：

其一，在“学习成绩”一题中，回答好的未重新犯罪者占 43.9%，重新犯罪者占 18.1%；回答一般的未重新犯罪者占 46.7%，重新犯罪者占 50.0%；回答不好的未重新犯罪者占 8.5%，重新犯罪者占 28.3%；回答没上过学的未重新犯罪者占 0.8%，重新犯罪者占 3.5%。进一步来看，学习成绩好的未重新犯罪者所占比重要比重新犯罪者高出 25.8 个百分点，两者差异非常明显。学习成绩一般的未重新犯罪者与重新犯罪者两者比例相差非常小，可以忽略不计。学习成绩不好的未重新犯罪者所占比重要比重新犯罪者低了 19.8 个百分点，两者差异非常明显。很显然，百分比的比较结果与我们的常

识吻合，即个体学习成绩越差，则实施偏差行为的可能性越大。

另据深度访谈发现，有些重新犯罪的受访者在第一次犯罪时处于未成年时期，他们当时还在校读书，但是学习成绩比较差，造成学习成绩差的主要原因有如下几点：一是受访者自身缺乏读书的兴趣，同时受读书无用论的落后观念影响，过早辍学，接触社会；二是受访者在民办技校读书，学习氛围不浓郁，学校管理散漫，不能引导学生专心读书；三是受访者自小在学校内欺负他人，久而久之形成习惯，到社会上依旧如此，而学校对于校园暴力的现象也没有及时制止和教育；四是在学校接受的教育不足，缺少法律意识。

“学校这一块的话，那时候就是对上学没什么兴趣，学习成绩也不好，当时也不在乎学习成绩好不好，这个是主要的原因，如果有兴趣的话肯定不可能辍学的。家庭只是一方面。我到现在还没有碰到哪个父母说不愿意让孩子去上学的，我还没有碰见过。我们的父母说句难听点，砸锅卖铁也会让你上。最主要的还是自己不愿意上学，只能说条件有限吧。可能是因为城市也不一样，我们是内陆城市，各方面条件有限，就觉得上学没有比不上学好。”（重新犯罪人员）

“当时学校里面的同学互相欺负，学校也不怎么管这种事情，都是自己解决或者自己忍着。很多人都会有由被欺负到欺负人这样的过程，男孩子在这方面比女孩子更在意，有这个经历……那是小时候，在我上小学的时候。上初中以后就是我欺负别人，以前感觉这个东西就跟上下课一样，觉得是一个蛮正常的事情，但是现在来看觉得不正常，当时就是块头大的欺负块头小的，朋友多的欺负朋友少的，久而久之能够认识社会上的朋友，可能想法又不一样了。”（重新犯罪人员）

“学习成绩、学历跟就业的话，应该还是存在一定的关系吧，不好就业，没有工作，没有生活来源，的确比容易就业的人更有可能做错事。对于现在这个社会，就以‘80后’来讲，不存在法盲。不管你是高学历的人也好，还是一个农民也好，这个道理大家都是懂的。不存在法盲，这个可能是有各个方面的原因吧，并不是说你学历低就会去犯罪。”（重新犯罪人员）

其二，在“曾经有老师认为您‘常惹麻烦’吗”这一题中，回答有的未重新犯罪者占 15.7%，重新犯罪者占 46.9%；回答没有的未重新犯罪者占 83.5%，重新犯罪者占 49.2%；回答没上过学的未重新犯罪者占 0.8%，重新犯罪者占 3.9%。进一步来看，从“曾经有老师认为您“常惹麻烦”吗”，回答“有”的未重新犯罪者所占比重要比重新犯罪者低了 31.2 个百分点，差异非常明显。回答“没有”的未重新犯罪者所占比重要比重新犯罪者高出 34.3 个百分点，差异依然非常明显。很显然，百分比的比较结果与我们的常识相吻合，即越被老师认为是常惹麻烦的学生，未来实施偏差行为的可能性越大。

另据深度访谈发现，学校教师对调查对象早年错误的教育方式也是导致其走上偏差道路的重要因素。具体而言，学校的不良影响主要表现为教师对学生成绩差的学生放任自流，不闻不问，不愿意花时间精力帮助这些成绩差的学生。

“其实学校也不好，因为当时上的是技校，也是吊儿郎当的，我们学得好不好，老师们也不管。他们只会在我们犯错了以后批评我们。关键其实还是自己，你要是想好的话当然可以好，要是随心所欲的话也就那样，太散漫了，所以就没有一点意识，进去出来以后当时也觉得没所谓，大不了重头再来，还是走一步看一步的心态。”（重新犯罪人员）

四、学校成长经历与重新犯罪关系的 ROC 曲线分析

笔者在上文中对刑满释放人员在早年学校成长经历中的特征以及与是否重新犯罪之间的关系的百分比数据开展了分析。这些百分比可以比较简单直观地呈现出刑满释放人员早年学校成长经历与重新犯罪之间关系的基本状态。那么，这两者之间的关系是否具有统计学上的显著意义？在统计

学意义上，刑满释放人员早年学校成长经历是否能够作为其是否重新犯罪的原因？这些问题无法使用百分比分析来回答，因此，笔者使用了受试者工作曲线分析 ROC 来检验两者之间的关系。

表 4.2.3 显示的结果是对 ROC 曲线下面积的检验，具体结果如下：（1）自变量“学习成绩”对应的曲线下面积为 AUC=0.602，P=0.000，有统计学意义，并且，AUC=0.602 ＞ 0.5，说明此自变量对重新犯罪的诊断有意义。（2）自变量“曾经有老师认为您‘常惹麻烦’吗”对应的曲线下面积为 AUC=0.665，P=0.000，有统计学意义，并且，AUC=0.665 ＞ 0.5，说明此自变量对重新犯罪的诊断有意义。

表 4.2.3 学校成长经历各自变量的曲线下面积与显著值

自变量	AUC 面积	Sig.
1. 学习成绩	0.602***	0.000
2. 曾有老师认为您“常惹麻烦”	0.665***	0.000

*P ＜ 0.05，**P ＜ 0.01，***P ＜ 0.001

综合表 4.2.3 来看，两个自变量都在统计学意义上对刑满释放人员是否重新犯罪具有显著影响。因此,本节提出的两个研究假设都被证实。即刑满释放人员早年在学校的学习成绩显著影响其是否重新犯罪；刑满释放人员早年是否被老师认为是“常惹麻烦”的人显著影响其是否重新犯罪。ROC 曲线分析结果表明，这两个自变量在预防刑满释放人员重新犯罪角度具有重要价值。如果刑满释放人员在早年成长时期有以上两种不良经历，即学习成绩差、被老师认为是“常惹麻烦”之人，那么，这样的刑满释放人员需要给予更多的帮教措施。另外，该研究结论也证明，个体在未成年时期，特别是 14 周岁的早年成长时期，良好的学校环境对于避免个体走上犯罪道路具有重要意义。

第三节　早年社会交往经历与重新犯罪

未成年人的社会交往，尤其是不良社会交往一直以来都受到犯罪学家的特别关注。不管是赫希、还是萨瑟兰，这些犯罪学领域最为著名的犯罪学家，都以未成年不良社会交往为研究的焦点，并且提出了犯罪学界广泛认同与流传至今的重要理论。许多犯罪学研究者在研究未成年人或者成年人在未成年时期的偏差行为特别是犯罪行为时，都不会忽略社会交往与初次犯罪以及重新犯罪之间的关系。笔者认为，研究刑满释放人员重新犯罪同样需要关注他们在早年成长时期的不良社会交往。

一、研究回顾与研究假设

个体早年，特别是14周岁之前的伙伴交往环境与其犯罪行为存在关联，这个观点已经被大量的实证研究证实，而且这些研究在基本事实上都是一致的。例如，班杜拉的社会学习理论以实验研究为基础，主要以儿童为研究对象，提出儿童通过观察他人的攻击性行为而懂得了攻击性行为是怎样发生和完成的。[①]该理论强调学习过程发生在家庭和同伴群体之间。这种理论在对青少年异常行为进行解释时既强调不同的交往、同伴群体规则和同伴行为的作用，又承认父母强化和家庭中的模仿学习过程对青少年顺从行为和异常行为的作用。[②]艾克斯的社会学习理论则强调犯罪行为是根据操作制

---

① 杨慧芳:《女性犯罪的人格、应付方式、情景因素与犯罪行为的研究》，华东师范大学2003年博士学位论文。

② Hwang.S., R.L.Akers. Parental and Peer in fluences on Adolesscent Drug Use in Korea, Asian Criminology, 2006(6).

约原理而习得的。一般来说个体犯罪行为的形成主要与这种行为是获得奖赏避免惩罚还是得到处罚有关，如果这种行为的结果是奖赏避免惩罚，那么它很可能最终发展为犯罪行为，如果其结果是处罚，则它会减弱直至消失。通过学习得来的犯罪行为较容易在那些能够强化个人行为的团体中发生，因为人际关系之间的强化作用对个体极其具有影响力。[①]

1934 年，美国著名犯罪学家萨瑟兰出版了《犯罪学》第二版，并在书中首次简单论述了有关犯罪和不良社会交往之间具体关系的理论——差异交往理论，并在之后的著作中逐渐完善。直到 1947 年出版的《犯罪学》第四版中，萨瑟兰对这一理论进行完善和澄明。该理论包括了 9 个要点："（1）犯罪行为是习得的。（2）犯罪行为是在社会交往的沟通互动过程中习得的。（3）习得犯罪行为的主要部分于亲密人群中完成。（4）习得犯罪行为的内容包括：犯罪技巧、犯罪动机、犯罪内驱力、犯罪合理化的理由、犯罪态度等。（5）犯罪动机的取舍主要通过（周遭人群）对法律的赞同或不赞同的观念习得；即在某些社会之中，周遭群体会将法律视为应被遵守的规范；然而在另一些社会之中，周遭群体却赞成违反法律。（6）一个人之所以犯罪，是因为过度膨胀的违法观念超过了守法观念。这是不同交往理论的核心原理。（7）"差异交往"取决于和罪犯接触的出现频率、持续时间、优先性和强度方面。（8）犯罪习得过程与其他一般行为的习得机制或学习过程没有区别。（9）虽然犯罪行为是人的一般需要和价值的体现，但它却不能用那些一般需要的价值来解释，因为非犯罪行为也是同样的一般需要和价值的体现。也就是说，一般人面对这些问题不会随意以违法来表达这些需要。"[②]

萨瑟兰的差异交往理论的观点直接揭示了犯罪的本质是正常学习过程，即个体通过社会交往的方式从其他个体处习得包括犯罪在内的所有行

---

① 张明:《走向歧途的心灵》，北京科学出版社 2007 年版，第 145—149 页。

② 曹立群、周愫娴:《犯罪学理论和实证》，群众出版社 2007 年版，第 143 页。

为的思想、观念和信念。因此，该理论对于我们深入了解社会交往对于刑满释放人员回归社会的影响，以及刑满释放人员回归社会失败，即刑满释放人员重新犯罪的原因，也具有指导作用。

美国犯罪学家特拉维斯·赫希（Travis Hirschi）认为，人类是动物，犯罪是每个人的本能，人人都有犯罪的自然倾向，因此，当把文明的外衣拿掉时，人人都会犯罪。所以，“人为什么要犯罪？”不应是犯罪社会学研究的问题；相反，“人为什么不犯罪？”才是犯罪社会学家所要探讨的问题。赫希进一步指出，大多数人之所以从未犯罪，是由于有外在的社会控制机制将其抑制。外在社会控制是指诸如学校、家庭、教会等社会力量的作用。如果一个社会中这种控制机制受到削弱或消失，犯罪就会不受约束地成为一种普遍现象。赫希强调，个人和社会所建立起的“社会纽带”（socialbond）可以解释人何以不犯罪的问题。他认为“社会纽带”是一个人在社会化过程中形成的一种情感，是人们正常人格中的一部分。这种纽带具有防止青少年犯罪的作用，因为这种纽带会使青少年增强社会责任感，顺从社会传统规范。当一个人认识到他的家庭或社会上多数人对他的期望值越大，社会道德与社会秩序对他越重要，就表明“社会纽带”的作用越强烈，这个人就较不会犯罪；反之，如果一个人反对传统社会的价值观与信仰，任由其本能做事，完全不在意别人对他的看法，就表明缺少了“社会纽带”的作用，这种人就较容易实施犯罪。赫希认为“社会纽带”由下列四个要素构成：一是依恋（Attachment）。依恋是指与他人，特别是与家庭和学校的感情联结。二是追寻（Commitment）。追寻是指将个人时间和精力投入对传统目标的追求和对未来成功的期盼。追求成功，是青少年的重要理想，也是整体社会价值观的反映。志向越高，投入程度越高，越不会从事犯罪活动，因为其会考虑由此而引起的代价。三是参与（Involvement）。参与是指对社会传统活动的参加，参加程度的不同直接影响青少年的行为方式。赫希认为，较深入地参与传统活动，就会缺少从事越轨行为的时间和精力，就会将个人从犯罪行为的潜在诱惑中隔离开来，使个人没有时间和精力感知诱惑，考虑和从事犯罪活动。赫希对旧金山地区 5545 名青少年进行的调查表明，大约 3/4 的犯罪青少年时常觉得无事可做，空闲时间很多。另外，如果从事的不是传统活动，而是与不良同伴一起参加诸如吸烟、酗酒等活动，犯罪的可能性也会大为增加。可见，游手好闲和时间的不合理消耗都会导致犯罪行为。[①] 参与传统活动的程度可以作为预测青少年行为的一个指标。如果青少年不愿意追求传统目标，或者不愿意把时间和精力用在家庭和学校事务上，他们从事越轨行为的可能性会随之增加。四是信仰(Belief)。信仰是指对传统价值观念和道德法制观念的态度或者接受意愿。[②] 可见,赫希社会控制理论详细论述了青少年成长过程中家庭、学校、朋友圈与信仰对于青少年成长的影响，其中，青少年与不良同伴一起从事的非传统活动，如吸烟、酗酒、游手好闲等活动会导致犯罪行为。

萨瑟兰发表了差异交往理论揭示了不良社会交往对犯罪的影响以后，许多研究者用自己的实证研究来验证差异交往理论的同时，自己也提出了新的理论。其中，利亚·安德森以美国城市市中心贫民区发现的‘街头法则’为基础，进一步提出了美国黑人暴力亚文化理论。安德森认为:“所谓街头法则,指的是要求贫民区的居民必须一再通过微妙和公开的方式,向他人表明他人无法从自己这里占到好处,即自己拥有照看好自己的能力。核心是得到他人的敬意——得到他人的‘公正’对待或得到他人对自己的‘正当利益’（正当的应得物或权利）的承认。因为生活在市中心贫民区的人们面临着恶劣的社会环境，赤贫的人们非常集中，合法工作的机会数量少，非法工作的机会数量多，犯罪和暴力行为严重，获得的福利救济少，未来的希望渺茫。在这种环境中，每个人都感觉到隔绝和疏远于美国主流社会，因

---

① 吴宗宪:《西方犯罪学》，法律出版社 1999 年版，第 523—524 页。

②[德] 汉斯·约阿希姆·施奈德:《犯罪学》，中国人民公安大学出版社 1990 年版，第 558 页。

此，街头法则是生活的绝望与对司法体制的不信任的产物，也是贫民区居民对于现实生活环境的一种文化适应，是一套为能在这种社区环境中生活下来的现实主义的行为规则。市中心贫民区的居民自身因为与社会隔绝和疏远的程度往往不同，对行使街头法则的方法，可以区分为‘正派人’和‘街头混混’。正派人依照包含着很多主流社会中产阶级价值观的‘文明法则’生活，但是这种文明法则在街头毫无价值可言，正派人会在环境所需时，即刻由遵守文明法则转换为行使街头法则。因为正派人虽然小时候被父母保护从而与街头隔离，但随着成长，因为邻里关系，开始逐渐与街头孩子接触，开始学习如何精于适应街头世界。而街头家庭，往往孩子早早的走上街头，并在与其他孩子的交往中被社会化，磨炼街头生存的技巧。其中，学会如何使用暴力，以及暴力对街头生活的重要意义。当然，正派人与街头混混在运用街头法则的方式是不同的，与街头混混总是运用暴力来解决一切问题相比，正派人更倾向于展示自己的胆量而不是去打架。这是因为，街头混混在远离主流社会的同时，被主流社会所拒绝与蔑视，这种拒绝和蔑视加剧了街头混混的街头法则意识，这样才能通过街头法则来保护他们自身，而正派人与主流社会的隔绝没那么深，正派人往往通过与正派人和街头混混两方的接触中，学会了巧妙地传递自己易于暴力的信息，从而来阻止他人对自己的侵犯。这种信息往往不仅体现在自身的言辞，行为姿态，身体姿势表现，也会通过衣着，珠宝服饰，私人仆从来体现。”安德森的美国黑人暴力亚文化理论通过展示两种不同的贫民区居民——正派人与街头混混——在行为模式上的不同，揭示了在同一环境下，影响人犯罪的因素便是与人的社会交往有关。贫民区之所以两者都会行使街头法则的原因是：贫民区的社会交往普遍会接触到不良的交往对象，在不良交往对象的影响下，必然会使得人习得不良行为，但是，贫民区中之所以存在正派人，不仅从小从正派人父母那里习得了主流价值观的思想的行为，也与其他正派人的交往中，习得了巧妙地不使用暴力的一种虚张声势的手段，来保护自己。

安德森的美国黑人暴力亚文化理论，不仅是在一定程度上有力证实了萨瑟兰的差异交往理论，更揭示了守法行为的思想、观念和信念也可以在社会交往过程中从良性交往对象处习得。该理论也论证了良性对象对社区服刑人员成功回归社会有着正向功能，对于研究社会交往对社区服刑人员的影响具有指导作用。①

国内的很多研究者也非常重视个体早期的不良社会交往与犯罪之间的关系。例如，孙春霞、李从培等人通过实证研究发现，与不良伙伴交往是少年犯罪的主要危险因素之一；在其研究的样本中显示研究组与不良伙伴交往的占 34.3%，对照组 2.0%。② 龚玲通过实证研究发现，小学及小学以下文化程度的未成年人犯罪与同伴关系各维度不相关，初中及初中以上文化程度的未成年人犯罪与同伴关系的情感维系度在水平成显著正相关，初中及初中以上文化程度的暴力犯的情感维系度高于非暴力犯的情感维系度。③ 林毓敏在对青少年犯同伴关系调查中发现，虽然青少年犯对于“朋友义气”具有高度的认同感，36.2% 的未成年犯出于“朋友义气”而犯罪，36.4% 的未成年犯认为“为朋友两肋插刀，值得”。但与此形成鲜明对比的是，青少年犯对同伴的信任程度却明显低于普通学生，虽有 50%左右的青少年犯认为“当我需要帮助时，我相信我的朋友一定会帮助我”“在我的生活中，有很多关心我的朋友”，但仍有近 40%的青少年犯认为“我缺乏分辨好朋友和坏朋友的能力”，普通学生中这两者的比例则分别为 80%和 30%。有 1/4 的青少年犯认为“我没有什么真正的朋友”。在这种悲观的氛围下，近 40%的青少

①[美] 乔治 · B. 沃尔德、托马斯 · J. 伯纳德、杰弗里 · B. 斯奈普斯:《理论犯罪学》，方鹏译，中国政法大学出版社 2005 年版，第 211—213 页。

② 孙春霞、李从培、方明昭等:《少年犯罪相关因素的综合性研究》，载《中国心理卫生杂志》1993 年第 12 期。

③ 龚玲:《未成年人犯罪与人格特质、家庭教养方式以及同伴关系的相关研究》，湖南师范大学 2010 年硕士学位论文。

年犯将交友需求诉诸虚拟网络，"喜欢在网上交友，与网友聊天"，近20%的青少年犯经常与网友会面。未成年犯中相应的比例高达57.8%与26.2%，普通学生的对应比例则为13.09%与5.18%。①

那么，在本研究中，刑满释放人员早年成长时期的不良交友情况是否对其重新犯罪有显著的影响？为了回答这个问题，笔者提出如下研究假设：

假设：刑满释放人员早年不良社会交往经历显著影响其是否重新犯罪。

二、变量设置与测量方法

在本研究中，刑满释放人员早年不良社会交往经历被操作为一个自变量，即刑满释放人员早年是否有赞同自己违法犯罪的朋友。之所以仅仅设置这个自变量，是因为本研究的研究重点是希望了解接受调查的刑满释放人员在早年成长时期是否有过有犯罪倾向的朋友，并非像萨瑟兰一样，其目的是详细、全面地了解青少年在与不良朋友交往过程中，如何一步一步地学习犯罪技巧、强化犯罪态度和行为。萨瑟兰研究的是青少年在不良社会交往过程中逐步学习犯罪技能然后走上犯罪的道路，笔者研究的是刑满释放人员在青少年时期不良社会交往与其后来的是否重新犯罪之间的关系。表4.3.1显示，在描述性统计选项的设置中，有为1，没有为2。在ROC曲线分析选项中，笔者将没有设置为0，有依然为1，将此自变量从分类变量转换为虚拟变量，以方便纳入ROC曲线分析。

表4.3.1　早年不良交往经历自变量设置表

	题目	描述性统计选项	ROC曲线分析选项
社会交往	有赞同您违法犯罪的朋友吗	①有=1 ②没有=2	①有=1 ②没有=0

① 林毓敏：《中国当代青少年犯罪状况调查》，载《福建警察学院学报》2017年第4期。

三、社会交往与重新犯罪之间关系的描述性统计分析

表 4.3.2 显示了刑满释放人员不良社会交往的描述性统计分析结果：在“有赞同您违法犯罪的朋友吗”这一题中，回答有的未重新犯罪者占 3.2%，重新犯罪者占 33.6%；回答没有的未重新犯罪者占 96.8%，重新犯罪者占 66.4%。进一步来看，未重新犯罪的刑满释放人员在早年时期有赞同自己违法犯罪的朋友比重新犯罪者低了 30.4 个百分点，两者差距非常明显。

表 4.3.2 不良社会交往与重新犯罪交叉表（人 /%）

题目	选项	未重新犯罪	重新犯罪
有赞同您违法犯罪的朋友吗	有	8/3.2	85/33.6
	没有	239/96.8	168/66.4

另据深度访谈发现，有些重新犯罪的受访者在第一次犯罪时处于未成年时期，他们多数是与朋友在一起实施犯罪行为，可以合理推测不良的朋友交往对于他们犯罪的发生有直接的影响。他们受到朋友的不良影响主要体现在如下几个方面：一是受访者普遍缺乏法律意识，认为为了朋友情谊、哥们义气，可以一起实施犯罪行为。二是物以类聚、人以群分，由于受访者他们自身学历较低，因此结识的朋友圈也处于社会底层。三是受访者往往身处外地，多与老乡聚集在一起，受不良老乡的指引而实施犯罪。四是受访者刚步入社会，自身懵懂无知，沾染不良嗜好的朋友容易影响到受访者，将其不良嗜好“传染”给受访者。他们的朋友多是社会闲散人士，为了在某一区域出名，赢得其他不良同龄人的尊重和面子而一起打架或实施其他违法犯罪行为。五是受访者反映不良朋友对自己很关照，和朋友相处能够获得安全感，因此不排斥和朋友一起行动，至于这些行动是否属于违法犯罪，他们不太考虑。六是受访者认为身边的朋友都在做的事情，哪怕是犯

罪，如果自己不参与会受到排挤。

“我第一次犯罪，那时未成年，年轻冲动。就是因为朋友，然后走上了犯罪的道路，那时没有这个法律的意识，也不懂，不知道这样做就是犯法的。我觉得这就是哥们义气，可能意识到这样做是不对，但是没有想到有这么严重的后果。最后就说你造成这样的后果了，那就要承担法律责任，这是第一次。”（重新犯罪人员）

“应该说交朋友比较关键。再往回走一点啊，是因为没有好好的上学，结交的朋友也是不一样的。人以群分，物以类聚，如果学历高一点的话，接触的圈子肯定是不一样的。没有高的学历，你走入社会的底层，你接触的这些工作环境，包括生活环境，都是比较底层的，人也比较杂乱，所以我认为会走向犯罪的原因，还是因为没有高等的文化水平。有了高等文化水平，他交的圈子就不一样，他不会犯这些低级的问题。”（重新犯罪人员）

“我们都是外地人，就是一般老乡聚在一起，那时候还小，就是抢劫，也不懂。”（重新犯罪人员）

“主要是跟接触的人刚刚出来的时候，什么都不懂，就跟他们一块玩，毒品什么的都接触。然后跟他们一起玩的时候就去贩毒了。”（重新犯罪人员）

“第一次是因为同学聚会，也就喝酒，然后因为旁边有一个同学被别人欺负。不是一起的，是在另外一个场合，然后那边打起来了就过去帮忙。那个也是一个偶发事件，看到朋友被打了，也是讲义气，就过去帮忙。然后过去之后自己就被抓了，判了拘留五个月，在看守所。”（重新犯罪人员）

“也没有什么原因，就是喝酒喝多了，别人把我朋友的弟弟给打了，然后我们又过去把他给打了，就是很简单的一件事情。”（重新犯罪人员）

“我家附近有个网吧，我在网吧等朋友的时候被一个年纪比较大的人打了，那时候是2010年吧，那个人大概有三十几岁，我知道他，他也知道我，但是互不了解，他找了个借口问我要钱，我说没有，他就说把手机留下来，我说不可能，他就拽着我打我，我就跑掉了，跑掉以后我很气愤，就去朋友那里拎了一把刀回去，就是这个事件，后来他就报警了，报警以后警察就把我给抓了。”（重新犯罪人员）

“主要是接触的圈子，身边都是一些瞎混的朋友，怎么讲呢，年轻嘛，都想混点名堂出来，小时候想法太天真，就出来打架，时间长了自身感觉好像只能我欺负你，不能你欺负我，因为小时候读书的时候，就是跟人家敲诈别人，年纪大的问年纪小的要钱，这种事情发生多了。我感觉自己一定要强大起来，然后就认识一些朋友，不能给人家欺负，给我造成这种感觉，还有就是电影《古惑仔》看多了，因为我们这个年纪都是这个样子，感觉不想被人家欺负。我初中是在黄浦金陵中学读的，就在外滩，那时候我被同学带到游戏机房玩，就被人家敲诈，然后就造成我这种心理，我读书一定要找个哥哥，或者认识一些混得好的人，就给我造成这样的印象，接二连三这种事情发生多了，就想混了，然后就认识了一些朋友。后来初中毕业以后我就回到宝山，然后就跟平时的一些朋友打架就造成今天的结果。归结起来就是脾气，因为要面子，就是感觉你凭什么可以来欺负我，大家都一样的，然后就造成我会报复人家，怎么说呢，你说你去报警，我觉得是一件很丢人的事情，自己又是经常在外面玩，警察来处理最多是把他抓起来放到派出所，放出来以后如果还来找我呢，社会现象不好，而且都是家附近的，知根知底的，你今天找了他，他明天还来找你，只能自己硬气一点，不想被人家欺负自己就强大起来，那就是打嘛，没办法，一打吧人家就把你处置进来，主要是生活圈子的问题，还有读书的时候跟年纪大的，比我高年级的学生问我要钱给我造成的这种影响，让我有种想出去混的心理。”（重新犯罪人员）

“一方面是自己，还有就是交的朋友，一个人胆子小，那人多，玩着玩着大家觉得想法差不多也就……关键是当时没有想到会有这么严重，当时小也不是特别懂法律，主要是圈子问题。”（重新犯罪人员）

“主要是身边的朋友，我们从事挖掘机这个行业，下班以后三五成群的会在一起打麻将，有些朋友去赌博场所进行小规模的赌博，通过朋友的介绍，一来二去的……从事挖掘机这个行业的朋友都比较喜欢赌博，因为我们通常在偏远地区，如山区修高速公路、隧道，远离闹市区，下班以后打打牌，这些朋友一来二去介绍又找到赌博场所里去，慢慢地跟之前社会上的朋友重逢，遇见以后也会有一种故人重逢的感觉，但也会有排斥的心理，时间久了，朋友之间的馈赠或者出去娱乐的话都会主动联系你，慢慢地又跟这些人走在一起，就感觉跟他们在一起，整天活在这种场所里，生活在这种状态下没有烦恼，慢慢地从内心就不排斥他们了。”（重新犯罪人员）

四、社会交往与是否重新犯罪关系的 ROC 曲线分析

笔者在上文中对刑满释放人员早年不良社会交往经历中的特征以及与是否重新犯罪之间的关系的百分比数据开展了分析。那么，这两者之间的关系是否具有统计学上的显著意义？在统计学意义上，刑满释放人员早年不良社会交往经历是否能够作为其是否重新犯罪的原因？这些问题无法使用百分比分析来回答，鉴于此，笔者使用了受试者工作曲线分析 ROC 来检验两者之间的关系。表 4.3.3 显示的结果是对 ROC 曲线下面积的检验，具体结果如下：自变量“有赞同您违法犯罪的朋友吗”对应的曲线下面积为 AUC=0.652，P=0.000，有统计学意义，并且，AUC=0.652 ＞ 0.5，说明此自变量对重新犯罪的诊断有意义。

表 4.3.3　社会交往各自变量的曲线下面积与显著值

自变量	AUC 面积	Sig.
有赞同您违法犯罪的朋友吗	0.652^{***}	0.000

$^{*}P < 0.05$，$^{**}P < 0.01$，$^{***}P < 0.001$

由表 4.3.3 的统计分析结果可知，刑满释放人员早年不良社会交往经历在统计学意义上对刑满释放人员是否重新犯罪具有显著影响。因此，本节提出的研究假设都被证实。即刑满释放人员早年不良社会交往经历显著影响其是否重新犯罪；如果相关刑满释放人员在早年成长时期有过不良交往，那么，这样的刑满释放人员需要给予更多的帮教措施。另外，该研究结论也证明，个体在未成年时期，良好的社会交往对于避免个体走上犯罪道路具有重要意义。

第四节　早年偏差行为经历与重新犯罪

早年的偏差经历对未来犯罪的影响是犯罪学者们比较关注的一个维度。犯罪学者们希望确定那些与个人将来实施犯罪的可能性增大或者减少相关的因素。对于特定的人而言，这种预测就变成了一种可能性预测：此人具备很少的反风险因素，因此具有将来实施犯罪的可能性大，而彼人具备很多的反风险因素，所以他实施犯罪的可能性较小。此外，这类研究的对象大多数为青少年犯罪，而不是成年人犯罪，是相对比较轻微的犯罪或者偏差行为，而不是比较严重的暴力犯罪。①

一、研究回顾与研究假设

国外研究者沃尔德等人指出，预测今后可能实施违法与犯罪行为的最显著征兆，就是童年时期早期的偏差行为，如制造教师混乱的行为、好斗、撒谎以及欺骗。这意味着，在童年时期制造很多问题的人，在青春期和成

①[美] 乔治 · B. 沃尔德、托马斯 · J. 伯纳德、杰弗里 · B. 斯奈普斯：《理论犯罪学》，方鹏译，中国政法大学出版社 2005 年版，第 94 页。

人以后也会制造很多问题。与后来的青少年犯罪和犯罪行为存在关联的儿童时期早期的其他因素还包括：父母对儿童的拙劣的管教方法。这些研究结果表明，后来的犯罪和青少年犯罪可能与童年时期早期的经历存在联系，或者是由其造成的。①

国外研究者对偏差行为进行了界定。例如，利默特（Lemert）在其标签理论中将偏差行为分为初级偏差行为和次级偏差行为，将参与偏差行为或越轨行为的人称为"初级越轨行为人"和"次级越轨行为人"。初级偏差行为指任何违反法律、道德规范的行为，此种偏差行为较轻徽，虽然有可能引起惩罚或制裁，但基本上未受到任何重要的社会反应的影响。而次级偏差行为是指那些受到干预后的偏差行为，具体指社会对犯有初级偏差行为的人进行责难后，同时被贴上了不良标签，这样就很容易导致另一阶段更严重的偏差行为，即次级偏差行为。② 标签理论研究的重点是次级偏差行为，强调应尽量避免任意给个体贴上不良标签，避免让偏差行为人过早进入司法系统。美国社会学家贝克尔（H.Becker）在其著作《局外人》一书中认为，行为本身没有什么特别的地方，关键是社会有"规则"在先，任何违背这些"规则"的行为者就是偏差行为者，即被视为局外人。③

国外其他大部分犯罪学研究者对犯罪行为的连贯性也非常重视。他们关于犯罪行为连贯性的基本观点是：儿童时期的犯罪行为与成年时期违法犯罪行为存在实质的连贯性。例如，罗宾斯和拉特克里夫指出："存在一种特

①［美］乔治·B. 沃尔德、托马斯·J. 伯纳德、杰弗里·B. 斯奈普斯：《理论犯罪学》，方鹏译，中国政法大学出版社 2005 年版，第 95 页。

②［美］乔治·B. 沃尔德、托马斯·J. 伯纳德、杰弗里·B. 斯奈普斯：《理论犯罪学》，方鹏译，中国政法大学出版社 2005 年版，第 266 页。

③ 费梅苹：《次生社会化：偏差青少年边缘化的社会互动过程研究》，上海世纪出版集团 2010 年版，第 21 页。

有的现象,即儿童时候形成的一系列反社会行为会一直持续到成年时期。”[①] 戈特弗雷德森和赫希提出的一般犯罪理论也表明了相似的观点，他们指出，“缺乏自控能力”既可以用来解释犯罪行为与非犯罪行为之间的关系，也可以用来解释犯罪的连贯性，这种连贯性是源于各种各样的人的犯罪的倾向性，该倾向性在生命早期形成并一直持续到成年时期。[②]

关于偏差行为乃至犯罪行为的习得问题，美国极富盛名的犯罪学家萨瑟兰提出的差别接触理论详细地阐述了犯罪是一个学习的过程。这个学习过程可以用以下九个命题来表达：犯罪行为是学来的，而不是天生的；犯罪行为是在与他人沟通互动的过程中学习来的；学习罪犯的主要部分是从比较亲近的人那儿学的；学习犯罪行为的内容包括犯罪技巧、犯罪动机、驱动力、合理化技巧、犯罪态度等；犯罪动机的取舍主要来自学习守法与违法哪一个对自己比较有利；一个人之所以成为罪犯，是因为他觉得违法比守法对自己更有利；“差别接触”取决于和罪犯接触的频率、持续性、重要性、强度；犯罪学习过程与其他一般行为的学习机制或过程无异；虽然犯罪行为是一般需要和价值的一种表现，如致富、功成名就、泄恨等，但却不能用一般需要和价值来解释犯罪，因为非犯罪的行为也是同样的需要和价值的一种表现，换句话说，一般人面对这些问题不会随意以违法来表达这些需要。萨瑟兰进一步指出，与违法者或违法态度接触得越亲密、越长久、越频繁的结果是让人们习得犯罪行为的技巧、态度、动机，并易于合理化自己的犯罪行为。[③]

① Robins Lee N., Kathryn Strother Ratcliff. 1980. Childhood Conduct Disorders and Later Arrest. in The Social Consequences of Psychiatric Illness, ed. Lee N. Robins, Paula J. Clayton, and John K. Wing. New York: Brunner/Mazel. 248–263.

② Gottfredson Michael, Travis Hirschi. 1986. The True Value of Lambda Would Appear to be Zero: An Essay on Career Criminals, Criminal Careers, Selective Incapacitation, Cohort Studies, and Related Topics. Criminology24: 213–214.

③ 曹立群、周愫娴:《犯罪学理论和实证》，群众出版社 2007 年版，第 143—144 页。

萨瑟兰提出的差别接触理论以及他在犯罪学领域的研究为他在犯罪学界赢得了极大的声誉。萨瑟兰在他所处的时代建立了社会学理论在犯罪研究中的一统地位。萨瑟兰促进了社会学在犯罪学研究中的地位不断提升,直至 20 世纪犯罪学成为社会学的一个分支学科。在 20 世纪，萨瑟兰担任过美国社会学会主席，并且在犯罪学界占据了主导地位。萨瑟兰提出的差别接触理论是美国犯罪学理论历史上的一个“分水岭”，是美国犯罪学发展历史上的里程碑。在萨瑟兰之前，生物学与心理学理论在犯罪学研究中占据主导地位，萨瑟兰提出的差别接触理论明确反对生物决定论与心理学理论的观点，他指出人之所以犯罪，主要是因为社会环境的影响，而不是生物因素与心理因素。在随后的岁月中，差别接触理论启发了许多犯罪学理论学者的反省、更新，促进了犯罪学理论的发展。

美国著名犯罪学家罗伯特·桑普森与约翰·劳布研究也指出，早期犯罪行为方面的差异至少通过两种途径对成年时期的犯罪行为产生影响。第一种途径是，个体会把其生命早期，特别是 14 周岁之前由于受家庭、兄弟姐妹、学校、伙伴影响而形成的犯罪性倾向带至成年时期。第二种途径是状态依赖性，表明过去和将来犯罪行为之间的联系是一种自然的因果关系。虽然这种影响是潜在的，但是该模式说明，犯罪人的行为会逐渐消弱维系成年人与社会的联系的纽带，如与劳动部门的联系，与婚姻的联系等所起的作用，导致他们与主流社会之间的联系出现困难。这一研究可以更进一步用成年时期社会纽带的强弱来解释成年犯罪与否的变量。① 怀特和其同事研究了儿童 3 岁时的行为对 11 岁至 13 岁时反社会行为的预测能力，这是到目前为止，就此问题做的最为精细的研究之一。他们发现，在父母和老师的报告中，如果孩子在 3 岁时过度活跃和躁动，或者孩子在 3 岁时难以

①[美]罗伯特·J. 桑普森、约翰·H. 劳布:《犯罪之形成——人生道路及其转折点》，汪明亮、顾婷等译，北京大学出版社 2006 年版，第 143 页。

管理以及孩子在5岁就开始出现行为问题，那么这些因素可以预言这些孩子成人后的反社会行为。这项研究非常重要，因为它揭示出：孩子早期的不良行为以及在孩子中出现的一般问题，在何种程度上可以预言孩子日后的违法犯罪。①

国内也有许多犯罪学家与犯罪学研究者非常关注个体早年特别是14周岁之前的偏差行为对其以后的违法犯罪行为的影响。例如，吴宗宪对偏差行为进行了细致的界定。他依据偏差行为的影响将其划分为不适当行为、异常行为、自毁行为、不道德行为、反社会行为和犯罪行为。②孔一通过实证研究发现，在14周岁之前，刑满释放人员重新犯罪人与未重新犯罪人，在抽烟、在网吧玩通宵、说谎、早恋、打人、强要别人东西、逃学、破坏公物、骗家长的钱、醉酒、赌博、使用武器伤人、逃票、借钱物不还、离家出走、转学、纵火这几个方面的行为存在显著差异，③因此，他进一步指出，个体是否在14周岁之前实施过这些行为或者参与过这些活动，将对他们今后是否重新犯罪具有明显影响。孔一教授在研究刑满释放人员重新犯罪之后，又开展了社区服刑人员重新犯罪研究，经过研究他发现社区服刑人员重新犯罪人与未重新犯罪人在14周岁之前的朋友违法方面存在显著差异。④曾赟通过实证研究发现监狱罪犯中重新犯罪人与未重新犯罪人在14周岁之前，个体与违法犯罪朋友之间的关系存在显著差异，同辈伙伴早年赞同销赃强度与重新犯罪风险正相关；个体早年偷窃行为强度与重新犯罪风险正相关；个体早年离家出走行为强度与重新犯罪风险正相关。⑤因此，曾赟进一步指

---

① White Jennifer L., Terrie E. Moffitt, Felton Earls, Lee N. Robins, Phil A. Silva. 1990. How Early Can We Tell? Predictors of Childhood Conduct Disorder and Adolescent Delinquency. Criminology 28: 507–533.

② 吴宗宪：《青少年不良行为的心理与防治》，山东科学技术出版社2000年版，第7—15页。

③ 孔一：《犯罪及其治理实证研究》，法律出版社2012年版，第208—209页。

④ 孔一：《社区矫正人员再犯风险评估与控制》，法律出版社2015年版，第3页。

⑤ 曾赟：《服刑人员刑满释放前重新犯罪风险预测研究》，载《法学评论》2011年第6期。

出个体如果在 14 周岁之前有过这些行为或者参与过这些活动，将会增加他们今后重新犯罪的可能性或者风险。许鹏认为再犯罪人早年的问题行为使得他们无心学习而较早地走入社会，较早进入社会后由于受外界的影响又会导致问题行为的进一步增多甚至犯罪。这部分人在服刑期间由于自己早已养成的坏习惯的影响，与一些过失犯罪的犯罪人相比，在狱内的表现相对比较糟糕，自然也没有改掉自己的坏习惯，那么出狱后就很可能再次犯罪。[①] 朱妙、李振武、张世欣认为，从心理学角度分析，重新犯罪的未成年人大部分存在不良行为,有一部分可以被诊断为品行障碍。他们研究了上海市 2012 年重新犯罪的 59 名未成年人，在这些人中，有 11 名资料翔实。他们分析这些资料发现，这些重新犯罪的未成年人都存在多种不良行为，其中有 4 人属于品行障碍，如说谎、斗殴、抽烟酗酒、与父母发生冲突后离家出走、不服父母管教，且犯罪后没有后悔心理，这极有可能发展为反社会型人格障碍。心理学上一般认为，这类未成年人的重犯概率较高。同时，59 名未成年人中，反映出情绪控制能力弱的有 16 人，占 27.19%，主要集中在抢劫、抢夺、聚众斗殴等犯罪类型。因此，他们提出对未成年人进行心理疏导和治疗十分必要。[②] 路琦、牛凯、刘慧娟和王志超认为，人格不健全,缺乏良好行为习惯的养成也与未成年人实施犯罪活动有关。人格障碍与犯罪存在一定的联系，具有严重人格障碍的人会有犯罪的倾向。在他们的调查研究中，未成年犯在描述自身性格时，选择暴躁和自卑的所占比例最大，分别为 37.1% 和 35.3%。另外，未成年人不良行为居前几位的是逃学、玩网络暴力游戏、打架斗殴、吸烟且已经形成烟瘾、夜不归宿、和社会不良青少年交往等。这些未成年人第一次逃学的平均年龄为 11 岁，第一次和

---

① 许鹏:《调查报告：影响犯罪人再犯的因素——句容监狱为样本的实证分析》，南京师范大学 2015 年硕士学位论文。

② 朱妙、李振武、张世欣:《关于上海市未成年人重新犯罪情况的调研报告》，载《上海公安高等专科学校学报》2014 年第 3 期。

社会不良青少年交往的平均年龄为12岁。违法犯罪未成年人往往缺乏良好行为习惯的养成，他们在成长过程中缺乏良好行为习惯的熏陶，导致其易沾染抽烟、酗酒、赌博、打架斗殴等不良行为习惯，且无法控制自身行为习惯的进一步恶化，最终导致犯罪行为的发生。[①]向前认为，未成年人自身的态度和行为也是导致犯罪的重要原因之一。未成年人犯罪后被判处刑罚，这就意味着他们成为罪犯。他们一般心理承受能力较差，思想幼稚单纯和自控能力较弱，法治观念比较淡薄。当其实施犯罪行为时，有的认为好玩，对犯罪概念模糊不清，有的甚至不认为是犯罪。定罪判刑后，他们对自身犯罪行为认识不清，甚至会认为被判刑是十分荣耀的事情，其主观恶性根治较难，一旦遇到机会，重新犯罪概率很大。而且，未成年人思想单纯，不能认识到刑罚将给自己的一生带来消极影响。大多数未成年人不懂“从轻减轻处罚”的含义，存在“犯罪也不是什么大事”的思想。另外，他们大都存在一定程度的心理问题。由于缺少关怀、缺乏必要的沟通，有的未成年人犯罪后有一种“破罐破摔”的心理，为其重新犯罪埋下了隐患。[②]

笔者根据对以上既有的相关研究成果的梳理与分析，将刑满释放人员早年偏差行为经历作为的自变量，将刑满释放人员是否重新犯罪作为因变量。据此，笔者提出如下几个研究假设：

假设1：刑满释放人员早年是否参与过打架斗殴显著影响其重新犯罪；

假设2：刑满释放人员早年是否强要过他人钱财显著影响其重新犯罪；

假设3：刑满释放人员早年是否骗取过他人财物显著影响其重新犯罪；

假设4：刑满释放人员早年是否破坏过他人财物显著影响其重新犯罪；

假设5：刑满释放人员早年是否破坏过公物显著影响其重新犯罪；

---

① 路琦、牛凯、刘慧娟、王志超：《2014年我国未成年人犯罪研究报告——基于行为规范量表的分析》，载《中国青年社会科学》2015年第3期。

② 向前：《未成年人重新犯罪问题实证研究——以东莞市为例》，载《赤峰学院学报》（汉文哲学社会科学版）2016年第12期。

假设6：刑满释放人员早年是否实施过偷盗显著影响其重新犯罪；

假设7：刑满释放人员早年是否吸过毒显著影响其重新犯罪；

假设8：刑满释放人员早年是否经常在网吧逗留显著影响其重新犯罪；

假设9：刑满释放人员早年是否逃过学显著影响其重新犯罪。

二、变量设置与测量方法

在本研究中，刑满释放人员早年偏差行为经历被操作为九个自变量，即刑满释放人员早年是否参与过打架斗殴、是否强要过他人财物、是否骗取过他人财物、是否破坏过他人财物、是否破坏过公物、是否实施过偷盗、是否吸过毒、是否经常在网吧逗留、是否逃过学九种偏差行为。之所以设置这九种偏差行为，是已有的关于个体早期或者未成年人偏差行为的研究基本上聚焦于这九种偏差行为。应该说这九种偏差行为基本上实现了穷尽性的目标。正如孔一在其研究中设置的偏差行为包括抽烟、在网吧玩通宵、说谎、打人、强要别人东西、逃学、破坏公物、骗家长的钱、醉酒、赌博、早恋、使用武器伤人、逃票、借钱物不还、离家出走、转学、纵火这几个方面的行为。[①] 本研究选择了一些最普遍的偏差行为，对于一些比较少见的偏差行为或者笔者不认为这种偏差行为的性质较为严重的行为如纵火、逃票、转学、说谎等，笔者没有纳入本研究。笔者研究的是刑满释放人员在未成年时期是否实施过相关偏差行为经历与其后来的是否重新犯罪之间的关系。因此，笔者设置了表4.4.1。该表显示，在描述性统计选项的设置中，没有过相关偏差行为被界定为0，有相关偏差行为被界定为1。在ROC曲线分析选项中，笔者将“否”设置为0，“是”依然为1，将此自变量从分类变量转换为虚拟变量，以方便纳入ROC曲线分析。

---

① 孔一：《犯罪及其治理实证研究》，法律出版社2012年版，第208—209页。

表 4.4.1　早年偏差行为经历自变量设置表

维度	题目	描述性统计选项	ROC 曲线分析选项
偏差行为	1. 打架斗殴	① 否 =0 ② 是 =1	①= 否 =0 ②= 是 =1
	2. 强要他人财物	① 否 =0 ② 是 =1	①= 否 =0 ②= 是 =1
	3. 骗取他人财物	① 否 =0 ② 是 =1	①= 否 =0 ②= 是 =1
	4. 破坏他人财物	① 否 =0 ② 是 =1	①= 否 =0 ②= 是 =1
	5. 破坏公物	① 否 =0 ② 是 =1	①= 否 =0 ②= 是 =1
	6. 偷盗	① 否 =0 ② 是 =1	①= 否 =0 ②= 是 =1
	7. 吸毒	① 否 =0 ② 是 =1	①= 否 =0 ②= 是 =1
	8. 经常在网吧逗留	① 否 =0 ② 是 =1	①= 否 =0 ②= 是 =1
	9. 逃学	① 否 =0 ② 是 =1	①= 否 =0 ②= 是 =1

三、偏差行为与重新犯罪之间关系的描述性统计分析

表 4.4.2 显示了刑满释放人员偏差行为的描述性统计分析结果：（1）在“打架斗殴”这一题中，未重新犯罪者中回答是的占 14.8%，重新犯罪者占 50.0%。未重新犯罪者实施该偏差行为的比重比重新犯罪者低 35.2 个百分点，两者差距非常明显。（2）在“强要他人财物”这一题中，未重新犯罪者

中回答是的占 1.7%,重新犯罪者占 16.7%;未重新犯罪者实施该偏差行为的比重比重新犯罪者低 15 个百分点，两者差距比较明显。（3）在“骗取他人财物”这一题中，未重新犯罪者中回答是的占 2.1%，重新犯罪者占 13.8%；未重新犯罪者实施该偏差行为的比重比重新犯罪者低 11.7 个百分点，两者差距比较明显。（4）在“破坏他人财物”这一题中，未重新犯罪者中回答是的占 4.2%，重新犯罪者占 14.6%；未重新犯罪者实施该偏差行为的比重比重新犯罪者低 10.4 个百分点，两者差距比较明显。（5）在“破坏公物”这一题中，未重新犯罪者中回答是的占 3.8%，重新犯罪者占 6.5%；未重新犯罪者实施该偏差行为的比重比重新犯罪者低 2.7 个百分点，两者差距非常小。（6）在“偷盗”这一题中，未重新犯罪者中回答是的占 2.5%，重新犯罪者占 40.2%；未重新犯罪者实施该偏差行为的比重比重新犯罪者低 37.7 个百分点，两者差距非常明显。（7）在“吸毒”这一题中，未重新犯罪者中回答是的占 2.1%，重新犯罪者占 42.3%；未重新犯罪者实施该偏差行为的比重比重新犯罪者低 40.2 个百分点，两者差距极其明显。（8）在“经常在网吧逗留”这一题中，未重新犯罪者中回答是的占 4.2%，重新犯罪者占 18.3%；未重新犯罪者实施该偏差行为的比重比重新犯罪者低 14.1 个百分点，两者差距比较明显。（9）在“逃学”这一题中，未重新犯罪者中回答是的占 10.5%，重新犯罪者占 42.3%。未重新犯罪者实施该偏差行为的比重比重新犯罪者低 31.8 个百分点，两者差距非常明显。

通过以上比较分析，我们可以看到，从不同的偏差行为来看，未重新犯罪者与重新犯罪者之间的差距有很多的差异，如果以偏差行为的差距大小为排序标准，差距从大到小可以依次排列为：（1）吸毒：相差 40.2 个百分点；（2）偷盗：相差 37.7 个百分点；（3）打架斗殴：相差 35.2 个百分点；（4）逃学，相差 31.8 个百分点；（5）强要他人财物，相差 15 个百分点；（6）经常在网吧逗留，相差 14.1 个百分点；（7）骗取他人财物，相差 13.8 个百分点；（8）破坏他人财物，相差 10.4 个百分点；（9）破坏公物，相差 2.7 个百分点。由此可见，吸毒、偷盗、打架斗殴，这三类偏差行为是未重新犯罪与重新犯罪两个群体之间差异最大的行为。紧接着，逃学、强要他人财物、经常在网吧逗留、骗取他人财物，这四类可以属于第梯队，均高于 13 个百分点。第三梯队包括破坏他人财物和破坏公物，其中破坏公物差距仅为 2.7 个百分点，可见这个指标区分度非常小，基本没有研究价值。

表 4.4.2　偏差行为与重新犯罪交叉表（人 /%）

题目	选项	未重新犯罪	重新犯罪
1. 打架斗殴	否	202/85.2	123/50.0
	是	35/14.8	123/50.0
2. 强要他人财物	否	233/98.3	205/83.3
	是	4/1.7	41/16.7
3. 骗取他人财物	否	232/97.9	212/86.2
	是	5/2.1	34/13.8
4. 破坏他人财物	否	227/95.8	210/85.4
	是	10/4.2	36/14.6
5. 破坏公物	否	228/96.2	230/93.5
	是	9/3.8	16/6.5
6. 偷盗	否	231/97.5	147/59.8
	是	6/2.5	99/40.2
7. 吸毒	否	232/97.9	142/57.7
	是	5/2.1	104/42.3
8. 经常在网吧逗留	否	227/95.8	201/81.7
	是	10/4.2	45/18.3
9. 逃学	否	212/89.5	142/57.7
	是	25/10.5	104/42.3

另据深度访谈发现，多数刑满释放人员在早年成长时期多是与朋友一起实施偏差行为，这一点印证了所有犯罪学研究者的观点，即未成年人有乐群性，喜欢与同伴一起实施偏差行为甚至犯罪行为。总体来看，受访者的偏差行为乃至犯罪行为多是与朋友一起，基本认可朋友交往对于犯罪发生有直接的影响。具体而言，受访者实施偏差行为乃至犯罪行为的原因包括:（1）没有法律意识，为了朋友情谊、哥们义气，实施犯罪行为;（2）物以类聚、人以群分，由于受访者自身学历较低，因此结识的朋友圈也处于社会底层，容易走上越轨道路，并且实施偏差行为;（3）受访者身处外地，多与老乡聚集在一起，受老乡的指引实施犯罪;（4）受访者刚步入社会，自身懵懂无知，容易受到不良朋友沾染的不良嗜好的影响;（5）朋友多是社会闲散人士，为了在某一区域出名、有面子而一起打架或实施其他违法犯罪行为;（6）不良朋友对自己很关照，和朋友相处能够获得安全感，因此不排斥和朋友一起行动，以至于忽略行为本身的对错;（7）身边的朋友都在做的事情，如果自己不参与会显得不合群，不讲义气，并进一步受到排挤。

笔者通过分析访谈资料进一步发现，虽然大部分受访者是与不良朋友一起实施的偏差行为，但是他们中的大部分人更愿意将犯罪的原因归咎于自身，应该说依然有自我反省的意识。他们认为:（1）自己年轻的时候不甘平庸，想有所作为，但初入社会又没有目标，感到迷茫，在这种情况下萌生了消极的思想,采取错误的手段证明自己。（2）自己急于赚钱改善生活或减轻债务负担，无所谓采取的手段是否合法;（3）自身学历低下，没有文凭，找不到合适的工作，在社会上无所事事;（4）对自己缺乏约束，在醉酒后招惹是非，引发犯罪;（5）年轻时心气高，比较冲动，对于他人的挑衅和招惹难以容忍，认为必须采取暴力手段解决问题。

“那时候年轻，就觉得不甘平庸，认为别人能行我也能行。困难的话就是猛地进入社会，做任何事都没有基础。就比如说你今天被放出去没有任何朋友，也没有家人，别说是我，就算换成其他人都会很迷茫的。不知道

去做什么，我什么都没有，不知道能做什么。很多人二次犯罪也都是因为这个原因。”（重新犯罪人员）

“没有钱想要更好的生活。”（重新犯罪人员）

“对，都是因为喝酒，然后失控了，惹了这些事情。”（重新犯罪人员）

“就是在第一次吃完官司的时候，也已经20多岁了。这个主要是个人原因，毕竟从北方来到南方，就是为了赚钱。干什么都是干，当时也没有想那么多。”（重新犯罪人员）

“影响肯定是有的，不读书，文凭没有，找工作都不方便，但事情已经发生了，因为年轻脾气性格比较冲动、比较急，这个怎么说，我不惹你你来惹我，我不可能对你这样，所以一下子没忍住就发生了这样的事情。”（重新犯罪人员）

四、偏差行为与是否重新犯罪关系的ROC曲线分析

笔者在上文中对刑满释放人员在早年偏差行为经历中的特征以及与是否重新犯罪之间的关系的百分比数据开展了分析。这些百分比可以比较简单直观地呈现出刑满释放人员早年偏差行为经历与重新犯罪之间关系的基本状态。那么，这两者之间的关系是否具有统计学上的显著意义？在统计学意义上，刑满释放人员早年偏差行为经历是否能够作为其是否重新犯罪的原因？这些问题无法使用百分比分析来回答，笔者使用了受试者工作曲线分析ROC来检验两者之间的关系。表4.4.3显示的结果是对ROC曲线下面积的检验，具体结果如下：（1）自变量“打架斗殴”对应的曲线下面积为AUC=0.676，P=0.000，有统计学意义，并且，AUC=0.676 > 0.5，说明此自变量对重新犯罪的诊断有意义；（2）自变量“强要他人财物”对应的曲线下面积为AUC=0.575，P=0.004，有统计学意义，并且，AUC=0.575 > 0.5，说明此自变量对重新犯罪的诊断有意义；（3）自变量“骗取他人财物”对应的曲线下面积为AUC=0.559，P=0.026，有统计学意义，并且，AUC=0.559 > 0.5，

说明此自变量对重新犯罪的诊断有意义；(4)自变量“破坏他人财物”对应的曲线下面积为AUC=0.552，P=0.048，有统计学意义，并且，AUC=0.552 > 0.5，说明此自变量对重新犯罪的诊断有意义；(5)自变量“破坏公务”对应的曲线下面积为AUC=0.514，P=0.607，有统计学意义，并且，AUC=0.514 > 0.5，说明此自变量对重新犯罪的诊断有意义；(6)自变量“偷盗”对应的曲线下面积为AUC=0.689，P=0.000，有统计学意义，并且，AUC=0.689 > 0.5，说明此自变量对重新犯罪的诊断有意义；(7)自变量“吸毒”对应的曲线下面积为AUC=0.701，P=0.000，有统计学意义，并且，AUC=0.701 > 0.5，说明此自变量对重新犯罪的诊断有意义；(8)自变量“经常在网吧逗留”对应的曲线下面积为AUC=0.570，P=0.007，有统计学意义，并且，AUC=0.570 > 0.5，说明此自变量对重新犯罪的诊断有意义；(9)自变量“逃学”对应的曲线下面积为AUC=0.659，P=0.000，有统计学意义，并且，AUC=0.659 > 0.5，说明此自变量对重新犯罪的诊断有意义。

表 4.4.3　偏差行为各自变量的曲线下面积与显著值

自变量	AUC 面积	Sig.
1. 打架斗殴	0.676***	0.000
2. 强要他人财物	0.575**	0.004
3. 骗取他人财物	0.559*	0.026
4. 破坏他人财物	0.552*	0.048
5. 破坏公物	0.514	0.607
6. 偷盗	0.689***	0.000
7. 吸毒	0.701***	0.000
8. 经常在网吧逗留	0.570**	0.007
9. 逃学	0.659***	0.000

*P < 0.05，**P < 0.01，***P < 0.001

综合来看表4.4.3,（1）9个自变量中，除了破坏公物这个自变量，其他的都在统计学意义上对是否重新犯罪具有显著影响。因此，本节提出的八个研究假设被证实。即刑满释放人员早年是否参与过打架斗殴显著影响其重新犯罪；刑满释放人员早年是否强要过他人钱财显著影响其重新犯罪；刑满释放人员早年是否骗取过他人财物显著影响其重新犯罪；刑满释放人员早年是否破坏过他人财物显著影响其重新犯罪；刑满释放人员早年是否实施过偷盗显著影响其重新犯罪；刑满释放人员早年是否吸过毒显著影响其重新犯罪；刑满释放人员早年是否经常在网吧逗留显著影响其重新犯罪；刑满释放人员早年是否逃过学显著影响其重新犯罪。(2)由于偏差行为自变量数量比较多，因此，我们可以区分这些自变量中的谁的影响力更大，谁的影响力更小。那么，按照AUC面积值的大小排序，我们可以发现，这八个指标对刑满释放人员重新犯罪影响力从大到小依次为：吸毒、偷盗、打架斗殴、逃学、强要他人财物、经常在网吧逗留、骗取他人财物和破坏他人财物。因此，我们可以重点关注前面三到四种偏差行为对刑满释放人员重新犯罪的影响。(3) ROC曲线分析结果表明，这八个自变量在预防刑满释放人员重新犯罪角度具有重要价值。如果刑满释放人员在早年成长时期有实施过或者参与过以上八种偏差行为，那么，这样的刑满释放人员需要给予更多的帮教措施。另外，该研究结论也证明，个体在未成年时期，特别是14周岁的早年成长时期，习得的偏差行为乃至犯罪行为对于个体走上犯罪道路，并且重新犯罪具有重要影响。

第五节　早年不幸事件经历与重新犯罪

个体在早年成长时期，特别是14周岁之前的时期，实际上是个体的儿童时期，这个时候的个体心理与生理都尚未发育成熟，对突如其来的不幸事件承受能力很弱。在心理学看来，童年时期的不幸事件实际上是一种典型的童年危机，这种危机容易导致个体的童年心理创伤，可能对今后的心理发展、社会适应造成不良影响。过去也有许多犯罪学研究者关注不幸事件对个体初犯与重新犯罪学的影响。基于此，本研究尝试分析刑满释放人员早年遭遇的不幸事件对其重新犯罪的影响。

一、研究回顾与研究假设

国外心理学家佩恩（Payne）在分析个体遭遇突如其来的打击或者不幸事件的现象是个人遭遇的一种危机情形。他据此提出了自己的危机理论。他的危机理论所强调的基本假设包括下列六项：一是每个人一生中都可能会遭遇危机。这些危机包括突发性的情景压力、成长过程中的危机、意外的灾难事件等。情境压力如离婚、罹患癌症、动手术等，成长中的危机如结婚、就业、失业、退休等，灾难性事件如火灾、车祸、地震等。二是处在危机中的人会出现各种症状。当个人处在危机情境中，平日所惯用的应对方式无法化解危机时，会出现暂时性的强烈情绪（如焦虑、紧张、困惑、愤怒、无助等）、认知失调（否认现实、逃避等）及生理症状（如恶心、反胃、出汗等）。三是危机具有时间性并且有可能被化解。危机的发展历程大约会持续 4 周至 6 周，发展的阶段一般可以分为冲击期、焦虑增高期、紧急应对期及危机期等阶段，每个阶段只要适当介入，就可以化解危机。四是危机中有的人可能难以恢复生活均衡。处在危机中的人面临着高压力、混乱状态。此情此景中，个人会评估危机事件对其个人的影响，其有哪些个人资源或社会资源可以运用，然后尽各种努力，企图恢复生活的均衡，但是如果无法恢复生活的均衡，则会造成心理创伤，并且对生活造成负面影响。五是身心憔悴的人如果未得到有效协助则可能引发危机事件。身心憔悴的人已经耗尽自己所拥有的个人资源与社会资源，很容易受他人的影响，此阶段他容易接受协助，但是协助如果无效，则可能造成更大的危机。六是危机既可能成为个体的一个转机，也可能成为更加危机的前奏。“塞翁失马，焉知非福？”危机虽然给个体带来极大的威胁，但只要处理得当，个体就可以安然渡过危机，甚至从处理危机的历程中改变观念、习得新的应对方法，而获得成长。如果处理不当，则可能造成长久的心理创伤，影响未来的正常社会适应。①

美国临床心理学家Jongsma认为，童年创伤属于一种早期的创伤，其主要集中在儿童被虐待和忽视。由于儿童遭受的虐待和忽视多是由抚养者造成，具有重复性和隐秘性等特点，所以对受害儿童造成的伤害极大。他进一步参考有关其他研究者对儿童虐待和疏忽的描述，将儿童创伤经历作了以下界定：（1）报告童年曾受过躯体、性和（或）情感方面的虐待。（2）讲述父母由于药物依赖、工作太忙、不在身边等原因使自己受到身体上或感情上的忽视。（3）讲述童年生活混乱，父母是物质滥用者，或有精神疾病、反社会行为等，频繁搬家、辱骂伴侣、频繁更换看护人、经济拮据和（或）有多个异父母的兄弟姐妹等。（4）报告由于父母的严厉、追求完美、吹毛求疵和（或）过于苛刻死板，而使自己的感情受到压抑。（5）与早期生活经历的痛苦有关的非理性恐惧、压抑的愤怒、低自尊、统一性、冲突、抑郁或焦虑不安。（6）由于童年感情上的痛苦而产生不良的应对方式，导致出现分裂现象如多重人格、健忘症、精神恍惚和（或）人格解体。这个定义不仅强调了创伤经历，而且强调了创伤经历所带来的不良影响。②

又如，Julie研究发现单纯受到情感忽视的儿童，比仅受到虐待或同时

① 曾华源：《危机介入取向之社会工作模式》，载宋丽玉等：《社会工作理论——干预模式与案例分析》，台北洪叶文化出版社2009年版，第138—168页。

② Arthure, Jongsma. The Complete Adult Psychotherapy Treatment Planner, Fourth Edition. New Jersey: John Wiley & Sons, Inc., 2006: 62.

受到忽视和虐待的儿童更易发生心理、行为或情绪的异常问题。[①]高攻击性和高社会退缩是受情感忽视儿童的两种典型表现，[②]而个体高攻击性和情绪问题及暴力行为与重新犯罪行为的产生密切相关。[③]受虐情况反映出累犯在童年期遭受躯体的虐待情况，躯体虐待容易使子女形成情绪不稳、残暴、缺乏同情心和反社会人格倾向，增加他们多次犯罪的可能性。[④]过分干涉和否定与偏爱代表着两种不良的教育方式，过分干涉，剥夺子女应有的自由导致他们心理的压抑、紧张和不安，到了青年期他们容易走极端，随着自我意识增强，他们行为强度大、情感色彩浓、缺乏理智、易冲动，加之他们不成熟的处事方式，面对外来压力和刺激时不能正确处理；而父母对子女采取过多拒绝否认的态度易使子女产生自卑感、无价值感、无助感、无位置感和不安全感，均易使他们再次走上犯罪的道路。[⑤]

除了心理学家认为个体早期经历的不幸事件可能导致个体遭到心理创伤以外，有的个体会受到长远的负面影响，许多犯罪学家也在自己的研究中重点分析了不幸事件对个体走上犯罪道路的诸多影响。例如，著名犯罪学家艾格纽提出的“一般紧张理论”认为生活中负面事件是引发犯罪的重要原因。他认为，犯罪或越轨行为的根源是个人所面临的紧张所致，他进一步指出，个人所面临的紧张，其范围涵盖了认知、行为和情绪等类型。他提出的一般紧张理论认为有三种紧张来源会造成个人的越轨行为甚至是犯

---

① Julie AS, My M, Smiths, Etal Risk Factors for Child Neglect, Aggres Violent Behavior, 2001, 26(2): 258–262.

② Cicchetti. D, Toth SL：A Developmental Psychopathology Perspective on Child Abuse and Neglect . Is Acad Child Adolesc Psychiatry, 1995, 34(3): 541–565.

③ Hiscoke UL, Langstrom.N, Ottosson H. Self-Reported Personality Traitsand Disorders (DSM-IV) and Risk of Criminal Recidivism. Pers Disord, 2003, 17(4): 293–305.

④ 刘秀芬、黄悦勤、李立明：《父母教养方式与人格障碍关系的研究》，载《中国心理卫生杂志》2001 第15 期。

⑤ 刘衔华：《父母教养方式与青年犯罪的相关研究》，载《湖南师范大学社会科学学报》2001 年第 2 期。

罪行为:（1）因无法达到个人想要达到的目标而形成的紧张。比如，想要考上好的大学，但成绩不好，考不上；想要买一辆跑车，但无论如何努力也赚不到所需的钱。（2）失去了个人积极向上的欲望或失去积极的鼓励所形成的紧张。这种紧张的来源是少年亲身经历的不幸事件与突发危机。例如，亲人的逝去，喜欢的老师突然被调离，从学校退学等。（3）遭遇负面刺激所造成紧张。例如，儿童时代时受到虐待，个人在学生时代经常被老师指责为坏学生，贴上负面或者污名化的标签等。因为少年不能合法地离家或离校，避免紧张的合法途径被堵死了，在这种情形下，少年很可能用替代方式来避免或者纾解紧张，这种替代方式很可能就是越轨行为，严重的越轨行为构成犯罪。根据艾格纽的说法，可以看出，以上三种情况都会使人产生紧张，增加失望、沮丧、害怕、愤怒等负面情绪。当负面情绪产生时，个人如果无法找到合适的、被社会所认可的方式去调适，降低心理负荷，那么，他们就会有可能采用社会不能接受的方式来解决所面临的紧张，如越轨行为。①

在关于一般紧张理论的实证研究方面，Mazerolle 和 Maahs 从美国“全国青少年调查”中抽取了四组题目来测试艾格纽的一般紧张理论中的紧张。Mazerolle 和 Maahs 找出了四种负面的紧张情绪：与成人关系不良、学校或同龄人的困扰、社区问题及生活中的负面事件。各组指标在标准化后，组成测量紧张的综合指标。② 艾格纽和怀特使用“健康与人类发展项目”第一批收集到的资料来测量一般紧张理论。他们设计了一般紧张的综合量具来预测未成年人犯罪。这个综合量具包括了五项紧张指标：负面生活事件；生活中的各种困扰；与成人的不良关系；与双亲争吵；社区问题。这个综合

① Agnew Robert. 1992. Foundation for a General Strain Theory of Crime and Delinquency. Criminology30: 47–87.

② Mazeroll Paul, Jeff Maahs. 2000. General Strain and Delinquency: An Alternative Examination of Conditioning Influences. Justice Quarterly17: 753–778.

量具能分别预测未成人犯罪和吸毒。[①]

国内研究者也对个体在早年成长时期所遭遇的不幸事件对其后来的越轨乃至犯罪行为的影响开展了积极的研究。例如，王彬、李宝花和胡峻梅在研究童年创伤与重新犯罪关系时，发现累犯重新犯罪行为受多种心理因素的影响，既有父母对子女教养问题，也有其童年受到的创伤性经历，还有自身的处事方式。情感忽视是现实生活中普遍存在的一种现象，是指没有给予儿童应有的爱，忽略了对儿童心理、感情的关心和交流，缺乏对儿童情感需求的满足；其可对儿童造成广泛、深远的不良影响，在心理和精神上留下不可治愈的创伤。[②]石国兴，胡立伟和耿亚洳认为，家庭经济情况对未成年人犯罪存在影响。他们指出，一项全国范围内大规模的抽样调查显示，在未成年犯中，较贫困的家庭占 21.8%，非常贫困的家庭占 7.5%。他们访谈对象中绝大部分受访者来自农村，父母是普通农民或工人。他们中不少人由于父母一方长期生病，或是遭遇意外事故而导致家庭的经济状况长期相对困难。从访谈资料来看，有一例受访者家庭经济很困难，他曾多次参与抢劫，在谈到犯罪动机时他说只是想弄钱花。[③]景年红认为，我国未成年人犯罪正在向低龄化方向发展，且重新犯罪现象逐渐增加。另外，未成年人重新犯罪与成年人犯罪明显不同之处，其主要是受到社会不良环境的影响，家庭环境的不良影响尤其严重。他们通过问卷调查发现，被调查的重新犯罪未成年中，有 63.7% 的未成年人来自家庭经济状况较差的农村。同时，被调查的重新犯罪未成年人大多来自单亲家庭，而且隔代抚养的现象比较明显，其中有超过 35% 的被调查者是由爷爷奶奶或外公外婆抚养。由此可

---

① Agnew Robert, Helene Raskin White. 1992. An Empirical Test of General Strain Theory: Criminology30: 475–499.

② 杨子尼、丁宗一:《儿童虐待与忽视研究的相关问题》，载《国外医学妇幼保健分册》2003 年第 14 期。

③ 石国兴、胡立伟、耿亚洳:《未成年人犯罪成因及服刑期间心理状态》，载《当代青年研究》2014 年第 5 期。

见，作为社会最基本单元的家庭，在重新犯罪的未成年人中缺失现象非常严重，家庭教育不足、关怀不够是导致其重新走上犯罪道路的重要原因。[①] 肖灵认为，未成年人犯罪外部第一大催生因素就是家庭结构、教育或监管问题。相当一部分未成年犯来自非健康家庭，如家庭结构失衡、家长劣迹斑斑、教育不当、家庭人际关系紧张等，导致未成年人未能建立良好的心态和人格，犯罪心理不易矫正。他们在上海的调查结果显示，父母离异与未成年人重新犯罪有着较强的正相关关系，约有七成左右重新犯罪的未成年人未与父母双方共同生活。他们指出，浙江刑释青少年犯中，家庭关系好的重新犯罪比率为 2.5%，而关系差的犯罪比率高达 38.7%。少年犯中家庭破裂或缺损的比例不小，刑释回归后的青少年面临的家庭环境可能更为恶劣。他们进一次指出，父母的教育方式对未成年人的行为也产生重大影响。在疏于管教的家庭及溺爱型家庭，孩子或是用不成熟的方式自己解决问题，或是不择手段地获取自己想要的东西，都容易导致犯罪。[②]

笔者根据对以上既有相关研究成果的梳理与分析，以及对刑满释放人员本身生活实际与生活特征的考察，将刑满释放人员早年成长时期中的不幸事件经历作为的自变量，将刑满释放人员是否重新犯罪作为因变量。据此，笔者提出如下几个研究假设：

假设1：刑满释放人员早年成长时期父母一方长期患病显著影响其是否重新犯罪；

假设2：刑满释放人员早年成长时期父母双方长期患病显著影响其是否重新犯罪；

假设3：刑满释放人员早年成长时期父母一方去世显著影响其是否重新犯罪；

---

① 景年红：《预防未成年人重新犯罪的刑事政策研究》，载《法制与社会》2016 年第 30 期。

② 肖灵：《对我国未成年人重新犯罪问题研究的反思》，载《预防青少年犯罪研究》2015 年第 5 期。

假设4：刑满释放人员早年成长时期父母双方去世显著影响其是否重新犯罪；

假设5：刑满释放人员早年成长时期父母一方犯罪显著影响其是否重新犯罪；

假设6：刑满释放人员早年成长时期父母双方犯罪显著影响其是否重新犯罪；

假设 7：刑满释放人员早年成长时期父母分居显著影响其是否重新犯罪；

假设 8：刑满释放人员早年成长时期父母离异显著影响其是否重新犯罪；

假设9：刑满释放人员早年成长时期父亲或母亲失业显著影响其是否重新犯罪；

假设 10：刑满释放人员早年成长时期休学或辍学显著影响其是否重新犯罪；

假设 11：刑满释放人员早年成长时期家里住房条件很差显著影响其是否重新犯罪；

假设 12：刑满释放人员早年成长时期家庭收入很低显著影响其是否重新犯罪。

二、变量设置与测量方法

在本研究中，刑满释放人员早年成长时期的不幸事件经历被操作为 12 个自变量，即刑满释放人员早年成长时期是否遭遇过父母一方长期患病、父母双方长期患病、父母一方去世、父母双方去世、父母一方犯罪、父母双方犯罪、父母分居、父母离异、父亲或母亲失业、休学或辍学、家里住房条件很差、家庭收入很低。之所以设置这 12 个不幸事件，是因为已有的关于个体早期或者未成年人不幸事件的研究基本上聚焦于这 12 种不幸事件。应该说这12种不幸事件基本上实现了穷尽性的目标。本研究选择了一些最普遍的或者说是符合人们实际生活常识的事件，笔者研究的是刑满释放人员在早年或者说未成年时期是否遭受过不幸事件以及是否有相关遭遇与其后来的是否重新犯罪之间的关系。因此，笔者设置了表4.5.1。该表显示，在描述性统计选项的设置中，没有遭遇过相关不幸事件被界定为0，遭遇过相关不幸事件则被界定为1。在ROC曲线分析选项中，笔者将“否”设置为0，“是”依然为1，将此自变量从分类变量转换为虚拟变量，以方便纳入ROC曲线分析。

表4.5.1　早年不幸事件经历自变量设置表

维度	题目	描述性统计选项	ROC曲线分析选项
不幸事件	1. 父母一方长期患病	①否=0 ②是=1	①=否=0 ②=是=1
	2. 父母双方长期患病	①否=0 ②是=1	①=否=0 ②=是=1
	3. 父母一方去世	①否=0 ②是=1	①=否=0 ②=是=1
	4. 父母双方去世	①否=0 ②是=1	①=否=0 ②=是=1
	5. 父母一方犯罪	①否=0 ②是=1	①=否=0 ②=是=1
	6. 父母双方犯罪	①否=0 ②是=1	①=否=0 ②=是=1
	7. 父母分居	①否=0 ②是=1	①=否=0 ②=是=1
	8. 父母离异	①否=0 ②是=1	①=否=0 ②=是=1

续表

维度	题目	描述性统计选项	ROC 曲线分析选项
不幸事件	9. 父亲或母亲失业	①否 =0 ②是 =1	①= 否 =0 ②= 是 =1
	10. 休学或辍学	①否 =0 ②是 =1	①= 否 =0 ②= 是 =1
	11. 家里住房条件很差	①否 =0 ②是 =1	①= 否 =0 ②= 是 =1
	12. 家庭收入很低	①否 =0 ②是 =1	①= 否 =0 ②= 是 =1

三、不幸事件与重新犯罪之间关系的描述性统计分析

表 4.5.2 显示了刑满释放人员在早年成长时期遭遇不幸事件情形的描述性统计分析结果：(1) 在“父母一方长期患病”这一题中，未重新犯罪者中回答是的占 9.2%，重新犯罪者占 18%，未重新犯罪者遭遇“父母一方长期患病”的比重比重新犯罪者低 8.8 个百分点，两者差距并不大，并且遭遇这种不幸事件的调查对象所占比重都不大。(2) 在“父母双方长期患病”这一题中，未重新犯罪者中回答是的占 0.8%，重新犯罪者占 4.8%，未重新犯罪者遭遇“父母双方长期患病”的比重比重新犯罪者低 4 个百分点，两者差距很小，并且遭遇这种不幸事件的调查对象所占比重都很小。(3) 在“父母一方去世”这一题中，未重新犯罪者中回答是的占 5.9%，重新犯罪者占 21.2%，未重新犯罪者遭遇“父母一方去世”的比重比重新犯罪者低 15.3 个百分点，两者差距较大，尤其是未重新犯罪群体遭受此不幸事件的比重很小。虽然，重新犯罪者中遭遇此不幸事件的比重并不大，为 21.2%，但是，在一个人未成年时期失去父母这样的至亲中的一方，实乃人间惨剧，造成的心理创伤可想而知，值得关注。(4) 在“父母双方去世”这一题中，未重新

犯罪者中回答是的占3.3%，重新犯罪者占9.6%，未重新犯罪者遭遇“父母一方去世”的比重比重新犯罪者低6.3个百分点，两者差距不明显，尤其是未重新犯罪群体遭受此不幸事件的比重很小。虽然，重新犯罪者中遭遇此不幸事件的比重并不大，为9.6%，但是，在一个人未成年时期失去父母双亲，在儿童时期成为了名副其实的孤儿，可以说这是所有不幸事件中最不幸的事件，造成的心理创伤可想而知，值得特别关注。（5）在“父母一方犯罪”这一题中，未重新犯罪者中回答是的占0.8%，重新犯罪者占3.2%，未重新犯罪者遭遇“父母一方犯罪”的比重比重新犯罪者低2.4个百分点，两者差距很小，并且，未重新犯罪者与重新犯罪者中遭遇此不幸事件的比重都很小，对这个指标的考察意义不大。（6）在“父母双方犯罪”这一题中，未重新犯罪者中回答是的占0.4%，重新犯罪者占0.0%，未重新犯罪者遭遇“父母双方犯罪”的比重比重新犯罪者高出0.4个百分点，两者差距极小，可以忽略不计，并且，未重新犯罪者与重新犯罪者中遭遇此不幸事件的比重都可以归零，对这个指标的考察没有意义。（7）在“父母分居”这一题中，未重新犯罪者中回答是的占1.7%，重新犯罪者占5.6%，未重新犯罪者遭遇“父母分居”的比重比重新犯罪者低3.9个百分点，两者差距很小，并且，未重新犯罪者与重新犯罪者中遭遇此不幸事件的比重都很小，对这个指标的考察意义不大。（8）在“父母离异”这一题中，未重新犯罪者中回答是的占4.2%，重新犯罪者占10.0%，未重新犯罪者遭遇“父母离异”的比重比重新犯罪者低5.8个百分点，两者差距虽然看上去很小，但是，由于父母离异导致的家庭结构残缺、家庭原生亲密关系遭到重创往往导致非常消极的后果，一般而言，对未成年人成长非常不利。因此，这个指标值得关注。（9）在“父亲或者母亲失业”这一题中，未重新犯罪者中回答是的占5.0%，重新犯罪者占12.4%，未重新犯罪者遭遇“父亲或者母亲失业”的比重比重新犯罪者低7.4个百分点，两者差距有点明显，一般而言，父母失业往往意味着家庭经济受到很大的负面影响，有可能对未成年人的生活、学习等造成不利影响，该指标可以和“家庭收入很低”结合起来考察。（10）在“休学或辍学”这一题中，未重新犯罪者中回答是的占 2.1%，重新犯罪者占 16.8%；未重新犯罪者在未成年时期遭遇“休学或辍学”的比重比重新犯罪者低 14.7 个百分点，两者差距比较明显。本书所指的未成年时期实际上是 14 周岁及以前的时期。在我国 14 周岁是初二时期，如果在此之前就休学或辍学，遭遇学业终止，很显然意味着个体初中都没有毕业，学历或者受教育程度非常低。绝大多数犯罪学研究成果都已经证明，在大概率下，学历越低的人越有可能犯罪，特别是街头犯罪。社会学的研究成果也早已经证实，在大概率下，受教育程度越低，收入越低。所以，该指标值得关注。（11）在“家里住房条件很差”这一题中，未重新犯罪者中回答是的占 20.1%，重新犯罪者占 30%；未重新犯罪者在未成年时期遭遇“家里住房条件很差”的比重比重新犯罪者低 9.9 个百分点，两者差距不太大，略低于 10%，尚需进一步分析。（12）在“家庭收入很低”这一题中，未重新犯罪者中回答是的占 21.8%，重新犯罪者占 38%，未重新犯罪者在未成年时期遭遇“家庭收入很低”的比重比重新犯罪者低 16.2 个百分点，两者差距较大。这一统计结果也印证了上文相关研究提出了家庭条件贫困对犯罪的影响。

表 4.5.2 不幸事件与重新犯罪交叉表（人 /%）

题目	选项	未重新犯罪	重新犯罪
1. 父母一方长期患病	否	217/90.8	205/82.0
	是	22/9.2	45/18.0
2. 父母双方长期患病	否	237/99.2	238/95.2
	是	2/0.8	12/4.8
3. 父母一方去世	否	225/94.1	197/78.8
	是	14/5.9	53/21.2

续表

题目	选项	未重新犯罪	重新犯罪
4. 父母双方去世	否	231/96.7	226/90.4
	是	8/3.3	24/9.6
5. 父母一方犯罪	否	237/99.2	242/96.8
	是	2/0.8	8/3.2
6. 父母双方犯罪	否	238/99.6	250/100.0
	是	1/0.4	0/0.0
7. 父母分居	否	235/98.3	236/94.4
	是	4/1.7	14/5.6
8. 父母离异	否	229/95.8	225/90.0
	是	10/4.2	25/10.0
9. 父亲或母亲失业	否	227/95.0	219/87.6
	是	12/5.0	31/12.4
10. 休学或辍学	否	234/97.9	208/83.2
	是	5/2.1	42/16.8
11. 家里住房条件很差	否	191/79.9	175/70.0
	是	48/20.1	75/30.0
12. 家庭收入很低	否	187/78.2	155/62.0
	是	52/21.8	95/38.0

在深度访谈中，重新犯罪的受访者在谈到早年成长时期遭遇的不幸事件时，基本上都聚焦于父母对自己不恰当的管教方式，可见，对于他们甚至是每个人而言，在早年成长时期，父母对自己的影响是最大的。具体而言，家庭对刑满释放人员早期成长造成的不良影响主要包括：（1）单亲家

庭，包括从小父母离异或者从小父亲或母亲有一方去世，尤其是父母中有人去世的话，会导致未成年人极大的心理创伤。（2）父亲或母亲有一方需外出打工，与其中一方接触不是很多，实际上家庭在很大程度上处于不完整状态。（3）跟爷爷奶奶居住居多，未真正体味到过父爱母爱，也就很容易造成未成年人与父母之间难以沟通的后果。（4）父母感情出现问题，感受不到家庭的关爱。（5）小时候家庭关系不和谐，家庭生活中长期存在家暴行为，父母经常打架，自己也会被波及其中，给其幼小心灵造成创伤，生活压抑，体会不到家庭的温暖。（6）父母对孩子的管教方式出现问题，一味地打骂。

"小时候爸爸就是在外面打工，都是我妈妈带我，就是在家里带我读书。爸爸基本上就是过年回来。现在的话都在一起嘛。对，好像基本上都在一起。现在的话，我老爸有时候也在老家。因为家里还在务农。"（重新犯罪人员）

"我小时候母亲就去世了，与这个还是有一点关系的。小时候我的性格还是比较独立的。出了这种事，还是强迫自己早点走出来。这件事只能靠自己慢慢走出来，别人帮不了我什么。"（重新犯罪人员）

"小时候，老师一直叫我们去补课，然后在学校里面会被打。然后又不肯去补课，之后爸爸经常打妈妈，也会打我。一直在跟爸妈住。当时有过几个时期就是我妈躲着我爸，带着我去我姐姐那边住过一两次。"（重新犯罪人员）

下面的案例也说明了父母的忽视，从小家庭贫困等不幸事件是导致个体不良性格开始的重要原因，也是其今后实施犯罪的根源之一。

犯罪嫌疑人王某涉嫌故意杀人罪。据王某供述，他是哈尔滨人，1985年生于东北的一个小农村，在家中排行老二，得到的关注最少。他家境贫困，父母均是小学文化程度，一直在家务农。小时候父母很少关注他的成长，父母都是庄稼人，文化程度不高，在教育孩子的方式上单一粗暴。因为家里很穷，所以觉得抬不起头，性格孤僻。王某一直存在自卑感，不愿与外界接触，曾经在家躺床上几天不见人，思想消极，将近30岁了也没有娶到媳妇。这次出来带着所有的钱，把钱都花光后觉得自己活着没意思，想到了自杀。他在江边时看到江边的人都双双对对地散步，感觉上天对他不公平，于是产生了“一个人死太孤单，必须要拉个人给我垫背”的想法。在观察之后他把罪恶的手伸向了一对母子。他拖拽着他们一起跳进了江水中。母亲挣扎呼救，群众救起了他们三人。①

四、不幸事件与是否重新犯罪关系的 ROC 曲线分析

笔者在上文中对刑满释放人员在早年不幸事件经历中的特征以及与是否重新犯罪之间的关系的百分比数据开展了分析。这些百分比可以比较简单直观地呈现出刑满释放人员早年不幸事件经历与重新犯罪之间关系的基本状态。那么，这两者之间的关系是否具有统计学上的显著意义？在统计学意义上，刑满释放人员早年不幸事件经历是否能够作为其是否重新犯罪的原因？这些问题无法使用百分比分析来回答，笔者使用了受试者工作曲线分析 ROC 来检验两者之间的关系。表 4.5.3 显示的结果是对 ROC 曲线下面积的检验，具体结果如下：（1）自变量“父母一方长期患病”对应的曲线下面积为 AUC=0.544，P=0.093，有统计学意义，并且，AUC=0.544 > 0.5，说明此自变量对重新犯罪的诊断有意义；（2）自变量“父母一方去世”对应的曲线下面积为 AUC=0.577，P=0.003，有统计学意义，并且，AUC=0.577 > 0.5，说明此自变量对重新犯罪的诊断有意义；（3）自变量“休学或辍学”对应的曲线下面积为 AUC=0.574，P=0.005，有统计学意义，并且，AUC=0.574 > 0.5，说明此自变量对重新犯罪的诊断有意义；（4）自变量“家庭收入很低”对应的曲线下面积为 AUC=0.581，P=0.002，有统计学意义，并且，AUC=0.581 > 0.5，说明此自变量对重新犯罪的诊断有意义。

① 姚万勤：《个人成长经历与犯罪的关系初探》，载《法制博览》2016 年第 5 期。

表 4.5.3 不幸事件各自变量的曲线下面积与显著值

自变量	AUC 面积	Sig.
1. 父母一方长期患病	0.544*	0.093
2. 父母双方长期患病	0.520	0.448
3. 父母一方去世	0.577**	0.003
4. 父母双方去世	0.531	0.232
5. 父母一方犯罪	0.512	0.651
6. 父母双方犯罪	0.498	0.936
7. 父母分居	0.520	0.453
8. 父母离异	0.529	0.266
9. 父亲或母亲失业	0.537	0.158
10. 休学或辍学	0.574**	0.005
11. 家里住房条件很差	0.550	0.058
12. 家庭收入很低	0.581**	0.002

*$P < 0.05$，**$P < 0.01$，***$P < 0.001$

综合来看表 4.5.3，（1）12 个自变量中，除了父母一方长期患病、父母一方去世、休学或辍学、家庭收入很低这四个自变量在统计学意义上对是否重新犯罪具有显著影响，其他的自变量在统计学意义上对是否重新犯罪没有显著影响。因此，本节提出的 12 个研究假设有 4 个被证实。即刑满释放人员早年遭遇父母一方长期患病的经历显著影响其重新犯罪；刑满释放人员早年遭遇父母一方去世的经历显著影响其重新犯罪；刑满释放人员早年遭遇休学或辍学的经历显著影响其重新犯罪；刑满释放人员早年家庭收入很低显著影响其重新犯罪。（2）在这四个自变量中，我们可以区分他们之中谁的影响力更大，谁的影响力更小。那么，按照 AUC 面积值的大小排序，我们可以发现，这四个指标对刑满释放人员重新犯罪影响力从大到小依次为：家庭收入很低、父母一方去世、休学或辍学、父母一方长期患病。因此，我们可以重点关注这四种不幸事件对刑满释放人员重新犯罪的影响。（3）为什么其他看上去很重要的自变量，对重新犯罪却没有统计上的显著性影响？通过考察表4.5.2和表4.5.3的数据可以发现，重新犯罪群体与未重新犯罪群体在这四个自变量角度来看，他们的差距都很大，遭遇过某种不幸事件的重新犯罪者比没有遭遇过同种不幸事件的为重新犯罪者比重明显比较大，基本上都超过了10个百分点。而其他的8个自变量，两者之间的差距就比较小了。也就是说，两者的差距要达到一定的程度，ROC曲线分析才会判定相关自变量会显著影响重新犯罪，在统计学上才有意义。（4）ROC曲线分析结果表明，这四个自变量在预防刑满释放人员重新犯罪角度具有重要价值。如果刑满释放人员在早年成长时期遭遇过以上四种不幸事件，那么，这样的刑满释放人员需要给予更多的帮教措施。另外，该研究结论也证明，个体在未成年时期，特别是14周岁的早年成长时期，遭遇相关不幸事件对于个体走上犯罪道路，并且重新犯罪具有重要影响。

第六节　早年成长时期各因素的综合影响

本研究将家庭、学校、社会交往、偏差行为、不幸事件这些因素分开来逐一开展描述性统计分析与ROC曲线分析，但是，这些因素实际上是综合发生作用的。下面是笔者整理的一些访谈资料，这些资料比较具有代表性，展示了刑满释放人员在早年成长时期的各种经历对犯罪与重新犯罪的整体的、综合性的影响。

笔者在访问刑满释放人员的过程中，深入了解他们在早年或者说小时候的成长经历与犯罪及重新犯罪之间的关系。通过深度访谈发现，刑满释放人员认为自己之所以走上犯罪道路，主要的原因有以下几个方面：（1）有的刑满释放人员或者重新犯罪的刑满释放人员认为小时候家里贫困，导致自己对金钱过于看重，从而不择手段获取金钱，走上了犯罪道路。（2）小时候父母离异，感受不到家庭的温暖，变得比较叛逆。（3）交友不慎。访谈对象认为自己小时候的朋友圈子不好，间接导致他走上犯罪道路。（4）生活所迫，为了满足基本的生存需求，逼不得已走上犯罪道路。

（问：那您觉得小时候的经历会跟您现在有过犯罪经历有关系吗？）有点吧。

（问：有哪些方面的关系呢？）因为小时候家里面比较穷嘛，然后小朋友之间会互相比较，对吧？穿的衣服、裤子比较破啊，然后父母嘛也比较苦，当时就想长大以后多赚点钱，一定要有钱，有钱呢就能够帮助家里人、自己过上好日子。（监狱累犯 6）

（问：那您觉得小时候的经历跟您违法犯罪有关系吗？）小时候的经历，我觉得有一点吧，我父母是离异的，我父亲原来是在部队里的，他有一个原配的妻子，然后我母亲就离开了。（刑满释放人员 8）

（问：那您觉得您小时候的经历和您犯错误有关系吗？）应该有点关系。（问：是怎么体现的？）这个怎么说，也就是朋友嘛，接触的朋友圈子呀，接触的朋友不好，又没有稳定的工作，那时候年纪轻，脑子糊涂嘛，犯这个错误。但是，明白了以后那就不可能的。（监狱累犯 3）

（问：那您觉得小时候的经历，跟你现在有没有关系？）肯定有关系的，我们小时候多穷阿，不是靠父母亲，都是靠自己拼搏的。

（问：小时候您觉得主要是靠自己，小时候主要是哪些方面跟您现在闯这个祸有关系？）我十六七岁就出去生活了，就不用父母。我们那时候太穷了，为了过好生活我没办法。（问：谈谈情况。）就是过去人家说的，一个靠脑子赚钱，一个脑胆子赚钱。没有脑子就靠胆子。（问：您就是靠胆子去？）都是靠自己，因为这个生活环境，我们那个环境也不大好，都是私人房子。

没办法的，你和朋友，交了什么朋友，什么圈子，你就要做什么事情，这是很现实的事情。没办法了，为了生存。（问：其实现在我们很多人都是这样认为的，在自己没办法生存下去的时候那就没办法了，这个事情是没有办法的，逼不得已。）真的是这样的。（问：现在我们这个安帮系统，您看，给您申请了临时救助，都是为了让大家能够在社会上生存下去，要满足生存需求，然后才有更高一级的需求）对对对。（刑满释放人员 10）

为了进一步理解刑满释放人员早年成长时期家庭、学校、社会交往、偏差行为、不幸事件对其犯罪与重新犯罪的综合影响，笔者从安帮系统获取案例中挑选了一个典型案例介绍如下：

D 某，男，1985 年出生，汉族，初中文化程度，未婚。2005 年因抢劫罪被杨浦法院判处有期徒刑二年六个月。

D 某的家庭情况：D 某父母在他念初中时，即协议离婚，他跟随父亲居住。父亲对他管教粗暴，缺乏沟通理解。这样一个封闭的、缺少关爱的残缺家庭系统，是影响其成长的主要因素。

D 某的性格情况：D 某平时对生人少言寡语，初看性格内向，但又有好强、争胜的一面。处在人生“心理断乳期”的他，感知、思维、智力都处于不稳定的发展阶段，很容易受到不良风气的影响，被人所利用，即“近墨者黑”。

D 某的成长经历：初中毕业后，D 某便无心读书，沉迷于玩乐之中。在职校念书期间，法治意识淡薄，心理不成熟。加之交友不慎，缺乏辨别是非能力，与社区闲散青少年频繁来往，至今还与同案主犯高某保持联系。

笔者对此案例进行多方面分析，展示出 D 某在早年成长时期的负面经历对其走上犯罪道路的影响。

（1）家庭教育问题。由于 D 某的父母在他初中时期就离异了，导致 D 某对家人、亲友有一定的距离和陌生感。D 某与父亲的情感沟通上是缺失的，长久以来双方的关系都存在一定问题。可以说，D 某缺乏对家庭、对父母亲的依恋。正如美国著名犯罪学家赫希的社会控制理论中的四大要素的第一个约束的就是依附，依附是指个人对家人、亲友、师长等“重要他人”所产生的感情联系，其中对父母的情感依附最为重要，即使父母分居或离婚，只要孩子依然深爱父母一方或双方，只要孩子对父母的情感依附度高，就不容易犯罪。[①] 赫希在后来的研究中进一步论证到，尽管有些青少年的违法犯罪行为非常简单而且谋划时间也很短，尽管父母可能难以在场直接管教，但是像管教和看护之类的直接控制仍然非常重要。即可以理解为，即使父母的直接控制在有些时候、有些场合难以实现，但是只要父母能够有机会阻扰孩子违法犯罪的努力，就会产生效果。因此，赫希认为不同家庭之间父母对孩子的直接和间接控制程度的不同对孩子违法犯罪与否有重大影响。并且他认为，除了监管性的控制之外，父母对孩子情感的强弱，换言之为孩子对父母的情感依恋以及父母愿意在孩子身上投资，是良好家庭教育的最基本构成因素，也是预防孩子违法犯罪行为的最有效措施。[②] 因此，我们可以看到，D 某的父母是一对不合格、不称职的父母，他们早早离异，并且都不在孩子身上投入时间和关怀，导致 D 某对父母没有情感依附。不管是在对孩子的监管方面，还是在对孩子情感的投资方面，D 某的父母都没有承担起应尽的职责。

（2）学校环境问题。D 某在中小学时期学习成绩一直不好，所以，他在接受完九年义务教育后就不再愿意读书了。即他不愿意投入时间精力到主流社会所认可、所推崇的学历教育中去。他反其道而行之，将大量时间精力投入到与不良朋友们的偏差行为之中，导致逐渐走上犯罪道路。正如美国犯罪学家赫希从社会控制角度来看学校的作用，他认为学校和家庭一样，是一个非常重要的预防青少年违法犯罪的社会化机构。赫希指出，如果青

---

① Hirschi, Travis. Causes of Delinquency. Berkeley: University of California Press. 1969.

② Gottfredson Michael, Travis Hirschi. 1990. A General Theory of Crime. Stanford: Stanford University Press.

少年愿意追求“高学历”这样的传统活动，那么他们就不容易犯罪，这是因为从事犯罪会有碍于他们想获取的“功名利禄”。如果青少年愿意将时间花费在正当活动中，如阅读、做功课等，并且他们花在这些活动上的时间越多，就越不会有额外时间去胡思乱想、去犯罪。因此，将大量时间精力投入到学业上可以减少犯罪的诱惑，反之，青少年者容易走上犯罪道路。[①]

（3）社会交往问题。D某虽然不愿意读书，但是因为家人的压力，加上年纪太小无法参加工作，后来还是到一所职业技术学校读书。D某在这所学校里面结交了许多不良朋友，他们一起实施偏差行为，直到自己实施的行为触犯刑法，成为罪犯。正如赫希社会控制理论中的核心概念之一：参与。赫希认为参与是指对社会传统活动的参加，参加程度的不同直接影响青少年的行为方式。赫希认为，较深入地参与传统活动，就会缺少从事越轨行为的时间和精力，就会将个人从犯罪行为的潜在诱惑中隔离开来，使个人没有时间和精力感知诱惑，考虑和从事犯罪活动。另外，如果从事的不是传统活动，而是与不良同伴一起参加诸如吸烟、酗酒等活动，犯罪的可能性也会大为增加。可见，游手好闲和时间的不合理消耗都会导致犯罪行为。[②]参与传统活动的程度可以作为预测青少年行为的一个指标。如果青少年不愿意追求传统目标，或者不愿意把时间和精力用在家庭和学校事务上，他们从事越轨行为的可能性会随之增加。

（4）信仰（Belief）。信仰是指对传统价值观念和道德法制观念的态度或者接受意愿。[③]很显然，本案例中的D某不愿意从事传统的学习谋生技能活动，无心读书，而是与不良同伴频繁来往，一起沉迷与玩乐之中，法制意识淡薄，对基本的道德观念并不在乎，因此，才会实施抢劫。

---

① Hirschi, Travis. Causes of Delinquency. Berkeley: University of California Press. 1969.

② 吴宗宪：《西方犯罪学》，法律出版社 1999 年版，第 523—524 页。

③［德］汉斯·约阿希姆·施奈德：《犯罪学》，中国人民公安大学出版社 1990 年版，第 558 页。

本章小结

上文中，笔者运用ROC曲线分析得到的显著影响刑满释放人员重新犯罪的早年成长时期的自变量有“家长教育方式”“家长知道交友情况吗”“家长认为您是‘好孩子’吗”“学习成绩”“曾经有老师认为您‘常惹麻烦’吗”“有赞同您违法犯罪的朋友吗”“打架斗殴”“强要他人财物”“骗取他人财物”“破坏他人财物”“偷盗”“吸毒”“经常在网吧逗留”“逃学”“父母一方长期患病”“父母一方去世”“休学或辍学”“家庭收入很低”。由此可见，刑满释放人员早年成长时期的负面经历对其之后的犯罪与重新犯罪都产生影响，虽然本书着重研究对重新犯罪的影响，实际上这些负面影响因素对其初次犯罪应该也有影响。这些负面影响来自家庭、学校、同辈交往群体以及在这些基础上衍生出来的一些偏差行为、不幸事件等。

第五章

刑释人员初次犯罪时期经历与重新犯罪

初次犯罪的年龄是犯罪原因研究中的重要因素。这一因素历来受到国外犯罪学者的重视，国内外总体上基本认同这个观点：初次犯罪年龄越小，重新犯罪年龄越大。除了年龄，犯罪学者普遍认为初次犯罪罪名对重新犯罪的影响是不一样的，有的罪名意味着更大的重新犯罪风险，有的罪名意味着更小的重新犯罪风险。例如，暴力犯罪者、吸毒犯罪者比经济犯罪者更加可能重新犯罪。[①] 另外，初次犯罪刑罚经历是罪犯重新犯罪研究者不可回避的重要研究维度，历史已经是过去史，但是当下和未来依然是历史的延续，它必将对未来产生影响，这种影响有可能是正向的，也有可能是负向的。本章将要分析刑满释放人员初次犯罪时的年龄、罪名和刑罚经历与其重新犯罪之间的关系。

第一节　初次犯罪年龄与重新犯罪

初次犯罪年龄历来受到国外犯罪学者的重视，如美国著名犯罪学家格

---

①［美］罗纳德·J. 博格，小马文·D. 弗瑞，帕特里克亚·瑟尔斯:《犯罪学导论——犯罪、司法与社会》（第二版），清华大学出版社 2009 年版，第 330—331 页。

鲁克夫妇，美国著名犯罪学家罗伯特·桑普森与约翰·劳布，美国著名犯罪学家格特弗雷得逊与赫希等。国内也有许多犯罪学家在研究犯罪与重新犯罪过程中将犯罪者的初次犯罪年龄纳入分析视野，如曾赟、赵书鸿与王品卿。从国内外的总体研究来看，基本认同这个观点：初次犯罪年龄越小，重新犯罪年龄越大。那么，初次犯罪时的年龄与重新犯罪这个结果之间的关系呈现什么样的特征？初次犯罪时的年龄是否显著影响重新犯罪这个结果？本节将尝试回答这两个问题。

一、研究回顾与研究假设

1986 年，美国国家研究委员会犯罪生涯研究小组出版了两卷本的名为《犯罪生涯和“惯犯人”》的著作。犯罪生涯研究小组所从事的研究的理论基础很早以前就已经提出。1972 年，在费城进行的一项研究显示，在城市中，占青少年总数 6% 的青少年实施了占青少年犯罪总数 52% 的犯罪，及占重罪总数 70% 的重罪。从这些数据推论出的观点是：很大比率的犯罪是由一小撮活跃的“惯犯人”实施的。进一步推测的观点是，如果能够控制这些惯常性犯罪人，犯罪率就能得到减少。随后，大量的资源被投入这项研究中，期望发展这些观点，以构造刑事政策的实践和理论基础。虽然字面上看起来“犯罪生涯”（career criminnals）和“惯犯人”（criminal careers）这两个概念的差别并不明显，但两者的含义是非常不同的。惯犯人是指在相当长时期内频繁实施犯罪的惯常性犯罪人，与之相对，犯罪生涯这个词并不暗含任何有犯罪频率和严重性的意义。它仅仅指某人在人生中的某时点开始实施犯罪活动，持续一段时间以后，就不再实施犯罪了。很多人都有一段较短的和轻微的“犯罪生涯”——他们实施了一到两次违法行为之后就不再实施了。[①]

关于年龄与犯罪之间关系的传统研究方法是考察犯罪率总数，如某个城市中所有入室行窃的犯罪率。因为这些犯罪率总数没有说明这些入室行窃犯罪到底是一小撮犯罪人每人都实施了多起犯罪造成的，还是大量的犯罪每人仅实施了少量犯罪造成的。为了解答这个问题，研究犯罪生涯的犯罪学家不再研究特定区域内的犯罪率总数，而是研究了个人在一段时期内实施犯罪的情形。特别是，他们使用了“纵向调查”（longitudinal research）的方法，这种方法对同一个体在一段时期内的情况进行追踪调查。纵向调查最早的例子，是由格鲁克夫妇进行的调查，他们在多年内追踪调查了500个青少年犯罪者和500个正常青少年的情况，试图解答为什么有的青少年实施了违法或犯罪行为而另外一些没有。与之相对的是，很多其他的犯罪学家使用了“交叉组合”（cross sectional）调查的方法，这种方法是同时对不同的个人进行对比研究。例如，犯罪学家可以考察某个城市里一些青少年的情况，找出那些实施了很多犯罪的青少年，由此估断出与这些犯罪青少年有关的因素。交叉组合调查比纵向调查廉价得多，因为它片刻即可完成。格特弗雷得逊（Michael Gottfredson）与赫希（Travis Hirschi）认为，因为年龄与犯罪的关系是恒定的，不受坐标变换的影响，对其进行交叉组合调查就已经足够，无须浪费资源收集同一人长时期的信息情况。但另一些犯罪学相信纵向调查收集数据和数据分析对于研究犯罪行为是有益的。他们认为交叉组合调查仅能进行犯罪行为的相关性研究，而纵向调查能够进行因果关系研究，因为这种方法能够确立哪种因素在前、哪种因素在后从而符合前因后果的逻辑关系。纵向调查也使得人们可以判断以前的行为在多大程度上能够影响现在和以后的行为。此外，它也使得人们可以判断出是

①[美]乔治·B.沃尔德、托马斯·J.伯纳德、杰弗里·B.斯奈普斯:《理论犯罪学》，方鹏译，中国政法大学出版社2005年版，第355—356页。

否有必要建构不同的模型以解释人生过程中不同阶段的行为。[①]

美国犯罪学家罗伯特·桑普森与约翰·劳布第一次提出了一个以年龄为主题词的犯罪学理论:“年龄序列非正式控制理论”。他们使用生命历程理论开展的犯罪学实证研究具有典型意义，在美国乃至世界犯罪学历史上都有重要的影响和启示价值。桑普森和劳博的基本观点是：个体犯罪行为既有持续，又有变迁。桑普森和劳博在他们的著作《犯罪的形成》一书中，把生命历程的基本框架和赫希的社会控制理论相结合，提出了一个全新的理论，“年龄序列非正式控制理论”来解释个体犯罪的持续和变迁。[②]罗伯特·桑普森与约翰·劳布使用哈佛大学犯罪学家谢尔登·格鲁克与伊琳娜·格鲁克夫妇收集到的数据资料证实了他们提出的假设。该数据来源于1939年到1948年马萨诸塞州500名违法犯罪男性和500名非违法犯罪男性从儿童至成年时期的跟踪研究。桑普森和劳博依据生命历程犯罪学理论进一步强调：在一个人不同的生命阶段，社会群体和社会机构起到了不同程度的控制作用。具体来说，他们的主要观点有如下几点：早期犯罪行为方面的差异至少通过两种途径对成年时期的犯罪行为产生影响。第一种途径是个体会把其生命早期，特别是14周岁之前由于受家庭、兄弟姐妹、学校、伙伴影响而形成的犯罪性倾向带至成年时期，在此，早期的年龄因素嵌入其中发挥作用。第二种途径是状态依赖性，表明过去和将来犯罪行为之间的联系是一种自然的因果关系。虽然这种影响是潜在的，但是该模式说明，犯罪人的行为会逐渐消弱维系成年人与社会的联系纽带，如与劳动部门的联系，与婚姻的联系等所起的作用，导致他们与主流社会之间的联系出现困难。这一研究可以更进一步用成年时期社会纽带的强弱来解释成年犯罪与否的变

①[美]乔治·B.沃尔德、托马斯·J.伯纳德、杰弗里·B.斯奈普斯:《理论犯罪学》，方鹏译，中国政法大学出版社2005年版，第357—359页。

②[美]罗伯特·J.桑普森、约翰·H.劳布:《犯罪之形成——人生道路及其转折点》，汪明亮、顾婷等译，北京大学出版社2006年版，第143页。

量。[1] 同时，桑普森和劳博指出，生命历程事件的发生，尽管在一定程度上受到个体性格特征和早期行为的影响，但仍然具有一定的偶然性。也就是说，这些事件并不是完全由早期行为和个体性格特征所决定的，它们具有独立的对犯罪行为发展的预测价值。[2]

格特弗雷得逊（Michael Gottfredson）与赫希（Travis Hirschi）被认为是在年龄（自变量）与犯罪（因变量）理论建树方面最具贡献的犯罪学家。在他们看来，年龄因素在解释犯罪方面是如此地有力，以至于其他任何社会因素均无从与之相提并论，因此，寻找解释犯罪的理论均应无可争辩地考虑到年龄因素对于犯罪的影响。他们发现，随着年龄的增长，个体犯罪风险随之下降；导致个体违法与犯罪的自变量大多是在个体早年生活过程中产生的。犯罪数据事实上表明反社会行为这一因变量与年龄这一自变量之间呈负向关系。他们在实证调查中得出以下三点结论：一是大多数反社会行为均集中于青少年晚期；二是前述反社会行为与个体年龄之间关系在个体方面的、同伴方面的、历史方面的或文化差异方面并不存在任何实质的差异；三是随着年龄的增长，个体的反社会行为在其整个生平历程中均呈直线或连续下降趋势。[3]

怀特和其同事研究了儿童 3 岁时的行为对 11 岁至 13 岁时反社会行为的预测能力，这是到目前为止，就此问题做的最为精细的研究之一。他们发现，在父母和老师报告中，如果孩子在 3 岁时过度活跃和躁动，孩子在 3 岁时难以管理以及孩子在 5 岁就开始出现行为问题，那么这些因素可以预

---

① ［美］罗伯特·J. 桑普森、约翰·H. 劳布：《犯罪之形成——人生道路及其转折点》，汪明亮、顾婷等译，北京大学出版社 2006 年版，第 143 页。

② Robert J. Sampson, John H. Laub. 1993. Crime in the Making: Pathways and Turning Points through Life. Boston: Harvard University Press, pp. 66–79.

③ 曾赟：《逐级年龄生平境遇犯罪理论的提出与证立——以重新犯罪风险测量为视角》，载《中国法学》2011 年第 3 期。

言这些孩子成人后的反社会行为。这项研究非常重要，因为它揭示：孩子早期的不良行为以及在孩子中出现的一般问题，在何种程度上可以预言孩子日后的违法犯罪。①

国内的曾赟教授认为，在个体年龄与犯罪原因研究方面，犯罪发展理论（Developmental Theory of Crime）最具代表性。他指出，逐级年龄非正式社会控制理论（the Age-graded Theory of Informal Control）强调了不同年龄阶段非正式社会控制因素和生命历程中生活事件对于犯罪人持续犯罪或终止犯罪的影响。该理论主要涵盖了以下三个方面的内容：一是家庭与学校非正式社会控制在维持系统结构的交换关系中起基础作用，其可以用来解释儿童与少年时期个体的违法犯罪行为；二是儿童时期的反社会行为通过不同的生活领域延续至成年时期；三是早年时期的非正式社会控制解释了生活世界中犯罪行为的变化，这种非正式的社会控制并不因个体犯罪倾向的差异而有不同。详言之，早年的违法犯罪行为预示着成年时期社会控制的减弱，而社会控制的减弱则又预示着后来的犯罪与偏差行为的发生。也就是说，儿童时期的反社会行为与少年时期的违法犯罪行为导致了社会纽带的弱化，而后者又导致了成年时期的犯罪与偏差行为。②

赵书鸿和福尔克·葛温狄斯认为，犯罪学理论对不同年龄的再犯之所以会得出不同的预测结果，主要是将犯罪视为不同年龄段人们潜在犯罪倾向的异质性所导致的结果，或将其视为一种状态依赖。美国犯罪学家迈克尔·戈特弗雷德森和特拉维斯·赫希提出的犯罪学理论就是犯罪倾向异质学说的典型代表。该理论认为，人们的犯罪倾向可能是变化的，在人生早期阶段更可能呈现出较高而不是较低的犯罪倾向。因此，较早的犯罪始发

---

① White Jennifer L., Terrie E. Moffitt, Felton Earls, Lee N. Robins, Phil A. Silva. 1990. How Early Can We Tell? Predictors of Childhood Conduct Disorder and Adolescent Delinquency. Criminology 28: 507–533.

② 曾赟:《逐级年龄生平境遇犯罪理论的提出与证立——以重新犯罪风险测量为视角》，载《中国法学》2011 年第 3 期。

年龄可能预示着犯罪人漫长的犯罪生涯和高再犯频率。相应地，该理论根据年龄——犯罪曲线推断，即便在个人层面上，年龄与犯罪之间存在着稳定不变的关系。同样，在年龄与再犯率之间也存在类似的稳定联系。①

王品卿认为，初犯年龄越小，重新犯罪、早期不良行为、社会适应不良、自我控制得分越高，社会适应得分越低。这与曾赟、丛梅的研究结果比较一致，即初犯年龄越低，重新犯罪可能性越大。初犯年龄越小的服刑人员，其接触、从事的早期不良行为就越多，越明显，对于犯罪思维、犯罪模式及逃避犯罪的方式方法等较为熟悉，重新犯罪的可能性就越大。初犯年龄较小的服刑人员一般文化程度也不高，没有稳定工作，缺乏合法的谋生手段和技能，其自我控制能力相对较低，经常与社会上的不良群体接触，受到其不良习惯和行为方式的影响，其重新犯罪风险较高，容易再次走上犯罪道路。②

由上面的文献梳理可以看到，年龄对犯罪的影响主要体现在认识和控制能力的发展完善历程上。年龄小的犯罪主体欠缺认识和控制能力就容易导致犯罪，较早走上犯罪道路的在后期更会倾向于犯罪。笔者根据对以上既有的相关研究成果的梳理与分析，将刑满释放人员初次犯罪年龄作为的自变量，将刑满释放人员是否重新犯罪作为因变量。据此，笔者提出如下研究假设：

假设：刑满释放人员初次犯罪年龄显著影响其是否重新犯罪。

二、变量设置与测量方法

在本研究中，初次犯罪年龄因为是一个定比变量，非常具体，可以作为一个单独的维度加以分析，因此仅有 1 个自变量。本研究的目的是发现

① 福尔克·葛温狄斯、赵书鸿：《再犯与始犯年龄的关系——基于弗莱堡群组研究对法院判决的分析》，载《人民检察》2017 年第 13 期。

② 王品卿：《重新犯罪风险评估量表的编制及其影响因素的实证研究》，闽南师范大学 2015 年硕士学位论文。

刑满释放人员是否重新犯罪的影响因素，由于是否重新犯罪这个因变量是典型的二分类变量，因此，本研究采用ROC曲线分析来检验各自变量对是否重新犯罪的预测力度。

ROC曲线分析分析方法要求自变量为连续型变量，连续型变量包括定距变量、定比变量、虚拟变量以及定序变量。对于分类变量，即题目的选项为"是与否"或"没有与有"等二分类形式的变量，需要被转换为虚拟变量（0和1），才能开展ROC曲线分析。因此，本研究的变量设置表如下：

表5.1.1　初次犯罪年龄自变量设置表

维度	题目	描述性 /roc 选项	变量层次
初次犯罪年龄	第一次犯罪时周岁	数字	定比变量

三、初次犯罪年龄与重新犯罪之间关系的描述性统计分析

表5.1.2显示，在接受调查的刑满释放人员中，从"您第一次犯罪被逮捕时年龄"这个问题来看，在重新犯罪组内，（1）均值，即平均数。调查对象平均年龄为26.12岁。（2）众数，也就是出现次数最多的年龄为18岁。可见，重新犯罪的刑满释放人员中，在刚刚成年时实施第一次犯罪的人数最多。（3）中值，即谓语正中间的值，为23岁。（4）极小值为15岁，极大值为55岁，极大值与极小值之差为40岁。在未重新犯罪组内，（1）均值，即平均数。平均年龄为36.16岁。（2）众数，也就是出现次数最多的年龄为30岁，可见，未重新犯罪的刑满释放人员中，在而立之年实施首次犯罪者的人数最多。（3）中值，即谓语正中间的值，为34岁。（4）极小值为13岁，极大值为69岁，极差为56岁。

将重新犯罪与未重新犯罪两个群体进行比较，可以发现:（1）最有比较价值的是出现此处最多的众数。重新犯罪组的众数比为重新犯罪组要小

12 岁，且前者为刚刚成年，这个阶段属于高中向大学过渡阶段，当然，也属于九年义务教育结束不久的阶段，一般人尚未结婚，并且没有工作，即便有工作，一般工作性质也不稳定。后者为已经成年，而且已经到而立之年。在这个阶段，一般人都应该拥有家庭，而且已经走上工作岗位比较长时间了。这个结论证实了上文中犯罪学者的研究结论，如王品卿认为，初犯年龄越小，重新犯罪、早期不良行为、社会适应不良、自我控制得分越高，社会适应得分越低。王品卿进一步指出，他的研究与曾赟、丛梅的研究结果比较一致，即初犯年龄越低，重新犯罪可能性越大。初犯的年龄越小的服刑人员，其接触、从事的早期不良行为就越多，越明显，对于犯罪思维、犯罪模式及逃避犯罪的方式方法等较为熟悉，重新犯罪的可能性就越大。初犯年龄较小的服刑人员一般文化程度也不高，没有稳定工作，缺乏合法的谋生手段和技能，其自我控制能力相对较低，经常与社会上的不良群体接触，受到不良习惯和行为方式的影响，其重新犯罪风险较高，容易再次走上犯罪道路。①（2）除了极小值，未重新犯罪群体比重新犯罪群体小 2 岁，其他所有统计量，前者都要比后者大，很显然，表 5.1.2 呈现出了一幅如此图景：整体而言，未重新犯罪人快到而立之年第一次犯罪，重新犯罪者则在青少年时期实施第一次犯罪。

表 5.1.2　您第一次犯罪被逮捕时年龄是多少周岁（岁）

统计量	重新犯罪组	未重新犯罪组
均值	26.12	36.16
中值	23.00	34.00
众数	18.00	30.00
极小值	15.00	13.00
极大值	55.00	69.00

① 王品卿：《重新犯罪风险评估量表的编制及其影响因素的实证研究》，闽南师范大学 2015 年硕士学位论文。

笔者在深度访谈过程中没有能够收集到特别多的关于青少年初次犯罪年龄的资料，但是，笔者根据深度访谈整理了几个初次犯罪处于青少年时期的典型案例，通过这些案例，可以看出这些青少年初犯的一些显著特征。

案例一：D某，男，1983年出生，汉族，高中文化，未婚，无业，住上海市B区LYY街道。2005年因犯购买假币罪，被法院判处有期徒刑三年，初次犯罪年龄为22岁，正值青少年阶段。D某出生在一个平常的百姓家庭。父母都是钢铁厂的工人，家中就他一个独子。母亲对他非常溺爱，父亲虽严厉些，但是碍于教育方式的局限性，无法正确地引导他。D某从小就调皮捣蛋，不喜欢读书，在职校毕业之后，就顺应自己所学的厨师专业，到餐厅打工。由于年少气盛经常与人产生矛盾，只干了一个月的时间就辞职不干了。他表示工作时间长，薪资待遇又差，没意思。从那以后，他就没有正常地上过班，一直都是靠斗蟋蟀和赌球来维持生计。据他本人介绍，在最鼎盛的时期，靠赌球他也有个百万元的身价，但是，很快又都输光了。父母对他所从事的赌球和斗蟋蟀情况略有所知，但是具体的情况也不太了解，看他一直也没出过什么大事，还有熟悉的朋友照顾，也就默许了。而且D某生活在一个边缘化的、非主流的社会环境中。交往的朋友，工作中的同事都是些有吸毒史，从事一些非法行当的人，社会交往明显存在突出问题。

分析案例一可知，D某之所以在青少年时期就犯罪，首先是因为父母在他未成年时期的教育方式存在问题，父亲和母亲主要是溺爱孩子，在家庭教育中没有正确地引导D某。其次是父母在学业方面也没有正确地引导D某，对于工人之家，父母可能更多地是缺少如何引导子女用心向学的方法。再次，D某不愿意吃苦，希望快速获得金钱和物质财富，所以他不愿意从事普通工作，而是选择了赌博获利。最后父母最大的错误是明知道他经常赌博也不加以劝阻，任其发展。从这个案例可以看到，合格的、懂得如何教育子女的父母对未成年的成长极其重要。个人在年纪较小时就走上犯罪道路，并非一朝一夕，也并非真的是一时头脑发热，临时起意，而是“冰冻三尺，非一日之寒”。所以，笔者认为，对未成年犯罪的预防工作应该重点关注他们的父母，而不是未成年群体。

案例二：C某，男，1988年出生，汉族，初中文化，住上海市T区X路。C某因犯抢劫罪，于2005年3月被取保候审，同年11月被法院提起公诉。2005年11月由上海市闸北区人民法院以抢劫罪，判处有期徒刑一年。初次犯罪年龄为17岁。在家庭成长经历方面，C某自父母离异之后与母亲长期生活在一起，母亲因为工作繁忙无暇照顾C某的日常生活，与他的交流也较少，平时在家只有年迈的祖父母照顾他，但祖父母毕竟年事已高，除了能保证他平时的一日三餐之外，对他的教育过少。自C某被判给母亲之后，父亲就从不来探望他，对他的生活漠不关心，使C某从小就没有父爱，没有得到很好的教育。由于父母疏予教育，C某在读完初中后就辍学在家，无所事事，长期闲散在社会上，与社会上的无业人员混在一起，养成了许多不良的习惯。最终因参与抢劫被判刑。在就业方面，由于C某读完初中就辍学了，养成了一些不良的生活习惯，不愿主动就业，面对居委会领导和就业援助员为其推荐的工作，不是嫌工作路远就是觉得待遇不好，只想依靠母亲微薄的收入游荡在社会上。

分析案例二可知，C某年纪比较小，初次犯罪时尚未成年，犯罪的最重要原因是父母没有承担起应有的教育职责。从案例可以看出，C某的父母从来都没有真正重视对子女的教育。父母的离异使得家庭教育问题更加突出，尤其是父亲居然从不来探望他，这必然导致C某深深地体会到被遗弃的感受。此外，母亲工作繁忙无暇教育C某，实际上，笔者认为无暇教育背后的本质依然是不重视对子女的教育，在这种情形下，C某无心学习，与社会上的不良人群混在一起，并且好吃懒做，最后实施抢劫。这个过程非常典型，属于在家庭里得不到温暖和教育，而转向社会寻求自我认同，寻求他人尊重，最后融入不良团伙，进而实施犯罪的典型案例。

四、初次犯罪年龄与是否重新犯罪关系的 ROC 曲线分析

笔者在上文中对刑满释放人员在初次犯罪年龄与是否重新犯罪之间的关系的百分比数据开展了分析。这些百分比可以比较简单直观地呈现出刑满释放人员初次犯罪年龄与重新犯罪之间关系的基本状态。那么，这两者之间的关系是否具有统计学上的显著意义？在统计学意义上，刑满释放人员初次犯罪年龄是否能够作为其是否重新犯罪的原因？这些问题无法使用百分比分析来回答，笔者使用了受试者工作曲线分析 ROC 来检验两者之间的关系。

表 5.1.3 显示的结果是对 ROC 曲线下面积的检验，具体结果如下：自变量“第一次犯罪被逮捕时年龄”对应的曲线下面积为 AUC=0.243，P=0.000，虽然有统计学意义，但是，AUC=0.243 ＜ 0.5，说明此自变量对重新犯罪的诊断没有意义。

表 5.1.3 初次犯罪年龄各自变量的曲线下面积与显著值

自变量	AUC 面积	Sig.
第一次犯罪被逮捕时年龄	0.243	0.000

$^{*}P < 0.05$，$^{**}P < 0.01$，$^{***}P < 0.001$

由表 5.1.3 的统计分析结果可知，刑满释放人员初次犯罪年龄在统计学意义上对刑满释放人员是否重新犯罪没有显著影响。因此，本节提出的研究假设都被证伪。即刑满释放人员初次犯罪年龄不能显著影响其是否重新犯罪；如果相关刑满释放人员初次犯罪时处于青少年阶段，那么，这样的刑满释放人员重新犯罪的风险更大，但并不具有特别重要的意义。笔者认为，本研究中刑满释放人员初次犯罪年龄可能不适合单独用来预测其是否重新犯罪，需要结合其他因素来综合考虑刑满释放人员是否会重新犯罪。

第二节　初次犯罪罪名与重新犯罪

犯罪学者普遍认为初次犯罪罪名对重新犯罪的影响是不一样的，有的罪名意味着更大的重新犯罪风险，有的罪名意味着更小的重新犯罪风险。那么，初次犯罪的罪名与重新犯罪这个结果之间的关系呈现什么样的特征？初次犯罪的罪名是否显著影响重新犯罪这个结果，本节尝试回答这两个问题。

一、研究回顾与研究假设

犯罪学者普遍认为初次犯罪罪名对重新犯罪的影响是不一样的，有的罪名意味着更大的重新犯罪风险,有的罪名意味着更小的重新犯罪风险。根据这一观点，重新犯罪预防工作部门在实践工作中对不同罪名的罪犯或者刑满释放人员实施不同的矫正、安置帮教措施。

首先，从国外研究的来看，许多研究者重点关注一些他们认为重新犯罪风险比较大的罪名。例如，Don Andrews 博士和 Jams Bonta 博士在他们的重新犯罪风险水平评估量表中特别提出了涉毒类犯罪，将其作为重新犯罪预测的重要指标。Joan Nuffield 在他设计的“重新犯罪统计信心量表”中将如下罪名或者罪行作为重要的重新犯罪预测指标：乱伦，诱奸跨代沟者，使用毒品、抢劫、非法携带武器进入他人住宅，逃脱或越狱。Hunt 认为吸毒、诈骗、盗窃这三类罪名意味着犯罪人重新犯罪的风险最大。Champion 在科罗拉多周监狱内的罪犯危险评估表中，将夜盗、抢劫、盗窃或者盗窃机动车、暴力犯罪、街头攻击他人、强奸、攻击、拐卖、加重的夜盗看作重新犯罪风险特别高的罪名。美国的爱荷华危险评估表中，设计者将夜盗、抢劫、盗窃、伪造、诈骗、攻击、携带武器、公共秩序犯罪作为重新犯罪风险高的预测罪名。[①] 罗纳德·J. 博格、小马文·D. 弗瑞、帕特里克亚·瑟尔斯指出个体第一次犯罪罪名也与重新犯罪风险相关，如暴力犯罪者、吸毒犯罪者比经济犯罪者更加可能重新犯罪。[②]

其次，从国内来看，相关研究者也得出一些罪名意味着重新犯罪高风险，需要给予重点关注。例如，雷世章指出，从其调查研究结果来看，犯盗窃罪人员在历次重新犯罪统计中，占到50%以上，这与盗窃个体行为隐秘、成功率高、侥幸心理严重不无关系。相反，抢劫罪呈逐次下降趋势。这提示我们，在防范与控制重新犯罪现象中，无论是社会还是监狱，都应将财产型犯罪，尤其是犯盗窃罪人员作为重点。[③] 天津市社会科学院的丛梅教授使用"天津重新犯罪调查科研数据库"的数据进行统计分析发现未成年人重新犯罪罪名具有如下特征：未成年人实施犯罪主要集中于抢劫、盗窃、故意伤害、故意杀人、强奸、寻衅滋事、聚众斗殴8个罪名。并且，抢劫和盗窃罪轮流排在各类犯罪的第一位和第二位。[④] 劳佳琦研究了累犯初次犯罪罪名与重新犯罪罪名相同与否的意义，以及相同罪名不同轻重的价值。她认为，一方面，累犯出狱之后不会延续之前的犯罪模式继续从事同样的犯罪。如果累犯经过从严处罚之后继续从事同一类型的犯罪，证明累犯从严威慑有效论就被证否。另一方面，如果累犯继续从事的犯罪类型与之前不同，我们对此也不能一概而论，如果累犯重新犯罪的性质比之前犯罪性质轻缓，累犯从严威慑有效论在一定程度上被证实；如果累犯重新犯罪的性质比之前犯罪更为严重，则累犯从严威慑有效论就被证否。综上，第二个理论预

---

① 翟中东：《国际视域下的重新犯罪防治政策》，北京大学出版社2010年版，第129—164页。

②［美］罗纳德·J. 博格、小马文·D. 弗瑞、帕特里克亚·瑟尔斯：《犯罪学导论——犯罪、司法与社会》（第二版），清华大学出版社2009年版，第50—51页。

③ 雷世章：《重新犯罪原因的调查与思考——以湖北江北监狱为样本》，载《犯罪与改造研究》2012年第11期。

④ 丛梅：《未成年人重新犯罪实证研究》，载《河南警察学院学报》2011年第5期。

期可进一步修正为：累犯经从严处罚后即使重新犯罪，其重新所犯之罪不应与前罪相同或相似，且应该比前罪轻。这个判断若成立，那么，累犯从严威慑机制（特别威慑）就被证明有效，这个判断若不成立，累犯从严威慑机制（特别威慑）有效论就被证否。[①]郑海、李国华认为，重新犯罪的犯罪行为主要表现为毒品犯罪和盗窃犯罪等贪利性犯罪，以轻罪为主，在作案方式上以单独作案居多，但不排除个别犯罪倾向于共同实施；犯罪侵害法益以私法益为主，在犯罪定义体系中重新犯罪的社会危害程度属于中度偏弱。重新犯罪的“犯罪性质与被害”“犯罪动机与目的”两个维度局部地反映出犯罪人人身危险性并不“极端”；而“再犯结构状况”与“认罪态度”维度下的重新犯罪人的人身危险性则呈现出“一低三高”的特征。“一低三高”中“一低”指再犯率随着再犯次数增加而走低；“三高”分别为高毒品再犯率、高再犯累犯率以及罪后刑事追诉中的高认罪率。尽管“再犯结构状况”反映出的再犯率随着犯罪次数的增加而逐渐递减，但高达 45.86% 的毒品再犯率以及 77.24% 的再犯累犯率说明，重新犯罪人只要再次实施犯罪就有构成“毒品再犯”以及“累犯”的极高或然性。与此同时，重新犯罪中伴随着极高的认罪率为 89.31%。多样维度下得出重新犯罪人的人身危险性结论是混合并看似冲突、无序的，但确是符合基本的人性假设的。根据理性选择理论（Rational Choice Theory）符合情理，变幻莫测的人身危险性也正是犯罪人理性算计之后实施犯罪与认罪的内在支撑的结果。重新犯罪的刑罚适用类别集中于有期徒刑且量刑较轻缓；大部分的重新犯罪都伴随着附加刑的处罚，更具体的说是附加刑中罚金刑适用普遍且数额较小。就重新犯罪刑量轻缓这一事实而言，虽然基于罪刑相适应原则，刑量是否供给以及供给的多少均是犯罪恶害性的结果，且取决于司法公正在罪刑均衡中的衡平水平。但是，量刑中轻缓的有期徒刑以及罚金刑的出现首先应归因于犯罪人行为

① 劳佳琦：《我国累犯从严实效之实证研究》，载《中外法学》2014 年第 6 期。

危害性的低水平和犯罪手段进化升级而造成从重量刑情节的克减。造成这种“低水平危害”的原因可能在于：监狱客观存在的交叉感染、犯罪人本身的犯罪经历以及被惩罚的经历使得行为人对于实施犯罪更富有经验。相比于初次犯罪中的手忙脚乱，重新犯罪人往往避免在犯罪目的达成过程中附带的诸多不必要的破坏性行为。初犯罪名、毗邻罪名以及常犯罪名三者分别与末罪罪名之间存在强度不等的相关关系，其中，作为自变量的三者，对被解释对象——末罪罪名的解释能力由强到弱依次为：常犯罪名 > 毗邻罪名 > 初犯罪名。①

由上面的文献梳理可以看到，初次犯罪罪名中有一些罪名意味着较高的重新犯罪风险，那么，对于本研究中的刑满释放人员而言，初次犯罪的罪名中哪些罪名对重新犯罪有着显著性的影响作用？为了回答这个问题，笔者根据对以上既有的相关研究成果的梳理与分析，将刑满释放人员初次犯罪罪名作为自变量，将刑满释放人员是否重新犯罪作为因变量。据此，笔者提出如下研究假设：

总假设：刑满释放人员初次犯罪罪名显著影响其是否重新犯罪。

分假设：（1）刑满释放人员初次犯罪罪名为危险驾驶罪显著影响其是否重新犯罪。（2）刑满释放人员初次犯罪罪名为寻衅滋事罪显著影响其是否重新犯罪。（3）刑满释放人员初次犯罪罪名为故意伤害罪显著影响其是否重新犯罪。（4）刑满释放人员初次犯罪罪名为贪污受贿罪显著影响其是否重新犯罪。（5）刑满释放人员初次犯罪罪名为诈骗罪显著影响其是否重新犯罪。（6）刑满释放人员初次犯罪罪名为抢劫罪显著影响其是否重新犯罪。（7）刑满释放人员初次犯罪罪名为盗窃罪显著影响其是否重新犯罪。（8）刑满释放人员初次犯罪罪名为非法侵入住宅罪显著影响其是否重新犯罪。（9）刑满释

---

① 郑海、李国华：《中观视野下重新犯罪的罪刑样态与耦合关系》，载《法律科学》（西北政法大学学报）2017 年第 4 期。

放人员初次犯罪罪名为交通肇事罪显著影响其是否重新犯罪。(10)刑满释放人员初次犯罪罪名为毒品类犯罪显著影响其是否重新犯罪。(11)刑满释放人员初次犯罪罪名为窝藏、包庇罪显著影响其是否重新犯罪。(12)刑满释放人员初次犯罪罪名为逃税罪显著影响其是否重新犯罪。(13)刑满释放人员初次犯罪罪名为性犯罪显著影响其是否重新犯罪。(14)刑满释放人员初次犯罪罪名为非法拘禁罪显著影响其是否重新犯罪。(15)刑满释放人员初次犯罪罪名为职务侵占罪显著影响其是否重新犯罪。(16)刑满释放人员初次犯罪罪名为妨害公务罪显著影响其是否重新犯罪。(17)刑满释放人员初次犯罪罪名为与枪支相关罪行显著影响其是否重新犯罪。

二、变量设置与测量方法

在本研究中，笔者基本上将所有刑满释放人员的初次犯罪罪名都囊括进来，一共有 17 个罪名或者相关罪行。应该说这 17 个罪名基本上实现了穷尽性的目标。虽然，目前国内外很多研究成果得出的相关影响个体重新犯罪的罪名并不是特别多，一般数量都在五到六个左右，不会像本研究一样涉及如此多的罪名，但是，本研究的研究对象与国内外存在差异，因此，本研究需要将所有罪名都开展分析与检测，描述相关罪名分布的特征，让其他人直观上更加了解刑满释放人员初次犯罪罪名的分布，并且进一步开展预测力度的检验，找出那些显著影响本研究中的刑满释放人员重新犯罪的因素，为预防刑满释放人员重新犯罪提供确切的数据分析资料。因此，笔者设置了表 5.2.1。该表显示，在描述性统计选项的设置中，是某种罪名的情况被界定为 0，不是同种罪名的情况被界定为 1。在 ROC 曲线分析选项中，笔者将“否”设置为 0，“是”依然为 1，将此自变量从分类变量转换为虚拟变量，以方便纳入 ROC 曲线分析。

表 5.2.1 初次犯罪罪名自变量设置

维度	题目	描述性统计选项	ROC 曲线分析选项
初次犯罪罪名	1. 危险驾驶罪	①否 =0，②是 =1	①否 =0，②是 =1
	2. 寻衅滋事罪	①否 =0，②是 =1	①否 =0，②是 =1
	3. 故意伤害罪	①否 =0，②是 =1	①否 =0，②是 =1
	4. 贪污受贿罪	①否 =0，②是 =1	①否 =0，②是 =1
	5. 诈骗罪	①否 =0，②是 =1	①否 =0，②是 =1
	6. 抢劫罪	①否 =0，②是 =1	①否 =0，②是 =1
	7. 盗窃罪	①否 =0，②是 =1	①否 =0，②是 =1
	8. 非法侵入住宅罪	①否 =0，②是 =1	①否 =0，②是 =1
	9. 交通肇事罪	①否 =0，②是 =1	①否 =0，②是 =1
	10. 毒品类犯罪	①否 =0，②是 =1	①否 =0，②是 =1
	11. 窝藏、包庇罪	①否 =0，②是 =1	①否 =0，②是 =1
	12. 逃税罪	①否 =0，②是 =1	①否 =0，②是 =1
	13. 性犯罪	①否 =0，②是 =1	①否 =0，②是 =1
	14. 非法拘禁罪	①否 =0，②是 =1	①否 =0，②是 =1
	15. 职务侵占罪	①否 =0，②是 =1	①否 =0，②是 =1
	16. 妨害公务罪	①否 =0，②是 =1	①否 =0，②是 =1
	17. 枪支相关罪行	①否 =0，②是 =1	①否 =0，②是 =1

笔者对上面的所有罪名中的几项罪名做必要解释:（1）毒品类犯罪。严格来说，我国《刑法》中并没有“毒品犯罪”这个罪名。规范的表达包括:《刑法》第 347 条规定的“走私、贩卖、运输、制造毒品罪”，第 348 条规定的“非法持有毒品罪”，第 350 条规定的“非法生产、买卖、运输制毒物品、走私制毒物品罪”，第 349 条规定的“包庇毒品犯罪分子罪”“窝藏、转

移、隐瞒毒品、毒赃罪”，第 351 条规定的“非法种植毒品原植物罪”，第 353 条规定的“引诱、教唆、欺骗他人吸毒罪，强迫他人吸毒罪”，第 354 条规定的“容留他人吸毒罪”。可见，《刑法》对毒品犯罪的罪名及规定非常全面与详尽。本书论及毒品犯罪应该使用“毒品类犯罪”，但是，无论使用“毒品犯罪”还是“毒品类犯罪”，都属于表达有误，为了本研究行文方便，笔者使用“毒品犯罪”这个比较简单的词组，它包括以上所有《刑法》规定的与毒品有关的犯罪。从刑满释放人员安置帮教工作的角度来看，实务部门工作者经常谈到这类人员经常“以贩养吸”，也就是说这类人员经常触犯《刑法》第 347 条规定的“走私、贩卖、运输、制造毒品罪”和第 348 条规定的“非法持有毒品罪”，非法持有毒品与贩卖、运输毒品这两种行为在毒品犯罪人身上同时并存。

（2）诈骗罪。与毒品犯罪一样，笔者使用了诈骗罪这个大概念，但是以毒品犯罪不同的是，我国《刑法》对“诈骗罪”这个罪名做出了单独规定，《刑法》第 266 条对“诈骗罪”的规定为：诈骗公共财物、数额较大的，处三年以下有期徒刑、拘役或者管制，并处或者单处罚金；数额巨大或者有其他严重情节的，处三年以上十年以下有期徒刑，并处罚金；数额特别巨大或者有其他特别严重情节的，处十年以上有期徒刑或者无期徒刑，并处罚罚金或者没收财产。除此之外，《刑法》还规定了其他更加具体的诈骗罪概念。例如，《刑法》第 192 条规定了“集资诈骗罪”，第 193 条规定了“贷款诈骗罪”，第 194 条第一款规定了“票据诈骗罪”，第 196 条规定了“信用卡诈骗罪”，第 198 条规定了“保险诈骗罪”。可见，《刑法》对诈骗行为相关的罪名及规定非常全面与详尽。本书论及诈骗犯罪时使用了“诈骗罪”这个大概念，笔者的意思是凡是涉及诈骗行为的犯罪，都将其归入诈骗罪，不管是信用卡诈骗罪还是票据诈骗罪。即为了本研究行文方便，笔者使用“诈骗罪”这个比较简单的词组，它包括以上所有《刑法》规定的与诈骗有关的犯罪。从刑满释放人员安置帮教工作的角度来看，实务部门工作者口头通用的说法是“诈骗犯”，尤其是信用卡诈骗犯罪的人非常多，诈骗犯无论是在初次犯罪还是重新犯罪方面，都比较多，并且安置帮教工作者指出这部分人异常聪明狡猾，难以被矫正。

三、初次犯罪罪名与重新犯罪之间关系的描述性统计分析

表 5.2.2 显示了刑满释放人员所触犯罪名与是否重新犯罪的描述性统计分析结果。由于涉及的罪名有 17 项之多，并且有好几项罪名相关的百分比数据值非常低，甚至有的罪名为 0，既没有人犯这种罪。因此，为了突出重点，笔者以 5% 为分界，即凡是百分比值超过 5% 的罪名，笔者就会将其筛选出来，开展重新犯罪与为重新犯罪的对比。分析结果是:（1）在所触犯罪名为“寻衅滋事罪”中，未重新犯罪者中回答是的人占 10.0%，重新犯罪者回答是的占 9.0%。未重新犯罪者罪名为“寻衅滋事罪”的比重比重新犯罪者高出 1 个百分点，两者差距很小，但是各自占据自己群体比重都不小，均在 10% 左右。（2）在所触犯罪名为“故意伤害罪”中，未重新犯罪者中回答是的人占 9.6%，重新犯罪者回答是的占 6.3%。未重新犯罪者罪名为“故意伤害罪”的比重比重新犯罪者高出 3.3 个百分点，两者差距比较小，很明显，未重新犯罪者犯“故意伤害罪”的人比较多。（3）在所触犯罪名为“诈骗罪”中，未重新犯罪者中回答是的人占 11.8%，重新犯罪者回答是的占 9.5%。未重新犯罪者罪名为“诈骗罪”的比重比重新犯罪者高出 2.3 个百分点，两者差距很小，但是各自占据自己群体比重都不小，均在 10% 左右。（4）在所触犯罪名为“抢劫罪”中，未重新犯罪者中回答是的人占 2.2%，重新犯罪者回答是的占 12.6%。重新犯罪者罪名为“抢劫罪”的比重比未重新犯罪者高出 10.4 个百分点，两者差距特别大，这个差距非常值得关注。（5）在所触犯罪名为“盗窃罪”中，未重新犯罪者中回答是的人占 8.7%，重新犯罪者回答是的占 30.6%；重新犯罪者罪名为“盗窃罪”的比重比未重新犯罪者高出 21.9 个百分点，两者差距特别大，比上文

“抢劫罪”的差距更大，同样，这个差距非常值得关注。（6）在所触犯罪名为“毒品犯罪”中，未重新犯罪者中回答是的人占1.7%，重新犯罪者回答是的占29.7%。重新犯罪者罪名为“毒品犯罪”的比重比未重新犯罪者高出28个百分点，两者差距特别大，比上文“抢劫罪”与“盗窃罪”的差距更大，同样，这个差距非常值得关注。（7）在所触犯罪名为“逃税”中，未重新犯罪者中回答是的人占12.0%，重新犯罪者回答是的占0%。未重新犯罪者罪名为“逃税罪”的比重比重新犯罪者高出12个百分点，两者差距特别大，但是，重新犯罪者中没有犯“逃税罪”的人，因此，虽然差距很大，但是不值得我们加以关注。

因此，尤其值得我们关注的罪名有4种，这4种罪名中有3种都是重新犯罪占比比未重新犯罪占比明显要大，分别是“毒品犯罪”、“盗窃罪”和“抢劫罪”，而在“诈骗罪”方面，则是重新犯罪群体与未重新犯罪群体比重差不多，都比较大。如果做一个排序，“毒品犯罪”的刑满释放人员是最容易重新犯罪的群体，犯“盗窃罪”的刑满释放人员是第二容易重新犯罪的群体，犯“抢劫罪”的刑满释放人员是第三容易重新犯罪的群体，犯“诈骗罪”的刑满释放人员是第四容易重新犯罪的群体，其他罪名者重新犯罪比重都不突出。

表5.2.2　罪名与重新犯罪交叉表（人/%）

题目	选项	未重新犯罪	重新犯罪
1. 危险驾驶罪	否	223/97.4	221/99.5
	是	6/2.6	1/0.5
2. 寻衅滋事罪	否	206/90.0	202/91.0
	是	23/10.0	20/9.0

续表

题目	选项	未重新犯罪	重新犯罪
3. 故意伤害罪	否	207/90.4	208/93.7
	是	22/9.6	14/6.3
4. 贪污受贿罪	否	222/96.9	222/100
	是	7/3.1	0/0.0
5. 诈骗罪	否	202/88.2	201/90.5
	是	27/11.8	21/9.5
6. 抢劫罪	否	224/97.8	194/87.4
	是	5/2.2	28/12.6
7. 盗窃罪	否	209/91.3	154/69.4
	是	20/8.7	68/30.6
8. 非法侵入住宅罪	否	229/100.0	222/100.0
	是	229/0.0	222/0.0
9. 交通肇事罪	否	224/97.8	222/100.0
	是	5/2.2	0/0.0
10. 毒品类犯罪	否	225/98.3	156/70.3
	是	4/1.7	66/29.7
11. 窝藏、包庇罪	否	226/98.7	221/99.5
	是	3/1.3	1/0.5
12. 逃税罪	否	201/87.8	222/100.0
	是	28/12.2	0/0.0
13. 性犯罪	否	228/99.6	220/99.1
	是	1/0.4	2/0.9

续表

题目	选项	未重新犯罪	重新犯罪
14. 非法拘禁罪	否	227/99.1	218/98.2
	是	2/0.9	4/1.8
15. 职务侵占罪	否	220/96.1	221/99.5
	是	9/3.9	1/0.5
16. 妨害公务罪	否	226/98.7	222/100.0
	是	3/1.3	0/0.0
17. 枪支相关犯罪	否	229/100.0	219/98.6
	是	0/0.0	3/1.4

另据深度访谈发现，重新犯罪的刑满释放人员罪名比较集中于涉毒、盗窃、抢劫、诈骗，而且这些罪名所涉及的刑满释放人员背景复杂，文化程度普遍偏低，普遍缺乏就业技能，综合素质整体上很差，难以适应正常的社会生活。以下是笔者整理出来的四份访谈资料，详细地展示了涉毒、盗窃、抢劫、诈骗四种罪名所对应的典型案例。

“XXX就有一个涉毒人员，已经是第二次犯罪了，而且是短短一年之间第二次犯罪。他是涉毒人员，但是就是拿他没办法，因为他有一个未成年的女儿。一旦他被抓起来了，他就把他女儿往公安局一扔，然后他就打电话给他老婆，他老婆是个外地人。然后他老婆就会马上把他女儿扔到派出所，扔到街道，或者扔到相关的公安分局。他老婆就走了，孩子就没有人管。他就这种态度很明确，你就是没有办法把我关起来。因为我有一个未成年的女儿，或者就是这一句话，我女儿需要照顾。这个涉毒人员现在让人相当头疼。因为他既吸毒，又贩毒。所以说，你如果是吸毒的话，就不算重犯。但是你如果贩毒的话，就算重犯。而且他没有经济来源，没有工作，肯定会出现以贩养吸。只是一个迟早被抓的问题。他现在又是缓刑。

看了他的判决书，我吓了一身冷汗，因为他是在短短一年之内再犯。”（安置帮教工作者）

“我们有一个重点帮教对象，他脾气比较暴躁。他以前是因为抢劫罪，被判刑10年，在监狱里面不愿意劳动，手指被打成残疾。他假释后再重犯，然后再进去。他一天都没有减刑。出来后，他脾气还是很暴躁。他的母亲过世，因为设灵堂的事情，和他的哥哥嫂嫂发生了矛盾。他脾气很暴躁，扬言要杀人。他就是一点就着火的脾气，然后我们就和他做工作。天天上门。一个是做他的工作，一个是做他哥哥嫂嫂的工作。还有联系我们街道的调委会。就是居民矛盾的调解，司法调解。和他们进行商谈，然后为他们列出一个个方案，为他们解决。你退一步，我让一步，一直到他们两个人心平气和地坐下来，签好那个调解协议，把矛盾解决。”（安置帮教工作者）

“今天早上我去看一个帮教对象。……他是1970年生的，1984年就盗窃，然后判了3年，出来后又重犯。然后1990年关到新疆喀什。2005年出来，20年改到15年。他从新疆回来之后，什么都不认识了，上海话也说不好了，X镇的话说不好了。他17岁开始犯罪。关在监狱里，还逃跑。等于是二进宫。因为他是2005年出来的。当时想想5年时间好像很长，现在看来好像是很快了。在这5年，变化太多了。他从监狱里面出来，内心感慨啊。两个哥哥都已经成家立业。他因为从17岁就开始‘坐班子’，哪能谈朋友结婚啊，单身。不现实。上海他的老家，就在X跟X交界的地方，虹桥枢纽站边上。现在当地家庭经济条件很好的。他回家却一个都不认识。”（安置帮教工作者）

“我们现在有一个帮教对象，他曾经是诈骗犯，而且我们还有他重犯的记录。我们把他列为了重点对象。他情绪比较不稳定，容易暴躁，也容易冲动，遇到一些困难就扬言要做一些出格的事情，所以我们当时都很担心。当时他碰到一件事情，就是他的妻子，她是外来务工，做家政的，她当时跟用人单位发生了一些争议，可能是因为一些误会吧，单位认为她误工了，脱岗了，就把她的收入都扣完了，所剩无几。他的丈夫就到我们这里，扬言要做一些出格的事情，我们很重视，而且当时我们和他妻子也做了沟通，他妻子也支持他接受帮教，知道他容易冲动，就自己和单位去交涉，可能存在一些误解。当时在交涉时跟单位的工作人员发生了肢体的碰撞，导致了流产，这件事情就进一步恶化了。那么我们知道这件事情之后，就做他的工作，劝他要冷静，要用法律的武器来保护自己的权益。如果你要采取极端的方法，本来你是受害者，但是你一味的冲动的话，也许自己就变成犯罪人员了。一方面我们做他的工作，让他妻子也劝他；另一方面我们也做他妻子的工作，多次上门看望，去医院慰问，给他经济补助。他们当时没有工作，妻子看病也没办法工作，他本身也是没有固定工作的。我们多次慰问给他一些激励和补助。另外，我们也联系当地的公安人员，跟派出所进行沟通，尝试通过公安方面的调解，妥善地处理这件事情。后来，因为当时调解不成，我们就有一个法律援助的平台，也给他介绍，让他通过律师的一些免费服务解决他的问题。现在，通过一些法律援助的平台，人民调解的平台的帮困，现在他的情绪已经很稳定了，能够非常好地配合我们现在的工作，他自己现在也有了工作。他妻子身体也渐渐地恢复，所以他对我们是非常非常地感激的。我觉得这是一个非常好的帮教案例。从当初情绪的激烈情况，家庭的不完整，后来慢慢地娶妻子，生活稳定了，也有了工作，然后做事情也考虑后果了，不是一个人横冲直撞，所以说这个效果还是不错的。”（安置帮教工作者）

四、初次犯罪罪名与是否重新犯罪关系的 ROC 曲线分析

上述描述性统计分析初步呈现了刑满释放人员所触犯罪名与重新犯罪之间的关系。描述性统计分析的作用是增加我们对两者之间关系的感性认识。但是，进一步来说，这是一种表面分析或者说是初步分析，尚未揭示出刑满释放人员所触犯罪名与重新犯罪之间关系的内在规律。那么，刑满

释放人员所触犯罪名与重新犯罪之间的关系是否是客观事实，即统计上是否显著？笔者可以通过 ROC 曲线分析做出解答。

笔者将刑满释放人员所触犯罪名涉及的 17 个问题作为自变量，将是否重新犯罪作为因变量，运用 ROC 曲线分析方法，检验这 17 个自变量是否为重新犯罪的显著影响因素。表 5.2.3 显示的结果是对 ROC 曲线下面积的检验，具体结果如下：（1）自变量“寻衅滋事罪”对应的曲线下面积为 AUC=0.495，P=0.849，虽然有统计学意义，但是，AUC=0.495 < 0.5，说明此自变量对重新犯罪的诊断没有意义。（2）自变量“盗窃罪”对应的曲线下面积为 AUC=0.609，P=0.000，有统计学意义，并且，AUC=0.609 > 0.5，说明此自变量对重新犯罪的诊断有意义。（3）自变量“毒品犯罪”对应的曲线下面积为 AUC=0.640，P=0.000，有统计学意义，并且，AUC=0.640 > 0.5，说明此自变量对重新犯罪的诊断有意义。（4）自变量“逃税罪”对应的曲线下面积为 AUC=0.439，P=0.025，虽然有统计学意义，但是，AUC=0.439 < 0.5，说明此自变量对重新犯罪的诊断没有意义。

表 5.2.3　罪名各自变量的曲线下面积与显著值

自变量	AUC 面积	Sig.
1. 危险驾驶罪	0.489	0.690
2. 寻衅滋事罪	0.495	0.849
3. 故意伤害罪	0.483	0.544
4. 贪污受贿罪	0.485	0.574
5. 诈骗罪	0.488	0.669
6. 抢劫罪	0.552	0.055
7. 盗窃罪	0.609***	0.000
8. 非法侵入住宅罪	0.500	1.000
9. 交通肇事罪	0.489	0.688

续表

自变量	AUC 面积	Sig.
10. 毒品类犯罪	0.640***	0.000
11. 窝藏、包庇罪	0.496	0.875
12. 逃税罪	0.439	0.025
13. 性犯罪	0.502	0.932
14. 非法拘禁罪	0.505	0.865
15. 职务侵占罪	0.483	0.523
16. 妨害公务罪	0.493	0.810
17. 枪支相关犯罪	0.507	0.804

*P < 0.05，**P < 0.01，***P < 0.001

由表 5.2.3 的统计分析结果可知，（1）刑满释放人员初次犯罪罪名中有 3 项罪名在统计学意义上对刑满释放人员是否重新犯罪具有显著影响。因此，本节提出的 17 个研究假设大都被证伪，只有 3 个研究假设被证实。即刑满释放人员初次犯罪罪名为毒品类犯罪显著影响其是否重新犯罪，刑满释放人员初次犯罪罪名为盗窃罪显著影响其是否重新犯罪。刑满释放人员初次犯罪罪名为逃税罪显著影响其是否重新犯罪。（2）值得注意的是，这个结果需要结合描述性统计分析进行综合性分析，对于毒品类犯罪和盗窃罪而言，在描述性统计分析中，这两个罪名是都是正向的，即都是未重新犯罪者的人数和所占比重明显少于和小于重新犯罪者，即毒品类犯罪和盗窃罪与是否重新犯罪之间呈现正相关关系，也就是说，如果刑满释放人员所犯罪名为毒品类犯罪或盗窃罪，那么重新犯罪的可能性就高，如果刑满释放人员所犯罪名不是毒品类犯罪或盗窃罪，那么重新犯罪的可能性就低。（3）依据 ROC 曲线分析结果可知，如果相关刑满释放人员的罪名是毒品犯罪、盗窃罪，那么，这样的刑满释放人员需要给予更多的关注。（4）虽然刑满释放人员所犯罪名中仅有 2 个罪名显著影响其是否重新犯罪；但是我们依然要结合描述性统计分析进行重新犯罪可能性的判断，如诈骗罪所占比重其实接近了 10%，只不过是与未重新犯罪群体差异，因此，我们也要关注那些重新犯罪占比比较大的罪名，不管 ROC 曲线分析结果是否显著。

第三节　初次犯罪刑罚经历与重新犯罪

传统犯罪学理论非常强调法律制裁对于犯罪成因的影响，但是实证研究比较缺乏。那么，初次犯罪刑罚经历与重新犯罪这个结果之间的关系呈现什么样的特征？初次犯罪刑罚经历是否显著影响重新犯罪这个结果？本节尝试使用实证研究方法与定性研究方法综合起来回答这两个问题。

一、研究回顾与研究假设

（一）刑期与重新犯罪

初次犯罪刑罚经历是重新犯罪研究者不可回避的重要研究维度，历史已经是过去史，但是当下和未来依然是历史的延续，它必将对未来产生影响，这种影响有可能是正向的，也有可能是负向的，摆脱不了的是，当下和未来不可能脱离历史，历史是当下和未来的基点。初次犯罪刑罚经历是刑满释放人员已经经历过的一种历史事实，包括罪犯被判处的刑期，实际服刑刑期，是否服从判决与是否对受害者表示抱歉等。犯罪刑罚经历所涉及的一些要素在犯罪学家看来属于静态因素，因为是历史，所有具有不可改变的特征，虽然不可改变，但是这些静态因素对罪犯重新犯罪依然具有或大或小的影响。

传统犯罪学理论非常强调法律制裁对于犯罪成因的影响，但是实证研究究比较缺乏。后来的非正式社会控制理论在解释犯罪人持续犯罪的原因方面大多采用实证研究的定量测量方法，但是却过分忽略诸如法律制裁、监狱服刑、社区服刑等正式社会控制对于个体犯罪的影响。实际上，有社会学与犯罪学者已经指出，个体接受的法律制裁越严厉、时间越长可能对其威慑作用越大，那么个体可能更加惧怕犯罪引致的惩罚。① 另外，犯罪学者普遍发现，个体第一次犯罪实际执行刑期越长，他们重新犯罪的可能性越小。②

相关研究者对刑期与重新犯罪之间的关系开展了研究，均指出刑期对重新犯罪与否有影响。例如，劳佳琦认为，我国的累犯从严主要就是在累犯应得的法定刑限度之内根据各种相关因素相应地延长累犯有期徒刑的刑期，这种从严并不涉及累犯刑种的变更，只是涉及累犯刑期的变更，因而是一种量变而非质变。因此，累犯后罪从严之后的量刑结果与后罪从严之前的量刑结果在性质上是一样的，与累犯犯前罪时曾被判处的监禁刑在性质上也并无二致。累犯在犯前后两罪时所受刑罚的同质性允许我们以检测累犯前罪监禁刑刑期长短与累犯前罪刑满释放后犯罪空窗期长短之间的关系来间接检测累犯后罪监禁刑刑期长短与后罪刑满释放后累犯犯罪空窗期长短之间的关系，也允许我们通过观察累犯前罪和经过前罪刑罚后累犯所犯后罪性质的异同来间接判断累犯后罪刑罚可能对未来犯罪类型所产生的影响。由此，待检验的理论假设转换为：其一，累犯前罪刑期长短与累犯前罪刑满释放后犯罪空窗期的长短呈正相关。如果这个理论假设被证实，则最初的理论假设也被证实；反之，最初的理论假设被证否。其二，累犯因累犯前罪受刑后，累犯后罪与前罪性质不同，且比累犯前罪更轻。③ 劳佳琦还指

---

① Aker Ronald L., Christine S. Sellers. 2004. Criminological Theories: Introduction, Education, and Application. Los Angeles, CA: Roxbury Publishing Company. p. 22.

② 曾赟：《服刑人员刑满释放前重新犯罪风险预测研究》，载《法学评论》2011 年第 6 期。

③ 劳佳琦：《我国累犯从严实效之实证研究》，载《中外法学》2014 年第 6 期。

出，从特别威慑的角度来讲，如果累犯从严的威慑效应能有效发挥，延长累犯刑期让累犯自身“可以更好地体会到刑罚的风险远大于将来犯罪的收益”，得出“犯罪不值得”的结论，从而尽可能改变其犯罪惯性。这种犯罪惯性的改变至少包含着两个预期：其一，从时间上看，犯罪人在出狱后能在尽量长的时间里不再重新犯罪；其二，从犯罪模式上看，即使犯罪人出狱后重新犯罪，重新所犯之罪的性质也不重蹈前罪覆辙。第一个预期对累犯刑期和累犯出狱之后行为模式隐含着这样一种判断：累犯刑期的长短与累犯出狱之后“犯罪空窗期”的长短呈正相关。累犯从严力度越大，累犯刑期越长，累犯出狱之后的犯罪空窗期越长。这个判断若成立，那么，累犯从严威慑机制（特别威慑）就被证明有效，这个判断若不成立，累犯从严威慑机制（特别威慑）有效论就被证否。[①] 王品卿认为,刑期较短的服刑人员重新犯罪风险较大，随着刑期增长，遵守规范程度和回归社会前的准备逐渐下降，分析其原因，一是由于刑期较短，服刑人员在狱内的混刑度日的思想较为严重，认罪悔罪意识不强，对自身的改造不够重视，改造效果不理想。二是由于刑期短，使得服刑人员的犯罪思想难以得到彻底改造。三是监狱对于短刑犯的改造不够重视，安排较轻的劳动和岗位，在一定程度上影响了其改造效果，导致短刑犯出狱后不思进取，继续从事违法犯罪的行为和活动，认为即使再犯罪也不会有什么大的影响，导致其重新犯罪的人数急剧上升。[②] 从以上研究我们可以看出,重新犯罪群体主要集中于刑期较短的罪犯。对这一犯罪群体的犯罪预防措施，犯罪学研究者建议主要从增强在刑意识、加大监管力度、改造其犯罪思想上入手，从而减少再犯。

① 劳佳琦:《我国累犯从严实效之实证研究》，载《中外法学》2014 年第 6 期。

② 王品卿:《重新犯罪风险评估量表的编制及其影响因素的实证研究》，闽南师范大学 2015 年硕士学位论文。

（二）认罪认罚与重新犯罪

目前有关部门并未就“认罪认罚制度”的概念给出权威性界定，学术界、司法界对此亦有不同解读。何为“认罪”？2003年颁布的《最高人民法院、最高人民检察院、司法部关于适用普通程序审理“被告人认罪案件”的若干意见（试行）》第1条第1款的规定：“被告人对被指控的基本犯罪事实无异议，并自愿认罪的第一审公诉案件，一般适用本意见审理。”这表明有权机关将认罪的前提设定为“对被指控的基本犯罪事实无异议”，而“并自愿认罪”的重点在于“自愿”，即被告人自愿将供述其所犯罪刑、自愿接受法庭审判，而不是出于被胁迫等因素。此外，根据法律的语境解读，“认罪”作为一种广义的概念，其理应包括刑法中规定的“坦白”与“自首”以及其他可能之情形。根据《刑法》第67条的规定，“如实供述自己的罪行”是构成自首与坦白的基本条件之一，另根据2004年《最高人民法院关于被告人对行为性质的辩解是否影响自首成立问题的批复》指出，“被告人对行为性质的辩解不影响自首的成立”，可以认为只要犯罪嫌疑人、被告人如实供述了被指控的行为事实，并在后续的协商过程中达成了承认罪行指控的协议，就应当被认定为符合“认罪”的要求。[①] 在认罪认罚从宽制度中，刑法规定的“坦白”与“自首”以及其他可能之情形都属于被追诉人的认罪。坦白是被动供述，自首的主动供述，但“坦白”与“自首”均包括“如实供述自己的罪行”。[②]

何为“认罚”？现行刑事法律、司法解释并未对其予以权威规范。根据语义解释，“认罚”即愿意受罚，结合认罪认罚制度的内涵，首先，“认罚”应当理解为犯罪嫌疑人、被告人在认罪的基础上自愿接受所认之罪在实体法上带来的刑罚后果。在认罪的基础上，检察机关应提出较拒不认罪更轻的

① 陈卫东：《认罪认罚从宽制度研究》，载《中国法学》2016年第2期。

② 陈光中、马康：《认罪认罚从宽制度若干重要问题探讨》，载《法学》2016年第8期。

量刑建议，若嫌疑人同意并达成协议，则可以认定为“认罚”。其次，在程序上，“认罚”应当包含对诉讼程序简化的认可，即放弃其在普通程序中所具有的部分法定诉讼权利，同意通过适用可减部分如法庭调查与辩论等诉讼环节的诉讼权利来对自己定罪量刑。最后，犯罪后嫌疑人的退赃退赔也应当是“认罚”中的应有之义，认罪认罚制度需要体现犯罪嫌疑人的悔罪性，而积极主动的退赃退赔、弥补已经造成的损失正是悔罪性的体现。只有与检察机关达成了有效的认罪协议，并满足了上述三项条件才能被认定为“认罚”。① “认罚”是被追诉人对于可能刑罚的概括意思表示。具体而言，被追诉人“认罚”的判断标准应当为接受公安司法机关提出的抽象刑罚。由于主观认识随着诉讼程序的运行而深化，对是否不起诉和判处刑罚的预测具有相当的不确定性，最终的刑罚只有经过裁判者的最终处理才能确定。只要被追诉人同意可能的刑罚结果就应认为被追诉人已经“认罚”。被追诉人在侦查阶段的“认罚”是对未来可能刑罚的接受；被追诉人在审查起诉阶段的“认罚”是对检察机关处理结果的接受，如不起诉或者量刑建议等；被追诉人在审判阶段的“认罚”是对裁判结果的认可。被追诉人的“认罚”体现其悔罪性，而主动退赃退赔作为悔罪性的体现，是被追诉人“认罚”的一种特殊表现。② 实际上，认罪认罚制度在我国《刑法》和《刑事诉讼法》中都已有所体现，《刑法》第 67 条规定，对自首的犯罪分子，可以从轻或者减轻处罚。《刑法修正案（八）》第 8 条规定：“……如实供述自己罪行的，可以从轻处罚；因其如实供述自己罪行，避免特别严重后果发生的，可以减轻处罚。”这一修改将坦白从宽的刑事政策法律化，正式纳入刑法的从宽范围。刑事诉讼程序体现的认罪认罚制度，则包括了现有法律框架内的刑事简易程序、未成年人附条件不起诉制度、刑事和解制度以及正在部分地区

① 陈卫东：《认罪认罚从宽制度研究》，载《中国法学》2016 年第 2 期。

② 陈光中、马康：《认罪认罚从宽制度若干重要问题探讨》，载《法学》2016 年第 8 期。

试点的刑事速裁程序。①

笔者根据对以上既有的相关研究成果的梳理与分析，将刑满释放人员初次犯罪刑罚经历作为自变量，将刑满释放人员是否重新犯罪作为因变量。据此，笔者提出如下几个研究假设：

假设1：刑满释放人员初次犯罪被判刑期显著影响其重新犯罪；

假设2：刑满释放人员初次犯罪实际执行刑期显著影响其重新犯罪；

假设3：刑满释放人员对于初次犯罪是否接受法院的判决显著影响其重新犯罪；

假设4：刑满释放人员对于初次犯罪是否对被害人感到抱歉显著影响其重新犯罪。

二、变量设置与测量方法

在本研究中，笔者选取了几个具有典型意义的刑满释放人员初次犯罪刑罚经历的自变量，如表5.3.1所示，一共有四个自变量，分别为初次犯罪被判刑期，初次犯罪实际执行刑期，对于初次犯罪是否接受法院的判决结果，是否对被害人感到抱歉。实际上，刑罚经历的外延应该不仅限于这四个自变量，还可以包括如监狱服刑经历，是否有附加刑等。但是，由于监狱服刑经历是一个非常完整且自成体系的维度，因此，笔者将监狱服刑经历单独作为一章在后文进行分析。另外是否有附加刑这个是次要的刑罚方式，笔者本次聚焦于主要的刑罚方式，暂不讨论附加刑。因此，笔者设置了表5.3.1。该表显示，在描述性统计选项的设置中，初次犯罪被判刑期的选项是数字，这是定比变量，这样的选项设置不仅符合描述性统计分析的要求，也符合ROC曲线分析的要求，同理，初次犯罪实际执行刑期与其设置方法一致。对于初次犯罪是否接受法院判决结果，是否对被害人感到抱歉，这两

① 陈光中、马康：《认罪认罚从宽制度若干重要问题探讨》，载《法学》2016年第8期。

个自变量的作用是测量接受调查的刑满释放人员是否认罪悔罪。这两个自变量是定类变量，在 ROC 曲线分析选项中，笔者将“否”设置为 0，“是”依然为 1，将此自变量从分类变量转换为虚拟变量，以方便纳入 ROC 曲线分析。

表 5.3.1　初次犯罪刑罚经历自变量设置

维度	题目	描述统计选项	ROC 统计选项	变量层次
初次犯罪刑罚	1. 初次犯罪被判刑期	数字	数字	定比变量
	2. 初次犯罪实际执行刑期	数字	数字	定比变量
	3. 对于初次犯罪是否接受法院的判决结果	①接受 =0 ②不接受 =1	①接受 =0 ②不接受 =1	虚拟变量
	4. 是否对被害人感到抱歉	①感到抱歉 =0 ②不感到抱歉 =1	①感到抱歉 =0 ②不感到抱歉 =1	虚拟变量

三、初次犯罪所判刑期与重新犯罪之间关系的描述性统计分析

表 5.3.2 显示，在接受调查的刑满释放人员中，从“初次犯罪所判刑期”这个问题来看，在重新犯罪组内（1）均值，即平均数。接受调查的刑满释放人员平均被判刑期为 30.92 个月。（2）众数，也就是出现次数最多的刑期月数为 12 个月。可见，重新犯罪的刑满释放人员中，被判刑期为整整一年的人数最多。也可以看出，这些重新犯罪的刑满释放人员中有许多人所犯罪行并非重罪，结合本章第二节对罪名的分析结果，这两个结果可以互相印证，即占比较大的罪名有盗窃、诈骗。（3）中值，即位于正中间的值，为 18 个月。（4）极小值为 5 个月，极大值为 240 个月，足足 20 年，极大值与极小值之差为 235 个月，这应该是对应着重罪犯罪人。

在未重新犯罪组内，（1）均值，即平均数。平均刑期为 19.14 个月。

（2）众数，众数为12个月，可见，未重新犯罪的刑满释放人员中，在初次犯罪所判刑期月数为12个月的犯罪的人数最多。（3）中值，即谓语正中间的值，为12个月。（4）极小值为2个月，极大值为150个月，极差为148个月。

将重新犯罪与未重新犯罪两个群体进行比较，可以发现：（1）首先比较出现次数最多的众数。重新犯罪组的众数与未重新犯罪组的众数相等，并且都是12个月。（2）虽然众数完全一样，但是重新犯罪组的平均数与未重新犯罪组的平均数相差就比较明显，前者比后者的刑期平均数多11.78个月，接近一年。这个数字可以说明一些问题，即可以在描述性统计分析的层面验证被判刑期越长，重新犯罪的可能性越大。这个结果与上文中很多研究者的结论相反，需要进一步探讨其原因。笔者认为这可能是因为相关刑满释放人员长期住在一起，互相之间深受监狱负面文化的交叉感染，导致他们形成监狱人格，出狱之后无法适应主流社会，重新犯罪再次回到监狱。（3）从整体上来看，调查得到的数据呈现出一种重新犯罪组刑期的大多数统计量的值都多于未重新犯罪组的状态，如重新犯罪组被判刑期的均值比未重新犯罪组多11.78个月，前者比后者中值多6个月，前者的极小值比后者多3个月，前者的极大值比后者要多90个月，折合为7.5年。前者与后者仅仅众数相同这些经比较而得的数值可以证明一些问题，被判刑期越长，重新犯罪可能性越大。

笔者认为，上述比较印证了监狱中的“交叉感染”导致监禁刑的成效降低结果。众所周知，监禁矫正的目的在于通过监禁矫正被监禁人的思想观念、心理状况和行为，使其成为遵纪守法的人。但是监狱中被监禁人都是罪犯，在与监狱外的正常人沟通和交往被隔绝的情境下，被监禁人之间的沟通和交往成为他们最主要的沟通与交往形式。监狱往往集中了大批罪犯，每一个进入监狱被监禁的人都不可避免地受到其他已经关押犯罪人的影响，而且大部分的影响可能是消极的。意大利犯罪学家龙勃罗梭认为，应当弱化监狱在刑罚执行中的地位，监狱几乎起不到矫正犯罪的目的。他进一步指出，监狱可能会教人实施最有害的犯罪和团伙犯罪。在封闭的监狱情境中，被监禁人原有的思想观念、心理状态与行为可能继续延续。另外，长时间的共同生活，他们还可能相互教唆、相互影响、“交叉感染”，从而导致他们的思想观念、心理状态和行为朝向更为恶劣的方向发展。龙勃罗梭指出，在监狱中交叉感染，监狱只能产生更多的惯犯和累犯，而起不到矫正的效果。尤其对于一些犯罪情节较轻、思想观念、心理状态和行为尚且较为健康或正常的初犯者而言，他们受到的负面影响可能更大，感染一些恶劣习性的可能更大。除此之外，监禁刑使被监禁人的社会化过程中断，导被监禁人难以回归主流社会。从主观角度来看,被监禁人为了适应监禁生活，不得不遵循或习得监狱特有的情景意识和行为方式。从客观角度来看，被监禁人生活在监狱环境中，难以及时了解社会发生的变化。这些因素综合起来造成了被监禁人走出监狱后难以适应正常的社会生活。这种不适应使他们处于各种“危机”状态，如收入缺乏、生活物资缺乏、难以获得工作等。当这些危机状态得不到有效的缓解或解除时，被监禁人有可能再次铤而走险，重新犯罪。①

表 5.3.2　初次犯罪所判刑期（月）

统计量	重新犯罪组	未重新犯罪组
均值	30.92	19.14
中值	18.00	12.00
众数	12.00	12.00
极小值	5.00	2.00
极大值	240.00	150.00

① 朱久伟、李光勇:《上海市社区服刑人员个性化教育矫正的理论与实践》，法律出版社 2012 年版，第 11—12 页。

另据深度访谈发现，一些刑期很长的刑满释放人员往往容易成为“多进宫”的人，他们第一次犯罪进入监狱服刑，服刑时间往往较长，一般都是三年或三年以上，有的甚至长达十年或十几年刑满释放之后回到社会，难以适应社会，一方面是因为社会变化太快，他们很多方面跟不上社会的发展水平，另一方面也因为在监狱里面服刑太长时间，由于监狱里面都是一些犯罪的人，这些犯罪人相互之间存在的负面影响难以避免，导致他们回到社会上与他人交往时缺乏正常的沟通与交往技能。这些原因都很容易导致他们重新犯罪。

四、初次犯罪所判刑期与是否重新犯罪关系的 ROC 曲线分析

笔者在上文中对刑满释放人员初次犯罪所判刑期与是否重新犯罪之间的关系的百分比数据开展了分析。这些百分比可以比较简单直观地呈现出刑满释放人员初次犯罪所判刑期与重新犯罪之间关系的基本状态。那么,这两者之间的关系是否具有统计学上的显著意义？在统计学意义上，刑满释放人员初次犯罪所判刑期是否能够作为其是否重新犯罪的原因？这些问题无法使用百分比分析来回答，笔者使用了受试者工作曲线分析 ROC 来检验两者之间的关系。

表 5.3.3 显示的结果是对 ROC 曲线下面积的检验，具体结果如下：自变量“初次犯罪所判刑期”对应的曲线下面积为 AUC=0.590，P=0.001，有统计学意义，并且，AUC=0.590 ＞ 0.5，说明此自变量对重新犯罪的诊断有意义。因此，本节提出的与此相应的研究假设被证实，即刑满释放人员初次犯罪所判刑期显著影响其是否重新犯罪，并且结合描述性统计分析结果，发现这种影响是负方向的，即两者呈现出负向关系，初次犯罪被判刑期时间越长，越不会重新犯罪。

表 5.3.3　初次犯罪所判刑期各自变量的曲线下面积与显著值

自变量	AUC 面积	Sig.
初次犯罪所判刑期	0.590**	0.001

注：(1) *P < 0.05，**P < 0.01，***P < 0.001；(2) 负向关系

五、初次犯罪实际执行刑期与重新犯罪之间关系的描述性统计分析

表 5.3.4 显示，在接受调查的刑满释放人员中，从“初次犯罪实际执行刑期”这个问题来看，在重新犯罪组内（1）均值，即平均数。接受调查的刑满释放人员平均被判刑期为 29.3 个月。这说明实际执行刑期的均值与初判刑期的均值要少 1.62 个月，可见相差并不大。（2）众数，也就是出现次数最多的刑期月数为 12 个月。可见，重新犯罪的刑满释放人员中，实际执行刑期为整整一年的人数最多，与初判刑期对应的众数没有区别。（3）中值，即位于正中间的值，为 18 个月，同样，与初判刑期对应的中值没有区别。（4）极小值为 3 个月，比与初判刑期对应的极小值减少 2 个月，证明有人减刑。极大值为 288 个月，比与初判刑期对应的极大值多 48 个月，证明有人加刑。288 个月，足足服刑 24 年，极大值与极小值之差为 48 个月，这个极值应该是对应重罪犯罪人。

在未重新犯罪组内，（1）均值，即平均数。接受调查的刑满释放人员平均实际执行刑期为 13.4 个月，29.3 个月。这说明实际执行刑期的均值与初判刑期的均值要少 15.9 个月，差距比较明显。（2）众数，也就是出现次数最多的刑期月数为 10 个月。可见，重新犯罪的刑满释放人员中，实际执行刑期为 10 个月的人数最多，与初判刑期对应的众数 12 个月有些微区别。（3）中值，即位于正中间的值，为 10 个月，同样，比初判刑期对应的中值少 2 个月。（4）极小值为 0.5 个月，比与初判刑期对应的极小值减少 1.5 个

月。极大值为 59 个月，比与初判刑期对应的极大值 150 个月少 91 个月，证明有人减刑，而且减刑幅度很大。

将重新犯罪与未重新犯罪两个群体进行比较，可以发现:（1）比较出现次数最多的众数。重新犯罪组的众数与未重新犯罪组的众数不相等，前者比后者多 2 个月。（2）比较平均数。重新犯罪组的平均数与未重新犯罪组的平均数相差就比较明显，前者比后者的刑期平均数多 15.9 个月，接近一年半。这个数字可以说明一些问题，即可以在描述性统计分析的层面验证实际执行刑期越长，重新犯罪的可能性越大。这个结果与上文中很多研究者的结论相反，需要进一步探讨其原因。笔者认为这可能是因为相关刑满释放人员长期住在一起，互相之间深受监狱负面文化的交叉感染，导致他们形成监狱人格，出狱之后无法适应主流社会，重新犯罪再次回到监狱。（3）从整体上来看,调查得到的数据呈现出一种重新犯罪组刑期的所有统计量全面大于未重新犯罪组的状态，如重新犯罪组被判刑期的均值比未重新犯罪组多 15.9 个月，前者中值与后者中值多 8 个月，前者众数与后者众数多 2 个月，前者的极小值比后者多 2.5 个月，前者的极大值比后者要多 229 个月，折合为 19 年。这些经比较而得的数值可以证明一些问题，实际执行刑期越长，重新犯罪可能性越大。这一个结论可以强化上文中结论，即被判刑期越长，重新犯罪可能性越大。

表 5.3.4　初次犯罪实际执行刑期（月）

统计量	重新犯罪组	未重新犯罪组
均值	29.3	13.4
中值	18.0	10.0
众数	12.0	10.0
极小值	3.0	0.5

续表

统计量	重新犯罪组	未重新犯罪组
极大值	288.0	59.0

六、初次犯罪实际执行刑期与是否重新犯罪关系的 ROC 曲线分析

表 5.3.5 显示的结果是对 ROC 曲线下面积的检验，具体结果如下：自变量“初次犯罪实际执行刑期”对应的曲线下面积为 AUC=0.721，P=0.000，有统计学意义，并且，AUC=0.721 ＞ 0.5，说明此自变量对重新犯罪的诊断有意义。因此，本节提出的与此相应的研究假设被证实，即刑满释放人员初次犯罪实际执行刑期显著影响其是否重新犯罪，并且结合描述性统计分析结果，发现这种影响是负方向的，即两者呈现出负相关。

表 5.3.5　初次犯罪实际执行刑期各自变量的曲线下面积与显著值

自变量	AUC 面积	Sig.
初次犯罪实际执行刑期	0.721***	0.000

*P ＜ 0.05，**P ＜ 0.01，***P ＜ 0.001，负向关系。

七、初次犯罪的认罪认罚态度与重新犯罪之间关系的描述性统计分析

表 5.3.6 显示了刑满释放人员初次犯罪的认罪认罚态度的描述性统计分析结果:（1）在“对于初次犯罪是否接受法院判决结果”这一题中，未重新犯罪者中回答接受的人占 91.6%，重新犯罪者中回答接受的占 86.4%；未重新犯罪者中回答不接受的人占 3.2%，重新犯罪者中回答不接受的占 11.6%。未重新犯罪者回答不接受的人比重新犯罪者低了 8.4 个百分点，两者差距较为明显。（2）在“是否对被害人感到抱歉”这一题中，未重新犯罪者中回答

感到抱歉的人占 83.7%，重新犯罪者中回答感到抱歉的占 77.1%；未重新犯罪者中回答不感到抱歉的人占 16.3%,重新犯罪者中回答不接受的占 22.9%;未重新犯罪者回答不感到抱歉的人比重新犯罪者低了 6.6 个百分点,两者差距较小，但是两者的比重都比较大，都超过了 15%。

表 5.3.6　初次犯罪的认罪认罚态度与重新犯罪交叉表（人 /%）

题目	选项	未重新犯罪	重新犯罪
1. 对于初次犯罪是否接受法院的判决结果	接受	230/91.6	223/86.4
	不接受	8/3.2	30/11.6
2. 是否对被害人感到抱歉	感到抱歉	108/83.7	145/77.1
	不感到抱歉	21/16.3	43/22.9

另据深度访谈发现，大部分接受调查的刑满释放人员访谈基本上都认可自己所犯下的错误,并且认为自己应该承担后果。他们也非常遗憾自己对法律知识不太懂，表示今后不会再犯了。有的刑满释放人员也指出，预防这个群体重新犯罪的主要措施在于：一是刑满释放人员自己应该知错就改，在意识上应该认罪悔罪的，并且需要有恒心、有定力。二是刑满释放人员停止重新犯罪主要还是靠自己，安置帮教工作者也需要教育提醒，但是安置帮教工作者不能起到根本的作用，他们的帮教可以发挥辅助作用。三是预防刑满释放人员停止重新犯罪最重要的方法是解决他们的基本生存需求问题。

（问：您觉得您犯错误的主要原因是？）不懂法，法盲，要是我知道我这样做是犯罪，说什么我也不会啊。本来是别人欠我钱，我去拿钱反倒我成了非法拘禁了，我也有点冤。哎，说什么都迟了，以后不再犯同样的错误吧。（问：有些刑满释放人员重新犯罪了，对于这一部分人您是怎么看的？）我觉得一个人，如果不能够知错就改，反而一错再错，这种人在意识上面就无可救药了，就像人家所说的吸毒者一样，他明明知道这个是毒品还要去碰，当然有些人吸了毒之后还能够戒毒，他是要靠自己的意志力去戒的，一个人一定要有恒心，要有定力，没有恒心，没有定力，做什么事情都不会成功的。（刑满释放人员 2）

（问：那您觉得可以采取哪些措施预防他们重新犯罪呢？）如果在我身边有这样的人，我会不停的去跟他们讲这些道理。（问：那您觉得安帮科的社工，或者司法所干部可以采取哪些措施呢？）他们能够做到的也是经常讲讲道理，洗洗脑，对吧，最主要的决定权还是自己，他们的所作所为，别人真的是左右不了的，只能从正面给他们讲解当中的道理，最终还是靠自己。（刑满释放人员 5）

（问：有些刑满释放人员重新犯罪了，您认为造成他们重新犯罪的原因有哪些？）我觉得造成这个的原因只有一个就是经济问题，我觉得社会呢，如果对这些犯罪人员刚一出来的时候就给介绍工作，在这个空档期里面可以给他们一点适当的经济补助，我觉得对他们或许有帮助，而且呢，让他们学会感恩，让他们知道其实社会没有放弃你，国家没有放弃你，你可以正视……然后你用感恩的心，就不会再做违法犯罪的事情了。做违法的事情，伤害家人，也伤害他人啊，不管做什么事情你都想一下，你刚刚出来的时候国家是怎么帮你的，国家只想你做一个好人，然后你现在又犯了。我觉得人总会有一点良心的，人之初，性本善，对吧？（问：那您觉得可以具体采取哪些措施呢？）我觉得首先应该从家人入手，比如先跟他们的家人沟通一下，让他们的家人尽量地多关爱他们。然后社会上呢，不要搞得很大，也不要让邻居什么的都知道，然后社区都过来依次跟你谈心。如果现在找不到工作，我们社区、包括国家给你一些补助，比如说 800 元啊，1000 元的，每个月还可以来领一次，但是我们也会尽量帮你找工作，但找工作这段时间，给予一些经济补助，家人再关心你一点，刑满释放人员也可以慢慢地跟你成为朋友，以前坏的就是可以再教，各方面都互相影响，我觉得

应该不会再违法犯罪了。（监狱累犯 8）

由于我们在深度访谈过程中问及刑满释放人员是否后悔自己曾经犯下的错误时，一般得到的回答都是认识到自己的错误，不会再犯。但是在问卷调查过程中，却发现有少部分调查对象不服从判决，对受害者没有抱歉之心。由于问卷调查保证了匿名性，所以，笔者认为问卷调查的真实性可以保证。而我们在开展深度访谈的时候是采取一对一、面对面的交流，在这种非匿名的环境中，有的访谈对象肯定掩饰了自己内心的真实想法，即便对判决结果不服，不觉得自己对受害者应该有抱歉之心，他们也不会对我们吐露心声。因此，为了更加充分地展示刑满释放人员不认罪认罚的态度对重新犯罪造成的影响，笔者从北大法宝里面找到了一个案例，以此展示这种影响。

2003 年 7 月，黑龙江省鹤城齐齐哈尔铁峰公安分局经侦大队接到群众举报，该市一所省级重点中学的高三女生孟某谎称自己能够利用社会关系，让同学免考进入名牌大学，骗取了同学人民币 1.8 万元。没过几日，又有一位学生家长报案说，孟某以给孩子转学为名骗取 2000 元。调查最后发现，孟某自 2002 年年底至 2003 年 8 月间，私刻公章，伪造大学录取通知书，采取欺骗手段，以帮助他人上大学为名，先后诈骗 9 人次，诈骗金额合计 49.9 万元。孟某出生在齐齐哈尔市一个贫寒家庭，缺乏责任感的父亲经常不回家，孟某是和母亲相依为命长大的。家庭的贫穷与不幸并没有阻碍她对艺术和知识的追求。2002 年年底，孟某听说肯花钱就能上国家级艺术院校，与母亲商量后，带着母亲东拼西凑的 6 万元只身来到北京。然而，孟某被骗了，一分钱没少花，却一事无成。在返回齐齐哈尔的火车上，孟某黯然神伤，为什么这么多人拿钱不办事？自己回家后如何向母亲交代？孟某想到了报复。2003 年 12 月 11 日，得知铁锋区法院要公开开庭审理孟某一案，记者在齐齐哈尔看守所采访了孟某。在审讯室里，令记者诧异的是，记者面前的孟某没有一丝的沮丧和悔恨。相反，首先听到一串笑声，记者冲口说道："你怎么一点也不害怕？"孟某高昂起头，说道："害怕，我长这么大从来就不知道什么是害怕，人生就是一场戏，就看你演的怎么样！"采访中，孟某没有丝毫悔意，反倒沉醉在自己精心编织的骗局中。在孟某的一段内心独白里她这样写道：小时候父母离异，是母亲含辛茹苦把我拉扯大，往往是吃了上顿没下顿！为了供我读书、学琴，母亲曾多次背着我去卖血，钱对我的人生束缚和影响太大了。有了钱我就可以去上好的学校，去实现我的梦想，通往艺术宫殿。为了我的梦想，母亲东挪西借凑足了一笔钱，让我去北京找关系上大学，可是我被骗了，被骗得那么惨，身无分文，母亲欠下的债可怎么还啊！人生都是平等的，为什么偏偏我该受穷？为什么偏偏我该受骗？既然别人能骗我，我为什么不能骗别人？你们不是望子成龙吗？你们不是有钱有势吗？我为什么不能拿来享受享受！①

从上面的案例可以看出，孟某犯罪后不认罪，她未深刻认识到自己的犯罪事实和造成的损害结果。从孟某的内心独白里可以看出她否认自己所犯罪行和否认自己犯罪所造成的损失。例如，她说"既然别人能骗我，我为什么不能骗别人？"可以突出展现孟某将自己犯罪的原因归结于别人先骗她，她没有选择报警去追究欺骗她的人，去追讨回自己的钱，而是用同样欺骗的手段去骗其他人，这实际上属于一种宽泛的报复社会的行为。又如，她说"人生都是平等的，为什么偏偏我该受穷？"，"你们不是望子成龙吗？你们不是有钱有势吗？我为什么不能拿来享受享受！"可以显现出孟某否认对被她欺骗的人造成的伤害，她将自己贫穷归结到社会不公平，进而对那些家庭经济条件比她好的人实施报复。的确，贫穷是一种社会疾病，部分人的贫穷实际上并非自己懒惰和能力差造成，而是因为社会结构不平等的原因。我们的社会呈现出一种上层、中层与底层的不平等结构，这是绝大

① 吴宗宪:《罪犯改造论——罪犯改造的犯因性差异理论初探》，中国人民公安大学出版社2007年版，第153—155页。

多数社会都存在的结构。虽然如此，但这并不能成为孟某犯罪的理由，因为没有绝对的平等，个人想要改善自己的困境，必须依靠自己的努力。

八、初次犯罪的认罪认罚态度与是否重新犯罪关系的 ROC 曲线分析

表 5.3.7 显示的结果是对 ROC 曲线下面积的检验，具体结果如下：（1）自变量“对于初次犯罪是否接受法院判决结果”对应的曲线下面积为 AUC=0.540，并且，AUC=0.540 > 0.5，但是 P=0.228 > 0.05，没有统计学意义，说明此自变量对重新犯罪的诊断没有显著意义；（2）自变量“是否对被害人感到抱歉”对应的曲线下面积为 AUC=0.533 并且，AUC=0.533 > 0.5，但是 P=0.319 > 0.05，没有统计学意义，说明此自变量对重新犯罪的诊断没有显著意义。因此，本节提出的与此相应的研究假设被证伪，即刑满释放人员对于初次犯罪是否接受法院的判决无法显著影响其重新犯罪；刑满释放人员对于初次犯罪是否对被害人感到抱歉无法显著影响其重新犯罪。

表 5.3.7　初次犯罪的认罪认罚态度各自变量的曲线下面积与显著值

自变量	AUC 面积	Sig.
1. 对于初次犯罪是否接受法院判决结果	0.540	0.228
2. 是否对被害人感到抱歉	0.533	0.319

$^{*}P < 0.05$，$^{**}P < 0.01$，$^{***}P < 0.001$

本章小结

重新犯罪的刑满释放人员中，在刚刚成年时实施第一次犯罪的人数最多；未重新犯罪的刑满释放人员中，在而立之年实施首次犯罪者的人数最

多。重新犯罪的刑满释放人员中，在初次犯罪实际执行刑期为 12 个月的犯罪的人数最多；未重新犯罪的刑满释放人员中，在初次犯罪实际执行刑期月数为 10 个月的犯罪的人数最多。在所触犯罪名为“盗窃罪”中，未重新犯罪者中回答是人占 8.7%，重新犯罪者回答是的占 30.6%，差异明显。ROC 曲线分析中得到的显著影响刑满释放人员重新犯罪的自变量为“盗窃罪”“毒品犯罪”“初次犯罪所判刑期”“初次犯罪实际执行刑期”“对于初次犯罪是否接受法院判决结果”“是否对被害人感到抱歉”。

第六章

刑释人员上次监狱服刑时期经历与重新犯罪

监狱是一个国家法制、社会状况的窗口之一。[①]中国的监狱制度因其对罪犯良好的管理和教育，将重新犯罪率保持在世界较低的位置，一度被认为具有国际先进水平。[②]然而20世纪90年代以来，我国的重新犯罪率却不断升高。[③]尽管其原因是多方面的，但监狱管理和监狱教育矫正质量需要提升无疑是重要的研究课题。为厘清当前监狱管理和监狱教育存在的问题，本研究将立足于对近十年关于监狱管理和监狱教育的文献与学术著作的检索、阅读和分析，把握学界在监狱管理和监狱教育方面的关注重点，提出目前研究的缺陷与不足。通过对问题的梳理，指明监狱管理和监狱教育未来的研究方向，为改善监狱矫正的质量提供参考。

监狱内进行的管理与教育工作旨在改造和矫正罪犯，防止其再次犯罪，重新回归社会成为守法的公民。目前，我国监狱内的改造和矫正方法主要包括劳动改造、奖惩制度、思想教育、职业技能教育等，方法种类较为丰富，各项措施都对预防重新犯罪具有重要的作用。因此，本章分析刑满释放人员上次监狱服刑时期的经历与重新犯罪之间的关系。这些经历就是上文提

① 苏明月：《从监狱矫正实践看其与重新犯罪的相关性》，载《山东公安专科学校学报》2002年第6期。

② 张绍彦：《现实艰难与理性选择——中国监狱迈向21世纪的实践基础和观念变革》，载《刑事法律评论（第4卷）》，中国政法大学出版社1999年版，第38—44页。

③ 李均仁：《转换观念，预防控制重新犯罪的上升趋势》，载《犯罪与改造研究》1998年第5期。

及调查对象在监狱中接受的各项管理与教育经历。由于监狱的主要功能在于惩罚与教育，惩罚主要对应监督管理工作，教育顾名思义，属于改造的主要方式。作为刑罚执行的主要场所，监狱内的管理和教育工作对于罪犯的矫正具有关键的作用，而罪犯的重新犯罪情况正是对监狱工作有效性检验的标尺之一。近年来，监狱工作与重新犯罪的关系问题也逐渐引起学界的关注。本书通过对以往关于监狱管理和监狱教育工作的文献以及相关著作的研究梳理，总结了学界对监狱管理和监狱教育工作的学术关注度和研究现状，说明了监狱管理和监狱教育当前的研究趋势和重点，对监狱管理和监狱教育研究工作的优势与不足进行评述，并在此基础上提出了本章的研究假设，使用问卷调查资料开展数据统计分析，使用深度访谈资料与典型案例资料开展进一步的深层次分析，并在本书的最后一章提出了监狱管理和监狱教育研究进一步发展的建议。

第一节　监狱管理工作与重新犯罪

监狱管理是监狱工作的重要组成部分，贯穿于对罪犯执行刑罚和实施改造的始终。监狱管理一直以来都是学者研究的热点，研究成果也较为丰富。那么，监狱管理工作相关因素与重新犯罪这个结果之间的关系呈现什么样的特征？监狱管理工作相关因素是否显著影响重新犯罪这个结果？本节尝试主要使用实证研究方法来回答这两个问题。

一、研究回顾与研究假设

在监狱管理制度与工作方面，近十年来具有代表性的著述有金鉴的《监狱学总论》、邓立强主编的《监狱学概论》、王志亮的《狱政管理学》、吴宗宪的《刑事执行法学》等，具有代表性的论文有王红斌、钱志强的《监狱服刑人员计分考核制度研究》、“中国监狱警察权力清单研究”课题组的《中国监狱警察权力清单研究》、陶新胜的《科学认识罪犯劳动——兼谈监狱功能定位》、高寒的《罪犯劳动制度改革构思》、张晶的《囚犯地位历史演进研究》、李明的《历史、现状与未来——罪犯思想改造制度的反思》等。总之，在近十年时间国内的研究成果十分丰富。课题组通过对已经发表的文献以及国内学者著作的阅读和分析，发现当前监狱管理研究的的重点和方向可被归纳为劳动改造、奖惩制度和狱警职责三个方面。

（一）监狱内的劳动改造

1. 劳动改造概述

劳动改造是指在监狱组织和监督下罪犯从事的创造产品、提供劳务或者发展自身的活动。[①] 劳动改造一直扮演着重要的角色。劳动改造通过强制要求有能力的罪犯参加劳动、创造社会财富，转变罪犯消极的生活态度，帮助其形成积极劳动的习惯。罪犯在重返社会后会对犯罪的后果进行再三权衡，成功的劳动改造能够引导刑满释放人员以劳动而非犯罪的方式在社会中生存，一方面是因为他们对劳动价值的正确认识，另一方面则是因为对限制自由和强制劳动的畏惧。奖惩制度主要通过对罪犯在服刑期间的综合表现进行评分考核，决定是否赋予其减刑、假释等刑事奖励。奖惩制度有利于那些在服刑过程中已经弃恶从善的罪犯早日获得自由。这种激励的方式能够促进罪犯真诚悔罪、遵守法规监规、积极接受教育改造，矫正的效果也会更好。在回归社会后，他们便会珍惜来之不易的自由，避免再次犯罪。正如杜雨在其著作中指出，所谓劳动改造是指：“国家刑罚执行机关通过有计划地依法强制组织和指导有劳动能力的服刑罪犯从事创造社会财富

① 吴宗宪主编：《刑事执行法学》，中国人民大学出版社 2007 年版，第 250 页。

的实践，以促使其不断转变思想观念，发展能力，增强体质的活动。”[①] 姜洪涛则以一种创新的思维，对劳动改造的内涵进行了重新定义，他认为，劳动改造是指：“刑罚机关以组织罪犯劳动为手段，通过依法、严格、有序、文明、高效的劳动组织与管理，培养罪犯劳动素质，使其掌握劳动技能，改正不良恶习，树立正确的世界观、人生观、价值观，回归社会，成为守法的、对社会有贡献的人为目的的活动。”[②]

2. 劳动改造的作用

顾名思义，罪犯劳动的改造作用是指监狱管理方通过组织罪犯参加劳动而使罪犯因为自己在劳动中的贡献和对劳动的体验发生积极变化的作用。吴宗宪根据诸多研究和实际情况，将劳动改造的作用总结为如下几点：（1）帮助树立劳动观念;（2）矫正好逸恶劳习惯;（3）训练罪犯劳动技能;（4）培养罪犯劳动纪律;（5）锻炼罪犯协作精神。[③] 刘柳认为作为改造手段的罪犯劳动有三方面的作用:（1）劳动的过程可以培养犯人的社会责任感和遵纪守法的精神。通过劳动创造出财富，使得犯人意识到自己也是社会中的有用之材，是可以为社会作贡献的。（2）通过生产劳动可以使罪犯尽可能地掌握一种或多种生产技能及知识，培养犯人的工作习惯，为其刑满释放后的就业谋生创造条件。（3）组织罪犯从事与正常社会条件和形式相同或相近的劳动，可以培养罪犯与他人或社会组织的协调和合作精神，使之在回归社会后能够尽快地适应社会环境。[④] 另有研究者将监狱组织罪犯劳动产生的作用归纳成两个方面，即一般功能和特殊功能:（1）经济功能。作为社会劳动的组成部分，罪犯劳动必然具有社会劳动的一般功能，即创造社会财富。（2）改造功能。罪犯参与劳动过程中其观念和行为必然会产生变

① 杜雨主编:《罪犯劳动改造学》，法律出版社 2002 年版，第 3 页。

② 姜洪涛:《对新时期劳动改造定位及功能作用的再认识》，载《中国司法》2008 年第 2 期。

③ 吴宗宪:《监狱学导论》，法律出版社 2012 年版，第 59 页。

④ 刘柳:《论我国监狱制度中的劳动改造手段》，载《江苏社会科学》2011 年第 3 期。

化，或积极或消极。这是由罪犯劳动作为一种特殊的行刑活动所决定的。[①]亦有研究者指出，从中国监狱的行刑实践看，我国监狱劳动的功能主要有：（1）安全功能；（2）惩罚功能；（3）改造功能；（4）经济功能。[②]

2. 劳动改造的问题及解决对策

叶春弟认为，监狱内劳动改造的主要问题在于：（1）劳动改造作用的衡量标准难以实际操作；（2）劳动改造缺乏激励，不利于罪犯劳动习惯的培养。[③]高寒认为：（1）监狱仍然要面对无力解决的罪犯劳动中的经济问题；（2）监狱根据罪犯个人情况合理组织罪犯劳动几乎不可能；（3）罪犯劳动为改造罪犯服务难以得到充分实现；（4）功利化的罪犯劳动使得劳动的改造价值贬值。[④]陈晓强认为劳动改造的具体问题主要表现在思想理念、组织形式和管理体制上：（1）监狱的管理者对罪犯的劳动改造的认识还没有从旧的思想转变过来；（2）监狱劳动改造没有与罪犯掌握专业技能的实际需求相结合，生产门类狭窄，科技含量不高；（3）在对罪犯的管理体制上还很不完善和成熟，制约罪犯能在稳定的劳动岗位上学习技能。王晓光从理论、思想和实践三个角度分析了劳动改造面临的问题：（1）理论上，出现了否定监狱生产对改造罪犯作用的观点；（2）思想上，观念的落后和对监狱生产任务的追求异化了教育改造职能；（3）实践中，监狱生产问题的存在弱化了其在教育改造罪犯中的作用。[⑤]高寒认为，实现罪犯劳动的正常运行有三点对策：（1）以法明确罪犯劳动的经济属性；（2）构建和完善罪犯劳动的特殊运行机制；（3）恢复罪犯劳动的一般属性。[⑥]

---

① 高寒：《罪犯劳动制度改革构思》，载《中国监狱学刊》2012 年第 3 期。

② 王林：《监狱体制改革背景下罪犯劳动改造研究》，载《中国司法》2010 年第 7 期。

③ 叶春弟：《程序与实体：当前监狱教育矫正的理性反思》，载《犯罪研究》2012 年第 2 期。

④ 高寒：《罪犯劳动运行中的困惑与对策思考》，载《犯罪与改造研究》2013 年第 10 期。

⑤ 王晓光：《合理组织监狱生产劳动可以提高罪犯的教育改造质量》，载《犯罪与改造研究》2016 年第 2 期。

⑥ 高寒：《罪犯劳动运行中的困惑与对策思考》，载《犯罪与改造研究》2013 年第 10 期。

（二）罪犯奖惩制度

1. 奖惩制度概述

罪犯奖惩，是指监狱在对罪犯实施惩罚改造过程中，按照法律和监管改造法规的有关规定，在考核的基础上对罪犯区分好坏表现，分别实施奖励或惩罚。奖惩制度作为社会组织实施管理的手段，是我国监狱惩罚和改造罪犯的重要措施。[①]

王志亮根据我国《监狱法》和司法部发布的《关于计分考核奖惩罪犯的规定》，以及改造罪犯的实际需要，将罪犯考核内容分为思想改造和劳动改造两个部分。考核思想改造包括认罪服法状况、改造态度、行为养成状况、学习状况共四个各方面内容；考核劳动改造包括劳动态度、生产任务完成情况、劳动责任感状况、节俭品质培养状况和遵守劳动纪律状况。[②]根据《监狱服刑人员行为规范》的规定和学界的普遍观点，罪犯考核可以分为以下四个方面：（1）认罪服法接受改造方面；（2）遵规守纪方面；（3）教育学习方面；（4）劳动生产方面。[③]对于罪犯考核的具体方法，邓立强认为，我国罪犯考核最主要的方法有如下几点：（1）记事考核法；（2）评审考核法；（3）计分考核法。[④]王志亮则认为可采取以下几种方法：（1）汇报法。即在监狱人民警察的掌握下，由罪犯定期或不定期地就改造表现向小组做公开的口头汇报的考核方法。（2）评议法。即由罪犯个人根据考核的标准进行对照检验，然后由罪犯小组进行评议。（3）查评法。即监狱在一定时期内，通过罪犯自我检查、小组评议和监狱人民警察审查程序，评审罪犯改造表现的考核方法。（4）记事法。即监狱对罪犯正反典型事例用文字材料的形

---

① 王志亮：《狱政管理学》，广西师范大学出版社 2009 年版，第 267 页。

② 王志亮：《狱政管理学》，广西师范大学出版社 2009 年版，第 270 页。

③ 宋立军主编：《新编监狱工作实务教程》，对外贸易经济大学出版社 2012 年版，第 190—191 页。

④ 邓立强编：《监狱学概论》，中央广播电视大学出版社 2012 年版，第 213—214 页。

式记载在簿。加以肯定或否定的考核办法。(5)计分法。又称百分考核法，即把罪犯的思想教育和生产劳动两个方面的考核内容逐项分解，并确定相适的分值，合计一百分，然后根据罪犯达到指标和要求的实际情况给予加分或扣分，在累计分数达到一定标准时，给予行政奖惩，并参考积累的分数，依照法定条件和法定程序提出刑事奖惩意见。[①]

2. 奖惩制度的不足

王云龙、周宝泉等学者认为，当前对罪犯的考核奖惩制度中存在的问题有:(1)对罪犯的日常考核奖惩缺乏法律依据。目前主要依据是《监狱法》和《关于计分考核奖惩罪犯的规定》，局限性大、可操作性差，实际效果不足。(2)罪犯日常考核结果的法律地位不明确。以考核为基础得出的诸如表扬、记功等结果作为罪犯减刑的材料缺乏法律依据。(3)由对罪犯考核奖惩引出的刑事奖励裁定权归属问题。(4)日常考核奖惩主、客体目标不一致的问题。[②] 王红斌、钱志强认为，现行的计分考核制度主要存在的问题有:(1)计分考核顶层设计滞后。目前沿用的《关于计分考核奖惩罪犯的规定》颁布于1990年，其所依据的相关法律、法规都发生了根本性的变化，其滞后性窥见一斑。(2)各省份计分考核办法不统一。除在考核组织和监督上各省市基本相同外，在制度名称、考核原则、考核方式、计分方式、奖惩认定和结果应用等方面都存在大差异。(3)计分考核与法律法规衔接依据不充分。法律没有明确规定减刑、假释如何同行政奖励衔接，这就导致实践中，监狱按照获得行政奖励情况为服刑人员呈报减刑，而法院依据服刑人员改造表现的其他情况作出不予减刑的决定。[③] 刘世恩认为，我国罪犯考核奖惩制度仍存在如下不足:(1)罪犯奖惩措施种类少;(2)罪犯获得奖励

---

① 王志亮:《狱政管理学》，广西师范大学出版社2009年版，第271页。

② 王云龙、周宝泉、赵俊福、李彦芳:《对罪犯日常考核奖惩法制化的思考》，载《中国监狱学刊》2006年第2期。

③ 王红斌、钱志强:《监狱服刑八员计分考核制度研究》，载《犯罪与改造研究》2016年第9期。

比例较小;(3)罪犯奖惩措施适用的任意性较强;(4)罪犯对监狱决定的狱政处罚不服时的复议制度。[①]

(三)监狱人民警察

1. 监狱民警的概述

监狱警察是人民警察的一个重要警种，与公安机关、国家安全机关的人民警察具有同等重要的法律地位。[②]《监狱法》第 12 条第 2 款规定：监狱的管理人员是人民警察。据此，研究者们结合实际情况对监狱人民警察的概念做出了进一步界定。

金鉴认为:“监狱人民警察是指依法从事管理监狱、执行刑罚、惩罚与改造犯罪工作的人民警察,是国家执行刑罚机关的组织实体和主体力量,是具有武装性质的刑事司法力量。”[③] 邓立强认为:“所谓监狱人民警察就是代表国家和人民执行刑罚任务,对在押犯实施惩罚和改造的人民警察队伍,是国家执行刑罚机关的组织实体和主体力量。”[④] 张晶认为:“监狱人民警察是指依法从事监狱管理、执行刑罚、改造罪犯工作的人民警察。”[⑤]

2. 监狱民警的职责

《监狱法》第 5 条规定:“监狱的人民警察依法管理监狱、执行刑罚、对罪犯进行教育改造等活动，受法律保护。”对监狱警察的职权进行了界定。而在《监狱法》第 13 条、第 14 条又对监狱警察的义务提出了要求。职权与义务不可分割，对以上两者的规定有利于监狱警察依法维护监狱的形象，并有效地改造罪犯。

---

① 刘世恩:《关于我国罪犯奖惩制度的思考》，载《河南司法警官职业学院院报》2003 年第 1 期。

② 于文静、解天明主编:《科学认知监狱警察》，江苏人民出版社 2014 年版，第 5 页。

③ 金鉴主编:《监狱学总论》，法律出版社 1997 年版，第 347 页。

④ 邓立强编:《监狱学概论》，中央广播电视大学出版社 2012 年版，第 43 页。

⑤ 张晶:《囚犯地位历史演进研究》，载《犯罪与改造研究》2013 年第 2 期。

相关研究者根据《监狱法》中的相关规定，对监狱警察的职权进行了如下划分。冯建仓、陈志海由《监狱法》规定引申出监狱民警三大执法权，即管理监狱权、对罪犯的刑罚执行权和对罪犯的教育改造权。①邓立强认为，监狱人民警察的职权除包括刑罚执行权、监狱管理权、教育改造权、刑罚变更执行的建议权外，还包括对在监狱内服刑的罪犯暂予监外执行权以及对罪犯在监狱内犯罪的侦查权。②又如“中国监狱警察权力清单研究课题组”根据监狱警察权力的状态，可以将监狱警察的权力分为两类：一是实然权力。这是指现行法律规定并由监狱警察实际行使的权力。监狱警察的职责就是根据法律规定行使这类权力，做好监狱工作。二是应然权力。这是指监狱警察应当具有的权力。这类权力是现行法律并未规定，但是，根据监狱工作的客观规律、实际需要以及人们的理论研究成果，监狱警察应当具有的权力。这类权力是理论层面的主张和观点，它们虽然不具有现实的约束力，却指明了未来通过修改立法进一步完善实然权力的内容。依据这一分类，该课题组提出了包括监狱不受侵犯权、监禁刑罚执行权、改造犯罪权、监管权、劳动改造罪犯权等35项权力的监狱警察权力清单。③

对于监狱警察的义务，研究者们的论述并不详尽，大多只是进行简要的列举和描述。例如，吴宗宪将监狱警察的法律义务归纳为29种，可以分为下列三类:（1）刑罚执行义务。即监狱警察代表国家执行刑罚时应当履行的法律义务。（2）监管罪犯义务。即监狱警察依法对在监狱中服刑的罪犯进行监督管理的义务。（3）改造罪犯义务。即监狱警察依法将罪犯转变为守法公民的义务。④又如潘国和认为，监狱人民警察必须承担的任务有：严

① 冯建仓、陈志海:《中国监狱若干重点问题研究》，吉林人民出版社2002年版，第308页

② 邓立强编:《监狱学概论》，中央广播电视大学出版社2012年，第46—47页。

③ 中国监狱警察权力清单研究课题组:《中国监狱警察权力清单研究》，载《犯罪与改造研究》2017年第1期。

④ 吴宗宪:《监狱学导论》，法律出版社2012年版，第37页。

肃、自觉守法的义务；严肃、认真行使职权的义务；秉公执法的义务；严守纪律的义务；清正廉洁的义务；保持举止规范、警容风纪严整的义务等。①再如王利杰、曹化霞认为，监狱人民警察除承担所有人民警察应尽的义务外，还应承担以下义务：认真行使职权的义务；保障服刑人法定权利的义务；遵守执业纪律的义务。②

3. 监狱民警的执法困境和处置对策

由于监管改造的压力增大，工作难度日益增加，监狱民警在具体执行刑罚的过程中常常处于一种被动的状态，感到执法困难。例如，黄永辉认为，监狱民警面临的“执法难”现象主要体现在四个方面：（1）多层面人际关系的介入；（2）民警自身素质与执法要求存在差距；（3）监狱法律制度体系的缺失带来的执法困惑；（4）监狱现行体制机制的困扰。③据此，监狱民警执法困境的破解可以相应从四个方面入手：（1）加强民警队伍建设，不断提升执法主体的综合素质；（2）加强对罪犯消极群体的监管改造；（3）执法空间的合理配置；（4）完善配套法律条文，创新教育管理手段。④

笔者根据对以往有关监狱管理典型研究成果的梳理和分析，将刑满释放人员与监管管理工作有关的各个因素作为本研究的自变量，将刑满释放人员是否重新犯罪作为因变量。据此，本研究提出如下几个研究假设：

假设1：刑满释放人员上次监狱服刑劳动改造情况对其是否重新犯罪有显著影响；

假设2：刑满释放人员上次监狱服刑加分扣分情况对其是否重新犯罪有显著影响；

假设3：刑满释放人员对于监狱管理制度是否合理地评价对其是否重新

---

① 潘国和主编：《监狱学基础理论》，上海大学出版社2000年版，第50页。

② 王利杰、曹化霞主编：《监狱学基础理论》，中国人民法制出版社2009年版，第263页。

③ 黄永辉：《当前监狱民警的“执法困境”与对策》，载《中国司法》2011年第10期。

④ 黄永辉：《当前监狱民警的“执法困境”与对策》，载《中国司法》2011年第10期。

犯罪有显著影响。

二、变量设置与测量方法

如表 6.1.1 所示，在本研究中，刑满释放人员上次监狱服刑经历中的监狱管理工作这个概念被操作为 9 个自变量，即“上次监狱服刑劳动改造情况”“上次监狱服刑加分扣分情况”“对于监狱管理制度是否合理地评价”。本研究的目的是发现刑满释放人员是否重新犯罪的影响因素，由于是否重新犯罪这个因变量是典型的二分类变量，因此，本研究采用 ROC 曲线分析来检验各自变量对是否重新犯罪的预测力度。由于 ROC 曲线分析方法要求自变量为连续型定量，连续型变量包括定距变量、定比变量、虚拟变量以及定序变量。对于分类变量，即题目的选项为“是与否“或“没有与有”等二分类形式的变量，需要被转换为虚拟变量（0 和 1），才能开展 ROC 曲线分析，因此，笔者在描述性统计选项的设置中，将有的选项设置为愿意和不愿意，愿意被界定为 0，不愿意则被界定为 1。同理，将有的选项设置为能和不能，能被界定为 0，不能则被界定为 1。关于加分和扣分的分数，使用“0 分 =1，1—20 分 =2，21—40 分 =3，41 分及以上 =4”这样的模式来设置成定序变量，定序变量在回归分析与 ROC 曲线分析中都可以将其作为近似定比变量开展统计分析。在对监狱管理工作评价的选项设置上，笔者将否即不合理设置为 0，将是即合理设置为 1，实现了分类变量的自变量转换为虚拟变量的目标。在 ROC 曲线分析选项中，选项的设置与描述性统计分析的设置一致，实现了将分类变量层次的自变量转换为虚拟变量的目标，以方便纳入 ROC 曲线分析。

表 6.1.1 监狱管理工作自变量设置表

维度	题目	描述分析选项	ROC 分析选项	变量层次
监狱管理工作	1. 上次监狱服刑期间，您愿意参加劳动改造吗？	①愿意 =0	①愿意 =0	虚拟变量
		②不愿意 =1	②不愿意 =1	
	2. 在此期间，总体上您能按规定参加劳动改造？	①能 =0	①能 =0	虚拟变量
		②不能 =1	②不能 =1	
	3. 上次监狱服刑期间，您获得过多少加分？	① 0 分 =1	① 0 分 =1	定序变量
		② 1—20 分 =2	② 1—20 分 =2	
		③ 21—40 分 =3	③ 21—40 分 =3	
		④41 分及以上 =4	④41 分及以上 =4	
	4. 上次监狱服刑期间，您被扣过多少分？	① 0 分 =1	① 0 分 =1	定序变量
		② 1—5 分 =2	② 1—5 分 =2	
		③ 6—10 分 =3	③ 6—10 分 =3	
		④ 11 分及以上 =4	④ 11 分及以上 =4	
	5. 监狱定期思想汇报工作合理	①否 =0	①否 =0	虚拟变量
		②是 =1	②是 =1	
	6. 监狱集体学习制度合理	①否 =0	①否 =0	虚拟变量
		②是 =1	②是 =1	
	7. 监狱会客制度合理	①否 =0	①否 =0	虚拟变量
		②是 =1	②是 =1	
	8. 监狱奖励制度合理	①否 =0	①否 =0	虚拟变量
		②是 =1	②是 =1	
	9. 监狱惩罚制度合理	①否 =0	①否 =0	虚拟变量
		②是 =1	②是 =1	

三、上次监狱服刑劳动改造情况与重新犯罪之间关系的描述性统计分析

表 6.1.2 显示了刑满释放人员上次监狱服刑劳动改造情况的描述性统计分析结果:（1）在“上次犯罪服刑期间，您愿意参加劳动改造吗？”这一题中，未重新犯罪者中回答愿意的占 96.3%，重新犯罪者回答愿意的占 83.3%；未重新犯罪者中回答不愿意的占 3.7%，重新犯罪者回答不愿意的占 16.7%；重新犯罪者不愿意参加劳动改造者所占比重比未重新犯罪者高出 13 个百分点，两者差距比较明显。（2）在“在此期间，总体上您能按规定参加劳动改造吗？”这一题中，未重新犯罪者中回答能的占 95.9%，重新犯罪者中回答能的占 80.1%。未重新犯罪者中回答不能的占 4.1%，重新犯罪者回答不能的占 19.9%；重新犯罪者实际上，总体上不能按照按规定参加劳动改造者所占比重比未重新犯罪者高出 15.8 个百分点，两者差距比较明显。而且实际上不能按规定参加监狱中的劳动改造者所占比例比意愿上不愿意参加监狱中的劳动改造的比重更大。

表 6.1.2　上次监狱服刑劳动改造情况与重新犯罪交叉表（人 /%）

题目	选项	未重新犯罪	重新犯罪
1. 上次犯罪服刑期间，您愿意参加劳动改造吗？	愿意	235/96.3%	209/83.3%
	不愿意	9/3.7%	42/16.7%
2. 在此期间，总体上您能按规定参加劳动改造吗？	能	233/95.9%	201/80.1%
	不能	10/4.1%	50/19.9%

四、上次监狱服刑劳动改造情况与是否重新犯罪关系的 ROC 曲线分析

上述描述性统计分析初步呈现了刑满释放人员上次监狱服刑期间劳动改造情况与重新犯罪之间的关系。描述性统计分析的作用是增加我们对两者之间关系的感性认识。但是，进一步来说，这是一种表面分析或者说是初步分析，尚未揭示出刑满释放人员上次监狱服刑期间劳动改造情况与重新犯罪之间关系的内在规律。那么，刑满释放人员上次监狱服刑期间劳动改造情况与重新犯罪之间的关系是否是客观事实，即统计上是否显著？笔者可以通过 ROC 曲线分析做出解答。笔者将刑满释放人员上次监狱服刑期间劳动改造情况作为自变量，将是否重新犯罪作为因变量，运用 ROC 曲线分析方法，检验上次监狱服刑期间劳动改造情况对诊断刑满释放人员重新犯罪有统计学上的意义。ROC 曲线分析的统计计量计算标准是：ROC 曲线下面积值 AUC（Area Under Curve）在 1.0 和 0.5 之间。在 AUC > 0.5 的情况下，AUC 越接近 1，说明诊断效果越好。AUC 在 0.5—0.7 时有较低准确性，AUC 在 0.7—0.9 时，有较高准确性，AUC 在 0.9 以上时有很高准确性，AUC=0.5 时，说明方法完全不起作用，无诊断价值，AUC < 0.5 时，不符合现实情况，且没有诊断价值。

表 6.1.3 显示的结果是对 ROC 曲线下面积的检验，具体结果如下：自变量“上次监狱服刑期间，您愿意参加劳动改造吗？”对应的曲线下面积为 AUC=0.565，P=0.012，有统计学意义，并且，AUC=0.565 > 0.5，说明此自变量对重新犯罪的诊断有意义。自变量“上次监狱服刑期间，总体上您能按规定参加劳动改造吗？”对应的曲线下面积为 AUC=0.601，P=0.010，有统计学意义，并且，AUC=0.601 > 0.5，说明此自变量对重新犯罪的诊断有意义。

表 6.1.3　上次监狱服刑劳动改造情况各自变量的曲线下面积与显著值

题目	AUC 面积	Sig.
1. 上次犯罪服刑期间，您愿意参加劳动改造吗？	0.565*	0.012
2. 在此期间，总体上您能按规定参加劳动改造吗？	0.601*	0.010

*P < 0.05，**P < 0.01，***P < 0.001

由表 6.1.3 的统计分析结果可知，刑满释放人员上次监狱服刑期间劳动改造情况在统计学意义上对刑满释放人员是否重新犯罪具有诊断价值。因此，本节提出的两个研究假设都被证实。即刑满释放人员上次监狱服刑期间劳动改造情况能显著影响其是否重新犯罪，刑满释放人员上次监狱服刑期间总体上能否按规定参加劳动改造这一自变量能显著影响其是否重新犯罪。

五、上次监狱服刑加分扣分情况与重新犯罪之间关系的描述性统计分析

在此，笔者需要解释为什么加分这个题目所对应的选项分数绝对值要比扣分这个题目所对应的选项分数绝对值大得多。例如，加分最高可以加到 41 分以上，但是扣分却最多扣 11 分以上。实际上，笔者为了使题目与选项符合监狱实务部门的具体工作方式方法，笔者在问卷分数区间设置与划分方式确定之前征求了上海市监狱管理部门工作者的意见与建议，以对方的建议与意见为标准，设置了这样的选项。在监狱时间部门，一般而言，为了鼓励罪犯积极改造，劳动与接受教育，加分的标准会适当放宽，这样也实现了罪犯积极接受改造，获得加分的好效果。另外，为了避免打击罪犯接受改造的积极性，一般在需要扣分的环节，监狱方面会适用小跨度与小分数的扣分方式。接下来，我们可以继续考察表 6.1.4 显示的刑满释放人员上次监狱服刑期间加分扣分情况的描述性统计分析结果：

表 6.1.4　上次监狱服刑加分扣分情况与重新犯罪交叉表（人 /%）

题目	选项	未重新犯罪	重新犯罪
1. 上次监狱服刑期间，您获得过多少加分？	0 分	101/56.7	156/63.7
	1—20 分	19/10.7	38/15.5
	21—40 分	26/14.6	14/5.7
	41 分及以上	32/18.0	37/15.1
2. 上次监狱服刑期间，您被扣过多少分？	0 分	162/94.7	168/67.7
	1—5 分	7/4.1	73/29.4
	6—10 分	2/1.2	3/1.2
	11 分及以上	0/0.0	4/1.6

（1）在“上次监狱服刑期间，您获得过多少加分？”这一题中，未重新犯罪者中回答获得 0 分的占 56.7%，回答获得 1—20 分的占 10.7%，回答获得 21—40 分的占 14.6%，回答获得 41 分及以上的占 18.0%；重新犯罪者中回答获得 0 分的占 63.7%，回答获得 1—20 分的占 15.5%，回答获得 21—40 分的占 5.7%，回答获得 41 分及以上的占 15.1%。进一步分析发现，在加 0 分这一档位，未重新犯罪群体与重新犯罪群体之间无法比较，并且没有比较的意义。在其他加分档，接受调查的未重新犯罪群体除了在 1—20 分加分档的比重比重新犯罪群体低 4.8 个百分比，在其他加分档，都要比重新犯罪群体的比重大，如在 21—40 分的加分档，未重新犯罪群体所占比重比重新犯罪群体所占比重大 8.9 个百分点。在 41 分及以上的加分档，未重新犯罪群体所占比重比重新犯罪群体所占比重大 2.9 个百分点。因此，可以说，在监狱服刑加分情况方面，整体上未重新犯罪群体比重新犯罪群体加分比重更大。

（2）在“上次犯罪服刑期间，您被扣过多少分？”这一题中，未重新犯罪者中回答扣过 0 分的占 94.7%，回答扣过 1—5 分的占 4.1%，回答扣过 6—10 分的占 1.2%，回答扣过 11 分及以上的占 0.0%；重新犯罪者中回答扣过 0 分的占 67.7%，回答扣过 1—5 分的占 29.4%，回答扣过 6—10 分的占 1.2%，回答扣过 11 分及以上的占 1.6%。进一步分析发现，在加 0 分这一档位，未重新犯罪群体与重新犯罪群体之间无法比较，并且没有比较的意义。在其他扣分档，接受调查的未重新犯罪群体除了在 6—10 分扣分档的比重与重新犯罪群体相同，都要比重新犯罪群体的比重小，如在 1—5 分的扣分档，未重新犯罪群体所占比重比重新犯罪群体所占比重小 25.3 个百分点，这种差距非常突出，非常有说服力，即在 1—5 分扣分档，未重新犯罪群体被扣分者远远比重新犯罪群体少。在 11 分及以上的扣分档，未重新犯罪群体所占比重比重新犯罪群体所占比重小 1.6 个百分点。因此，可以说，在监狱服刑扣分情况方面，整体上未重新犯罪群体比重新犯罪群体加分所占比重明显要小得多。

六、上次监狱服刑加分扣分情况与是否重新犯罪关系的 ROC 曲线分析

表 6.1.5 显示的结果是对 ROC 曲线下面积的检验，具体结果如下：（1）自变量“上次监狱服刑期间，您获得过多少加分？”对应的曲线下面积为 AUC=0.458，P=0.155，虽然有统计学意义，但是，AUC=0.458 ＜ 0.5，说明此自变量对重新犯罪的诊断没有意义。（2）自变量“上次监狱服刑期间，您被扣过多少分？”对应的曲线下面积为 AUC=0.626，P=0.000，有统计学意义，并且，AUC=0.626 ＞ 0.5，说明此自变量对重新犯罪的诊断有意义。

表 6.1.5　上次监狱服刑加分扣分情况各自变量的曲线下面积与显著值

自变量	AUC 面积	Sig.
1. 上次监狱服刑期间，您获得过多少加分?	0.458	0.155
2. 上次监狱服刑期间，您被扣过多少分?	0.626***	0.000

*P < 0.05，**P < 0.01，***P < 0.001

由表 6.1.5 的统计分析结果可知，刑满释放人员上次监狱服刑期间的被扣分情况在统计学意义上对刑满释放人员是否重新犯罪具有诊断价值。因此，本节提出的一个研究假设被证伪，另一个研究假设被证实。即刑满释放人员上次监狱服刑期间劳动改造情况不能显著影响其是否重新犯罪，刑满释放人员上次监狱服刑期间总体上能否按规定参加劳动改造这一自变量能显著影响其是否重新犯罪。

七、监狱管理制度是否合理与重新犯罪之间关系的描述性统计分析

表 6.1.6 显示了刑满释放人员对于监狱管理制度是否合理的评价的描述性统计分析结果:（1）在“监狱定期思想汇报工作合理”这一题中，未重新犯罪者中回答是的占 81.2%，重新犯罪者回答是的占 39.5%；未重新犯罪者认为“监狱定期思想汇报工作合理”的比重比重新犯罪者高 41.7 个百分点，两者差距非常明显，已经快接近五成。（2）在“监狱集体学习制度合理”这一题中，未重新犯罪者中回答是的占 64.2%，重新犯罪者回答是的占 45.3%；未重新犯罪者认为“监狱集体学习制度合理”的比重比重新犯罪者高 18.9 个百分点，两者差距非常比较，接近两成。（3）在“监狱会客制度合理”这一题中，未重新犯罪者中回答是的占 18.3%，重新犯罪者回答是的占 11.4%；未重新犯罪者认为“监狱会客制度合理”的比重比重新犯罪者高 6.9 个百分点。（4）在“监狱奖励制度合理”这一题中，未重新犯罪者中回

答是的占 34.6%，重新犯罪者回答是的占 25.1%；未重新犯罪者认为“监狱奖励制度合理”的比重比重新犯罪者高 9.5 个百分点，两者差距比较明显。（5）在“监狱惩罚制度合理”这一题中，未重新犯罪者中回答是的占 22.1%，重新犯罪者回答是的占 27.2%。未重新犯罪者认为“监狱惩罚制度合理”的比重比重新犯罪者低 5 个百分点，两者差距虽然较小，但是，这个结果同样出乎笔者意料，依然因为负向关系。

表 6.1.6　监狱管理制度是否合理与重新犯罪交叉表（人 /%）

题目	选项	未重新犯罪	重新犯罪
1. 监狱定期思想汇报工作合理	①否	45/18.8	147/60.5
	②是	195/81.2	96/39.5
2. 监狱集体学习制度合理	①否	86/35.8	133/54.7
	②是	154/64.2	110/45.3
3. 监狱会客制度合理	①否	196/81.7	215/88.6
	②是	44/18.3	28/11.4
4. 监狱奖励制度合理	①否	157/65.4	182/74.9
	②是	83/34.6	61/25.1
5. 监狱惩罚制度合理	①否	187/77.9	177/72.8
	②是	53/22.1	66/27.2

另外，课题组对监狱正在服刑的累犯与安置帮教体系内的刑满释放人员都进行了访谈，发现只要谈到监狱服刑生活，大部分访谈对象都对监狱评价尚可，很少有批评监狱警察、监狱管理制度、教育监狱制度以及其他。但是，通过问卷调查却发现，很多调查对象对监狱的许多工作其实并不满意，这些矛盾冲突可能是因为他们在面对面谈话是比较谨慎导致的。由此，课题组

成员感觉到，接受访谈的监狱服刑累犯和刑满释放人员都比较忌讳谈及自己在监狱服刑的细节，课题组很难收集到丰富和真实性强的访谈资料。

“对监狱管理没有意见，觉得很好，常常受到教育。”（重新犯罪人员）

“对监狱管理的意见：比较人性化，管理规范，感觉只是失去自由，其他约束很小。此次经历对自己人生教育和启发很大。等到出狱，首先回家看望父母，然后吸取教训，老老实实做人，踏踏实实找一份工作。”（重新犯罪人员）

“以前在监狱生活。在看守所待了七八个月，然后转移到新收犯监狱，47 天后转入提篮桥监狱。在监狱里，每天干活 8 小时，基本不加班。一日三餐，早上主要是稀饭、馒头；中午和晚上都是米饭，菜有蔬菜、鸡腿等。每月劳动报酬有 180 元左右，计件工资。周一和周五开大灶，超市进来卖东西，主要买零食和日用品等，每月需要 100—200 元不等，姑姑经常给钱。”（重新犯罪人员）

虽然上文对正在监狱服刑的累犯与刑满释放人员开展的调查研究与统计分析，主要依据的是这两个群体来评价监狱管理制度是否科学、合理，并进一步分析这两个群体对监狱管理制度的评价与其是否重新犯罪之间的关系，检验前者是否能够有效地诊断后者，但是，笔者并不认为这两类群体的评价就是监狱管理制度是否科学合理的标准，因为，从常识角度来推测有过监狱服刑经历的人员、正在监狱服刑的罪犯，他们在监狱里面被剥夺了人身自由，在监狱里面接受着可能是他们非常不愿意参与的劳动，而且还要努力适应监狱中可能比社会上更加难以处理的人际关系等，他们对监狱的评价很难做到客观公正。但是我们可以以他们对监狱管理的各项制度的评价作为我们改进监狱工作的参考。笔者认为，监狱的各项管理制度有可能看上去对服刑人员产生了良好的改造转化作用，但是这种改造转化作用也有可能是表面上的假象，换句话说，人是一种思想、心理非常复杂的整体，成功改变一个人的观念、态度与行为实际上是非常难的事情，对于罪犯这种敢于触犯最严厉的法律及刑法的特殊人群而言，将其改造成为完全守法的人实际上难度更大。所以，我们不能简单地依靠罪犯对监狱各项管理制度的评价来衡量我们现行监狱管理制度的优劣。正如下面的案例呈现了一个看上去在监狱服刑人员接受教育，实现转变，并且多次获得加分或奖励的罪犯，但是他在刑满释放之后却出现很快重新犯罪的令人匪夷所思的现象。

2016 年 5 月 23 日，在山西晋城监狱服刑的“黑社会老大”程某某刑满释放，上百名社会闲杂人员列队放鞭炮迎接，大摆筵席，视频流传到网络上引起众怒。2016 年 12 月 14 日至 18 日，程某某高调出狱被控聚众扰乱社会秩序案，受审 5 日不认罪，刑满释放五年内再次犯罪，检方认为，应从重处罚。2017 年 7 月 13 日，程某某因犯聚众扰乱社会秩序罪，被判处有期徒刑 5 年，法院将其犯故意伤害罪、非法买卖爆炸物罪、非法拘禁罪没有执行完毕的刑罚并罚，决定执行有期徒刑 6 年，一审后，程某某提出上诉。2018 年 4 月 13 日上午，程某某“高调出狱获刑”一案，二审宣判。山西省晋城市中级人民法院判决，对程某某维持原判。①

上述案例中，程某某在服刑期满出狱后不久又重新犯罪，从而再次入狱。案例中，“黑社会老大”程某某出狱当日，集结多名社会人员在监狱门口“迎接”，显然是无视刑罚执行机关威严的行为。程某某在服刑改造期间曾被记功一次，多次受到表扬，并因此得以减刑，然而其出狱前后的表现却大相径庭。所以，他在监狱里面的表现很可能是一种为了尽早出狱而表现出来的假象。由此可见，奖惩制度善意的初衷也可能遭到利用。一些罪犯虽然表面上接受改造，内心却没有真正悔改，一旦经过减刑、假释回到社会，仍然会继续犯罪。现实中已然出现的情况表明我国奖惩制度亟须进一步的完善，如可能需要进一步评估罪犯是否作假的情况。

---

① 凤凰网:《山西黑老大出狱太高调 3 天后又被抓》，2016 年 5 月 29 日，http://news.ifeng.com/a/20160529/48867831_0.shtml，2018 年 5 月 2 日访问。

八、监狱管理制度是否合理与是否重新犯罪关系的 ROC 曲线分析

表 6.1.7 显示的结果是对 ROC 曲线下面积的检验，具体结果如下：（1）自变量“监狱定期思想汇报工作合理”对应的曲线下面积为 AUC=0.291，P=0.000，虽然有统计学意义，但是，AUC=0.291 ＜ 0.5，说明此自变量对重新犯罪的诊断没有意义。（2）自变量“监狱集体学习制度合理”对应的曲线下面积为 AUC=0.406，P=0.000，虽然有统计学意义，但是，AUC=0.406 ＜ 0.5，说明此自变量对重新犯罪的诊断没有意义。（3）自变量“监狱会客制度合理”对应的曲线下面积为 AUC=0.585，P=0.001，有统计学意义，并且，AUC=0.585 ＞ 0.5，说明此自变量对重新犯罪的诊断有意义。（4）自变量“监狱奖励制度合理”对应的曲线下面积为 AUC=0.568，P=0.010，有统计学意义，并且，AUC=0.568 ＞ 0.5，说明此自变量对重新犯罪的诊断有意义。（5）自变量“监狱惩罚制度合理”对应的曲线下面积为 AUC=0.525，P=0.334，有统计学意义，并且，AUC=0.525 ＞ 0.5，说明此自变量对重新犯罪的诊断有意义。

表 6.1.7　监狱管理制度是否合理各自变量的曲线下面积与显著值

自变量	AUC 面积	Sig.
1. 监狱定期思想汇报工作合理	0.291	0.000
2. 监狱集体学习制度合理	0.406	0.000
3. 监狱会客制度合理	0.585**	0.001
4. 监狱奖励制度合理	0.568*	0.010
5. 监狱惩罚制度合理	0.525	0.334

*P ＜ 0.05，**P ＜ 0.01，***P ＜ 0.001

由表 6.1.7 的统计分析结果可知，刑满释放人员上次监狱服刑期间对监狱管理制度是否合理的评价在统计学意义上对刑满释放人员是否重新犯罪具有较大的诊断价值。因此，本节提出的五个研究假设被证实，三个研究假设被证伪，两个研究假设被证实。具体而言，刑满释放人员上次监狱服刑期间对监狱会客制度合理的评价能够显著影响其是否重新犯罪，评价合理者不容易重新犯罪。刑满释放人员上次监狱服刑期间对监狱奖励制度合理的评价能够显著影响其是否重新犯罪，评价合理者不容易重新犯罪。

第二节　监狱教育工作与重新犯罪

在监狱刑罚执行的过程中，监狱教育作为改造罪犯的重要途径也不容忽视，罪犯释放后重新犯罪与否与其在监狱内接受的教育改造程度密切相关。那么，监狱教育工作相关因素与重新犯罪这个结果之间的关系呈现什么样的特征？监狱教育工作相关因素是否显著影响重新犯罪这个结果？本节尝试主要使用实证研究方法来回答这两个问题。

一、研究回顾与研究假设

在监狱教育工作研究方面,近十年来具有代表性的著述有金鉴的《监狱学总论》、邓立强主编的《监狱学概论》、赵卫宽主编的《罪犯教育》、贾洛川主编的《犯罪教育学》、吴宗宪的《刑事执行法学》等，具有代表性的论文有李明的《历史、现状与未来——罪犯思想改造制度的反思》、钟峰、韦寿华的《服刑人员就业技能培训对策研究》等。总之，国内近五年的研究成果十分丰富。目前我国也已颁布一系列涉及监狱教育的法律规范，学界对于监狱教育的研究也日趋增多。相较于劳动改造而言，教育所产生的改造效果是更为明显的。笔者进一步根据对文献、相关著述与法律法规的阅读、分析，监狱教育研究目前的重点和方向可归纳为思想教育、文化教育、职业技术教育、生活方式教育和心理健康教育五个方面。

（一）监狱教育研究的主题

1. 思想教育

《监狱法》第62条规定了监狱应当对罪犯进行思想教育，并且将其主要内容定位于法制、道德、形势、政策、前途等方面。思想教育涵盖面广，是针对服刑人员“三课教育”的重心。近年来学者对其研究较为重视，且成果丰富。

就思想教育的内容而言，学者们的观点并无分歧。但吴宗宪认为，思想教育是指“在监狱中对罪犯进行的以转变错误认识和增进道德修养为主要目的的教育”，在思想道德教育的诸多方面中应当以道德教育的内容为重。道德教育主要包括：（1）公民道德教育。即社会公德教育。（2）传统美德教育。即让罪犯了解和实践中华民族传统美德的教育活动。（3）职业道德教育。即对罪犯开展的以了解和奉行常见职业的职业道德为核心的道德教育活动。[①] 于爱荣指出，对罪犯进行法制教育、道德教育、形势教育、前途教育等十分重要，但是要根据改造罪犯的需要，适时调整教育内容，增加公民素质教育等内容。公民素质教育包括公民教育和素质教育两个部分，公民教育着眼于社会的需要，主要解决社会化的问题。素质教育主要立足于自我完善，包括自我定向能力、自我超越和自我提高等。[②] 当前已经有学者着手研究公民素质教育，如李明认为，对于罪犯的改造应相对集中与法治理念的教育、公民责任意识的培养和对社会现象的认识和理解。[③] 还有学者认

---

① 吴宗宪：《监狱学导论》，法律出版社2012年版，第501页。

② 于爱荣等：《矫正技术原论》，法律出版社2007年版，第238页。

③ 李明：《历史、现状与未来——罪犯思想改造制度的反思》，载《广州大学学报》（社会科学版）2009年第1期。

为，思想教育应当包括认罪悔罪教育。赵卫宽对认罪悔罪教育的内涵进行了进一步的分析，指出认罪悔罪主要从以下几个方面入手：（1）承认犯罪事实的教育；（2）服从判决裁定的教育；（3）分析犯罪原因的教育；（4）认识犯罪危害的教育。[①]

就思想教育存在的问题而言，学者们的总体观点是：社会环境的复杂化使得罪犯的思想也异常复杂，因此在监狱内进行的思想教育工作就面临着格外严峻的挑战，当前实务中也确实存在着诸多问题。周涛认为，我国罪犯思想教育工作中的问题包括：（1）监狱经济的压力，客观上造成了监狱重生产、轻教育的局面，服刑人员的思想教育不被重视；（2）教育观念落后，不适应新时期服刑人员思想教育工作的新发展；（3）教育内容与教育目的混淆，使服刑人员思想矫正的最终目的难以实现；（4）注重形式，轻视效果，服刑人员思想教育工作存在严重的形式主义倾向。[②]李振玉认为：（1）教育理念滞后，不适应服刑人员思想教育工作的新变化；（2）教育方式方法简单，不适应服刑人员日趋复杂的状况；（3）教育改造的中心地位没有真正体现；（4）教育改造队伍专业化水平有待提高。[③]

就思想教育问题的解决对象而言，周涛认为，提高思想教育工作的质量，可以从四个方面入手：（1）纯化监狱职能，国家应保证全额支付监狱经费，确保思想教育工作的主导地位，使服刑人员的劳动成为思想改造的手段，而不是监狱生存的手段；（2）转变教育观念，根据教育对象的新情况确定新的教育思路；（3）思想教育的内容与形式要与时俱进，使思想教育更贴近服刑人员的思想实际；（4）建立科学的服刑人员思想教育评估体系，杜绝形式主义。[④]马建文、张未东认

① 赵卫宽主编：《罪犯教育》，中国政法大学出版社 2010 年版，第 47 页。

② 周涛：《谈当前服刑人员思想教育工作中存在的问题及对策》，载《辽宁警专学报》2007 年第 7 期。

③ 李振玉：《提升服刑人员思想教育实效性研究》，载《犯罪与改造研究》2015 年第 7 期。

④ 周涛：《谈当前服刑人员思想教育工作中存在的问题及对策》，载《辽宁警专学报》2007 年第 7 期。

为，必须坚持对服刑人员思想教育在刑罚中的核心地位：(1)强化思想教育在改造服刑人员中的核心地位；(2)强化服刑人员的道德意识；(3)提高思想教育的有效性。同时，两位研究者还探索了思想教育的新方法：(1)情景感染法唤回良知；(2)行刑教育的针对性与社会性并举；(3)建立出监教育机构是重要一环；(4)动员社会力量参与出监教育。① 李振玉提出：(1)树立思想教育在服刑人员改造中处于核心地位的大教育观；(2)优化整合服刑人员思想教育内容；(3)创新服刑人员思想教育方式方法；(4)完善服刑人员思想教育机制；(5)提升监狱民警专业化水平。②

(二)文化教育的内容与方式

《监狱法》第63条规定："监狱应当根据不同情况，对罪犯进行扫盲教育、初等教育和初级中等教育，经考试合格的，由教育部门发给相应的学业证书。"文化教育亦是罪犯教育改造的重要组成部分。

关于文化教育的内容，已经有相关法律规范予以界定，因而学者对此研究不多。赵卫宽认为，文化教育包括扫盲教育、小学教育、初中教育、提高型教育四个方面。③ 吴宗宪则更为具体地提出了文化教育的内容：(1)义务阶段教育。这是指国家法律规定所有公民都应当完成的学校教育。(2)更高层次教育。这是指在监狱中对罪犯开展的高中及以上程度的文化教育。(3)特殊罪犯教育。以外籍犯的文化教育为主。④ 关于文化教育的方式，王秉中认为有如下几种：(1)课堂讲授；(2)作业练习；(3)课外辅导；(4)测验与考试。⑤ 贾洛川也认为监狱常用的文化教育方法有以下

---

① 马建文、张未东：《服刑人员思想教育的新思路、新对策》，载《法治论坛》2009年第1期。

② 李振玉：《提升服刑人员思想教育实效性研究》，载《犯罪与改造研究》2015年第7期。

③ 赵卫宽主编：《罪犯教育》，中国人民政法大学出版社2010年版，第51—52页。

④ 吴宗宪：《监狱学导论》，法律出版社2012年版，第500页。

⑤ 王秉中主编：《罪犯教育学》，群众出版社2003年版，第141—145页。

几种：（1）讲授法；（2）演示法；（3）作业练习法；（4）测验与考试法。[①]

（三）职业技术教育

《监狱法》第64条规定："监狱应当根据监狱生产和罪犯释放后就业的需要，对罪犯进行职业技术教育，经考核合格的，由劳动部门发给相应的技术等级证书。"对于罪犯的职业技术教育关系到罪犯释放后的社会生存问题，与出监后是否重新犯罪存在着密切联系。以往有关重新犯罪的调查表明，罪犯出狱后找不到职业、无业可就，是造成他们重新犯罪的重要因素。[②]

就职业技术教育的内容而言，研究者们对职业技术教育的研究根据划分标准的差异存在不同的观点。贾洛川认为，罪犯职业技术教育一般在三个方面开展：（1）技术基础知识教育；（2）监狱劳动生产的岗位技术教育；（3）罪犯回归社会后的职业技能教育，特别是服务技术教育和现代信息技术教育。[③]魏荣艳则认为罪犯职业技术教育的内容应具体分为四个部分：（1）第一产业的职业技术培训；（2）第二产业的职业技能培训；（3）第三产业的职业技能培训。（4）职业道德教育。[④]

就职业技术教育存在的问题而言，钟峰、韦寿华对当前罪犯职业技术教育的问题和推进教育过程中的阻碍进行了归纳。目前，罪犯职业技术教育存在的主要问题为：（1）培训时间比较短，学习和掌握的技术和理论知识不够系统全面。（2）培训设施设备不够完备，师资技术力量比较薄弱。（3）培训的专业还比较少，难以适应刑释就业需要。（4）服刑人员接受就业技能培训的态度还不够积极。而进行职业教育面临的困难则有：（1）培训经费紧缺。（2）就业技能培训和劳动改造是一对难以解决

① 贾洛川主编：《罪犯教育学》，北京大学出版社2016年版，第137—139页。
② 吴宗宪：《监狱学导论》，法律出版社2012年版，第502页。
③ 贾洛川主编：《罪犯教育学》，北京大学出版社2016年版，第144—147页。
④ 魏荣艳主编：《罪犯教育学》，中国检察出版社2011年版，第100—101页。

的矛盾。(3)服刑人员正确的劳动就业观难以培养。(4)监狱的特殊环境限制着就业培训的发展。(5)罪犯普遍文化素质低，学习掌握技术技能比较难。[①] 滕敏对当前监狱职业技术教育存在的问题进行了总结:(1)根本目标不明确;(2)片面追求形式缺乏实效;(3)内容与现实脱节，学无所用;(4)采用社会学校的办学模式，不适合监狱自身的特殊性;(5)罪犯教育经费不落实，职业技术教育经费不足或被挤占;(6)由于罪犯刑期长短不一，文化基础因人而异，罪犯编班困难，学习的时间更是严重不足，常被生产时间挤占。[②]

就职业技术教育问题的解决对策而言，钟峰、韦寿华认为，做好罪犯职业技术教育可以有实施如下策略:(1)加强服刑人员劳动观、教育观的教育;(2)增加职业技能培训的时间，确保掌握过硬的本领;(3)将服刑人员就业技能培训纳入农民工或下岗职工培训规划，并加大财政经费预算;(4)积极依托监狱企业现有条件，大力开展职业技能培训;(5)引进社会力量，实行联合办学，拓展就业技能培训新渠;(6)建立刑释人员过渡就业安置基地，将就业培训延伸到社会。[③] 滕敏根据罪犯职业技术教育的现状所提出的对策有以下六点:(1)加大对监狱职业技术教育的资金投入，国家财政予以保障;(2)监狱职业技术教育应纳入国家教育体系，成为社会职业技术教育的有机组成部分;(3)坚持“分阶段、分层次、分类型”的教育原则，完善监狱职业技术教育的科学体系;(4)利用远程网络教育优势，统一规范监狱职业技术教育，与社会同步;(5)招募社会帮教志愿者充实到专业教师队伍中，是社会力量参与教育改造罪犯的新方式;(6)推行社会职业资格证书和文凭认证教育，增强罪犯回归社会后的就业能力。[④] 吴宗宪认为，在对罪犯

① 钟峰、韦寿华:《服刑人员就业技能培训对策研究》，载《犯罪与改造研究》2013年第2期。

② 滕敏:《监狱实施职业技术教育之我见》，载《中国监狱学刊》2009年第2期。

③ 钟峰、韦寿华:《服刑人员就业技能培训对策研究》，载《犯罪与改造研究》2013年第2期。

④ 滕敏:《监狱实施职业技术教育之我见》，载《中国监狱学刊》2009年第2期。

开展职业技术教育时，应当注意下列方面:(1)真正落实培训工作。即根据《教育改造罪犯纲要》第12条的规定，真正落实对罪犯的职业技能培训工作。(2)合理设置培训项目。培训项目的设置既要注意未来劳动力市场的需要，又要考虑罪犯释放后的实际就业情况。(3)恰当对待两类培训。在国家保障监狱经费、要求提高罪犯改造质量的背景下，监狱机关应当恰当认识和对待营利性培训和非营利性培训。(4)善用社会培训资源。即通过"花钱买服务"、争取社会捐助等形式，积极利用社会上的培训机构、培训师资、培训技术等，对罪犯开展职业技能培训活动，从而大大提高罪犯职业技能培训水平。(5)创新技能培训方式。(6)重视罪犯职业指导。①

(四)生活方式教育

生活方式教育是由吴宗宪提出，他认为很多犯罪人都存在不健康、不恰当甚至紊乱、错误的生活方式。因此，他认为对于罪犯的生活方式教育主要从三个方面着手:(1)生活态度指导。具体有人生期望指导、人生价值指导和生活目的指导。(2)个人生活指导。包括个人风度指导、个人修养指导以及闲暇和独处指导、个人消费指导。(3)社交礼仪指导。对于罪犯而言，特别应当注意对他们进行称呼礼仪、致意礼仪、介绍礼仪、交谈礼仪、公共场所礼仪等方面的指导。②

(五)心理健康教育

《监狱教育改造工作规定》第45条规定:"监狱应当对罪犯进行心理健康教育，宣传心理健康知识，使罪犯对心理问题学会自我调节、自我矫治。"罪犯的心理健康水平普遍较低，因而在监狱中开展心理健康教育，帮助罪

---

① 吴宗宪:《监狱学导论》，法律出版社2012年版，第502—505页。

② 吴宗宪:《监狱学导论》，法律出版社2012年版，第505—510页。

犯提高心理素质尤为重要。

就心理健康教育的概念而言，学界对于心理健康教育概念的界定形成了两种观点，即广义观点与狭义观点。广义的罪犯心理健康教育等同于心理矫治，司法部监狱管理局将其定义为：罪犯心理健康教育是指在罪犯改造过程中，通过知识传授、行为训练和实践指导等途径，提高心理素质，促进心理健康发展，实现罪犯重新社会化的一种教育活动。[①] 持狭义观点的学者，如贾洛川则认为，狭义的心理健康教育是指向罪犯传授和普及心理健康的知识与方法，使罪犯对心理问题学会自我调节、自我矫治，以消除罪犯不健康心理、维护罪犯心理健康的一种教育活动。[②]

就心理健康教育的内容而言，对于心理健康教育的内容，司法部监狱管理局所规定的是：（1）自我意识教育；（2）情绪情感教育；（3）适应性教育；（4）人际交往教育；（5）维系亲情教育；（6）完善人格教育；（7）特殊心理教育。贾洛川依据不同的服刑阶段对心理健康教育的内容进行了探讨。“入监初期的心理健康教育包括：（1）罪犯如何适应监狱环境；（2）罪犯如何适应监狱人际关系；（3）罪犯焦虑、抑郁等情绪的调控。而出监前的心理健康教育有：（1）罪犯如何适应回归后的社会生活；（2）罪犯如何看待社会歧视现象；（3）罪犯刑满释放后怎样进行亲情重建。”[③] 魏荣艳认为，可以将心理健康教育分为三个阶段：（1）服刑初期的心理健康教育。包括心理学及心理健康基本知识教育；调整自我，熟悉环境，适应环境等。（2）服刑中期的心理健康教育。主要内容有：教育罪犯构建良好的自我意识，引导罪犯建立和谐的人际关系，培养罪犯对于挫折的心理承受能力。（3）服刑后期的心理健康教育。具体包括：巩固罪犯心理健康教育的积极成果，消除罪犯

① 司法部监狱管理局编：《心理健康教育》，南京大学出版社 2013 年版，第 14 页。

② 贾洛川主编：《罪犯教育学》，北京大学出版社 2016 年版，第 155 页。

③ 贾洛川主编：《罪犯教育学》，北京大学出版社 2016 年版，第 167—168 页。

的消极回归心理，教给罪犯心理调适的方法。[①]

（六）监狱教育存在的问题

监狱教育与监狱教育的各个方面可以视为整体和部分的关系。在教育改造的过程当中，各个部分存在一定的问题，而整体也存在着各部分共同的缺陷。叶春弟认为，监狱的教育矫正工作目前面临着四大困境："（1）教育矫正缺乏系统的规划，尚未考虑学制与刑期的结合；（2）教育方式单一，不利于因材施教；（3）教育内容脱离实际，实践课程较少；（4）教育矫正的时间占比很小，难以保证效果。"[②]孙咏梅认为，当前教育改造的现状可以归纳为四点：（1）教育改造为本的理念还未落实到位，对服刑人员认识上仍有偏差；（2）教育改造工作的软任务局面还未根本扭转，仍有形式主义倾向；（3）监狱管理理念僵化、陈旧，过多依赖物防、技防；（4）部分监狱民警思想意识出现偏差，教育改造人才队伍专业化不强。[③]

笔者根据对以往有关监狱教育工作典型研究成果的梳理和分析，将刑满释放人员与监狱教育工作有关的各个因素作为本研究的自变量，将刑满释放人员是否重新犯罪作为因变量。据此，本研究提出如下研究假设：

假设：刑满释放人员对于监狱教育工作满意程度能够有效诊断其是否重新犯罪。

二、变量设置与测量方法

在本研究中，"对于监狱教育工作满意程度"被操作为12个自变量，即"人生观教育工作""道德教育工作""前途教育工作""法律常识教育工作""权利义务教育工作""认罪悔罪教育工作""服刑意识教育工作""文

① 魏荣艳主编：《罪犯教育学》，中国检察出版社2011年版，第106—108页。

② 叶春弟：《程序与实体：当前监狱教育矫正的理性反思》，载《犯罪研究》2012年第2期。

③ 孙咏梅：《提高服刑人员教育改造质量之思考》，载《犯罪与改造研究》2013年第10期。

化教育工作”“职业技术教育工作”“社会交往技能教育工作”“生活方式教育工作”“心理健康教育工作”。这 12 个题目的来源是笔者根据对《监狱法》已有的关于监狱教育工作的研究成果以及监狱管理工作者提供的建议的综合分析。这 12 个题目应该已经涵盖了监狱教育工作的各个方面，实现了穷尽性的目标。本研究的目的是发现刑满释放人员是否重新犯罪的影响因素，由于是否重新犯罪这个因变量是典型的二分类变量，笔者采取 ROC 曲线分析方法来检验这些自变量与因变量之间的关系。ROC 曲线分析方法要求自变量为连续型定量，连续型变量包括定距变量、定比变量、虚拟变量以及定序变量。对于分类变量，即题目的选项为“是与否”或“没有与有”等二分类形式的变量，需要被转换为虚拟变量（0 和 1），才能开展 ROC 曲线分析。因此，本研究对于所有监狱教育工作题目的选项都进行虚拟变量的转换，如对监狱开展的人生观教育工作感到满意，选项为“是，否”，这是最典型的分类变量，笔者采取“否 =0，是 =1”的方法实现了分类变量向虚拟变量的转换。在 ROC 曲线分析选项中，笔者将“否”设置为 0，“是”依然为 1，将所有自变量从分类变量转换为虚拟变量，以方便纳入 ROC 曲线分析。

表 6.2.1　上次监狱服刑经历自变量设置表

<table>
<tr><th>维度</th><th>题目</th><th>描述统计选项</th><th>ROC 统计选项</th><th>变量层次</th></tr>
<tr><td rowspan="4">监狱教育工作</td><td rowspan="2">1. 对监狱开展的人生观教育工作感到满意</td><td>①否 =0</td><td>①否 =0</td><td rowspan="2">虚拟变量</td></tr>
<tr><td>②是 =1</td><td>②是 =1</td></tr>
<tr><td rowspan="2">2. 对监狱开展的道德教育工作感到满意</td><td>①否 =0</td><td>①否 =0</td><td rowspan="2">虚拟变量</td></tr>
<tr><td>②是 =1</td><td>②是 =1</td></tr>
</table>

续表

维度	题目	描述统计选项	ROC 统计选项	变量层次
监狱教育工作	3. 对监狱开展的前途教育工作感到满意	①否 =0	①否 =0	虚拟变量
		②是 =1	②是 =1	
	4. 对监狱开展的法律常识教育工作感到满意	①是 =0	①是 =0	虚拟变量
		②否 =1	②否 =1	
	5. 对监狱开展的权利义务教育工作感到满意	①是 =0	①是 =0	虚拟变量
		②否 =1	②否 =1	
	6. 对监狱开展的认罪悔罪教育工作感到满意	①是 =0	①是 =0	虚拟变量
		②否 =1	②否 =1	
	7. 对监狱开展的服刑意识教育工作感到满意	①是 =0	①是 =0	虚拟变量
		②否 =1	②否 =1	
	8. 对监狱开展的文化教育工作感到满意	①是 =0	①是 =0	虚拟变量
		②否 =1	②否 =1	
	9. 对监狱开展的职业技术教育工作感到满意	①是 =0	①是 =0	虚拟变量
		②否 =1	②否 =1	
	10. 对监狱开展的社会交往技能教育工作感到满意	①是 =0	①是 =0	虚拟变量
		②否 =1	②否 =1	
	11. 对监狱开展的生活方式教育工作感到满意	①是 =0	①是 =0	虚拟变量
		②否 =1	②否 =1	
	12. 对监狱开展的心理健康教育工作感到满意	①是 =0	①是 =0	虚拟变量
		②否 =1	②否 =1	

三、监狱教育工作满意程度与重新犯罪之间关系的描述性统计分析

表 6.2.2 监狱教育工作满意程度与重新犯罪交叉表（人/%）

题目	选项	未重新犯罪	重新犯罪
1. 对监狱开展的人生观教育工作感到满意	①是 =0	149/61.8	72/29.6
	②否 =1	92/38.2	171/70.4
2. 对监狱开展的道德教育工作感到满意	①是 =0	132/54.8	97/39.9
	②否 =1	109/45.2	146/60.1
3. 对监狱开展的前途教育工作感到满意	①是 =0	92/38.2	51/21.0
	②否 =1	149/61.8	192/79.0
4. 对监狱开展的法律常识教育工作感到满意	①是 =0	181/75.1	113/46.5
	②否 =1	60/24.9	130/53.5
5. 对监狱开展的权利、义务教育工作感到满意	①是 =0	100/41.5	71/29.2
	②否 =1	141/58.5	172/70.8
6. 对监狱开展的认罪、悔罪教育工作感到满意	①是 =0	97/40.2	102/42.0
	②否 =1	144/59.8	141/58.0
7. 对监狱开展的服刑意识教育工作感到满意	①是 =0	73/30.3	59/24.3
	②否 =1	168/69.7	184/75.7
8. 对监狱开展的文化教育工作感到满意	①是 =0	84/34.9	75/30.9
	②否 =1	157/65.1	168/69.1
9. 对监狱开展的职业技术教育工作感到满意	①是 =0	65/27.0	79/32.5
	②否 =1	176/73.0	164/67.5

续表

题目	选项	未重新犯罪	重新犯罪
10. 对监狱开展的社会交往技能教育工作感到满意	①是 =0	67/27.8	53/21.8
	②否 =1	174/72.2	190/78.2
11. 对监狱开展的生活方式教育工作感到满意	①是 =0	69/28.6	60/24.7
	②否 =1	172/71.4	183/75.3
12. 对监狱开展的心理健康教育工作感到满意	①是 =0	137/56.8	132/54.3
	②否 =1	104/43.2	111/45.7

表 6.2.2 显示了接受调查的刑满释放人员对于监狱教育工作满意程度的描述性统计分析结果:(1) 在“对监狱开展的人生观教育工作感到满意”这一题中，未重新犯罪者中回答是的占 61.8%，重新犯罪者回答是的占 29.6%；未重新犯罪者对“对监狱开展的人生观教育工作感到满意”所占比重比重新犯罪者所占比重高 32.2 个百分点，差异非常明显。(2) 在“对监狱开展的道德教育工作感到满意”这一题中，未重新犯罪者中回答是的占 54.8%，重新犯罪者回答是的占 39.9%；未重新犯罪者“对监狱开展的道德教育工作感到满意”所占比重比重新犯罪者所占比重高 14.9 个百分点，差异比较明显。(3) 在“对监狱开展的前途教育工作感到满意”这一题中，未重新犯罪者中回答是的占 38.2%，重新犯罪者回答是的占 21.0%；未重新犯罪者“对监狱开展的前途教育工作感到满意”所占比重比重新犯罪者所占比重高 17.2 个百分点，差异比较明显。(4) 在“对监狱开展的法律常识教育工作感到满意”这一题中，未重新犯罪者中回答是的占 75.1%，重新犯罪者回答是的占 46.5%；未重新犯罪者“对监狱开展的法律常识教育工作感到满意”所占比重比重新犯罪者所占比重高 28.6 个百分点，差异非常明显。(5) 在“对监狱开展的权利、义务教育工作感到满意”这一题中，未重新犯罪者中回答是的占 41.5%，重新犯罪者回答是的占 29.2%；未重新犯罪者“对监狱

开展的权利、义务教育工作感到满意”所占比重比重新犯罪者所占比重高12.3个百分点，差异比较明显。（6）在“对监狱开展的认罪、悔罪教育工作感到满意”这一题中，未重新犯罪者中回答是的占40.2%，重新犯罪者回答是的占42.0%；未重新犯罪者“对监狱开展的认罪、悔罪教育工作感到满意”所占比重比重新犯罪者所占比重低1.8个百分点，差异非常小。（7）在“对监狱开展的服刑意识教育工作感到满意”这一题中，未重新犯罪者中回答是的占30.3%，重新犯罪者回答是的占24.3%；未重新犯罪者“对监狱开展的服刑意识教育工作感到满意”所占比重比重新犯罪者所占比重高6个百分点，差异非常小。（8）在“对监狱开展的文化教育工作感到满意”这一题中，未重新犯罪者中回答是的占34.9%，重新犯罪者回答是的占30.9%；未重新犯罪者“对监狱开展的文化教育工作感到满意”所占比重比重新犯罪者所占比重高4个百分点，差异非常小。（9）在“对监狱开展的职业技术教育工作感到满意”这一题中，未重新犯罪者中回答是的占27.0%，重新犯罪者回答是的占32.5%；未重新犯罪者“对监狱开展的职业技术教育工作感到满意”所占比重比重新犯罪者所占比重低5.5个百分点，差异很小。但是，值得注意的是，此自变量对应的职业技术教育工作，重新犯罪者的满意更高。（10）在“对监狱开展的社会交往技能教育工作感到满意”这一题中，未重新犯罪者中回答是的占27.8%，重新犯罪者回答是的占21.8%；未重新犯罪者“对监狱开展的社会交往技能教育工作感到满意”所占比重比重新犯罪者所占比重高6个百分点，差异比较小。（11）在“对监狱开展的生活方式教育工作感到满意”这一题中，未重新犯罪者中回答是的占28.6%，重新犯罪者回答是的占24.7%；未重新犯罪者“对监狱开展的生活方式教育工作感到满意”所占比重比重新犯罪者所占比重高3.9个百分点，差异很小。（12）在“对监狱开展的心理健康教育工作感到满意”这一题中，未重新犯罪者中回答是的占56.8%，重新犯罪者回答是的占54.3%。未重新犯罪者“对监狱开展的心理健康教育工作感到满意”所占比重比重新犯罪者所占比重高 2.5 个百分点，差异很小。

由此，笔者认为可以对这 12 个自变量进行排序，第一种排序方式的依据是：重新犯罪人员对监狱教育工作满意度从高到底，依次排列为：心理健康教育、法律常识教育、认罪悔罪教育、道德教育、职业技术教育、文化教育、人生观教育、权利义务教育、生活方式教育、服刑意识教育、社会交往教育、前途教育。在这种排序中，可以发现，重新犯罪群体最不满意的三项是前途教育、社会交往教育、服刑意识教育。第二种排序方式的依据是：未重新犯罪人员对监狱教育工作满意度从高到底，依次排列为：法律常识教育、人生观教育、心理健康教育、道德教育、权利义务教育、认罪悔罪教育、前途教育、文化教育、服刑意识教育、生活方式教育、社会交往教育、职业技术教育。在这种排序中，可以发现，重新犯罪群体最不满意的三项是职业技术教育、社会交往教育、生活方式教育。

另外，课题组对监狱正在服刑的累犯与安置帮教体系内的刑满释放人员都进行了访谈，发现只要谈到监狱教育，大部分访谈对象都对监狱评价尚可，很少有批评监狱教育制度与教育工作的情况。但是，通过问卷调查却发现，很多调查对象对监狱的许多教育工作其实并不满意，这些矛盾冲突可能是因为他们在面对面谈话时比较谨慎导致的。由此，课题组成员感觉到，接受访谈的监狱服刑累犯和刑满释放人员都比较忌讳谈及自己在监狱教育工作的细节，课题组很难收集到丰富和真实性强的访谈资料。

与本章第一节所论述的相似，上文对正在监狱服刑的累犯与刑满释放人员开展的调查研究与统计分析，主要依据的是这两个群体来评价监狱教育制度及其教育工作是否满意，并在此基础上进一步分析这两个群体对监狱教育工作的评价与其是否重新犯罪之间的关系。检验前者是否能够有效地诊断后者，但是，这并不意味着笔者认为这两类群体的评价就是监狱教育工作是否科学合理的标准，因为，从常识角度来推测有过监狱服刑经历的人员、正在监狱服刑的罪犯，他们在监狱里面被剥夺了人身自由，在监狱里面接受着可能是他们非常不愿意参与的劳动，而且还要努力适应监狱中可能比社会上更加难以处理的人际关系等，他们对监狱的教育工作乃至其他方面工作的评价很难做到客观公正。但是我们可以以他们对监狱各项教育工作的评价作为改进监狱教育工作的参考。人是一种思想、心理非常复杂的整体，使用教育方法或者手段去改变一个人的观念、态度与行为实际上是非常难的事情，对于罪犯这种敢于触犯最严厉的法律及刑法的特殊人群而言，将其教育成为完全守法的人实际上难度更大。所以，我们不能简单地依靠罪犯对监狱教育工作的评价来衡量我们现行监狱教育工作的优劣。正如下面的案例呈现了一个刑满释放的人出狱不到两个月就一而再地实施与第一次相同的犯罪的行为。这个案例可能会让人们震惊，一个服刑10年而出狱的人，不是因为生活所迫去偷去抢，而是仅仅在两个月之内就重新犯罪两次，并且是与第一次犯罪相同的强奸罪。这能成为监狱教育工作失败的证据吗？笔者认为，答案一定是否定的。

37岁的男子杨某曾因犯盗窃罪、强奸罪被判处有期徒刑10年，2015年2月12日刑满释放。出狱不到两个月，杨某不思悔改，两次入户强奸。记者获悉，通州区人民法院审结此案，以强奸罪判处杨某有期徒刑7年。

据检方指控，2015年3月21日凌晨3时许，杨某翻墙进入通州区某幼儿园，撬开幼儿园老师小玲（化名）的宿舍，使用殴打、言语威胁等手段强行与16岁的小玲发生性关系，并将小玲殴打致轻微伤；2015年3月31日凌晨3时许，杨某再次翻墙进入通州区某村阿华（化名）家中，使用殴打、言语威胁等手段强行与阿华发生性关系。

法院经审理认为，杨某违背妇女意志，使用暴力、胁迫手段强行与妇女发生性关系，其行为构成强奸罪，应依法予以惩处。杨某曾因犯故意伤害罪被判处有期徒刑，但其刑罚执行完毕后5年内再犯应当判处有期徒刑以上刑罚之罪，系累犯，应当从重处罚。最终，法院以强奸罪判处杨某有期徒刑 7 年。[①]

上述案例中，杨某在服刑期满出狱后不久又重新犯罪，从而再次入狱。在此案例中，杨某初次入狱也是因犯强奸罪，长达十年的监狱服刑并没有令其真诚悔罪，也没有让他意识到犯罪的危害性和守法的重要性。可见，监狱的教育工作对于某些特殊的罪犯难以发挥其应有的作用。例如，对于心理变态的罪犯，他们真正应该接受的矫正是心理医生的治疗。如果这些人患有精神疾病，他们应该被关进精神病院，而不是监狱。

四、监狱教育工作满意程度与是否重新犯罪关系的 ROC 曲线分析

笔者在上文中对刑满释放人员在上次监狱服刑时期各项教育工作的评价与是否重新犯罪之间的关系的百分比数据开展了分析。这些百分比可以比较简单直观地呈现出刑满释放人员初次犯罪所判刑期与重新犯罪之间关系的基本状态。那么，这两者之间的关系是否具有统计学上的显著意义？在统计学意义上，刑满释放人员对上次监狱服刑时期各项教育工作的评价是否能够有效地诊断其是否重新犯罪？这些问题无法使用百分比分析来回答，笔者使用了受试者工作曲线分析 ROC 来检验两者之间的关系。

表 6.2.3 显示的结果是对 ROC 曲线下面积的检验，具体结果如下：（1）自变量“对监狱开展的人生观教育工作感到满意”对应的曲线下面积为 AUC=0.661，P=0.000，有统计学意义，并且，AUC=0.661 ＞ 0.5，说明此自变量对重新犯罪的诊断有意义；（2）自变量“对监狱开展的道德教育工作感到满意”对应的曲线下面积为 AUC=0.574，P=0.005，有统计学意义，并且，AUC=0.574 ＞ 0.5，说明此自变量对重新犯罪的诊断有意义；

① 中华网：《强奸惯犯坐牢 10 年出狱不久再犯罪：入室强奸 16 岁少女》，2016 年 4 月 21 日，http://news.china.com/socialgd/10000169/20160421/22485824.html，2018 年 5 月 2 日访问。

（3）自变量“对监狱开展的前途教育工作感到满意”对应的曲线下面积为AUC=0.586，P=0.001，有统计学意义，并且，AUC=0.586 > 0.5，说明此自变量对重新犯罪的诊断有意义；（4）自变量“对监狱开展的法律常识教育工作感到满意”对应的曲线下面积为AUC=0.643，P=0.000，有统计学意义，并且，AUC=0.643 > 0.5，说明此自变量对重新犯罪的诊断有意义；（5）自变量“对监狱开展的权利、义务教育工作感到满意”对应的曲线下面积为AUC=0.561，P=0.019，有统计学意义，并且，AUC=0.561 > 0.5，说明此自变量对重新犯罪的诊断有意义；（6）自变量“对监狱开展的认罪、悔罪教育工作感到满意”对应的曲线下面积为AUC=0.491，P=0.742，虽有统计学意义，但是，AUC=0.491 < 0.5，说明此自变量对重新犯罪的诊断没有意义；（7）自变量“对监狱开展的服刑意识教育工作感到满意”对应的曲线下面积为AUC=0.530，P=0.253，有统计学意义，并且，AUC=0.530 > 0.5，说明此自变量对重新犯罪的诊断有意义；（8）自变量“对监狱开展的文化教育工作感到满意”对应的曲线下面积为AUC=0.520，P=0.448，有统计学意义，并且，AUC=0.520 > 0.5，说明此自变量对重新犯罪的诊断有意义；（9）自变量“对监狱开展的职业技术教育工作感到满意”对应的曲线下面积为AUC=0.472，P=0.282，虽有统计学意义，但是，AUC=0.472 < 0.5，说明此自变量对重新犯罪的诊断没有意义；（10）自变量“对监狱开展的社会交往技能教育工作感到满意”对应的曲线下面积为AUC=0.530，P=0.254，有统计学意义，并且，AUC=0.530 > 0.5，说明此自变量对重新犯罪的诊断有意义；（11）自变量“对监狱开展的生活方式教育工作感到满意”对应的曲线下面积为AUC=0.520，P=0.453，有统计学意义，并且，AUC=0.520 > 0.5，说明此自变量对重新犯罪的诊断有意义；（12）自变量“对监狱开展的心理健康教育工作感到满意”对应的曲线下面积为AUC=0.513，P=0.631，有统计学意义，并且，AUC=0.513 > 0.5，说明此自变量对重新犯罪的诊断有意义。

表 6.2.3　监狱教育工作满意程度各自变量的曲线下面积与显著值

自变量	AUC 面积	Sig.
1. 对监狱开展的人生观教育工作感到满意	0.661***	0.000
2. 对监狱开展的道德教育工作感到满意	0.574**	0.005
3. 对监狱开展的前途教育工作感到满意	0.586**	0.001
4. 对监狱开展的法律常识教育工作感到满意	0.643***	0.000
5. 对监狱开展的权利、义务教育工作感到满意	0.561*	0.019
6. 对监狱开展的认罪、悔罪教育工作感到满意	0.491	0.742
7. 对监狱开展的服刑意识教育工作感到满意	0.530	0.253
8. 对监狱开展的文化教育工作感到满意	0.520	0.448
9. 对监狱开展的职业技术教育工作感到满意	0.472	0.282
10. 对监狱开展的社会交往技能教育工作感到满意	0.530	0.254
11. 对监狱开展的生活方式教育工作感到满意	0.520	0.453
12. 对监狱开展的心理健康教育工作感到满意	0.513	0.631

*P ＜ 0.05，**P ＜ 0.01，***P ＜ 0.001

由表 6.2.3 的统计分析结果可知，刑满释放人员上次监狱服刑期间对监狱教育工作是否合理的评价在统计学意义上对刑满释放人员是否重新犯罪具有一般的诊断价值。因为，本节中的 12 个研究假设只有 5 个被证实，证实率为 41.7%，接近五成。具体而言，本节被证实的五个研究假设分别为是：刑满释放人员上次监狱服刑期间对监狱开展的人生观教育工作感到满意的评价能够显著影响其是否重新犯罪，评价满意者不容易重新犯罪。刑满释放人员对监狱开展的道德教育工作感到满意的评价能够显著影响其是否重新犯罪，评价满意者不容易重新犯罪。刑满释放人员对监狱开展的前途教育工作感到满意的评价能够显著影响其是否重新犯罪，评价满意者不容易重新犯罪。刑满释放人员对监狱开展的法律常识教育工作感到满意的评价能够显著影响其是否重新犯罪，评价满意者不容易重新犯罪。刑满释放人员对监狱开展的权利义务教育工作感到满意的评价能够显著影响其是否重新犯罪，评价满意者不容易重新犯罪。

本章小结

在“上次犯罪服刑期间，您被扣过多少分？”这一题中，未重新犯罪者中回答扣过 0 分的占 94.7%，重新犯罪者中回答扣过 0 分的占 67.7%，差异较大。在“监狱定期思想汇报工作合理”这一题中，未重新犯罪者中回答是的占 81.2%，重新犯罪者回答是的占 39.5%，差异明显。在“对监狱开展的人生观教育工作感到满意”这一题中，未重新犯罪者中回答是的占 61.8%，重新犯罪者回答是的占 29.6%，差异较大。

ROC 曲线分析中得到的显著影响刑满释放人员重新犯罪的自变量“上次监狱服刑期间，你愿意参加劳动改造吗”“上次监狱服刑期间，您被扣过多少分”“监狱会客制度合理”“监狱奖励制度合理”“监狱惩罚制度合理”“对监狱开展的人生观教育工作感到满意”“对监狱开展的道德教育工作感到满意”“对监狱开展的前途教育工作感到满意”“对监狱开展的法律常识教育工作感到满意”“对监狱开展的权利、义务教育工作感到满意”“对监狱开展的服刑意识教育工作感到满意”“对监狱开展的文化教育工作感到满意”“对监狱开展的社会交往技能教育工作感到满意”“对监狱开展的生活方式教育工作感到满意”“对监狱开展的心理健康教育工作感到满意”。

第七章

刑释人员上次刑释至重重犯期间经历与重新犯罪

从生命历程理论来看，个体早年成长时期的各种经历与犯罪人未成年时期的偏差行为乃至初次犯罪及成年之后的重新犯罪之间都有着密切联系，同样的道理，个体刑满释放之后，在社会上的生活经历也应该与个体是否重新犯罪有着密切关系。因此，研究犯罪人刑满释放之后的各种经历对探讨其重新犯罪的原因具有重要价值。这些刑满释放之后的各种经历包括许多方面的因素，如在此期间的人口特征因素、经济状况因素、家庭环境因素、社会交往因素、心理感受因素、不幸事件因素以及悔罪态度因素等。那么，刑满释放人员刑满释放之后的经历与其重新犯罪之间有着什么样的关系？这些关系呈现出什么样的特征？前者是否能够成为引发后者产生的原因。本章将要分析刑满释放人员上次刑满释放日期至重新犯罪期间的经历以及与其重新犯罪之间的关系，来解答这几个问题。需要说明的是，本研究使用了未重新犯罪者的经历作为比较分析对象，未重新犯罪者的经历所对应的时期是从他们上次刑满释放之日起到他们接受本课题组调查之日止。

第一节 人口特征与重新犯罪

在人口学研究中，人口特征主要是指性别、年龄、文化程度、婚姻状况等。由于我国存在城乡分割的户籍制度，因此人口特征还包括户籍户口状况，这个人口特征是一个非常重要的指标，因为由此可以判断相关个人是否为流动人口，以及是城市人口还是农村人口。在犯罪学研究中，以上人口特征都是犯罪学家长久以来非常关注的罪犯的重要特征，并且在此基础上，还加入犯罪学特有的人口特征，如初次犯罪年龄。对于犯罪学而言，犯罪年龄要比一般意义上的年龄更加确切。在此，需要特别说明的是，本研究因为运用生命历程理论作为分析框架，将人口特征中的初次犯罪年龄放在了第五章的初次犯罪时期，作为该时期的一个重要变量，因此，本章中不再对初次犯罪年龄进行分析。除了初次犯罪年龄，还有曾经犯罪的次数也是一个犯罪学视域中重要的人口特征。那么，回到本研究的对象，即刑满释放人员，他们的人口特征与重新犯罪这个结果之间的关系呈现什么样的特征？这些人口特征能有效地诊断其是否重新犯罪吗？本研究尝试通过调查研究回答这些问题。

一、研究回顾与研究假设

（一）性别特征

性别是一个非常直观的人口特征，不管是在哪一领域、哪一范围，基于性别特征，都只能将人分为男性和女性。男性与女性在生理、心理等方面的差异性使得他们对某一事件的立场和处理方式存在明显区别，在犯罪和重新犯罪方面亦是如此。虽然我们关注的是性别对犯罪与重新犯罪之间的关系，但是实际上从国内外对于性别与犯罪与重新犯罪之间关系的研究来看，学者们更多的是聚焦于女性犯罪以及女性犯罪与男性犯罪之间的差异。这种研究现状符合实践需要，因为大部分关于犯罪的研究都是基于男女统一的视角，没有将女性作为单独的类别来开展研究。这种犯罪路径没有充分考虑女性犯罪、女性罪犯与男性罪犯相比存在的各种各样特殊性，实际上对于女性罪犯矫正与预防女性罪犯重新犯罪而言是不恰当的。因为女性在生活中因其特殊的生理特征与心理特征往往面临着比男性更加多的困境，所以，关注女性犯罪与女性罪犯不仅是实现研究深化的要求，也是对女性这个与男性相比更加弱势的群体的一种应有的关照。

国外关于女性犯罪的研究主要来自一些女权主义犯罪学家的工作。她们对女性犯罪与女性罪犯有别于男性之处表现出了特别的关注，她们的研究对女性罪犯充满人文关怀，对女性罪犯这一特殊的、多重的弱势群体的需求给予全方面的研究，为我们深度认识以前很少关注的女性特殊的困难提供了丰富的、卓有见识的资料。具体来看，女权主义犯罪学理论有一些流派、命题与假设，这些是女性犯罪预防与女性罪犯矫正工作的依据。[①]（1）激进主义流派。激进主义女权主义者们认为父权制下男性对女性的压迫导致了女性被害和女性犯罪。如米利特在她的《性政治》一书中首次对父权制进行新的阐释：除了指代男性长辈统治晚辈这个封建社会关系之外，“父权制”的最基本含义是每个社会都存在的一种男尊女卑的系统化机制。这种机制通过长久以来不公平的性别分工及相应的社会化过程，导致无论男女都相信男性在很多方面是优越的。[②]切斯尼·林德从父权制出发对女性青少年犯罪的过程提出了一种理论性解释：父权制社会中的家庭对儿女一般实行双重标准，女性青少年易因此与家庭产生冲突；继父或者家中其他男性对她

① 曹立群、任昕：《犯罪学》，中国人民大学出版社 2008 年版，第 173—175 页。

② 曹立群、任昕：《犯罪学》，中国人民大学出版社 2008 年版，第 176—177 页。

们的性侵犯或身体虐待也是另一种常见的冲突来源；出于逃避或者反抗的心理，这些少女们经常会选择离家出走，以致流落接头，而为了在街头生存下去，她们不得不走上犯罪的道路。[①]（2）社会主义流派。与激进主义将男性视为敌人不同，社会主义更多地强调以生殖差异为基础的女性的特定社会角色。如 Vold 等人指出女性的生理特征如月经、怀孕和生育使女性在很多时期都有依赖男性的倾向，"男主外，女主内"这种劳动性别分工的形成也主要源于女性在家养育孩子的需要。因此，如果女性不能获得对自己身体和生殖的控制，她们就不能获得与男性平等的地位。[②]Steffensmeier 和 Allan 在 Vold 等人的基础上更进一步指出，随着女性在公共领域的机会增多，如职业女性增多，这只能导致她们在属于公共领域的职业与属于私人领域的家庭养育与照顾之间产生角色紧张并承受双重压迫，反而使女性犯罪的可能性不断上升。[③]（3）犯罪中量的性别差异命题：男性罪犯与女性罪犯犯罪数量与类型均存在明显差异。女权主义犯罪学家们认为：其一，女性涉足犯罪的可能性小于男性。其二，女性犯罪的类型与男性不同，女性卷入亚文化暴力犯罪、性侵犯罪和严重财产犯罪的可能性比男性小很多，她们更容易袭击与她们有亲密关系的熟人或者从事轻微的财产犯罪。其三，由于男女性别不平等，在男性与女性共同犯罪中女性往往处于辅助角色，如给正处于盗窃行动中的男性望风或在盗窃成功后窝赃，或者女性仅仅独自从事轻微的犯罪活动，如商场行窃，所以，男性往往是主谋或者男性罪行往往比女性更加严重。其四，女性犯罪多发于私领域，如虐待儿童，她们在家中与男性一样可能实施暴力，但是一般情况下她们造成的较男性要小。[④]（4）犯罪中质的性别差异命题：男性罪犯与女性罪犯犯罪的差异受到自然性别

① 曹立群、任昕：《犯罪学》，中国人民大学出版社 2008 年版，第 177 页。

② 曹立群、任昕：《犯罪学》，中国人民大学出版社 2008 年版，第 177 页。

③ 曹立群、任昕：《犯罪学》，中国人民大学出版社 2008 年版，第 177—178 页。

④ 曹立群、任昕：《犯罪学》，中国人民大学出版社 2008 年版，第 178—179 页。

差异与社会影响互相交织的影响。这一命题的代表人物有克雷恩、斯戴芬思梅尔和艾伦。她们的主要观点有：第一，男性和女性由于生理因素和父权社会的建构有不同的性别规范，女性一直以来必须担任生养后代的角色，这就决定了他们比男性更多地被家庭责任所局限，同时社会对女性的忠贞和外表的美丽有着永不停歇的追求，这些因素造成了大部分女性并不适合犯罪，因此，女性的重新犯罪风险要低于男性。第二，女性自小就被培养出丰富的同情心，同情心是她们倾向于对他人特别是弱者呈现爱护姿态，因此她们很少实施严重伤害他人的罪行。第三，女性比男性更珍视爱情以及其他亲密关系，这种对亲密关系的重视可以用来解释为什么很多女性暴力犯罪的受害者是她们身边比较亲密的人。另一方面，就业和婚姻获得的社会纽带能够有效减少女性暴力犯罪，而对男性犯罪的预防效力却比较微弱。第四，女性的性特征可以作为女性自身的一种资源去换取经济利益，如卖淫，即使整个卖淫产业实际上由男性控制。第五，男性与女性在面对压力和由此引起的负面心理状态时，男性更倾向于采取行动解决问题与缓解压力，而女性多用情绪化的方式，因此，男性的暴力犯罪多于女性。①（5）女性罪犯群体内部的差异命题：女性罪犯群体内部因为经济社会特征不同而存在差异。鲍洛克发现年龄、种族、婚姻状况和职业都是影响女性罪犯群体内部差异的重要社会因素。②辛普森和埃利斯也指出美国犯罪学家常常引述的"女性特质"其实仅仅与主流的美国白人女性有关，忽略了其他种族和文化对女性罪犯的不同影响，所以必须在特定的种族和文化等背景下研究女性犯罪，如此才能真正全面正确地认识女性犯罪。③威尔森更是认为女性不仅

---

① Broidy, Lisa and Robert Agnew. 1997. Gender and Crime: A gender Strain Theory Perspective. Journal of Research in Crime and Prevention 34: 275–306.

② 曹立群、任昕：《犯罪学》，中国人民大学出版社 2008 年版，第 180 页。

③ Simpson, Sally S. and Lori Ellis. 1995. Doing Gender: Sorting out the Caste and Crime Conundrum. Criminology 33: 47–81.

要面对社会中的性别歧视，而且还必须和男性一样经受种族和阶层的不平等，因此，女性在社会中处于多种劣势地位。[①]（6）性别不平等假设。第一个假设是女性在经济生活中与男性相比处于边缘地位。一直以来，女性很少有机会得到高薪的工作；女性若与男性拥有同样的工作和职位，其收入也低于男性；女性失业率通常高于男性；随着以女性为主的单亲家庭的增加，女性的经济状况更加恶化，女性犯罪率可能上升。第二个假设是女性犯罪机会的多寡与男性相比因情境不同而存在差异。一方面，因为女性在传统劳动力市场形成的性别分工模式中处于劣势地位，并且传统的“男主外，女主内”的性别规范让女性需要将更多的时间精力投入家庭，这些因素都限制了她们实施恶性犯罪的机会。比如女性比男性更可能担任低级文员，这样她们很少有机会收受巨额贿赂或贪污挪用巨款；又如女性下班后必须及时回家照顾孩子与做家务，减少了很多在夜晚及公共场合实施犯罪的机会。另一方面，女性传统的日常活动增加了她们实施轻微财产犯罪和在私人领域实施暴力犯罪的可能性。比如女性经常去商店购物，所以商店窃贼里女性居多；女性承担照顾儿童的责任，所以虐待儿童的常常是女性。第三个假设是女性比男性更易成为受害者。虽然女性受到更多的社会控制和监管保护，但是由于她们较低的社会地位和性特征的被动性，她们尤其在家庭暴力和性犯罪方面更易成为受害者。比如女性为了避开持久的家庭虐待，她们从家中逃离，然后为了生存她们开始走上犯罪道路，如卖淫、偷盗、吸毒与贩毒等。[②]

国内关于性别与犯罪的关系的研究目前还是处于比较浅层次的水平，对女性犯罪以及女性罪犯的研究可以说尚处于起步阶段，在广度与深度上都尚未达到国外的水平。这与国内的犯罪学发展比较缓慢的大背景有关系，

---

① 曹立群、任昕:《犯罪学》，中国人民大学出版社 2008 年版，第 181 页。

② 曹立群、任昕:《犯罪学》，中国人民大学出版社 2008 年版，第 180 页。

也很少见到界定自己为女权主义犯罪学者的研究人员。虽然如此,国内犯罪学家们关于女性犯罪的研究依然得到了很多有重要价值的成果，提出了很多宝贵的观点和见解，是研究国内女性犯罪不可缺少的、重要的参考资料。例如，张远煌认为，犯罪既是外在环境的产物，也深受个人素质的影响。由于性别方面的差异，人们沦为罪犯的原因及其实施犯罪的规模、种类和方式等也有所不同。有关这方面的探讨,不仅构成了按照社会群体的性别特征组织社会性预防的重要依据，而且从刑事政策角度看，也构成了贯彻刑罚个别化原则的基础。① 丛梅认为，一般来说，各国人口中男女比例大约各占一半，然而，女性犯罪的比率却明显低于男性，这种情况在由于战争等特殊原因造成的女性多于男性的国家也如此。② 除此之外，在一定时期内，女性犯罪率也会呈现出波动的趋势。在美国，从 1932 年到 1946 年，女性犯罪从占犯罪总数的 7.4%上升到 10.7%。从 20 世纪 60 年代开始，女性犯罪率不断上升，到 1970 年女性犯罪率已经上升到 15.3%。1971 年到 1982 年，美国的女性犯罪人数占总犯罪人数的比例一直处于 22%—24%。不仅美国如此，俄罗斯 1997 年女性犯罪占 13.6%，到 2003 年就上升到 16.6%。此外，一些发达国家如英国、日本等国家女性犯罪也在 10%—20%。德国犯罪学家汉斯·约阿希姆·施奈德所著的《犯罪学》中也有相关论述。他认为在当今发达的工业化国家中，犯罪女性大致为罪犯总数的 10%—20%，在发展中国家则是在 3%—5%。③ 刘强认为，不能因为女性的身份而忽视对其的管理和教育矫正。在其进行分析研究的 49 个社区矫正人员重新犯罪案例中，男性所占数额为 46 个，女性所占数额为 3 个，男性犯罪种类多、范围广，女性的犯罪种类较少，主要为组织领导传销罪、贩卖毒品罪、信用卡

① 张远煌:《论性别对犯罪的影响》，载《刑侦研究》1998 年第 4 期。

② 丛梅:《当前犯罪主体的性别特征分析》，载《理论与现代化》2008 年第 4 期。

③ 丛梅:《当前犯罪主体的性别特征分析》，载《理论与现代化》2008 年第 4 期。

诈骗罪。女性重犯人员均表现为在刑意识低下、犯罪动机明确。[①]

由此我们可以看出，在犯罪与重新犯罪中仍然以男性为主导，但是女性所占的比例和犯罪的原因以及犯罪对女性的负面影响也不容忽视。这对我们在犯罪预防方面的启示是要透过男性及女性犯罪现象的表面挖掘其本质，在不同的预防领域有所侧重。基于对这些以往研究的梳理和分析，笔者将刑满释放人员的性别作为自变量，将刑满释放人员是否重新犯罪作为因变量。据此，本研究提出如下研究假设：

假设：刑满释放人员性别对其是否重新犯罪有显著影响。

（二）文化程度特征

根据美国司法统计局的报告，1/3 的被捕者只有 60% 的人有普通教育文凭，而美国公众获得普通教育文凭的比率是 85%；这些被捕者均处于失业状况，这些人的失业率远远高于平均失业率。[②] 由这些统计数据可以看到，文化程度与犯罪之间的重要关系。在国外，文化程度与犯罪的关系主要依托于犯罪学家们关于相关犯罪学理论的研究，文化程度作为一个犯罪的影响因素被嵌入相关的犯罪学理论体系之中。与文化程度最相关的、最为典型的犯罪学理论是“紧张理论”。最早的犯罪学的紧张理论来自美国犯罪学家罗伯特·K. 默顿。默顿指出，任何社会的文化都确定一些“价值追求”的目标，[③] 在每个社会里都有很多这样的目标，他们因文化的不同而大相径庭。可能在美国社会中最重要的目的是获取财富。这个目标完全被视为一种“人的天性”。并且美国文化对这个目标的倡导，远远超出了这种目标本身能够带来的奖赏。积累起来的财富被用于表征个人的价值和优势，并与较高的威望和社会地位紧密相连。即使人们具有其他文化中被推崇的个人品

---

① 刘强、张晓航、林闫馨：《社区服刑人员重新犯罪问题研究》，载《犯罪与改造研究》2017 年第 1 期。

② Petersilia, J., “Hard Time: Ex-Offenders Returning Home After Prison” , Corrections Today, 2005(4).

③ Robert K. Metron, Social Theory and Socail Structure, The Free Press, Glencoe, Ill., 1968, p. 186.

性，如年龄和精神修为，如果他们没有金钱，他们的身份也会被贬低。默顿进一步指出，美国文化特别鼓励所有的个人都去尽可能追求最多的财富。美国文化建立在一种平等主义的意识形态上，声言所有人都有获取财富的平等机会。那些不去追求财富的人将被社会不利地评价为“懒惰”或“庸碌”。[①] 文化也通过被认可的、规范的形式规定了达到目标的手段，或者说是制度性的手段，所有人都应当依照这样的手段去达到文化目标，这些手段是以文化价值观为基础的，一般来说不包括很多在技术上能够最有效地达到目标的方法。例如，在美国文化中，应当用来获取财富的制度性手段可以被称为“中产阶级的价值观”或“新教徒的工作道德”。它们包括了艰苦工作、诚实守信、接受教育和克制欲望。使用武力和欺骗手段，可能是更能有效地获取财富的方法，但被禁止。[②]

默顿指出，美国文化将获取财富作为文化目标，但是，一些文化程度低下，缺乏工作技能，不愿意吃苦工作的人，主要集中在社会下层阶级人们身上，他们很难通过被认为合理的手段获取财富。在下层阶级群体中，获取财富的能力不仅受到个人才能和努力的限制，而且受到社会结构本身的制约。这种文化目的与社会结构之间产生的矛盾就是默顿所界定的失范理论，而失范理论实际上是紧张理论体系中一个更为具体的理论。[③]

默顿指出，在一个稳定的社会环境中，大多数人都会选择遵从获取财富的文化目标，又接受采用制度性手段达到目标。这些选择遵从的人们通过社会承认的中产阶级的价值观所确定的手段去追求财富，无论成功与否，他们将一如既往地继续奋斗。但是，社会中的犯罪人发现自己不能通过制度性手段获得成功。这部分人多数集中在下层社会，他们文化程度低，进而导致劳动技能差或根本就不具备正当职业所要求的劳动技能，在此情形

---

① Robert K. Metron, Social Theory and Socail Structure, The Free Press, Glencoe, Ill., 1968, p. 193.

② Robert K. Metron, Social Theory and Socail Structure, The Free Press, Glencoe, Ill., 1968, p. 187.

③ Robert K. Metron, Social Theory and Socail Structure, The Free Press, Glencoe, Ill., 1968, p. 216.

下，他们决定采用新的手段去获取财富。商人们会发明各种白领犯罪，如欺诈和歪曲事实，或者逃避所得税。工人们则可能有步骤地从工作场所盗窃。穷人们则可能会采用各种非法的手段，如赌博、卖淫、毒品交易，或者夜盗和抢劫。在这些行为中，个人都坚持了追求财富的文化目标，但他们是通过不合法的手段去实现它。[①]

另一位美国著名犯罪学家艾格纽提出的"一般紧张理论"指出生活中负面事件是引发犯罪的重要原因。他认为，犯罪或越轨行为的根源是个人所面临的紧张所致，但他又认为，紧张的范围涵盖认知、行为、情绪等类型。具体而言，一般紧张理论提出三种造成越轨行为的紧张来源：一是因无法达到个人想要达到的目标而形成的紧张。例如，想要考上好的大学，但成绩不好，考不上；想要买一辆跑车，但无论如何努力也赚不到所需的钱。二是失去了个人积极向上的欲望或失去积极的鼓励所形成的紧张。这种紧张的源泉是少年亲身经历的不幸事件。例如，亲人的逝去，喜欢的老师调离，从学校退学等。三是遭遇负面刺激所造成紧张。例如，儿时受虐待，学生不断被老师指责为坏学生等。因为少年不能合法地离家或离校，避免紧张的合法途径被堵死了，少年很可能用越轨行为来纾解紧张。根据艾格纽的说法，以上三种情况都会使人产生紧张，增加失望、沮丧、害怕、愤怒等负面情绪。当负面情绪产生时，个人必须设法调适，降低心理负荷，有时就会采用社会不能接受的方式来解决，如越轨行为。[②]虽然艾格纽并未直接指明文化程度低是紧张来源之一，但是他提出的一般紧张理论中的"想要考上好的大学，但成绩不好，考不上""喜欢的老师调离，从学校退学""学生不断被老师指责为坏学生"等与文化程度方面的问题实际上是一脉相承的。

在关于一般紧张理论的实证研究方面，艾格纽和怀特使用"健康与人

---

① Robert K. Metron, Social Theory and Socail Structure, The Free Press, Glencoe, Ill., 1968, p. 217.

② Agnew Robert. 1992. Foundation for a General Strain Theory of Crime and Delinquency. Criminology30: 47–87.

类发展项目”第一批收集到的资料来测量一般紧张理论。他们设计了一般紧张的综合量具来预测未成年人犯罪。这个综合量具包括了五项紧张指标：负面生活事件；生活中的各种困扰；与成人的不良关系；与双亲争吵；社区问题。这个综合量具能分别预测未成人犯罪和吸毒①。Mazerolle 和 Maahs 从美国“全国青少年调查”中抽取了四组题目来测试艾格纽的一般紧张理论中的紧张。他们的测量与 Agnew 和 White 两个人的略有不同。Mazerolle 和 Maahs 找出了四种负面的紧张情绪：与成人关系不良、学校或同龄人的困扰、社区问题及生活中的负面事件。各组指标在标准化后，组成测量紧张的综合指标。②

在国内，相关犯罪学者指出文化程度对犯罪的影响主要体现在犯罪类型上。张森认为：(1) 受过不同教育程度的人在犯罪类型上存在显著差异。低学历层次的犯罪人容易实施滋扰肇事型、故意伤害、偷盗抢劫等暴力型犯罪，而本科及以上的高学历犯罪人更加倾向于从事职权性犯罪、政治性和高科技犯罪。(2) 受教育程度也是影响犯罪处罚程度的一项重要因素。初中以上学历相对于文盲、半文盲以及小学程度的犯罪人受到重罚的概率不断降低。③ 吴鹏森认为，新生代犯罪农民工的文化程度比第一代犯罪农民工要高，但在整个农民工队伍中，文化程度仍然偏低，因而他们总体上属于社会底层。近年来，学术界和一些实务部门发表了大量的新生代农民工犯罪的研究论文和调研报告，在新生代农民犯罪人员的文化程度上却有不同的说法，有的人认为新生代农民工的文化程度低，有的认为新生代农民工犯罪人员的文化程度高。吴鹏森的调查表明，新生代农民工犯罪人员的文

① Agnew Robert, Helene Raskin White. 1992. An Empirical Test of General Strain Theory: Criminology30: 475–499.

② Mazerolle Paul, Jeff Maahs. 2000. General Strain and Delinquency: An Alternative Examination of Conditioning Influences. Justice Quarterly17: 753–778.

③ 张森：《个体受教育程度与犯罪类型及其处罚程度的相关性研究》，湘潭大学 2017 年硕士学位论文。

化程度的确比第一代农民工犯罪人员高，这是农村改革以来义务教育发展的结果。但是，新生代农民工犯罪人员仍然是一个文化程度较低的社会群体。与全国农民工整体文化程度相比明显偏低，其文盲率大约在全国外出农民工的 4 倍以上，小学文化程度是全国外出农民工的 2.5 倍，高中以上文化程度的比例不到全国外出农民工的 65%。因此，说他们是全国农民工中素质更低的群体并不为过，如果说进城农民工是中国城市的底层群体的话，那么城市犯罪农民工就是城市底层的底层。认识这一点，对于我们认识新生代农民工犯罪问题具有重要的方法论意义。①

（三）婚姻状况特征

婚姻状况与犯罪之间的关系，是所有犯罪学家都不能忽视的重要研究内容之一。美国著名社会学与犯罪学家罗伯特・桑普森与约翰・劳布研究指出，犯罪行为方面的差异至少通过两种途径对成年时期的犯罪行为产生影响。第一种途径是，个体会把其生命早期，特别是 14 周岁之前由于受家庭、兄弟姐妹、学校、伙伴影响而形成的犯罪性倾向带至成年时期。第二种途径是状态依赖性，表明过去和将来犯罪行为之间的联系是一种自然的因果关系。虽然这种影响是潜在的，但是该模式说明，犯罪人的行为会逐渐消弱维系成年人与社会联系的纽带，如与劳动部门的联系，与婚姻的联系等所起的作用，导致他们与主流社会之间的联系出现困难。这一研究可以更进一步用成年时期社会纽带的强弱来解释成年犯罪与否的变量。②另一些美国犯罪学家江山河、费希尔等人运用多层次多元回归分析发现婚姻状

① 吴鹏森：《新生代农民工犯罪与第一代的比较研究》，载《犯罪研究》2016 年第 5 期。

②［美］罗伯特・J. 桑普森、约翰・H. 劳布：《犯罪之形成——人生道路及其转折点》，汪明亮、顾婷等译，北京大学出版社 2006 年版，第 143 页。

况的维持有助于降低男性犯罪人的违规行为次数。①

在国内，很多犯罪学者发现婚姻状况与犯罪之间的关系主要体现婚姻状况本身对犯罪的影响。王品卿认为，不同婚姻状况的服刑人员在早期不良行为和简单化倾向上有显著差异，离异和未婚的重新犯罪率较高，离异和未婚的服刑人员一般不会受到来自家庭方面的压力，他们在出狱后仍然重复原来的生活模式，采取“一人吃饱，全家不饿”的生活态度来生活，对前途毫无计划和目标，浑浑噩噩混日子，因此其重新犯罪风险较高。② 由此可见，处于离异和未婚状态的犯罪群体有着较大的共性，即没有来自家庭的压力，社会责任感缺乏。对此类犯罪的预防则应从家庭入手，培养其家庭责任观念。

（四）户籍户口特征

户籍制度以及由此衍生出来的城镇户口与农村户口，或者说农业户口与非农业户口是中国社会管理的一个比较特殊的制度，国内学者与公众对此制度褒贬不一。在此笔者无意评判户籍制度与户口政策的是非对错，笔者的目的是探讨刑满释放人员本身的户籍户口特征是否是其重新犯罪的影响因素。实际上，中国正处于传统社会向现代社会、农业社会向工业社会、农民向市民的剧烈转型时期，社会流动加速，社会变迁加速，其中最显著的表现是流动人口数量的增加，即大量农村富余劳动力进入城市打工、创业和生活。伴随这一社会流动现象，城市犯罪中的外地户籍人员、农业户口人员的比例逐渐上升。因此，户籍与户口这一中国特色的人口社会学因素也应该被纳入研究，成为不可忽视的变量。在这种背景下，犯罪人的户籍户口成为很多犯罪学者非常关注的变量，而户籍户口在学术研究中一般

① Jiang, Shanhe and L.Thomas Winfree, Jr, Social Support, Gender, and Inmate Adjustment to Prison Life: “Insights from a National Sample” . The Prison Journal,2006(86).

② 王品卿:《重新犯罪风险评估量表的编制及其影响因素的实证研究》,闽南师范大学 2015 年硕士学位论文。

很少直接被使用，而是相应地使用“流动人口”来指称外省市户籍的人员。例如，王同益介绍了国外学者 Becker 对中国流动人口犯罪的研究。Becker 指出，犯罪行为是一种理性选择结果：当犯罪的机会收益超过机会成本时，一个人就会选择犯罪。根据这一理论可知,外来人口（比重）的增加对地区犯罪的影响主要有以下两条途径：其一是相对于本地人来说外来人口犯罪的机会成本更低，因此犯罪倾向更高，外来人口比重的提高自然会导致整体犯罪率的上升；其二是外来人口的流入对本地人的收入和就业产生负面影响，降低了本地人犯罪的机会成本，继而通过提高本地人的犯罪倾向导致整体化罪率的提高。然而，这两条机制很有可能不成立。横向比较来看，外来人口（在中国主要是农民工）的受教育和收入水平要比本地人（在中国主要是城镇居民）低，他们犯罪的机会成本相对较低，因此犯罪倾向会更高。但是，外来人口的收入具有“双重性”，虽然其收入与本地人之间存在着显著的差距，但其纵向收入却有了显著的改善，而这会提高他们犯罪的机会成本从而使得他们的犯罪倾向趋于减小。从机会成本的另一重要维度——失业率来看，大量的原始事实表明外来人口由于在流动决策时存在着“自选择性”，他们的失业率要比本地人低。[①] 又如，王毅成认为，流动人口大量涌入城市一定程度上造成了犯罪高发，但流动人口是不是犯罪高发的决定因素，很少有学者对此进行研究和论证。很多研究者根据他人的研究成果和相关数据认定流动人口就是犯罪高发的幕后黑手，没有相关的论证就说两者关系密切不符合唯物辩证法，大部分学者研究得出流动人口犯罪具有深刻的社会根源，社会根源性问题需要全社会来解决，单凭一个行业或部门很难解决这个问题，再者流动人口可能并非引发犯罪高发的唯一根源，或许还有其他根源的存在和影响，这些都是需要澄清和解决的问

---

① 王同益:《中国户籍制度改革的动力与阻力研究》，浙江大学 2016 年博士学位论文。

题。[①] 又如，金小红、陈明香、王艳云、白睿智研究城市流动青少年犯罪过程及机制发现，流动中产生的生存风险显示出合法性手段和社会资源的缺失，流动中的青少年在情感和规范上对越轨亚文化群体的依赖对其走上犯罪道路有着重要影响。[②] 再如，张勇濂认为，农民流动的增大确实对社会治安构成了很大压力，威胁到和谐社会的构建，特别是社会管理、思想政治教育、社会保障体制跟不上的话，农民工犯罪这一社会问题就更容易大幅增长，其犯罪的影响面也会越大，造成的社会失稳现象会更严重。对于流动的农民来说，当他流入一个新的城市，在一个新的生活环境里，他所面对的是"陌生"的匿名环境，在其原有道德规范弱化的同时，加之社会保障体制、城市社会支持网络的缺失，因此部分不能适应新环境或不能控制自己情绪的农民工就很可能做出越轨行为。[③]

（五）服刑次数特征

犯罪历史是罪犯重新犯罪研究者不可回避的重要研究维度，历史是已经过去的事情，但是未来依然是历史的延续，它必将对未来产生影响，这种影响有可能是正向的，也有可能是负向的，摆脱不了的是，未来不可能脱离历史，历史是未来的基点。犯罪历史包括罪犯从前的罪名，被判处的刑期，犯罪时的年龄，监狱服刑的次数等。犯罪历史所涉及的一些要素在犯罪学家看来属于静态因素，因为是历史，所有具有不可改变的特征，虽然不可改变，但是这些静态因素对罪犯重新犯罪依然具有或大或小的影响。

传统犯罪学理论非常强调法律制裁对于犯罪成因的影响，但是实证研究比较缺乏。后来的非正式社会控制理论在解释犯罪人持续犯罪的原因方

---

① 王毅成:《CBE 区流动人口社会治安影响因素分析及对策研究》，西安理工大学 2017 年硕士学位论文。

② 金小红、陈明香、王艳云等:《关于城市流动青少年犯罪过程机制的调查研究——以社会学越轨理论为视角》，载《中国青年研究》2012 年第 3 期。

③ 张勇濂:《流动与犯罪：转型期中国农民流动的社会秩序研究》，华中师范大学 2009 年博士学位论文。

面大多采用实证研究的定量测量方法，但是却过分忽略诸如法律制裁、监狱服刑、社区服刑等正式社会控制对于个体犯罪的影响。实际上，有社会学者与犯罪学者已经指出，个体接受的法律制裁越严厉、时间越长可能对其威慑作用越大，那么个体可能更加惧怕犯罪引致的惩罚。① 另外，犯罪学者普遍发现，个体第一次犯罪实际执行刑期越长，他们重新犯罪的可能性越小；个体违法犯罪的次数越多，其重新犯罪的可能性越大。② 个体第一次犯罪罪名也与重新犯罪风险相关。例如，暴力犯罪者、吸毒犯罪者比经济犯罪者更可能重新犯罪。③

具体而言，如雷世章认为，重新犯罪人员中，有将近 50% 的个体在历次重新犯罪前无所事事，尽管将近 20% 以上的罪犯在刑释后对未来生活充满期待，但随着犯罪次数的增加，重新犯罪个体的心理越来越变得消极严重。④ 又如，郑海、李国华认为，不论是刑量的总供给还是趋势分析下个体的平均刑量的配置均呈现出走低的趋势，由此运用罪刑因果关系原理逆向推导出作为整体的重新犯罪人群体的恶害性在随着犯罪次数的增加而减少，群体意义上的犯罪行为人也在减少，重新犯罪的存量在减少，相应的恶害性也在降低，就样本中作为个体的具体的绝大部分重新犯罪人而言，个体恶害性随着犯罪次数的增加在急剧下降。⑤ 由此我们可以看出，整体而言，服刑次数越多的人员，其重新犯罪风险越大。呈现出这种结果的原因可能来

① Aker Ronald L. , Christine S. Sellers. 2004. Criminological Theories: Introduction, Education, and Application. Los Angeles, CA: Roxbury Publishing Company. p.22.

② 曾赟：《服刑人员刑满释放前重新犯罪风险预测研究》，载《法学评论》2011 年第 6 期。

③［美］罗纳德 · J. 博格、小马文 · D. 弗瑞、帕特里克亚 · 瑟尔斯：《犯罪学导论——犯罪、司法与社会（第二版）》，清华大学出版社 2009 年版，第 330—331 页。

④ 雷世章：《重新犯罪原因的调查与思考——以湖北江北监狱为样本》，载《犯罪与改造研究》2012 年第 11 期。

⑤ 郑海、李国华：《中观视野下重新犯罪的罪刑样态与耦合关系》，载《法律科学》（西北政法大学学报）2017 年第 4 期。

自多个方面，可能是他们已经习惯与监狱的生活，习惯于漠视法律的威严，在长期的犯罪生涯中，习得了很多犯罪的技巧，也可能他们在监狱这个相对封闭的环境中形成了自卑心理与全面落后于社会发展的个人综合素质，如文化程度低，缺乏劳动技能，导致他们走上社会之后“破罐子破摔”，从而重新走上犯罪道路。

笔者根据对以往有关犯罪人口特征研究成果的梳理和分析，将刑满释放人员人口特征的各个典型因素作为本研究的自变量，将刑满释放人员是否重新犯罪作为因变量。据此，本研究提出如下几个研究假设：

假设1：刑满释放人员上次刑释之后的性别特征显著影响其是否重新犯罪；

假设2：刑满释放人员上次刑释之后的文化程度特征显著影响其是否重新犯罪；

假设3：刑满释放人员上次刑释之后的婚姻状况影响其是否重新犯罪；

假设4：刑满释放人员上次刑释之后的户籍特征显著影响其是否重新犯罪；

假设5：刑满释放人员上次刑释之后的户口特征显著影响其是否重新犯罪；

假设6：刑满释放人员成年后在监狱服刑的次数显著影响其是否重新犯罪。

二、变量设置与测量方法

在本研究中，人口特征被操作为6个自变量，即“性别”“文化程度”“是否有配偶”“户籍”“户口”“上次刑释之前进监狱服刑次数”。本研究的目的是发现刑满释放人员是否重新犯罪的影响因素，由于是否重新犯罪这个因变量是典型的二分类变量，因此，本研究与上面的章节一样，采用ROC曲线分析来检验各自变量对是否重新犯罪的预测力度。

ROC曲线分析方法要求自变量为连续型定量，连续型变量包括定距变量、定比变量、虚拟变量以及定序变量。对于分类变量，即题目的选项为“是与否”或“没有与有”等二分类形式的变量,需要被转换为虚拟变量（0和1），才能开展ROC曲线分析。因此，本研究的变量设置表如下：

表 7.1.1　人口特征自变量设置表

维度	题目	选项	变量层次
人口特征	1. 性别	①女 =0	虚拟变量
		②男 =1	
	2. 文化程度	①小学及以下 =1	定序变量
		②初中 =2	
		③高中、中专、技校 =3	
		④大专、本科、研究生 =4	
	3. 有配偶吗?	①没有配偶 =0	虚拟变量
		②有配偶 =1	
	4. 户籍	①非上海户籍 =0	虚拟变量
		②上海户籍 =1	
	5. 户口	①非农业户口 =0	虚拟变量
		②农业户口 =1	
	6. 重犯前进监狱服刑次数	数字	定比变量

三、性别与重新犯罪之间关系的描述性统计分析

表 7.1.2 显示了刑满释放人员性别的描述性统计分析结果:（1）从未重新犯罪角度来看，在女性中，未重新犯罪者占 20.2%; 在男性中，未重新犯罪者占 79.4%。（2）从重新犯罪角度来看，在女性中，重新犯罪者占 7.0%; 在男性中，重新犯罪者占 93.0%。可见，无论是未重新犯罪群体还是重新犯罪群体，男性在相应的群体中的比例皆远大于女性。

表 7.1.2　性别与重新犯罪交叉表（人 /%）

题目	选项	未重新犯罪	重新犯罪
性别	女	45/20.2	16/7.0
	男	177/79.4	212/93.0

四、文化程度与重新犯罪之间关系的描述性统计分析

表 7.1.3 显示了刑满释放人员文化程度的描述性统计分析结果：（1）从小学及以下文化程度来看，未重新犯罪群体中，小学及以下文化程度者占 4.8%，重新犯罪群体中占 14.8%，可见，未重新犯罪者中小学及以下文化程度者比重新犯罪者中的比重要小 10 个百分点，差距比较大。（2）从初中文化程度来看，未重新犯罪群体中，小学及以下文化程度者占 27.3%，重新犯罪群体中占 57.6%，可见，未重新犯罪者中初中文化程度者比重新犯罪者中的比重要小 30.3 个百分点，差距非常大。（3）从高中、中专、技校文化程度来看，未重新犯罪群体中，此文化程度人群占 39.4%，重新犯罪群体中占 12.1%，可见，前者比后者的比重要大 27.3 个百分点，差距非常大。（4）从大专、本科、研究生文化程度来看，未重新犯罪群体中，此文化程度人群占 28.5%，重新犯罪群体中占 5.8%，可见，前者比后者的比重要大 22.7 个百分点，差距非常大。

表 7.1.3　文化程度与重新犯罪交叉表（人 /%）

题目	选项	未重新犯罪	重新犯罪
文化程度	小学及以下	12/4.8	63/14.8
	初中	68/27.3	148/57.6
	高中、中专、技校	98/39.4	31/12.1
	大专、本科、研究生	71/28.5	15/5.8

五、户籍与重新犯罪之间关系的描述性统计分析

表 7.1.4 显示了刑满释放人员户籍的描述性统计分析结果：(1) 在“非上海户籍”中，未重新犯罪者占 28.5%，重新犯罪者占 37.7%；可见，前者比后者的比重要少 9.2 个百分点，差距比较大。(2) 在“上海户籍”中，未重新犯罪者占 71.5%，重新犯罪者占 62.3%。可见，前者比后者的比重要少 9.2 个百分点，差距比较大。可见，重新犯罪者主要是上海市户籍人口，这与本研究的地点就是在上海有直接关系，即上海市主要人口是上海市户籍人口。那么，依据此次调查数据资料，可以做出结论，上海市的重新犯罪人员主要来自上海本地，而不是来自外省市户籍的流动人口。

表 7.1.4　户籍与重新犯罪交叉表（人 /%）

	选项	未重新犯罪	重新犯罪
户籍	非上海户籍	65/28.5	86/37.7
	上海户籍	163/71.5	142/62.3

六、户口与重新犯罪之间关系的描述性统计分析

表 7.1.5 显示了刑满释放人员户口的描述性统计分析结果：(1) 在“非农业户口”中，未重新犯罪者占 76.2%，重新犯罪者占 53.3%；可见，前者比后者的比重要大 22.9 个百分点，差距很大。(2) 在“农业户口”中，未重新犯罪者占 23.8%，重新犯罪者占 46.7%。可见，前者比后者的比重要少 22.9 个百分点，差距比较大。可见，重新犯罪者中，主要是非农业户口，即城镇户口的刑满释放人员。这与本研究地点在上海市，而上海市在我国属于经济最为发达，城市化程度最高的大都市，因此，非农业户口占比非常大正是上海城市特征之一。

表 7.1.5　户口与重新犯罪交叉表（人 /%）

题目	选项	未重新犯罪	重新犯罪
户口	非农业户口	154/76.2	106/53.3
	农业户口	48/23.8	93/46.7

七、是否有配偶与重新犯罪之间关系的描述性统计分析

表 7.1.6 显示了刑满释放人员刑释时是否有配偶的描述性统计分析结果:（1）在“没有配偶”中，未重新犯罪者占 70.1%，重新犯罪者占 50.4%;（2）在“有配偶”中，未重新犯罪者占 29.1%，重新犯罪者占 48.1%。

表 7.1.6　刑释时是否有配偶与重新犯罪交叉表（人 /%）

题目	选项	未重新犯罪	重新犯罪
是否有配偶	没有配偶	176/70.1	130/50.4
	有配偶	73/29.1	124/48.1

八、上次刑释前进监狱次数与重新犯罪之间关系的描述性统计分析

表 7.1.7 显示，在接受调查的刑满释放人员中，从“重犯之前进入监狱服刑的次数”这个问题来看，在重新犯罪组内，平均次数为 1.44 次，众数，也就是出现次数最多的为 1 次。可见，重新犯罪的刑满释放人员中，重犯之前进入监狱服刑次数为 1 次的犯罪的人数最多。在未重新犯罪组内，平均次数为 0.26 次，众数为 0 次，可见，未重新犯罪的刑满释放人员中，在重犯之前进入监狱服刑次数为 0 次的犯罪的人数最多。从整体来看，重新犯罪组重犯之前进监狱服刑次数的所有统计量对应的数字都要比未重新犯罪组大。

表 7.1.7　重犯之前进入监狱服刑的次数（次）

统计量	重新犯罪组	未重新犯罪组
均值	1.44	0.26
中值	1.00	0.00
众数	1.00	0.00
极小值	0.00	0.00
极大值	6.00	3.00

另外，课题组开展深度访谈发现，重新犯罪的人群在人口特征方面主要有如下几个特征：一是文化程度比较低，主要是初中、中专、技校这类人群；二是没有稳定工作；三是在监狱里面待太久，出狱后回到社会难以适应社会；四是多进宫的人员；五是没结婚的刑满释放人员重新犯罪的风险会比较高，当他们结婚之后，生活就会趋于稳定，特别是有了自己的小孩之后，重新犯罪的可能性就更低了。

"……在就业方面容易出现这种问题。他们一个是文化程度比较低，一个是年龄也大了。还有就是社会上对他们存在一种偏见，长期下去，他会很仇视这个社会。也就是说，这个社会上的人瞧不起我，不给我机会让我好好改过。时间一长，就会有这种仇视社会的心理。"（安置帮教工作者）

"现在很多人说自己是高中生，法院写的是高中，就认定为高中生，但是，他真正的学历其实你不知道，都是他口头说的，你很难去核实。判决书上写什么就是什么，他自己填的表格是什么就是什么。如果我问他们读的是什么高中，他们就说，哎呀，反正我就是读的什么中专啊，技校啊。法院也不会去要求他们提供什么材料证明他们的学历。我觉得这有点虚。信息不真实的话，研究就没有价值了。像我们有些办法来鉴别他的文化水平还有些效果，比如我要他写他的名字，名字会写不会写，就可以判断出他

的文化水平，这个方法比听他自己说要强得多了。”（安置帮教工作者）

“我觉得读过3年全日制高中的人，学历跟初中完全两样。像初中和技校，或者高中和技校、中专这些放在一块倒是可以。……技校多是没考上高中，然后随便找一个技校、中专读一下。而且中专要比技校好一点。高中又比中专好一些。但是我现在搞不懂，他们说的高中是不是指3年全日制高中，因为一般读了高中的人，即便他考不上大学，他也会去读一个夜大、成人大学等，不浪费自己的高中3年学历，这样他的学历就不应该是高中了。反正，技校和高中肯定不一样，高中是纯理论的东西，技校是出来就可以干活的。我认为技校抽烟、喝酒、打架闹事相对比较多。”（安置帮教工作者）

“我们那大部分都是动拆迁过来的，人在户不在的特别多，所以人多。（问：流动人口多吗，外地人多吗？）多，接近一半的比例都不是本街镇的户籍人员，大部分是外地人。（问：那上海人和非上海人刑满释放人员有什么区别？）没有很大区别，管理各方面要求都是一样的，他们的特点就是：一是居住不够固定，外地的人要在这里租房子住；二是文化程度明显低；三是在这边有正式工作的少，这些人流动性很大的。（问：那有没有重新犯罪的）有很多，五六个是有的。”（安置帮教工作者）

九、人口特征自变量与是否重新犯罪关系的ROC曲线分析

笔者在上文中对刑满释放人员人口特征与是否重新犯罪之间的关系的百分比数据开展了分析。这些百分比可以比较简单直观地呈现出刑满释放人员人口特征与重新犯罪之间关系的基本状态。那么，这两者之间的关系是否具有统计学上的显著意义？在统计学意义上，刑满释放人员人口特征是否能够有效地诊断其是否重新犯罪？这些问题无法使用百分比分析来回答，笔者使用了受试者工作曲线分析ROC来检验两者之间的关系。表7.1.8显示的结果是对ROC曲线下面积的检验，具体结果如下：（1）自变量“性

别”对应的曲线下面积为 AUC=0.473，P=0.000，虽然有统计学意义，但是，AUC=0.473 < 0.5，说明此自变量对重新犯罪的诊断没有意义。这是因为我们比较的是重新犯罪群体与未重新犯罪群体，这两类群体中，女性的比重都很小，所以，两者之间差异不太明显，没有达到统计学意义上的诊断意义。（2）自变量“文化程度”对应的曲线下面积为 AUC=0.225，P=0.000，虽然有统计学意义，但是，AUC=0.225 < 0.5，说明此自变量对重新犯罪的诊断没有意义。（3）自变量“户籍”对应的曲线下面积为 AUC=0.454，P=0.089，虽然有统计学意义，但是，AUC=0.454 < 0.5，说明此自变量对重新犯罪的诊断没有意义。（4）自变量“户口”对应的曲线下面积为 AUC=0.615，P=0.000，有统计学意义，并且，AUC=0.615 > 0.5，说明此自变量对重新犯罪的诊断有意义。（5）自变量“是否有配偶”对应的曲线下面积为 AUC=0.599，P=0.000，有统计学意义，并且，AUC=0.599 > 0.5，说明此自变量对重新犯罪的诊断有意义。（6）自变量“上次刑释之前进入监狱服刑的次数”对应的曲线下面积为 AUC=0.850，P=0.000，有统计学意义，并且，AUC=0.850 > 0.5，说明此自变量对重新犯罪的诊断有意义。

表 7.1.8　人口特征自变量的曲线下面积与显著值

自变量	AUC 面积	Sig.
性别	0.473	0.000
文化程度	0.225	0.000
户籍	0.454	0.089
户口	0.615***	0.000
是否有配偶	0.599***	0.000
上次刑释之前进入监狱服刑的次数	0.850***	0.000

*P < 0.05，**P < 0.01，***P < 0.001

由表 7.1.8 的统计分析结果可知，刑满释放人员上次刑满释放之后的人口特征变量对刑满释放人员是否重新犯罪具有一般的诊断价值。因为，本节中的 6 个研究假设有 3 个被证实，证实率为 50%。具体而言，本节被证实的 3 个研究假设分别为：刑满释放人员户口特征能够显著影响其是否重新犯罪，城镇户口者更加容易重新犯罪。刑满释放人员是否有配偶能够显著影响其是否重新犯罪，有配偶者不容易重新犯罪。刑满释放人员上次刑释前进监狱服刑次数能够显著影响其是否重新犯罪，进监狱次数更多的人更容易重新犯罪。

第二节 经济状况与重新犯罪

从古至今，经济状况对犯罪的影响从来不可小觑，犯罪的主要原因和动机由经济状况的不良而引起，这一现象已受到犯罪学界广泛的关注。既有的绝大多数研究显示，经济状况是人生存发展的首要条件和根基，同样对于刑满释放人员而言，经济状况的好坏是衡量其回归社会程度、重新犯罪可能性的重要标准。那么，回到本研究的对象，即刑满释放人员，他们在上一次刑满释放之后的经济状况与重新犯罪这个结果之间的关系呈现什么样的特征？这些经济状况特征能有效地诊断其是否重新犯罪吗？本研究尝试通过调查研究回答这些问题。

一、研究回顾与研究假设

在国外，犯罪学家非常重视经济状况对刑满释放人员重新犯罪的影响，并且做了大量的研究工作，取得了比较明显的成效。例如，欧美国家的多项研究显示，刑满释放人员难以就业不仅是他们犯罪的重要原因，而且会增强其重新犯罪概率。德国犯罪学家 Box 认为，失业对于犯罪具有非常大的推动力。[①]美国司法统计局2005年的报告指出，1/3的犯罪人被捕时处于失业状况，这些人的失业率远远高于平均失业率。[②]美国犯罪学家特伦斯·肖恩波利与R.L. 克里斯汀森对1000名生于费城的男子所进行的纵贯研究也发现，失业对于犯罪活动的增多具有即时的或短期性刺激效果，两者之间具有互相作用、互相强化的关系。[③]Conklin则指出，与一般人相比，失业是导致犯罪人被释放以后重新犯罪的一个重要因素，而那些已经找到工作的释囚重新犯罪率则很低。[④]英国的一项调查发现，67%的罪犯入狱前没有工作，但整个社会中只有5%的人没有找到工作；76%的罪犯出狱后无业可就，在两年内的重新犯罪率是61%。[⑤]罗伯特·桑普森与约翰·劳布通过数据检验发现，工作的稳定性对犯罪和违法行为具有持续的、消极的影响，即工作越稳定，违法犯罪行为次数越少，并且指出，增加一个单位的工作稳定性就可以使成年后期的违法与犯罪行为的对数至少降低0.18。[⑥]

在国内，犯罪学研究者们同样非常关注服刑人员、刑满释放人员的经济状况以及对他们回归社会乃至重新犯罪的影响。例如，王淑华认为导致服刑人员回归安置难的问题的因素，主要在于社会的客观因素而不是服刑人员的主观因素。社会的客观因素包括社会治安环境、社会经济环境和社会接纳环境。在王淑华认为影响服刑人员回归社会保护客观要件存在的问

① Box, S. why should recession cause crime to increase to increase? In D. v. z. Smith & F. Dunkel(Eds). Prison Labour: Salvation or Slavery? International Perspective. Dartmouth: Ashgate. 1999: 26–295.

② Petersilia, J, "Hard Time: Ex-Offenders Returning Home After Prison", Corrections Today, 2005(4): 102 –103.

③ Thornberry, T., and R. Christenson, "Unemployment and Criminal Involvement: An Investigation of Reciprocal Causal Structures" . American Sociological Review .1984(49): 398–411.

④ Conklin, J. Why Crime Rates Fell. Boston: Allyn and Bacon. 2003: 107–109.

⑤ The Secretary of State for Education and Skills.Reducing Re-Offending Through Skill and Employment. 2005.

⑥［美］罗伯特·J. 桑普森、约翰·H. 劳布:《犯罪之形成——人生道路及其转折点》，汪明亮、顾婷等译，北京大学出版社2006年版，第143页。

题中，经济因素的问题为：社会经济的不稳定性成了阻碍服刑人员回归社会的障碍。对此，王淑华提出对策，应拓展出监教育的广度和深度，出监教育内容要有突破和创新，结合罪犯自身条件，对罪犯进行就业技能培训，使其回归社会后能具备生存能力。加快社会化进程，让一部分罪犯在社会中接受惩罚和改造。王淑华认为要做好服刑人员回归后的迎接工作，健全服刑人员回归保护法，推进安置帮教法制化建设，如前科消灭制度的建立和完善，规范服刑人员回归社会，完善服刑人员回归社会就业保护政策。王淑华进一步指出，社会经济的不稳定会阻碍服刑人员回归社会，而对罪犯进行就业技能培训，使其回归社会后能具备生存能力，从而阻止其因为缺乏经济收入而无法顺利回归社会，从而走上重新犯罪的道路。又如，笔者认为经济发展程度高使得非政府组织发育较为成熟，形成在政府主导下的多元化服务体系，并且政府能够对社区服刑人员进行经济援助，因此社会层面的支持多在于城市的体系、援助等对社区服刑人员的经济支持。笔者对社区服刑人员的社会支持系统进行考察应当从微观、中观、宏观角度进行研究，于2013年至2014年深入上海市社区矫正社会支持服务第一线，进行了为期一年的实地调研。笔者认为上海市社区服刑人员的社会支持系统可以从社会层面、社区层面、家庭层面以及个人层面对其进行分析。社会层面的支持在于上海市经济程度发展较高，非政府组织发育相对其他省市较为成熟，有专职的司法社会工作队伍，社区服刑人员社会支持系统因而是在政府主导下的多元化服务体系。除此之外，政府还是经济援助的提供者，对社区服刑人员进行直接或者间接的经济援助，通过相关法律、法规对社区服刑人员社会支持服务进行指导和管理。社区层面上，上海市社区服刑人员社会支持服务是在政府的指导下，采取“政府购买服务”方式资助非政府组织实施具体服务。上海市新航社区服务工作站承担了主要的社区工作服务，上海市志愿者帮教协会则承担了辅助性的社区服刑人员社会支持服务工作，中途驿站则是承担了“三无”社区服刑人员的社会支持服务工作。从笔者社会支持系统的研究成果来看，对社区服刑人员的经济支持体现于较高的经济发展程度下孕育的较成熟的多元化服务体系，由此可以得知经济发展程度较高的地区对社区服刑人员回归社会的支持程度较高；同时由于采取“政府购买服务”方式资助非政府组织实施具体服务，并由不同的承担资助实施不同的服务内容，此种资助方式将会比其他地区更有助于社区服刑人员回归社会。① 再如，中南财经政法大学的陈娜研究了社区服刑人员悔罪程度及其影响因素，认为是否就业、收入是否满足基本生活、有过犯罪经历的朋友人数、是否满意社区矫正警察的工作、是否满意社区矫正社会工作者的工作这五个变量对社区服刑人员的悔罪程度有着显著的影响。② 虽然前者的学者研究对象是社区服刑人员，但实际上，社区服刑人员与刑满释放人员之间有很大的相似性。严格来说，社区服刑人员与监狱服刑人员在本质上虽然都与刑满释放人员不同，前两者实质上是罪犯群体，后者是普通公民，但是实际上，刑满释放人员与社区服刑人员都生活在社区或者社会上，拥有很大的人身自由权，这一点是监狱服刑人员无法比拟的特点。而且刑满释放人员安置帮教工作与社区服刑人员社会适应性帮扶在很大程度上非常相似。因此，社区服刑人员相关的研究可以作为刑满释放人员研究的参考。

根据笔者对以往相关研究成果的文献综述，笔者将刑满释放人员上次刑满释放之后经济状况作为本研究的自变量，将刑满释放人员是否重新犯罪作为因变量。据此，本研究提出如下几个研究假设：

假设 1：刑满释放人员住所类型显著影响其是否重新犯罪；

假设 2：刑满释放人员是否经常更换住处显著影响其是否重新犯罪；

---

① 章友德、李光勇：《社区服刑人员社会支持系统调查研究——以上海为例》，载《华东理工大学学报》（社会科学版）2015 年第 2 期。

② 陈娜：《社区服刑人员悔罪程度及影响因素实证研究》，载《法学论坛》2016 年第 5 期。

假设 3：刑满释放人员住宿条件满意程度显著影响其是否重新犯罪；

假设 4：刑满释放人员收入来源显著影响其是否重新犯罪；

假设 5：刑满释放人员收入能否满足基本生活需求显著影响其是否重新犯罪；

假设 6：刑满释放人员是否因为犯罪被原单位辞退显著影响其是否重新犯罪；

假设 7：刑满释放人员是否有工作显著影响其是否重新犯罪；

假设 8：刑满释放人员是否愿意就业显著影响其是否重新犯罪；

假设 9：刑满释放人员失业次数显著影响其是否重新犯罪；

假设 10：刑满释放人员是否接受过就业技能培训显著影响其是否重新犯罪；

假设 11：刑满释放人员能否胜任工作显著影响其是否重新犯罪；

假设 12：刑满释放人员对工作是否满意显著影响其是否重新犯罪；

假设 13：刑满释放人员工作单位领导是否信任显著影响其是否重新犯罪；

假设 14：刑满释放人员能否与同事顺利交往显著影响其是否重新犯罪；

假设 15：刑满释放人员难以就业的原因是否是学历太低显著影响其是否重新犯罪；

假设 16：刑满释放人员难以就业的原因是因为技能不足显著影响其是否重新犯罪；

假设 17：刑满释放人员难以就业的原因是因为缺乏经验显著影响其是否重新犯罪；

假设 18：刑满释放人员难以就业的原因是因为年龄太大显著影响其是否重新犯罪；

假设 19：刑满释放人员难以就业的原因是因为照顾家人显著影响其是

否重新犯罪；

假设20：刑满释放人员难以就业的原因是因为有犯罪经历显著影响其是否重新犯罪。

二、变量设置与测量方法

在本研究中，刑满释放人员的经济状况被操作为18个自变量，即“住所类型”“是否经常更换住处”“住宿条件满意程度”“收入来源”“收入能否满足基本生活需求”“是否因为犯罪被原单位辞退”“是否有工作”“是否愿意就业”“失业次数”“是否接受过就业技能培训”“能否胜任工作”“对工作是否满意”“工作单位领导是否信任”“能否与同事顺利交往”“难以就业的原因是否是学历太低”“难以就业的原因是否是技能不足”“难以就业的原因是否是缺乏经验”“难以就业的原因是否是年龄太大”“难以就业的原因是否是照顾家人”“难以就业的原因是否是有犯罪经历”。本研究的目的是发现刑满释放人员是否重新犯罪的影响因素，由于是否重新犯罪这个因变量是典型的二分类变量，因此，本研究采用ROC曲线分析来检验各自变量对是否重新犯罪的预测力度。

ROC曲线分析分析方法要求自变量为连续型定量，连续型变量包括定距变量、定比变量、虚拟变量以及定序变量。对于分类变量，即题目的选项为“是与否”或“没有与有”等二分类形式的变量，需要被转换为虚拟变量（0和1），才能开展ROC曲线分析。因此，本研究的变量设置表如下：

表 7.2.1 上次刑满释放后经济状况自变量设置表

指标	题目	描述统计选项	ROC 曲线分析选项
居住情况	1. 您的住所属于哪一类?	①自己的房子 =1	①自家的房子 =0
		②父母的房子 =2	
		③寄宿在亲戚家 =3	
		④寄宿在朋友家 =4	②非自家的房子 =1
		⑤租借房 =5	
		⑥中途之家 =6	
		⑦没地方住，到处流浪 =7	
	2. 您是否经常更换住处?	①是 =1	①是 =1
		②不是 =2	②不是 =0
	3. 您对住宿条件满意吗?	①满意 =1	①满意 =0
		②不满意 =2	②不满意 =1
		③没地方住 =3	③没地方住 =1
收支情况	1. 上次刑满释放后，您的收入主要来自哪里?	①在职工作（合法）=1	①在职工作（合法）=0
		②亲朋好友接济 =2	②亲朋好友接济 =0
		③低保 =3	③低保 =0
		④养老金 =4	④养老金 =0
		⑤借钱 =5	⑤借钱 =1
		⑥非法途径 =6	⑥非法途径 =1
		⑦无任何收入 =7	⑦无任何收入 =1
	2. 您的收入能够满足基本生活需求?	①能 =1	①能 =0
		②不能 =2	②不能 =1

续表

指标	题目	描述统计选项	ROC 曲线分析选项
就业情况	1. 上次刑满释放后，您是否因为犯罪被原单位辞退？	①是 =1	①是 =1
		②否 =2	②否 =0
		③原本就没有工作 =3	③原本就没有工作 =99
	2. 您有工作吗？	①一直有 =1	①一直有 =0
		②有时就业，有时失业 =2	②有时就业，有时失业 =0
		③一直没有 =3	③一直没有 =1
	3. 您是否愿意就业？	①愿意 =1	①愿意 =0
		②不愿意 =2	②不愿意 =1
		③不需要就业（因为退休、生活富裕等）=3	③不需要就业（因为退休、生活富裕等）=0
	4. 您有过几次失业？	数字	定比变量
	5. 您接受过就业技能培训吗？	①接受过 =1	①接受过 =0
		②没接受过 =2	②没接受过 =1
	6. 上次刑满释放后，总体上，您能胜任工作吗？	①能 =1	①能 =0
		②不能 =2	②不能 =1
		③一直失业 =3	③一直失业 =99
	7. 总体上您对工作满意吗？	①满意 =1	①满意 =0
		②一般 =2	②一般 =0
		③不满意 =3	③不满意 =1
		④一直失业 =4	④一直失业 =99

续表

指标	题目	描述统计选项	ROC 曲线分析选项
就业情况	8. 总体上工作单位领导信任您吗？	①信任 =1	①信任 =0
		②一般 =2	②一般 =0
		③不信任 =3	③不信任 =1
		④一直失业 =4	④一直失业 =99
	9. 总体上您与同事能顺利交往吗？	①能 =1	①能 =0
		②一般 =2	②一般 =0
		③不能 =3	③不能 =1
		④一直失业 =4	④一直失业 =99
	10. 您难以就业的原因是学历太低	①否 =0	①否 =0
		②是 =1	②是 =1
	11. 您难以就业的原因是技能不足	①否 =0	①否 =0
		②是 =1	②是 =1
	12. 您难以就业的原因是缺乏经验	①否 =0	①否 =0
		②是 =1	②是 =1
	13. 您难以就业的原因是年龄太大	①否 =0	①否 =0
		②是 =1	②是 =1
	14. 您难以就业的原因是照顾家人	①否 =0	①否 =0
		②是 =1	②是 =1
	15. 您难以就业的原因是有犯罪经历	①否 =0	①否 =0
		②是 =1	②是 =1

三、居住情况与重新犯罪之间关系的描述性统计分析

表 7.2.2 显示了刑满释放人员居住情况的描述性统计分析结果：（1）在

“您的住所属于哪一类”这一题中，未重新犯罪者中回答自己家房子的人占42.4%，重新犯罪者回答自己家房子的人占26.8%；未重新犯罪者中回答父母的房子的人占22.8%，重新犯罪者回答父母的房子的人占36.2%；未重新犯罪者中回答寄宿在亲戚家的人占3.2%，重新犯罪者回答寄宿在亲戚家的人占1.2%；未重新犯罪者中回答寄宿在朋友家的人占0.8%，重新犯罪者回答寄宿在朋友家的人占1.6%；未重新犯罪者中回答租借房的人占29.2%，重新犯罪者回答租借房的人占27.6%；未重新犯罪者中回答中途之家的人占1.2%，重新犯罪者回答中途之家的人占0.8%；未重新犯罪者中回答没地方住，到处流浪的人占0.4%，重新犯罪者回答租借房的人占5.8%。可见，这里面有两个指标需要重视，一是是否居住在“自己家的房子”，回答是的未重新犯罪者对应的比例要比重新犯罪多15.6个百分点，差距非常明显；二是是否“到处流浪”，回答是的重新犯罪者对应的比例要比未重新犯罪多5.4个百分点，虽然百分比的绝对值不大，但是对于流浪这种极特殊的生活方式而言，我们可以认为两个群体差距非常明显。（2）在“在此期间，您是否经常更换住处？”这一题中，未重新犯罪者中回答是的人占5.3%，重新犯罪者回答是的人占43.8%。后者比前者的比重大38.5个百分点，差异明显。（3）在“在此期间，您对住宿条件满意吗？”这一题中，未重新犯罪者中回答满意的人占73.7%，重新犯罪者回答满意的人占48.8%。前者比后者比重大24.9个百分点，差异非常大。

表7.2.2 居住情况与重新犯罪交叉表（人/%）

题目	选项	未重新犯罪	重新犯罪
您的住所属于哪一类？	1. 自己家房子	106/42.4	69/26.8
	2. 父母的房子	57/22.8	93/36.2
	3. 寄宿在亲戚家	8/3.2	3/1.2

续表

题目	选项	未重新犯罪	重新犯罪
您的住所属于哪一类？	4. 寄宿在朋友家	2/0.8	4/1.6
	5. 租借房	73/29.2	71/27.6
	6. 中途之家	3/1.2	2/0.8
	7. 没地方住，到处流浪	1/0.4	15/5.8
在此期间，您是否经常更换住处？	是	13/5.3	109/43.8
	不是	232/94.7	140/56.2
在此期间，您对住宿条件满意吗？	满意	182/73.7	123/48.8
	不满意	60/24.3	104/41.3
	没地方住	5/2.0	25/9.9

另外，课题组开展深度访谈发现，安置帮教工作者认为住宿条件与重新犯罪有很大的关系。理由是：(1）刑满释放人员如果没有住房，他会感觉低人一等，产生自卑感，而且没有住房本身就证明了他经济条件很差，综合素质整体比较差，有的人连房租的钱都没有，在这些情况下，他可能就会想办法犯罪改善经济状况。另外，还有调查对象没有房子，经常性流动，职业、生活都很不稳定，这种不稳定的状态也是其重新犯罪的诱因。

“住宿条件差的话会产生自卑感，现在这个社会都在进步，他还在落后，他肯定自卑，我认为这个肯定有影响的。与同龄人相比，你是大学生，我没考上大学，我在社会上低你一等，找工作的时候我也比你难度增大，那我只能想个其他方法，万一我去犯罪，发现不了，我就成功了。”（安置帮教工作者）

“重新犯罪的大部分人就是我讲过的那些极端人群，他们要钱，因为租房子不够，他们又有这种犯罪的习惯，那怎么办，就去继续犯罪，重犯的一大部分都是吸毒的，他们这一群人，很容易犯罪。”（安置帮教工作者）

“还有一种本身就是游手好闲的人员，有些就是像那些‘老官司’了，反正两到三个月，这种人本来就没有正儿八经工作的，房子肯定也不会有的吧。”（安置帮教工作者）

“流动性大的话，这些人难以管理，本来这样的住宿条件，不管是职业也好，生活也好，肯定是很难保证的，职业肯定是流动性较大的职业，这样的话，肯定是容易重新犯罪了，他是没有后顾之忧啊，而且是，他的生活来源本来就是蛮困难的，可能就是靠一些不正规的就业来获取劳动报酬。”（安置帮教工作者）

（2）安置帮教工作者指出，有的刑满释放人员之所以犯罪，是因为其从小就生活在居住条件特别差的环境下，尤其是房子非常小，仅仅只有一个单间，安帮对象小时候就要和父母同住一间房，久而久之，导致安帮对象产生了一些心理问题甚至心理疾病。

“就像我们提到的一个小家伙犯强奸未遂罪，我们觉得他犯这种罪肯定从心理学上来讲是有心理疾病的。现在又是猥亵妇女，我们都认为他通过其他方式来解决这个问题，因为在目前中国现实情况下，解决这个问题的途径还是很多的。但是他老容易犯这个罪，从我们心理学来讲，他这是有疾病的，但是他这个疾病来源，我认为是跟他家庭住房有关，他家庭住房非常非常的小。他说他小的时候与他的父母三个人睡在一张床上，等他大的时候他要打地铺睡到床底下，他父母睡在床上，他既然把这个话拿来跟我讲，可见这件事情对他的影响是很大的，在这个过程当中肯定有很多事件影响了他。所以说，我觉得这个事情跟他的家庭住房是有关系的，我们不是说是百分之百的原因，但是肯定有关系，影响他的成长从而影响他一直犯这个罪。”（安置帮教工作者）

四、居住情况与是否重新犯罪关系的 ROC 曲线分析

表 7.2.3 显示的结果是对 ROC 曲线下面积的检验，具体结果如下：

（1）自变量“您是否有自家的房子？”对应的曲线下面积为 AUC=0.583，P=0.002，有统计学意义，并且，AUC=0.583 > 0.5，说明此自变量对重新犯罪的诊断有意义。（2）自变量“您是否经常更换住所？”对应的曲线下面积为 AUC=0.697，P=0.024，有统计学意义，并且，AUC=0.697 > 0.5，说明此自变量对重新犯罪的诊断有意义。（3）自变量“您对住宿条件满意吗？”对应的曲线下面积为 AUC=0.624，P=0.000，有统计学意义，并且，AUC=0.624 > 0.5，说明此自变量对重新犯罪的诊断有意义。

表 7.2.3　居住情况各自变量的曲线下面积与显著值

自变量	AUC 面积	Sig.
1. 您是否住在自家的房子？	0.583**	0.002
2. 您是否经常更换住所？	0.697*	0.024
3. 您对住宿条件满意吗？	0.624***	0.000

*P < 0.05，**P < 0.01，***P < 0.001

由表 7.2.3 的统计分析结果可知，刑满释放人员居住情况在统计学意义上对刑满释放人员是否重新犯罪具有较大的诊断价值。因此，本节提出的三个研究假设被证实。具体而言，刑满释放人员是否居住在自家的房子能够显著影响其是否重新犯罪，居住在自家房子里的刑满释放人员不容易重新犯罪。刑满释放人员是否经常更换住处能够显著影响其是否重新犯罪，经常更换住处者容易重新犯罪。刑满释放人员是否对住宿条件感到满意能够显著影响其是否重新犯罪，感到不满意者更容易重新犯罪。

五、收支情况与重新犯罪之间关系的描述性统计分析

表 7.2.4 显示了刑满释放人员收支情况的描述性统计分析结果：（1）这里面有三个指标需要重视，一是收入是否来自“在职工作（合法）”，回答

是的未重新犯罪者对应的比例要比重新犯罪少41.7个百分点，差距非常大。二是收入是否来自“非法途径”，回答是的重新犯罪者对应的比例要比未重新犯罪多20.3个百分点，并且未重新犯罪者没有通过非法途径获得收入的情况。三是收入是否“无任何收入”，回答是的重新犯罪者对应的比例要比未重新犯罪多19个百分点，差异非常大。（2）在“在此期间，您的收入能够满足基本生活需求吗？”这一题中，未重新犯罪者中回答能的人占77.5%，重新犯罪者回答能的人占47.5%。可见，未重新犯罪者对应的比例要比重新犯罪多30个百分点，差异非常大。

表 7.2.4　收支情况与重新犯罪交叉表（人/%）

题目	选项	未重新犯罪	重新犯罪
1. 上次刑满释放后，您的收入主要来自哪里？	在职工作（合法）	172/69.6	70/27.9
	亲朋好友接济	8/3.2	13/5.2
	低保	19/7.7	39/15.5
	养老金	26/10.5	4/1.6
	借钱	3/1.2	7/2.8
	非法途径	0/0.0	51/20.3
	无任何收入	19/7.7	67/26.7
2. 在此期间，您的收入能够满足基本生活需求吗？	能	193/77.5	116/47.5
	不能	55/22.1	128/52.5

在深度访谈方面，重新犯罪的刑满释放人员目前除了在监狱里面劳动改造会有一些象征性意义的收入记在他的个人收入账户上，没有正常的收入。不过我们询问的是重新犯罪者从上次刑满释放之后到重新犯罪之日期间的收入情况。通过深度访谈，我们发现他们重新犯罪很大程度上与金钱相关：（1）明知可能违法，但是看到其他人从中得利，自己依然心存侥幸，

想以身试险；（2）自己抗拒家人的约束，希望在社会上过自由自在的生活；（3）不满于自己当前的收入，且对正常的工作缺乏耐心，幻想一夜暴富；（4）自身性格叛逆、固执，听不进家人的规劝，反而容易受社会朋友的鼓动；（5）上一次犯罪回归社会后，虽然想要重新开始生活，但是难以适应，不得不走回老路。

“我觉得主要是我这个人抱有一些侥幸的心理。就说这个事，我看别人做了，我也做。别人做没什么问题，我觉得我做也不会有很大的问题。就是有这种侥幸的心理，我觉得这个事情就是模棱两可的。”（重新犯罪人员）

“第二次一方面是因为经济原因，另外一方面说来话长。那时候家里经济还可以，但是我不太愿意花太多家里的钱，不能说很有钱，中等水平，父母以前都是正常的工人，都还能维持家里的生活，但后来希望有一点自己的收入，这个主要是个人因素。”（重新犯罪人员）

“当时我也有一份工作，也是怀着侥幸心理，觉得还蛮稳当的，纠结了一下也就抱着试试看的心态，想赌一把，明知是违法的，但不知道这么严重。可能犯罪的类型，这个量刑就是比较重，如果我知道是这么严重当时也不会去。我以为刑期是两三年，三四年，结果是十年。当时确实没有想到这样，我的朋友后来也进来了，当时我们还在新收犯监狱碰见过，后来我们还写信联系，其实我们也是有正常的工作，并不是一定要靠赌博这个东西发家致富的，就是这样。”（重新犯罪人员）

“我这个人性格比较叛逆，有点固执，长时间没有人管我，做什么事情都无拘无束的，一来二去跟一些社会上的人走的近，离了他们感觉有点不习惯，跟他们在一起天天没有什么烦恼，慢慢的身边一些好的朋友知道你在社会上瞎混也会疏远你，到后来身边的朋友都是社会上的一些人。脑子里之前对犯罪这个事情没有任何的概念，可能相处的这个圈子里的人给了我很大的影响，价值观也扭曲了，到后来家人也对你爱管不管的，从第一次服刑出来我很想好好改，但是刚出来有些事情感觉适应不了，适应不了吧，

慢慢又走回之前的老路。”（重新犯罪人员）

在深度访谈过程中，未重新犯罪的刑满释放人员的收入状况比重新犯罪要好，主要是他们的心态比较稳定，对收入的要求不会太高，也不会期望一夜暴富。他们的收入状况主要有如下几种情况:（1）一部分刑满释放人员有正常的收入，并且生活压力并不大。（2）一部分刑满释放人员家人收入状况较好。（3）一部分刑满释放人员主要依靠低保收入，当然只能解决最基本的生活需要，要想生活水平高一点，还是得出去找工作。

“我老婆也总归有点工作，他们每个月总能拿到个五六千块钱，包括奖金的话还要高一点，她现在呢，我想也蛮辛苦的，也在跑销售。”（刑满释放人员）

“平时生活遇到的困难就是钱呀！尝试着找个工作但是没找到，没有找社工帮忙介绍工作。靠什么，靠父母咯，父母有点退休工资，因为我们吃低保，低保的还能这样子，但是工作还得找啊。”（刑满释放人员）

“说实在话我没有收入。有的话就是居委会给我吃低保。低保一个月就几百块钱，你说我一个人够用吗？然后还要借房子，我妈借那个房子一个月一千多块钱，我妈的退休工资一个月才两千多块钱。”（刑满释放人员）

六、收支情况与是否重新犯罪关系的 ROC 曲线分析

表 7.2.5 显示的结果是对 ROC 曲线下面积的检验，具体结果如下：（1）自变量“上次刑满释放后,您的收入主要来自哪里？”对应的曲线下面积为 AUC=0.741，P=0.000，有统计学意义，并且，AUC=0.741 > 0.5，说明此自变量对重新犯罪的诊断有意义。（2）自变量“在此期间，您的收入能够满足基本生活需求吗？”对应的曲线下面积为 AUC=0.651，P=0.000，有统计学意义，并且，AUC=0.651 > 0.5，说明此自变量对重新犯罪的诊断有意义。

表 7.2.5　收支情况各自变量的曲线下面积与显著值

自变量	AUC 面积	Sig.
1. 自上次刑满释放后，您的收入主要来自哪里？	0.741***	0.000
2. 在此期间，您的收入能够满足基本生活需求吗？	0.651***	0.000

*P < 0.05，**P < 0.01，***P < 0.001

由表 7.2.5 的统计分析结果可知，刑满释放人员收支情况在统计学意义上对刑满释放人员是否重新犯罪具有较大的诊断价值。因此，本部分提出的两个研究假设被证实。具体而言，刑满释放人员是否有合适的收入来源能够显著影响其是否重新犯罪，有合适收入来源的刑满释放人员不容易重新犯罪。刑满释放人员收入是否能够满足基本生活需求显著影响其是否重新犯罪，无法满足基本生活需求者更容易重新犯罪。

七、就业情况与重新犯罪之间关系的描述性统计分析

表 7.2.6　就业情况与重新犯罪交叉表（人 /%）

题目	选项	未重新犯罪	重新犯罪
1. 上次刑满释放后，您是否因为犯罪被原单位辞退？	是	47/19.0	61/24.8
	否	133/53.8	60/24.4
	原本就没有工作	48/19.4	125/50.8
2. 在此期间，您有工作吗？	一直有	145/58.5	39/15.5
	有时就业，有时失业	42/16.9	77/30.6
	一直没有	42/16.9	136/54.0

续表

题目	选项	未重新犯罪	重新犯罪
3. 在此期间，您是否愿意就业？	愿意	201/83.8	204/81.9
	不愿意	11/4.6	33/13.3
	不需要就业（因为退休、生活富裕等）	28/11.7	12/4.8
4. 在此期间，您接受过就业技能培训吗？	接受过	109/45.4	101/40.6
	没接受过	78/32.5	148/59.4
5. 上次刑满释放后，总体上您能胜任工作吗？	能	211/85.4	171/67.3
	不能	5/2.0	15/5.9
	一直失业	12/4.9	68/26.8
6. 在此期间，总体上您对工作满意吗？	满意	132/54.1	72/28.9
	一般	72/29.5	57/22.9
	不满意	5/2.0	26/10.4
	一直失业	16/6.6	94/37.8
7. 在此期间，总体上工作单位领导信任您吗？	信任	167/68.2	84/35.3
	一般	40/16.3	48/20.2
	不信任	4/1.6	11/4.6
	一直失业	14/5.7	95/39.9
8. 在此期间，总体上您与同事能顺利交往吗？	能	189/76.5	136/54.2
	一般	28/11.3	19/7.6
	不能	1/0.4	7/2.8
	一直失业	11/4.5	89/38.5
9. 在此期间，您难以就业的原因是学历太低	否	167/77.3	130/51.8
	是	49/22.7	121/48.2

续表

题目	选项	未重新犯罪	重新犯罪
10. 在此期间，您难以就业的原因是技能不足	否	189/87.5	181/72.1
	是	27/12.5	70/27.9
11. 在此期间，您难以就业的原因是缺乏经验	否	186/86.1	203/80.9
	是	30/13.9	48/19.1
12. 在此期间，您难以就业的原因是年龄太大	否	189/87.5	210/83.7
	是	27/12.5	41/16.3
13. 在此期间，您难以就业的原因是照顾家人	否	202/93.5	241/96.0
	是	14/6.5	10/4.0
14. 在此期间，您难以就业的原因是有犯罪经历	否	177/81.9	133/53.0
	是	39/18.1	118/47.0

根据表 7.2.6 对刑满释放人员就业情况的描述性统计结果可以发现，除了难以就业的原因是因为照顾家人之外，在其他所有题目中，负面的或者消极的选项中，重新犯罪者所占比重都要比未重新犯罪者大。接下来，我们比较所有题目中，负面或消极选项中，重新犯罪与未重新犯罪比例之差。在第 1 题中，重新犯罪者中没有工作者所占比重比未重新犯罪者高 31.4 个百分点，差异非常大。在第 3 题中，重新犯罪者中一直没有工作者所占比重比未重新犯罪者高 37.1 个百分点，差异非常大。在第 3 题中，重新犯罪者中不愿意就业者所占比重比未重新犯罪者高 8.7 个百分点，差异比较大。在第 4 题中，重新犯罪者中没有接受过技能培训者所占比重比未重新犯罪者高 26.9 个百分点，差异非常大。在第 5 题中，重新犯罪者中不能胜任工作者所占比重比未重新犯罪者高 3.9 个百分点，差异较小。在第 6 题中，重新犯罪者中对工作不满意者所占比重比未重新犯罪者高 8.4 个百分点，差异比

较大。在第7题中，重新犯罪者中不受领导信任者所占比重比未重新犯罪者高3个百分点，差异较小。在第8题中，重新犯罪者中不能与同事顺利交往者所占比重比未重新犯罪者高2.4个百分点，差异较小。在第9题中，重新犯罪者中难以就业是因为学历太低者所占比重比未重新犯罪者高25.5个百分点，差异非常大。在第10题中，重新犯罪者中难以就业是因为技能不足者所占比重比未重新犯罪者高15.4个百分点，差异比较大。在第11题中，重新犯罪者中难以就业是因为缺乏经验者所占比重比未重新犯罪者高5.2个百分点，差异较小。在第12题中，重新犯罪者中难以就业是因为年龄太大者所占比重比未重新犯罪者高3.8个百分点，差异较小。在第13题中，重新犯罪者中难以就业是因为照顾家人者所占比重比未重新犯罪者低2.5个百分点，差异较小。在第14题中，重新犯罪者中难以就业是因为有犯罪经历者所占比重比未重新犯罪者高28.9个百分点，差异非常大。

八、就业情况与是否重新犯罪关系的ROC曲线分析

表7.2.7显示的结果是对ROC曲线下面积的检验，具体结果如下：（1）自变量“上次刑满释放后，您是否因为犯罪被原单位辞退？”对应的曲线下面积为AUC=0.598，P=0.013，有统计学意义，并且，AUC=0.598＞0.5，说明此自变量对重新犯罪的诊断有意义。（2）自变量“在此期间，您难以就业的原因是学历太低”对应的曲线下面积为AUC=0.680，P=0.000，有统计学意义，并且，AUC=0.680＞0.5，说明此自变量对重新犯罪的诊断有意义。（3）自变量“在此期间，您难以就业的原因是技能不足”对应的曲线下面积为AUC=0.615，P=0.003，有统计学意义，并且，AUC=0.615＞0.5，说明此自变量对重新犯罪的诊断有意义。（4）自变量“在此期间，您难以就业的原因是有犯罪经历”对应的曲线下面积为AUC=0.645，P=0.000，有统计学意义，并且，AUC=0.645＞0.5，说明此自变量对重新犯罪的诊断

有意义。

表 7.2.7　就业情况各自变量的曲线下面积与显著值

自变量	AUC 面积	Sig.
1. 上次刑满释放后，您是否因犯罪被原单位辞退？	0.598*	0.013
2. 在此期间，您有工作吗？	0.540	0.314
3. 在此期间，您是否愿意就业？	0.508	0.835
4. 在此期间，您接受过就业技能培训吗？	0.513	0.748
5. 上次刑满释放后，总体上您能胜任工作吗？	0.505	0.905
6. 在此期间，总体上您对工作满意吗？	0.547	0.237
7. 在此期间，总体上工作单位领导信任您吗？	0.543	0.275
8. 在此期间，总体上您与同事能顺利交往吗？	0.517	0.658
9. 在此期间，您难以就业的原因是学历太低	0.680***	0.000
10. 在此期间，您难以就业的原因是技能不足	0.615**	0.003
11. 在此期间，您难以就业的原因是缺乏经验	0.543	0.272
12. 在此期间，您难以就业的原因是年龄太大	0.507	0.855
13. 在此期间，您难以就业的原因是照顾家人	0.486	0.726
14. 在此期间，您难以就业的原因是有犯罪经历	0.645***	0.000

*$P < 0.05$，**$P < 0.01$，***$P < 0.001$

由表 7.2.7 的统计分析结果可知，刑满释放人员就业情况在统计学意义上对刑满释放人员是否重新犯罪具有一定的诊断价值。本部分提出的 14 个研究假设中有 4 个被证实。具体而言，(1) 被证实的研究假设为：刑满释放人员是否因为犯罪被原单位辞退显著影响其是否重新犯罪，没有因为犯罪被原单位辞退的刑满释放人员不容易重新犯罪。刑满释放人员难以就业的原因是否是学历太低显著影响其是否重新犯罪，难以就业的原因是因为学历太低的刑满释放人员更容易重新犯罪。刑满释放人员难以就业的原因是因为技能不足显著影响其是否重新犯罪，难以就业的原因是因为技能不足者更容易重新犯罪。刑满释放人员难以就业的原因是因为有犯罪经历显著影响其是否重新犯罪，难以就业的原因是因为有犯罪经历者更容易重新犯罪。（2）被证伪的研究假设为：刑满释放人员是否有工作显著影响其是否重新犯罪；刑满释放人员是否愿意就业显著影响其是否重新犯罪；刑满释放人员失业次数显著影响其是否重新犯罪；刑满释放人员是否接受过就业技能培训显著影响其是否重新犯罪；刑满释放人员能否胜任工作显著影响其是否重新犯罪；刑满释放人员对工作是否满意显著影响其是否重新犯罪；刑满释放人员工作单位领导是否信任显著影响其是否重新犯罪；刑满释放人员能否与同事顺利交往显著影响其是否重新犯罪；刑满释放人员难以就业的原因是否是缺乏经验显著影响其是否重新犯罪；刑满释放人员难以就业的原因是否是年龄太大显著影响其是否重新犯罪；刑满释放人员难以就业的原因是否是照顾家人显著影响其是否重新犯罪。

九、失业次数与重新犯罪之间关系的描述性统计分析

表 7.2.8 显示，在接受调查的刑满释放人员中，从“失业次数”这个问题来看，在重新犯罪组内，平均次数为 1.99 次，众数，也就是出现次数最多的为 1 次。可见，重新犯罪的刑满释放人员中，在失业次数为 1 次的犯罪的人数最多。在未重新犯罪组内，平均次数为 1.30 次，众数为 1 次，可见，未重新犯罪的刑满释放人员中，在失业次数为 1 次的犯罪的人数最多。综合起来看，重新犯罪群体在所有关于失业次数的统计量方面，相应的数据都要大于未重新犯罪组。

表 7.2.8 失业次数（次）

统计量	重新犯罪组	未重新犯罪组
均值	1.99	1.30
中值	2.00	1.00
众数	1.00	1.00
极小值	0.00	0.00
极大值	10.00	5.00

十、失业次数与是否重新犯罪关系的 ROC 曲线分析

表 7.2.9 显示的结果是对 ROC 曲线下面积的检验，具体结果如下：自变量“失业次数”对应的曲线下面积为 AUC=0.713，P=0.000，有统计学意义，并且，AUC=0.713 ＞ 0.5，说明此自变量对重新犯罪的诊断有意义。

表 7.2.9 失业次数各自变量的曲线下面积与显著值

自变量	AUC 面积	Sig.
失业次数	0.713^{***}	0.000

$^{*}P < 0.05$，$^{**}P < 0.01$，$^{***}P < 0.001$

由表 7.2.9 的统计分析结果可知，刑满释放人员失业次数在统计学意义上对刑满释放人员是否重新犯罪具有较强的诊断价值。本部分提出研究假设被证实，即刑满释放人员失业次数显著影响其是否重新犯罪，失业次数多的刑满释放人员更容易重新犯罪。

在深度访谈中，我们发现部分重新犯罪者虽然本身有正常工作，但是希望挣钱快一些而参与赌博，所以，从根本上来看，他们主要是有一些不正常的金钱观，即不满足于普通的工作，希望一夜暴富，想的是轻轻松松

拿钱，无法静下心来做一份稳定的工作。

“有好有坏，有的是在混，但有的是在好好上班的，有的也会跟我说出来以后好好找一份工作，不要瞎混，有的嘛，总归也是说一些不好的话，让我继续怎样怎样，这个其实还是看自己了，我也上过一段时间班，但是我这个性格我觉得不适合一直做工作，心静不下来，我也断断续续做过一段时间，后来又停下来。”（重新犯罪人员）

“没什么交往，但是第二次又跟之前的一些朋友走到一起。经常出入赌博场所，一来二去经常在赌博场所碰到，我在里面以前或者他在里面以前会去吃喝玩乐，他都会主动打电话联系你，带上他的朋友，一来二去两个人又走到一起，赌博这个事情，把之前在外面打拼的那些钱都输了，慢慢手上没有经济来源，加上外面欠了一部分外债，想尽快地找到经济来源还清。”（重新犯罪人员）

“吃饭、玩，时不时还会跟别人打架，玩的项目有很多，慢慢的在那样的场所里跟之前的朋友产生一种博弈心理，天天在赌博的场所里混，能够轻轻松松拿到钱，之前的工作也没有心思去做。”（重新犯罪人员）

第三节　家庭环境与重新犯罪

家庭是指以婚姻和血缘关系为基础的社会单位，其成员包括父母、子女和其他共同生活的亲属在内。家庭是每个社会成员的第一生活环境，在刑满释放人员重新犯罪风险预防工作中，家庭也起着很重要的作用。关于刑满释放人员家庭早年成长经历与重新犯罪之间关系的文献综述，笔者已经在本书中的第四章详细阐述，并使用调查数据与其他资料详细论证。本节中的家庭环境聚焦刑满释放人员上一次刑释之后家庭环境对重新犯罪的影响，因此与第四章的早年家庭成长经历有更多的不同之处。具体而言，两章最主要的不同之处是第四章关注的是未成年时期的家庭因素，本章关注的是成年时期的家庭因素。

一、研究回顾与研究假设

国外有一些关于家庭环境与犯罪以及预防犯罪的经典理论，虽然这些犯罪学理论主要用来解释未成年或者青少年犯罪现象或犯罪问题，但是这些理论实际上对成年人的犯罪现象依旧有很强的解释力。因为未成年人与成年人都是生活在家庭中的个人。国外很多犯罪学家都指出了家庭对个人成长与社会化的重要作用。具体而言，在众多对罪犯的犯罪行为、再社会化的影响因素的研究中，家庭一直都被看作一个至关重要的因素。例如，兴起于20世纪60年代的社会控制理论中便有相关的研究理论，其主要代表人物美国犯罪社会学家特拉维斯·赫希认为，人类是动物，犯罪是每个人的本能，人人都有犯罪的自然倾向，因此，当把文明的外衣拿掉时，人人都会犯罪。所以，“人为什么要犯罪？”不应是犯罪社会学研究的问题；相反的，“人为什么不犯罪？”才是犯罪社会学家所要探讨的问题。赫希进一步指出，大多数人之所以从未犯罪，是由于有外在的社会控制机制将其抑制。外在社会控制是指诸如学校、家庭、教会等社会力量的作用。如果一个社会中这种控制机制受到削弱或消失，犯罪就会不受约束地成为一种普遍现象。赫希强调，个人和社会所建立起的“社会纽带”可以解释人何以不犯罪的问题。他认为“社会纽带”是一个人在社会化过程中形成的一种情感，是人们正常人格中的一部分。这种纽带具有防止青少年犯罪的作用，因为这种纽带会使青少年增强社会责任感，顺从社会传统规范。当一个人认识到他的家庭或社会上多数人对他的期望值越大，社会道德与社会秩序对他越重要，就表明“社会纽带”的作用越强烈，这个人就较不易犯罪；反之，如果一个人反对传统社会的价值观与信仰，任由其本能做事，完全不在意别人对他的看法，就表明缺少了“社会纽带”的作用，这种人就较容易实施犯罪。赫希认为“社会纽带”由下列四个要素构成：

（1）依恋（Attachment)。依恋是指与他人，特别是与家庭和学校的感情联结。一个人如与他人有亲密的感情、尊敬并认同他人，则会在意他人的期待；当不认同他人时，则不会受彼此共有的规范所约束，就可能去破坏规范。按照社会控制理论，依恋程度越高，犯罪行为越少。对青少年来说，家庭和学校是他们的主要依恋对象，与他们保持着最密切的联系，对他们正常社会化有十分重要的影响。家庭是一个人生活和成长的首要场所。社会规范的接受、价值观念的形成、生活目标的确立、行为方式的养成、生活技能的掌握和社会角色的培养等，最初都是在家庭中完成的。良好的家庭环境会孕育一个人健康的心理和健全的人格，会为其健康成长提供必要的条件。相反，不良的家庭环境则会导致人格缺陷和行为偏差，往往是造成违法犯罪的重要因素。

（2）追寻（Commitment)。追寻意指将个人时间和精力投入对传统目标的追求和对未来成功的期盼。追求成功，是青少年的重要理想，也是整体社会价值观的反映。志向越高，投入程度越高，越不会从事犯罪活动，因为其会考虑由此而引起的代价。

（3）参与（Involvement)。参与是指对社会传统活动的参加，参加程度的不同直接影响青少年的行为方式。赫希认为，较深入地参与传统活动，就会缺少从事越轨行为的时间和精力，就会将个人从犯罪行为的潜在诱惑中隔离开来，使个人没有时间和精力感知诱惑，考虑和从事犯罪活动。赫希对旧金山地区 5545 名青少年进行的调查表明，大约 3/4 的犯罪青少年时常觉得无事可做，空闲时间很多。另外，如果从事的不是传统活动，而是诸如吸烟、酗酒等活动，犯罪的可能性也会大为增加。可见，游手好闲和时间的不合理消耗都会导致犯罪行为。参与传统活动的程度可以作为预测青少年行为的一个指标。如果青少年不愿意追求传统目标，或者不愿意把时间和精力用在家庭和学校事务上，他们从事越轨行为的可能性会随之增加。

（4）信仰（Belief)。信仰是指对传统价值观念和道德法制观念的态度或者接受意愿。这种态度或者意愿依靠个人不断努力的学习，随着个人的社会化而形成。当一个人在社会化过程中内化了健康的价值观和自我概念，就会有健全的“社会纽带”，就会强化个人自我控制力，这时人们犯罪的原始本能就可获得控制或有效纾解，就不会犯罪，否则，如果一个人内化了不健康的价值观，就会更容易从事犯罪活动。[①]

对于一些成年时期初次犯罪，之后又重新犯罪的人员，他又受到了何种家庭因素的影响呢，这种家庭因素对于他选择重新犯罪产生了多大的驱动力呢？我们发现很多学者在对服刑人员的研究中，总结出了很多经验。在某些情况下家庭共同参与治疗能够使服刑人员的问题症状得以减轻或消失。家庭治疗理论认为，出现问题的人往往是家庭中的带症状者，是家庭病态、家庭功能失调的表征和“替罪羊”。人们一贯将罪疚归因于某个个体对家庭的“叛变”，而不再检视彼此之间互动模式对这个事件的影响。家庭治疗的过程在于唤醒“责任共同体”这一意识。例如，徐超凡认为，家庭治疗可以帮助服刑人员消除“伤人和自杀”的想法，也许就避免了恶性事件的再次发生。[②]

我国著名社会学家费孝通先生提出的差序格局理论是非常经典的解释我国家庭关系的理论。费孝通先生曾经对中国人的社会交往与人际关系进行过深入研究，并且提出了著名的“差序格局”理论。他认为，中国人的人际关系实质可以用这样一幅图景呈现：将一颗石子扔进平静的水面，水面就会泛起一圈一圈的波纹。这些波纹都以这颗石子为圈心，形成数个同心圆。在这样一幅图景中，每个人都是圆心，离圆心最近的那一个圆圈就是家庭，第二圈是亲戚，第三圈可能是朋友，依此类推，构成了中国人人际交往的

---

① 曹立群、周素娴：《犯罪学理论与实证》，群众出版社 2007 年版，第 188—189 页。

② 徐超凡：《家庭治疗在社区矫正中的功能和实现》，载《河北法学》2017 年第 4 期。

图景。联系这些同心圆的根本因素就是血缘关系，血缘关系越近，圆圈离圆心越近，圆圈越小。血缘关系越远，圆圈离圆心越远，圆圈越大。即血缘关系决定了人际关系的亲疏远近。很显然，家庭是每个人最亲密的人际圈子，血缘关系最浓的亲属圈子。依据社会学的观点，家庭是社会的细胞，是社会构成的基础。家庭关系的融洽促进社会和谐；家庭的稳定促进社会的稳定。因此，从“差序格局”理论来看，从家庭作为社会细胞的功能来看，刑满释放人员的家庭关系需要加以重视。

笔者根据对以往相关研究成果的文献综述，将刑满释放人员上次刑满释放人员之后的家庭环境因素作为本研究的自变量，将刑满释放人员是否重新犯罪作为因变量。据此，本研究提出如下几个研究假设：

假设 1：刑满释放人员与配偶关系显著影响其是否重新犯罪；

假设 2：刑满释放人员与父母关系显著影响其是否重新犯罪；

假设 3：刑满释放人员与孩子关系显著影响其是否重新犯罪；

假设 4：刑满释放人员父亲在自己生命中的重要程度显著影响其是否重新犯罪；

假设 5：刑满释放人员母亲在自己生命中的重要程度显著影响其是否重新犯罪；

假设 6：刑满释放人员父亲是否认为自己是“坏人”显著影响其是否重新犯罪；

假设 7：刑满释放人员母亲是否认为自己是“坏人”显著影响其是否重新犯罪；

假设 8：刑满释放人员同住家人人数显著影响其是否重新犯罪；

假设 9：刑满释放人员同住家人中有违法犯罪经历人数显著影响其是否重新犯罪。

二、变量设置与测量方法

在本研究中，家庭环境被作为9个自变量，即“与配偶关系”“与父母关系”“与孩子关系”“父亲在自己生命中的重要程度”“母亲在自己生命中的重要程度”“父亲是否认为自己是‘坏人’”“母亲是否认为自己是‘坏人’”“同住家人人数”“同住家人中有违法犯罪经历人数”。本研究的目的是发现刑满释放人员是否重新犯罪的影响因素，由于是否重新犯罪这个因变量是典型的二分类变量，因此，本研究采用ROC曲线分析来检验各自变量对是否重新犯罪的预测力度。

ROC曲线分析方法要求自变量为连续型定量，连续型变量包括定距变量、定比变量、虚拟变量以及定序变量。对于分类变量，即题目的选项为“是与否”或“没有与有”等二分类形式的变量，需要被转换为虚拟变量（0和1），才能开展ROC曲线分析。因此，本研究的变量设置表如下：

表7.3.1　上次刑释后家庭状况自变量设置表

维度	题目	描述性统计选项	ROC曲线分析选项
1. 家人关系质量	上次刑满释放后，总体上您与配偶的关系如何?	①好 =1 ②不好 =2 ③没有配偶 =3	①好 =0 ②不好 =1 ③没有配偶 =99 缺失值
	在此期间，总体上您与父母的关系如何?	①好 =1 ②不好 =2 ③无法回答 =3	①好 =0 ②不好 =1 ③无法回答 =99
	在此期间，总体上您与孩子的关系如何?	①好 =1 ②不好 =2 ③没有孩子 =3	①好 =0 ②不好 =1 ③没有孩子 =99

续表

维度	题目	描述性统计选项	ROC 曲线分析选项
2. 父母的重要程度	在此期间，父亲在您生命中的重要程度如何？	①重要 =1 ②不重要 =2 ③无法回答 =3	①重要 =0 ②不重要 =1 ③无法回答 =99
	在此期间，母亲在您生命中的重要程度如何？	①重要 =1 ②不重要 =2 ③无法回答 =3	①重要 =0 ②不重要 =1 ③无法回答 =99
3. 父母贴标签	上次释放后，您父亲是否认为您是“坏人”？	①认为 =1 ②不认为 =2 ③无法回答 =3	①认为 =1 ②不认为 =0 ③无法回答 =99
	在此期间，您母亲是否认为您是“坏人”？	①认为 =1 ②不认为 =2 ③无法回答 =3	①认为 =1 ②不认为 =0 ③无法回答 =99
4. 家人犯罪经历	在此期间，与您同住的家人有几个人？	数字	定比变量
	在此期间，在这些家人中，有几个人有违法犯罪经历？	数字	定比变量

三、家人关系质量与重新犯罪之间关系的描述性统计分析

表 7.3.2 显示了刑满释放人员家人关系质量的描述性统计分析结果，从这三个指标的统计分析来看，重新犯罪的刑满释放人员选择了负面或消极的选项所占比重都要比未重新犯罪的刑满释放人员大。尤其是在与配偶关系方面，前者的比重要比后者的比重大 9.7 个百分点。在与父母关系方面，前者的比重要比后者的比重大 12.2 个百分点。这些差距都比较明显。

表 7.3.2　家人关系质量与重新犯罪交叉表（人/%）

题目	选项	未重新犯罪	重新犯罪
1. 上次刑满释放后，总体上您与配偶的关系如何？	好	152/61.0	81/31.9
	不好	24/9.6	49/19.3
	没有配偶	73/29.3	124/48.8
2. 在此期间，总体上您与父母的关系如何？	好	206/83.7	164/64.6
	不好	6/2.4	37/14.6
	无法回答	34/13.8	53/20.9
3. 在此期间，总体上您与孩子的关系如何？	好	169/68.7	115/45.3
	不好	8/3.3	15/5.9
	没有孩子	69/28.0	124/48.8

四、家人关系质量与是否重新犯罪关系的 ROC 曲线分析

表 7.3.3 显示的结果是对 ROC 曲线下面积的检验，具体结果如下：（1）自变量“上次刑满释放后，总体上您与配偶的关系如何？”对应的曲线下面积为 AUC=0.600，P=0.015，有统计学意义，并且，AUC=0.600 > 0.5，说明此自变量对重新犯罪的诊断有意义。（2）自变量“在此期间，总体上您与父母的关系如何？”对应的曲线下面积为 AUC=0.531，P=0.441，有统计学意义，并且，AUC=0.531 > 0.5，说明此自变量对重新犯罪的诊断有意义。（3）自变量“在此期间，总体上您与孩子的关系如何？”对应的曲线下面积为 AUC=0.539，P=0.341，有统计学意义，并且，AUC=0.539 > 0.5，说明此自变量对重新犯罪的诊断有意义。

表 7.3.3　家人关系质量各自变量的曲线下面积与显著值

自变量	AUC 面积	Sig.
1. 上次刑满释放后，总体上您与配偶的关系如何？	0.600*	0.015
2. 在此期间，总体上您与父母的关系如何？	0.531	0.441
3. 在此期间，总体上您与孩子的关系如何？	0.539	0.341

*P < 0.05，**P < 0.01，***P < 0.001

由表 7.3.3 的统计分析结果可知，刑满释放人员家人关系质量在统计学意义上对刑满释放人员是否重新犯罪具有一定的诊断价值。本部分提出三个研究假设有一个被证实，即刑满释放人员与配偶的关系总体上如何这个变量显著影响其是否重新犯罪。其他两个研究假设被证伪。

五、父母的重要程度与重新犯罪之间关系的描述性统计分析

表 7.3.4 显示了刑满释放人员父母的重要程度描述性统计分析结果，从这两个指标的统计分析来看，重新犯罪的刑满释放人员选择了负面或消极的选项所占比重都要比未重新犯罪的刑满释放人员大。具体而言，在与父亲关系方面，前者的比重要比后者的比重大 6.7 个百分点。在与母亲关系方面，前者的比重要比后者的比重大 2.3 个百分点，虽然这些差距不算很大，但是依然可以说明两个群体之间的差异。

表 7.3.4　父母的重要程度与重新犯罪交叉表（人 /%）

题目	选项	未重新犯罪	重新犯罪
1. 在此期间，父亲在您生命中的重要程度如何？	重要	219/89.0	183/72.0
	不重要	3/1.2	20/7.9
	无法回答	24/9.8	51/20.1

续表

题目	选项	未重新犯罪	重新犯罪
2. 在此期间，母亲在您生命中的重要程度如何？	重要	226/91.9	209/82.0
	不重要	4/1.6	10/3.9
	无法回答	16/6.5	36/14.1

六、父母的重要程度与是否重新犯罪关系的 ROC 曲线分析

表 7.3.5 显示的结果是对 ROC 曲线下面积的检验，具体结果如下：（1）自变量“在此期间，父亲在您生命中的重要程度如何？”对应的曲线下面积为 AUC=0.535，P=0.220，有统计学意义，并且，AUC=0.535 > 0.5，说明此自变量对重新犯罪的诊断有意义。（2）自变量“在此期间，母亲在您生命中的重要程度如何？”对应的曲线下面积为 AUC=0.514，P=0.621，有统计学意义，并且，AUC=0.514 > 0.5，说明此自变量对重新犯罪的诊断有意义。

表 7.3.5　父母的重要程度各自变量的曲线下面积与显著值

自变量	AUC 面积	Sig.
1. 在此期间，父亲在您生命中的重要程度如何？	0.535	0.220
2. 在此期间，母亲在您生命中的重要程度如何？	0.514	0.621

$^{*}P < 0.05$，$^{**}P < 0.01$，$^{***}P < 0.001$

由表 7.3.5 的统计分析结果可知，刑满释放人员心中父母的重要程度因素在统计学意义上对刑满释放人员是否重新犯罪没有诊断价值。本部分提出两个研究假设均被证伪，即刑满释放人心目中父亲和母亲在自己生命中的重要程度如何都不能显著影响其是否重新犯罪。

七、父母贴标签与重新犯罪之间关系的描述性统计分析

表 7.3.6 显示了刑满释放人员父母贴标签的描述性统计分析结果，从这两个指标的统计分析来看，重新犯罪的刑满释放人员选择了负面或消极的选项所占比重都要比未重新犯罪的刑满释放人员大。具体而言，在被父亲认为是“坏人”方面，前者的比重要比后者的比重大 8.6 个百分点。在被母亲认为是“坏人”方面，前者的比重要比后者的比重大 9.1 个百分点，两个指标方面的差距都接近 10 个百分点，差距应该可以说比较明显。

表 7.3.6　父母贴标签与重新犯罪交叉表（人/%）

题目	选项	未重新犯罪	重新犯罪
1. 上次释放后，您父亲是否认为您是“坏人”？	认为	6/2.5	28/11.1
	不认为	197/81.1	158/62.5
	无法回答	40/16.5	67/26.5
2. 在此期间，您母亲是否认为您是“坏人”？	认为	2/0.8	25/9.9
	不认为	208/84.6	177/70.0
	无法回答	36/14.6	51/20.2

八、父母贴标签与是否重新犯罪关系的 ROC 曲线分析

表 7.3.7 显示的结果是对 ROC 曲线下面积的检验，具体结果如下：（1）自变量“上次释放后，您父亲是否认为您是‘坏人’？”对应的曲线下面积为 AUC=0.560，P=0.046，有统计学意义，并且，AUC=0.560 > 0.5，说明此自变量对重新犯罪的诊断有意义。（2）自变量“在此期间，您母亲是否认为您是‘坏人’？”对应的曲线下面积为 AUC=0.550，P=0.095，有统计学意义，并且，AUC=0.550 > 0.5，说明此自变量对重新犯罪的诊断有意义。

表 7.3.7　父母贴标签各自变量的曲线下面积与显著值

自变量	AUC 面积	Sig.
1. 上次释放后，您父亲是否认为您是“坏人”？	0.560*	0.046
2. 在此期间，您母亲是否认为您是“坏人”？	0.550	0.095

*P < 0.05，**P < 0.01，***P < 0.001

因此，由表 7.3.7 的统计分析结果可知，刑满释放人员父母给自己贴上污名化标签这个情况或因素在统计学意义上对刑满释放人员是否重新犯罪有一定诊断价值。本部分提出两个研究假设有一个被证实，另一个被证伪。被证实的研究假设是刑满释放人员被父亲认为是“坏人”显著影响其是否重新犯罪。被证伪的研究假设是刑满释放人员被母亲认为是“坏人”显著影响其是否重新犯罪。

九、同住家人人数与重新犯罪之间关系的描述性统计分析

表 7.3.8 显示，在接受调查的刑满释放人员中，从“同住家人人数”这个问题来看，在重新犯罪组内，平均人数为 2.60 人，众数，也就是出现次数最多的人数为 2 人。可见，重新犯罪的刑满释放人员中，在同住家人人数为 2 人的犯罪的人数最多。在未重新犯罪组内，平均人数为 2.21 人，众数为 2 人，可见，未重新犯罪的刑满释放人员中，在同住家人人数为 2 人的犯罪的人数最多。

表 7.3.8　同住家人人数（人）

统计量	重新犯罪组	未重新犯罪组
均值	2.60	2.21
中值	2.00	2.00

续表

统计量	重新犯罪组	未重新犯罪组
众数	2.00	2.00
极小值	0.00	0.00
极大值	16.00	10.00

十、同住家人人数与是否重新犯罪关系的 ROC 曲线分析

表 7.3.9 显示的结果是对 ROC 曲线下面积的检验，具体结果如下：自变量“同住家人人数”对应的曲线下面积为 AUC=0.464，P=0.066，没有统计学意义，并且，AUC=0.464 < 0.5，说明此自变量对重新犯罪的诊断没有意义。因此，研究被证伪，即刑满释放人员同住家人人数不能显著影响其是否重新犯罪。

表 7.3.9　同住家人人数各自变量的曲线下面积与显著值

自变量	AUC 面积	Sig.
同住家人人数	0.464	0.066

*P < 0.05，**P < 0.01，***P < 0.001

十一、同住家人中有犯罪经历人数与重新犯罪之间关系的描述性统计分析

表 7.3.10 显示，在接受调查的刑满释放人员中，从“同住家人中有犯罪经历人数”这个问题来看，在重新犯罪组内，平均人数为 0.10 人，众数，也就是出现次数最多的人数为 0 人。可见，重新犯罪的刑满释放人员中，在同住家人中有犯罪经历人数为 0 人的犯罪的人数最多。在未重新犯罪组内，平均人数为 0.09 人，众数为 0 人，可见，未重新犯罪的刑满释放人员中，

在同住家人中有犯罪经历人数为 0 人的犯罪的人数最多，也就是说，不管是重新犯罪组还是未重新犯罪组，最多的情况是，他们的家人中都没有曾经犯过罪的人。

表 7.3.10　同住家人中有犯罪经历人数（人）

统计量	重新犯罪组	未重新犯罪组
均值	0.18	0.09
中值	0.00	0.00
众数	0.00	0.00
极小值	0.00	0.00
极大值	4.00	4.00

十二、同住家人中有犯罪经历人数与是否重新犯罪关系的 ROC 曲线分析

表 7.3.11 显示的结果是对 ROC 曲线下面积的检验，具体结果如下：自变量“同住家人中有犯罪经历人数”对应的曲线下面积为 AUC=0.539，P=0.163，没有统计学意义，虽然，AUC=0.539 > 0.5，但是 P=0.163 > 0.05，说明此自变量对重新犯罪的诊断没有意义。因此，研究被证伪，即刑满释放人员同住家人中有犯罪经历人数不能显著影响其是否重新犯罪。根本原因在于刑满释放人员家人中有犯罪经历人数极少。

表 7.3.11　同住家人中有犯罪经历人数各自变量的曲线下面积与显著值

自变量	AUC 面积	Sig.
同住家人中有犯罪经历人数	0.539	0.163

$^{*}P < 0.05$，$^{**}P < 0.01$，$^{***}P < 0.001$

在深度访谈中，我们发现家庭对刑满释放人员的影响的确非常大。刑

满释放人员从监狱里面出来，如果得到家人的接纳和关心，他们将会更加重视安定的生活，因此，可以说良好的家庭环境是刑满释放人员回归社会，不再重新犯罪的重要促进因素。

（问：您现在和哪些人住在一起呢？）答：我父母，我爱人，还有我的孩子，我内弟，就是我爱人的弟弟。大家都住在一起。（问：那您的家人是如何看待您曾经犯过错误的？）答：他们就是平时多嘱咐一下，因为我刚才说我是做小生意的，然后跟顾客拌嘴比较多，然后我这个事情也是因为拌嘴才惹出来的，所以他们就一再地告诫我，不要再跟他们拌嘴，遇到事情不要情绪化，就好好地做生意，就这样。（问：那您平常跟家人关系怎么样？）答：一直都很融洽。（刑满释放人员）

"社会帮教这一块很重要，和监狱不一样。监狱带有强制性，社会帮教没有强制性，这是一方面。另一方面，我们做这种工作，必须和家属，和他们亲人结合起来了，这样才能做得很好。比如说他犯罪以后，夫妻关系不好了，要离婚了。但是这些人，他们还有子女，通过子女来和他们父亲拉近距离。他在监狱里面待了这么长时间，心里很苦闷。通过亲人子女，将他们拉回来以后。老婆接纳他，孩子都认他以后，他就能稳定下来了。像我们有个帮教对象，他已经8进8出了，在监狱里面待了17年左右。他的家庭不接受他。为什么不接受他。一接受他就会有这个房子问题啊，住宅问题啊，哎！志愿者帮助他介绍对象，等他结了婚以后，安了家以后，才稳定下来。我们志愿者都是无私的。大家为他们做工作。监狱里面做的工作没有我们做的工作细致，我们一方面做工作细致，另一方面就是有实效。"（安置帮教工作者）

"不仅要解决刑满释放人员的工作，而且还协调他们的家庭关系，小孩我们也要照顾。他们的子女自卑。我们把这些青少年组织起来，做好这些青少年的工作。还有一些单亲家庭的孩子，说实话，相对来说，这些单亲家庭的孩子以后可能就是犯罪的后备军。我们工作如果搞得好，安排得好，

他将来不可能去犯罪。我们的帮教工作不仅是针对刑满释放人员，而且还要针对他们的家属，他们的子女。”（安置帮教工作者）

“家属，实际上这个很重要。我们现在一个是靠社会，一个是靠家属。单靠社会，是解决不了的。单靠家属也不行。我现在有一个帮教对象。我们有一个工作信息是来自家属的，他的家属配合我的工作。他的弟弟是我在世博会当中的重控对象。这个家属很重要，他能够帮助你，会起到很大的作用。”（安置帮教工作者）

“今天早上我去看一个帮教对象。……他是 1970 年生的，1984 年就盗窃，然后判了 3 年，出来后又重犯。然后 1990 年关到新疆喀什。2005 年出来，20 年改到 15 年。他从新疆回来之后，什么都不认识了，上海话说不好了，X 镇的话也说不好了。他 17 岁开始犯罪。关在监狱里，还逃跑。等于是二进宫。因为他是 2005 年出来的。当时想想 5 年时间好像很长，现在看来好像是很快了。在这 5 年，变化太多了。他从监狱里面出来，内心感慨啊。两个哥哥都已经成家立业。他因为从 17 岁就开始‘坐班子’，哪能谈朋友结婚啊，单身。不现实。上海他的老家，就在 X 跟 X 交界的地方，虹桥枢纽站边上。现在当地家庭经济条件很好的。他回家却一个都不认识。”家里面的人到火车站去接他。然后回来以后就到我这里。我帮他落实志愿者。居住的地方没问题，他父母接纳他。他没文化，初中毕业，但没有好好念过书。我们先给他安排在小区里面清扫马路。小区里面外来人员蛮多的租房借房子的也蛮多的。就让他缓了缓。就这样做了两年，人家给他介绍对象了。就这样结婚了。结婚了他的表现不错，后来成立外口办。外来人员管理，就让他到外口办上班，一直到现在。然后生了儿子就成为我们的关爱对象。然后更好的是，他家里面全都拆迁了。现在住的都是联体别墅。3 层。他自己就住一层。一层、二层都出租了。他大概出租十一二间，一间是 500 块钱。他基本上靠这个收入。他爱人是外地过来的，没有固定的工作，就是帮小区里面清扫之类。他就在外口办做。应该说两个人工资不是很高的。靠两个人的工资过日子蛮苦的。但是他现在靠出租呢，还有一个比较稳定的收入。这个案例很成功。从一进宫的人到现在自食其力。他自己感觉要抵制社会上的不良，我感觉也很不容易。”（安置帮教工作者）

“（问：您总结一下促成他发生变化的关键因素有哪些？）关键因素呢。我感觉家庭因素是非常重要的。父母在生活方面还非常关心他。我们当然每个月定期和他见面，进行教育。现在不光是他，还关心到他儿子这一代，他很感动。”（安置帮教工作者）

第四节　社会交往与重新犯罪

成年人的社会交往与未成年人的社会交往是一种自然延续的社会活动。犯罪学家们对未成年人的社会交往非常感兴趣。从以往的研究成果来看，未成年人的社会交往，尤其是不良社会交往一直以来都受到犯罪学家的特殊关注，不管是赫希，还是萨瑟兰，这些犯罪学领域最为著名的犯罪学家，都以未成年不良社会交往为研究的焦点，并且提出了犯罪学界广泛认同与流传至今的重要理论。笔者认为，适用于未成年人社会交往的犯罪学理论同样适用于成年人。笔者也认为，对刑满释放人员社会交往的研究往往并不能局限于其与不良人群的社会交往，还应该关注正面的、积极的社会交往，因为这种类型的社会交往是他们顺利回归社会的促进因素。笔者梳理相关文献资料，发现很难找到刑满释放人员社会交往的文献，但可以找到社区服刑人员社会交往的文献。实际上，这两个群体有很多相似之处，他们都是有过犯罪经历的人，都是在社区乃至社会中拥有比较正常的社会生活，面临的心理压力都是源于犯罪经历，因此，笔者将社区服刑人员社会交往的相关文献作为刑满释放人员社会交往研究的参考。

一、研究回顾与研究假设

1934年，美国著名犯罪学家萨瑟兰出版了《犯罪学》第二版，并在书中首次简单论述了有关犯罪和不良社会交往之间具体关系的理论——差异交往理论，并在之后的著作中逐渐完善。直到1947年出版的《犯罪学》第四版中，萨瑟兰对这一理论进行完善和澄明。该理论包括了9个要点："(1)犯罪行为是习得的。(2)犯罪行为是在社会交往的沟通互动过程中习得的。(3)习得犯罪行为的主要部分于亲密人群中完成。(4)习得犯罪行为的内容包括：犯罪技巧、犯罪动机、犯罪内驱力、犯罪合理化的理由、犯罪态度等。(5)犯罪动机的取舍主要通过(周遭人群)对法律的赞同或不赞同的观念习得；即在某些社会之中，周遭群体会将法律视为应被遵守的规范；然而在另一些社会之中，周遭群体却赞成违反法律。(6)一个人之所以犯罪，是因为过度膨胀的违法观念超过了守法观念，这是不同交往理论的核心原理。(7)'差异交往'取决于和罪犯接触的出现频率、持续时间、优先性和强度方面。(8)犯罪习得过程与其他一般行为的习得机制或学习过程没有区别。(9)虽然犯罪行为是人的一般需要和价值的体现，但它却不能用那些一般需要的价值来解释，因为非犯罪行为也是同样的一般需要和价值的体现。也就是说，一般人面对这些问题不会随意以违法来表达这些需要。"①

萨瑟兰的差异交往理论的观点直接揭示了犯罪的本质是正常学习过程，即个体通过社会交往的方式从其他个体处习得包括犯罪在内的所有行为的思想、观念和信念。因此，该理论对于我们深入了解社会交往对于刑满释放人员回归社会的影响，以及刑满释放人员回归社会失败，即刑满释放人员重新犯罪的原因，也具有指导作用。

---

① 曹立群、周愫娴:《犯罪学理论和实证》，群众出版社2007年版，第143页。

国内许多研究者将重点放在成年人的社会交往，在犯罪人成年之后的社会交往上，获得了更加多样化的研究成果，丰富了普通人和犯罪人社会交往的外延。例如，贺赛平从普通人角度分析了社会交往的好处，他认为："社会交往的好处是，人通过社会交往的构成网的帮助，解决日常生活中的问题和危机，并维持日常生活的正常运行。良好的支持社会交往的构成网有益于减缓生活压力，有益于身心健康和个人幸福。社会交往的构成网的缺失会导致个人的身心疾病，使个人的日常生活的正常运行出现困难，同时在社会层面上，支持社会交往的构成网作为社会保障体系，有助于减轻人们对社会的不满，缓冲个人和社会的冲突，从而有利于社会的稳定。"①

陈姝宏则重点研究社区服刑人员社会交往，指出了社会交往对于这类群体的正向功能。她认为："社区服刑人员的支持社会交往的构成网是一个多位的结构，包括家庭支持、亲属支持、朋友支持、学校支持、社区支持和社会支持等。在这些支持中，按照格拉维诺特对关系强弱的划分，那些与矫正对象互动频率高、情感强度较强、亲密程度较近和互惠交换较频繁的为强关系支持。反之为弱关系支持。调查发现，强关系支持的断裂对矫正对象的影响更大，尤其是青少年犯罪，矫正过程必须考虑到矫正对象与家庭的关系。而弱关系则相对容易获得网络中的社会资源，更容易进行关系之间的链接。对于社区服刑人员而言，受到社区工作者、志愿者和亲人朋友的关怀会使他们更容易感受到被支持并更容易接受改造，从而使改造工作得以成功。"②

尹宝云则指出不良的社会交往对于社区服刑人员有负面作用。她认为："对社区矫正对象的社会排斥主要表现在人际关系排斥、经济领域中的就业排斥、政治领域中的社会政策排斥，这些方面的排斥使矫正对象不能很好

---

① 贺赛平:《国外社会支持网研究述评》，载《国外社会科学》2001 年第 1 期。

② 陈姝宏:《社区矫正对象再社会化研究——以长春市 D 区典型街道、社区为例》，吉林大学 2014 年博士学位论文。

地融入社会生活之中。对社区矫正对象的人际关系的排斥使得社区矫正对象不能被社会中的主流群体所接纳，被排斥在主流群体之外，从而导致与主流群体的接触减少，社会的参与度降低。对矫正对象的就业排斥，使得他们的就业机会少，就业苦难，生活可能陷入贫困。矫正对象在就业方面受到的排斥，使得其收入比较低，经济基础决定上层建筑，没有基本的收入，更谈不上其他方面的发展。因此，经济限制使得他们很难参与到社会生活的其他领域。社会政策的排斥，他们的政治权利受到了一定的影响，从而降低了他们的政治参与积极性，造成了缺少为矫正对象利益站台的代表，从而降低了政策影响力。社会保障领域的排斥，使得无法让他们享有自身应该具有的保障待遇，不仅造成对自身生活水平利益的损害，更不利于他们参与社会活动。社会排斥使得矫正对象处于更加边缘化的状态，加剧了他们的弱势地位。如果有些矫正对象自身存在自我封闭和自卑心理而对外界本身就具有抵触心理的时候，矫正对象将更加难以融入社会之中。矫正对象的社会参与度低，对主流价值观的认同度也就会降低，从而无法在社会生活之中，不能很好地学习新的价值观念和行为方式，对回归社会产生了阻碍作用。”①

王志强指出社会帮扶的缺失对刑满释放人员社会交往和重新犯罪有着比较大影响。他在对天津市刑满释放人员三次普查的实证研究中指出：“对于刑满释放人员重新犯罪的社会因素主要有三个特征：（1）认为家庭成员持热情态度的占比大。2005年、2006年和2007年三年的普查中分别占比58.2%、60.7%和51.9%。换言之，说明了家庭成员持消极态度的占一定的比例，家庭成员间的交往对重新犯罪也具有一定的影响。另一方面，家庭成员对刑满释放人员的态度对预防重新犯罪的效果，取决于刑满释放人员对家庭的

① 尹宝云：《社区矫正对象的社会排斥问题研究——以济南市历下区Y司法所为例》，山东大学2016年硕士学位论文。

依赖性。其他来自外在社会的社会交往也同样对刑满释放人员具有影响。（2）回归社会后的就业心态不积极的重新犯罪人员的比重最大。2005年、2006年和2007年三年中，未找工作的占比最大，分别占比70.9%、43.7%和48.9%。找工作并未找到工作的分别占比23.2%、17.5%和21.3%，找工作并去工作的占比1.8%、0.7%和1.7%。其中，2006年和2007年，找到工作并未去工作的分别占比38.1%和28.1%。同时在2005年、2006年和2007年的普查中，认为就业困难的分别占比23.8%、13.8%和26.5%，认为很困难的分别占比5.3%、2.5%和7.3%，认为就业难度一般的分别占比57.7%、70.9%和55.9%。换言之，刑满释放人员缺乏一个积极的就业观，这也是其社会交往欲望低下的一个体现。（3）认为社会帮扶力度弱的重新犯罪人员所占比重最大。据2005年、2006年和2007年的普查中，认为上次回归社会后，有关部门没有帮助找工作的分别占比80.6%、73.6%和80.1%，认为帮助了但没找到的占比15.5%、17.7%和8.3%，找了工作但没去工作的占比3.5%、5.8%和9.2%，找了工作并去工作了的占比0.4%、2.9%和2.4%。可见，相关部门在社会帮扶上并有产生其相应的功能，对于服刑释放人员回归社会，进行正常的社会交往并没有帮助。”①

徐徐指出，在主流社会对社区服刑人员的拒绝和歧视的双重作用下，社区服刑人员与主流社会的交往意愿比较低，从而难以回归社会。如徐徐的主要观点是：“青少年社区服刑人员可能会远离人群，自暴自弃，再次走上犯罪的道路，因为在触犯法律被判刑后由于其罪犯身份引发的排斥和歧视，会导致极大的心理压力，也会使其生活更容易面临困难和挫折。根据上海市社区矫正机构对122名青少年社区服刑人员心理状况的调查中，发现在青少年社区服刑人员普遍存在心理健康问题，具体表现为忧虑、暴躁、冷漠、自卑或人格障碍，严重的被确诊为还有感情性忧郁症。这些心理问题

① 王志强：《重新犯罪实证研究》，载《中国人民公安大学学报》（社会科学版）2010年第5期。

和他们犯罪有着一定的关系，也对他们顺利回归社会产生了一定妨害。”①

张金武则认为对未成年社区服刑人员逃避正常的社会交往，他详细指出：“未成年矫正对象面临着的社会问题包括：一是与家庭的关系紧张。不敢面对父母以及亲戚，有的将自己犯罪的原因全部归咎于父母对自己的管教不严，甚至因此新生怨念，有的则是觉得对不起父母的养育之恩而自怨自艾。二是社交圈子狭窄。几乎不与过去的同学、朋友进行社会交往，经常待在家中，拒绝与他人交往，理由往往是害怕自己的犯罪事实暴露而招致的歧视为主，有时也会因为家庭经济状况的不理想，对自身心理上产生无能感，对过去的行为表现出深深地自责，同时带来对自己以及对生活、对他人的不信任感，为此通过逃避社会交流的方式，解决矫正对象对未来生活缺乏信心以及对以后生活的定位问题。”②

费梅苹对社区服刑人员社会交往进行了细致的分类研究，发现不同社区矫正类型的社区服刑人员社会交往存在着差异。她详细指出：“矫正对象回到社会初期其社会交往普遍存在缺陷。他们没有社会地位、缺少社会参与、缺乏支持，社会关系的链接属于断裂状态。而且，从朋友关系的不同角度来看，不同服刑类别的矫正对象的朋友关系是不同的。就假释人员和保外就医的社区矫正人员而言，往往回到社区，基本上没有任何社会交往的圈子，原来的朋友也基本上处于断绝来往的状态，而一般来说矫正对象也大多选择与原来的朋友选择断绝来往的方式以求太平。缓刑类的矫正对象，他们可能因为不想让更多的人知道他们的矫正身份而主动与原来的朋友减少交往，但由于他们的生活方式和工作方式往往并没有发生多大的变化，因此当他们慢慢地建立新的工作伙伴关系或朋友关系的时候，社会交

① 徐徐：《青少年社区服刑人员再社会化研究——以社会控制理论为视角》，载《中国青年研究》2014年3月。

② 张金武：《价值观的重建与社会关系的恢复——浅谈社区矫正工作中对未成年社区矫正对象的再社会化》，载《法治论坛》2018年第1期。

往意愿也能够变得正常。”①

根据笔者对以往关于刑满释放人员、社区服刑人员社会交往的相关研究成果的文献综述，笔者将刑满释放人员社会交往的各种因素作为自变量，将刑满释放人员是否重新犯罪作为因变量。据此，本研究提出如下几个研究假设：

假设 1：刑满释放人员的交往意愿显著影响其是否重新犯罪；

假设 2：刑满释放人员朋友多寡显著影响其是否重新犯罪；

假设 3：刑满释放人员的不良朋友显著影响其是否重新犯罪；

假设 4：刑满释放人员小区社交显著影响其是否重新犯罪；

假设 5：刑满释放人员与正式机构的交往显著影响其是否重新犯罪。

二、变量设置与测量方法

在本研究中，刑满释放人员社会交往被操作为 5 个自变量，即“交往意愿”“朋友多寡”“不良朋友”“小区社交”“与正式机构的交往”。本研究的目的是发现刑满释放人员是否重新犯罪的影响因素，由于是否重新犯罪这个因变量是典型的二分类变量，因此，本研究采用 ROC 曲线分析来检验各自变量对刑满释放人员是否重新犯罪的预测力度。

ROC 曲线分析方法要求自变量为连续型定量，连续型变量包括定距变量、定比变量、虚拟变量以及定序变量。对于分类变量，即题目的选项为“是与否”或“没有与有”等二分类形式的变量，需要被转换为虚拟变量（0 和 1），才能开展 ROC 曲线分析。因此，本研究的变量设置表如下：

① 费梅苹：《社区矫正中个案社会工作方法运用的经验实证研究》，载《华东理工大学学报》（社会科学版）2004 年第 2 期。

表 7.4.1　上次刑释后社会交往自变量设置表

指标	题目	描述性统计选项	ROC 曲线分析选项
1. 交往意愿	总体上您愿意与他人交往吗？	①愿意 =1 ②不愿意 =2	①愿意 =0 ②不愿意 =1
2. 朋友多寡	在此期间，您觉得您的朋友多吗？	①多 =1 ②不多 =2	①多 =0 ②不多 =1
	您推测在困难时有几个愿意帮助您的朋友？	① 0 个 =1 ② 1—2 个 =2 ③ 3—5 个 =3 ④ 6 个及以上 =4	① 0 个 =1 ② 1—2 个 =2 ③ 3—5 个 =3 ④ 6 个及以上 =4
3. 不良朋友	在此期间，您的朋友中，大约有几人曾经违法犯罪？	① 0 个 =1 ② 1—2 个 =2 ③ 3—5 个 =3 ④ 6 个及以上 =4	① 0 个 =1 ② 1—2 个 =2 ③ 3—5 个 =3 ④ 6 个及以上 =4
	上次释放后，有要求您违法犯罪的朋友吗？	①有 =1 ②没有 =2	①有 =1 ②没有 =0
4. 小区社交	在此期间，您是否喜欢您居住的小区？	①喜欢 =1 ②不喜欢 =2	①喜欢 =0 ②不喜欢 =1
	在此期间，您是否参加过小区中的休闲活动？	①参加过 =1 ②没参加过 =2 ③看情况 =3	①参加过 =0 ②没参加过 =1 ③看情况 =1
	在此期间，小区居民知道您是刑满释放人员的人数	①多 =1 ②少 =2 ③几乎没人知道 =3	①多 =1 ②少 =0 ③几乎没人知道 =0

续表

指标	题目	描述性统计选项	ROC 曲线分析选项
5. 与正式机构的交往	愿意提供帮助的有司法所安帮干部	①否 =0 ②是 =1	①否 =1 ②是 =0
	愿意提供帮助的有安帮社会工作者	①否 =0 ②是 =1	①否 =1 ②是 =0
	愿意提供帮助的有村 / 居委会工作者	①否 =0 ②是 =1	①否 =1 ②是 =0
	愿意提供帮助的有安帮志愿者	①否 =0 ②是 =1	①否 =1 ②是 =0

三、交往意愿与重新犯罪之间关系的描述性统计分析

表 7.4.2 显示了刑满释放人员交往意愿的描述性统计分析结果：在“总体上您愿意与他人交往吗？”这一题中，未重新犯罪者中回答愿意的人占 91.2%，回答不愿意的人占 8.8%；重新犯罪者中回答愿意的人占 87.8%，回答不愿意的人占 12.2%。可见，重新犯罪与未重新犯罪两个群体之间在交往意愿方面的差异很小，回答“不愿意”的重新犯罪人员的比重只比未重新犯罪的人员高 3.4 个百分点。

表 7.4.2　交往意愿与重新犯罪交叉表（人 /%）

题目	选项	未重新犯罪	重新犯罪
总体上您愿意与他人交往吗?	愿意	228/91.2	224/87.8
	不愿意	22/8.8	31/12.2

四、交往意愿与是否重新犯罪关系的 ROC 曲线分析

表 7.4.3 显示的结果是对 ROC 曲线下面积的检验，具体结果如

下:（1）自变量"总体上您愿意与他人交往吗?"对应的曲线下面积为AUC=0.517，虽然AUC=0.517 > 0.5，但是P=0.514 > 0.05，因此，无统计学意义，说明此自变量对重新犯罪的诊断没有意义。也进一步说明，相应的研究假设被证伪，即刑满释放人员总体上是否愿意与他人交往的意愿不能有效诊断其是否重新犯罪。

表 7.4.3　交往意愿各自变量的曲线下面积与显著值

自变量	AUC 面积	Sig.
总体上您愿意与他人交往吗?	0.517	0.514

*P < 0.05，**P < 0.01，***P < 0.001

五、朋友多寡与重新犯罪之间关系的描述性统计分析

表 7.4.4 显示了刑满释放人员朋友多寡的描述性统计分析结果:（1）在"在此期间,您觉得您的朋友多吗?"这一题中,未重新犯罪者中回答多的人占 57.4%，重新犯罪者中回答多的人占 50.0%。可见，重新犯罪群体的朋友不如未重新犯罪群体，不过，差异并不太大，为 7.4 个百分点。（2）在"您推测在困难时有几个愿意帮助您的朋友?"这一题中,未重新犯罪者中回答 0 个的人占 6.9%，回答 1—2 个的人占 39.9%，回答 3—5 个的人占 31.5%，回答 6 个及以上的人占 21.8%；重新犯罪者中回答 0 个的人占 16.1%，回答 1—2 个的人占 43.5%，回答 3—5 个的人占 26.4%，回答 6 个及以上的人占 11.9%。可见，在"0 个"和"1—2 个"朋友这个朋友比较少的维度，重新犯罪者所占比重都要大于未重新犯罪者，也就是说，重新犯罪者拥有的愿意帮助自己的朋友更少，如从 0 个朋友来看，重新犯罪者比重比未重新犯罪者多 9.2 个百分点。但是在朋友多的维度，"3—5 个"和"6 个及以上"，重新犯罪者所占比例都要少于未重新犯罪者，也就是说，前者比后者拥有更少的朋友在困难时愿意提供帮助。

表 7.4.4 朋友多寡与重新犯罪交叉表（人/%）

题目	选项	未重新犯罪	重新犯罪
1. 在此期间，您觉得您的朋友多吗？	多	143/57.4	128/50.0
	不多	106/42.6	128/50.0
2. 您推测在困难时有几个愿意帮助您的朋友？	0 个	17/6.9	31/16.1
	1—2 个	99/39.9	84/43.5
	3—5 个	78/31.5	51/26.4
	6 个及以上	54/21.8	23/11.9

六、朋友多寡与是否重新犯罪关系的 ROC 曲线分析

表 7.4.5 显示的结果是对 ROC 曲线下面积的检验，具体结果如下：（1）自变量“在此期间，您觉得您的朋友多吗？”对应的曲线下面积为 AUC=0.537，虽然，AUC=0.537 ＞ 0.5，但是 P=0.149 ＞ 0.05，因此，没有统计学意义，说明此自变量对重新犯罪的诊断没有意义。（2）自变量“您推测在困难时有几个愿意帮助您的朋友？”对应的曲线下面积为 AUC=0.394，P=0.000，有统计学意义，但是，AUC=0.394 ＜ 0.5，说明此自变量对重新犯罪的诊断没有意义。

也进一步说明，相应的两个研究假设均被证伪，即刑满释放人员的朋友多寡不能有效诊断其是否重新犯罪，刑满释放人员的推测在其困难时愿意帮助自己的朋友的多寡不能有效诊断其是否重新犯罪。

表 7.4.5 朋友多寡各自变量的曲线下面积与显著值

自变量	AUC 面积	Sig.
1. 在此期间，您觉得您的朋友多吗？	0.537	0.149
2. 您推测在困难时有几个愿意帮助您的朋友？	0.394	0.000

$^{*}P < 0.05$，$^{**}P < 0.01$，$^{***}P < 0.001$

七、不良朋友与重新犯罪之间关系的描述性统计分析

表 7.4.6 显示了刑满释放人员不良朋友的描述性统计分析结果:(1)在“在此期间,您的朋友中,大约有几个人曾经违法犯罪?”这一题中,两个群体的差异非常明显,从所有负面选项来看,重新犯罪群体所占比例都要高于未重新犯罪群体,尤其是从“3—5 个”和“6 个及以上”这两个选项来看,重新犯罪群体比未重新犯罪群体的比重分别高出 16.2 个百分点和 11.8 个百分点。(2)在“上次释放后,有主动要求您违法犯罪的朋友吗?”这一题中,重新犯罪群体有不良朋友的比例远高于未重新犯罪群体,高出 24.1 个百分点。

表 7.4.6　不良朋友与重新犯罪交叉表(人 /%)

题目	选项	未重新犯罪	重新犯罪
1. 在此期间,您的朋友中,大约有几人曾经违法犯罪?	0 个	185/76.1	75/40.8
	1—2 个	52/21.4	48/26.1
	3—5 个	3/1.2	32/17.4
	6 个及以上	3/1.2	24/13.0
2. 上次释放后,有主动要求您违法犯罪的朋友吗?	有	9/3.7	70/27.8
	没有	237/96.3	182/72.2

八、不良朋友与是否重新犯罪关系的 ROC 曲线分析

表 7.4.7 显示的结果是对 ROC 曲线下面积的检验,具体结果如下:(1)自变量“在此期间,您的朋友中,大约有几人曾经违法犯罪?”对应的曲线下面积为 AUC=0.682,P=0.000,有统计学意义,并且,AUC=0.682 > 0.5,说明此自变量对重新犯罪的诊断有意义。(2)自变量“上次释放后,有主动要求您违法犯罪的朋友吗?”对应的曲线下面积为 AUC=0.621,P=0.000,有统计学意义,并且,AUC=0.621 > 0.5,说明此自变量对重新犯罪的诊断有

意义。也进一步说明，相应的研究假设被证实，即刑满释放人员是否有不良朋友显著影响其是否重新犯罪，有不良朋友的人更容易重新犯罪。

表 7.4.7　不良朋友各自变量的曲线下面积与显著值

自变量	AUC 面积	Sig.
1. 在此期间，您的朋友中，大约有几人曾经违法犯罪？	0. 682***	0.000
2. 上次释放后，有主动要求您违法犯罪的朋友吗？	0.621***	0.000

*P＜0.05，**P＜0.01，***P＜0.001

在深度访谈中，我们发现有些刑满释放人员上一次从监狱出来之后，并没有脱离原来的不良朋友圈，而且继续和不良朋友频繁交往，继续从事越轨行为，直到犯罪再次被逮捕，重新到监狱里面服刑。他们不良的社会交往问题主要体现为：（1）自己在第一次犯错后继续混迹于社会上的朋友圈，没有纠正不良嗜好，重蹈覆辙；（2）朋友与他人发生口角后得理不饶人，自己为了帮助朋友保住面子而引发冲突；（3）由于环境限制，自己所能结交的人都大同小异，没有机会认识新的朋友，而旧友多多少少已经有不良习惯；（4）自己为了赚钱而结交贩毒行业内的朋友，并在他们的帮助下实施犯罪；（5）朋友主动邀请自己参与违法，碍于朋友的面子不便拒绝，同时自己也想尽快赚钱，因而心存侥幸接受邀请。

“就是因为在少管所出去之后，又在社会上混了几年。就是跟了一帮朋友，也是在道上混的。就混在一块瞎搞，然后玩了不该玩的东西。然后因为吸毒又被抓进来了，又构成了一次犯罪，就又进来了。我觉得跟朋友关系不大，最主要的原因还是在自己。”（重新犯罪人员）

“第二次是在夜场，也是喝酒，也是因为朋友跟别人发生口角。两边也都是得理不饶人，然后就发生冲突打架了。”（重新犯罪人员）

“有的朋友也有工作，有的也是瞎混。毕竟都是从小玩到大的，怎么讲，一是自身，二是自己从小生活的环境就是这样的，从小到大都是在这个地方长大，你周围的朋友都是这些，没办法，除非是换个地方或者城市就不会再接触。”（重新犯罪人员）

“接触一行也有一行的圈子，认识这方面的朋友，要不然我也找不到地方买（毒品），找不到地方卖，这个又不是买衣服，肯定要找到渠道，当时也是想要找到一个快速致富的捷径，凑巧这件事情就摆在我面前了，然后就顺水推舟。”（重新犯罪人员）

“经常出入赌博场所，一来二去经常在赌博场所碰到，我在里面以前或者他在里面以前会去吃喝玩乐，他都会主动打电话联系你，带上他的朋友，一来二去两个人又走到一起，赌博这个事情，之前在外面打拼的那些钱都输了，慢慢手上没有经济来源，加上外面欠了一部分外债，想尽快找到经济来源还掉。之前因为赌博这个事情，我的家人已经帮我还了高利贷，奉劝我找一份工作，第二次在外面赌博又欠了一部分钱，但是不想让家人知道，因为上次家人已经帮我还掉，那我又没有经济来源，又欠了好多债，迫于这样的压力就想到走捷径。”（重新犯罪人员）

九、小区社交与重新犯罪之间关系的描述性统计分析

表 7.4.8 显示了刑满释放人员小区社交的描述性统计分析结果：（1）在“在此期间，您是否喜欢您居住的小区”这一题中，未重新犯罪者中回答喜欢的人占 72.9%，重新犯罪者中回答喜欢的人占 66.4%。可见，前者所占比重比后者多 6.5 个百分点。（2）在“在此期间，您是否参加过小区中的休闲活动？”这一题中，未重新犯罪者中回答参加过的人占 37.2%，回答没参加过的人占 47.4%，回答看情况的人占 15.4%；重新犯罪者中回答参加过的人占 13.1%，回答没参加过的人占 53.9%，回答看情况的人占 33.1%。可见，从“没参加过”角度来看，重新犯罪者所占比重比未重新犯罪者多 6.5 个百分点。（3）“在此期间，小区居民知道您是刑满释放人员的人数”这一题

中，未重新犯罪者中回答多的人占 8.1%，回答少的人占 45.6%，回答几乎没人知道的人占 46.4%；重新犯罪者中回答多的人占 30.7%，回答少的人占 39.4%，回答几乎没人知道的人占 29.9%。可见，“从小区居民知道您是刑满释放人员的人数”角度来看，重新犯罪者所占比例远多于未重新犯罪者，为 22.6 个百分点。

表 7.4.8 小区社交与重新犯罪交叉表（人 /%）

题目	选项	未重新犯罪	重新犯罪
1. 在此期间，您是否喜欢您居住的小区？	喜欢	180/72.9	162/66.4
	不喜欢	67/27.1	82/33.6
2. 在此期间，您是否参加过小区中的休闲活动？	参加过	92/37.2	32/13.1
	没参加过	117/47.4	132/53.9
	看情况	38/15.4	81/33.1
3. 在此期间，小区居民知道您是刑满释放人员的人数	多	20/8.1	78/30.7
	少	113/45.6	100/39.4
	几乎没人知道	115/46.4	76/29.9

十、小区社交与是否重新犯罪关系的 ROC 曲线分析

表 7.4.9 显示的结果是对 ROC 曲线下面积的检验，具体结果如下：（1）自变量“在此期间，您是否喜欢您居住的小区？”对应的曲线下面积为 AUC=0.531，P=0.234，没有统计学意义，因 P=0.234 ＞ 0.05，说明此自变量对重新犯罪的诊断没有意义。（2）自变量“在此期间，您是否参加过小区中的休闲活动？”对应的曲线下面积为 AUC=0.621，P=0.000，有统计学意义，并且，AUC=0.621 ＞ 0.5，说明此自变量对重新犯罪的诊断有意义。（3）自变量“在此期间，小区居民知道您是刑满释放人员的人数”对应的

曲线下面积为 AUC=0.613，P=0.000，有统计学意义，并且，AUC=0.613 > 0.5，说明此自变量对重新犯罪的诊断有意义。

表 7.4.9　小区社交各自变量的曲线下面积与显著值

自变量	AUC 面积	Sig.
1. 在此期间，您是否喜欢您居住的小区？	0.531	0.234
2. 在此期间，您是否参加过小区中的休闲活动？	0.621***	0.000
3. 在此期间，小区居民知道您是刑满释放人员的人数	0.613***	0.000

*P < 0.05，**P < 0.01，***P < 0.001

表 7.4.9 进一步说明，相应的研究假设一个被证伪，两个被证实，即刑满释放人员是否喜欢小区不能显著影响其是否重新犯罪。刑满释放人员是否参加过小区的活动能显著影响其是否重新犯罪，参加过小区活动的人更不容易重新犯罪。刑满释放人员所居住的小区居民是否知道其是刑满释放人员的人数多寡能显著影响其是否重新犯罪，小区居民中知道其刑满释放人员身份的人很多的情况下，刑满释放人员更容易重新犯罪。

十一、与正式机构的交往与重新犯罪之间关系的描述性统计分析

表 7.4.10 显示了刑满释放人员与正式机构的交往的描述性统计分析结果，从表中数据的描述可见，在刑满释放人员与正式机构的交往方面，在他们认为这些机构中有哪些人会帮助他们方面，重新犯罪与未重新犯罪群体之间存在较大差异的涉及的群体有司法所安置帮教干部、帮教机构的安帮社会工作者。重新犯罪者认为安帮干部不愿意帮助他们的比重比未重新犯罪的比重多 33.5 个百分点，差异非常大。重新犯罪者认为安帮社会工作者不愿意帮助他们的比重比未重新犯罪的比重多 21.4 个百分点，差异同样非常大。在此我们没有继续深入探讨为什么会出现如此大的差异。这些数据也不能说明司法所安帮干部、安帮社会工作者不愿意帮助相关的刑满释放

人员，因为我们在访谈调查中，发现有很多刑满释放人员经常向司法所安帮干部、安帮社会工作者提出无理要求，无理要求自然无法提供帮助。甚至出现过有的刑满释放人员在安帮干部、安帮社会工作者不答应其无理要求后，到街上堵塞交通的事件。

表 7.4.10 与正式机构的交往与重新犯罪交叉表（人 /%）

题目	选项	未重新犯罪	重新犯罪
1. 上次释放后，您遇到困难时向以下人员求助时，愿意提供帮助的有司法所安帮干部	否	126/52.3	181/85.8
	是	115/47.7	30/14.2
2. 上次释放后，您遇到困难时向以下人员求助时，愿意提供帮助的有安帮社会工作者	否	154/63.9	180/85.3
	是	87/36.1	31/14.7
3. 上次释放后，您遇到困难时向以下人员求助时，愿意提供帮助的有村 / 居委会工作者	否	171/71.0	145/68.7
	是	70/29.0	66/31.3
4. 上次释放后，您遇到困难时向以下人员求助时，愿意提供帮助的有安帮志愿者	否	188/78.0	166/78.7
	是	53/22.0	45/21.3

十二、与正式机构的交往与是否重新犯罪关系的 ROC 曲线分析

表 7.4.11 显示的结果是对 ROC 曲线下面积的检验，具体结果如下：（1）自变量“上次释放后，您遇到困难时向以下人员求助时，愿意提供帮助的有司法所安帮干部”对应的曲线下面积为 AUC=0.667，P=0.000，有统计学意义，并且，AUC=0.667 ＞ 0.5，说明此自变量对重新犯罪的诊断有意义。（2）自变量“上次释放后，您遇到困难时向以下人员求助时，愿意提供帮助

的有安帮社会工作者”对应的曲线下面积为 AUC=0.607，P=0.000，有统计学意义，并且，AUC=0.607 ＞ 0.5，说明此自变量对重新犯罪的诊断有意义。（3）自变量“上次释放后，您遇到困难时向以下人员求助时，愿意提供帮助的有村 / 居委会工作者”对应的曲线下面积为 AUC=0.489，P=0.682，虽有统计学意义，但是，AUC=0.489 ＜ 0.5，说明此自变量对重新犯罪的诊断没有意义。（4）自变量“上次释放后，您遇到困难时向以下人员求助时，愿意提供帮助的有安帮志愿者”对应的曲线下面积为 AUC=0.503，P=0.903，没有统计学意义，虽然 AUC=0.503 ＞ 0.5，但依然说明此自变量对重新犯罪的诊断没有意义。

表 7.4.11　与正式机构的交往各自变量的曲线下面积与显著值

自变量	AUC 面积	Sig.
1. 上次释放后，您遇到困难时向以下人员求助时，愿意提供帮助的有司法所安帮干部	0.667^{***}	0.000
2. 上次释放后，您遇到困难时向以下人员求助时，愿意提供帮助的有安帮社会工作者	0.607^{***}	0.000
3. 上次释放后，您遇到困难时向以下人员求助时，愿意提供帮助的有村 / 居委会工作者	0.489	0.682
4. 上次释放后，您遇到困难时向以下人员求助时，愿意提供帮助的有安帮志愿者	0.503	0.903

$^{*}P < 0.05$，$^{**}P < 0.01$，$^{***}P < 0.001$

上面表格 7.4.11 进一步说明，相应的四个研究假设有两个被证实，即刑满释放人员推测在其遇到困难时愿意提供帮助的有司法所安帮干部能显著影响其是否重新犯罪，推测“没有”的刑满释放人员更容易重新犯罪。刑满释放人员推测在其遇到困难时愿意提供帮助的有安帮社会工作者能显著影响其是否重新犯罪，推测“没有”的刑满释放人员更容易重新犯罪。两个研究假设被证伪，即刑满释放人员推测在其遇到困难时愿意提供帮助的有村 / 居委会工作者不能显著影响其是否重新犯罪。刑满释放人员推测在其遇到困难时愿意提供帮助的有安帮志愿者不能显著影响其是否重新犯罪。

在深度访谈中，我们发现有些刑满释放人员上一次从监狱出来，对于安置帮教或政府机构是否曾经给予他们帮助这个问题上，只有很少数刑满释放人员给予过一些模糊回答，主要在以下方面为刑满释放人员提供过帮助:（1）街道办会给刑满释放人员提供工作机会，但也只是被动性的，对刑满释放人员的帮助力度有限;（2）劳务教务所帮助刑满释放人员找到工作，但都是一些低端简单的工作，刑满释放人员长期工作会产生厌倦情绪，导致干不长久;（3）会口头上询问刑满释放人员是否需要提供帮助，但也只是停留在口头上，仅此而已。

“我现在打电话回去，听说街道办会有些帮助。这个跟上海好像一样，街道办会给你找工作，重庆现在发展挺好的，跟上海发展得也差不多了，街道办也会帮忙的。”（重新犯罪人员）

“帮助，之前也去劳务教务所去问过。他们也给我介绍过工作，然后也工作了一段时间，但是年轻嘛，每天都是按时上下班。就是对自己太约束了，还是不习惯。后面也上了一段时间的班，工资也比较低。时间也比较约束，后面也没有做了。”（重新犯罪人员）

“我有次去街道办释放证，好像要签字，他们问我是否要找工作，我就说不需要。他们是问我要不要找工作，我就说不需要，就这样，因为我住在宝山，户口是在黄浦区，所以跟街道基本上没什么太大关系。我找工作也是自己找的，肯定是自己喜欢的工作，他们帮我找的话我也不一定喜欢，那还不如我自己找。没有好坏，我觉得还可以。”（重新犯罪人员）

对于安置帮教机构或政府机构是否曾经为刑满释放人员提供帮助这个问题上，很多重新犯罪人员的回答是“没有帮助过”，究其原因主要如下：

（1）对安置帮教或其他一些政府机构的相关职能缺乏了解，想不到要去相关机构寻求帮助。（2）对安置帮教或其他政府机构缺乏信任，觉得这些机构的存在是“假大空”。（3）对目前我国政府机构的办事能力、政府人员办事态度上、政府形象存在误解与扭曲，认为安置帮教或政府机构并不会真正为自己提供实质性的帮助，即使提供过帮助也只是非常短暂的，起不到任何效果。（4）认为安置帮教或政府机构为刑满释放人员提供的帮助只是停留在口头上的询问，往往这种询问也是被动性的。

“我觉得帮教这个东西也是蛮假的。帮教人员压根就没有来过，现在我们对应的每个区都是有帮教的。这个属于司法局，但是我们黄埔区的帮教从来没有来过。”（重新犯罪人员）

“我那个时候没有找过他们，也不能说不知道，因为我们那个城市不能跟上海比，毕竟不如上海这边规范，也没有这么全面。但是大家对这个部门应该说是压根就没有信过。感觉这些部门就是‘假大空’。”（重新犯罪人员）

“我当时刚刚从少管所出来的时候，有一个安置帮教的人，好像是上海某某大学的。书信也来往过几次，但是后来就断掉了。后来我也没有跟她再联系过。”（重新犯罪人员）

“没有接触。到人家派出所去,人家也不一定会帮你的。像帮你找工作，这都是不可能的，派出所都不会管你的。重庆那边比上海要落后一些，上海大城市各个方面都要走在前面，像街道可以帮你找工作。重庆就不可能，这在地域上就不一样。”（重新犯罪人员）

“也没有什么帮助,也谈不上什么帮助。因为在上海之前也没有接触过，也没想到过这个问题。”（重新犯罪人员）

“怎么讲呢，可能是因为我们国家还没有达到这个程度。可能这只是理论上的一个东西,从我自身的角度来讲,我也不想再重新犯罪。我也想跟别人一样，有一个好的工作养家糊口。但是这个社会怎么讲呢？各个方面的原因都存在吧。在上海这边，如果你是假释的话，可能会对你有一些关心。如果你是刑满释放人员的话，就不存在这个问题，可能这跟国家也是有一定关系吧。如果你是刑满释放的人员，没有人会去接触你。政府机关人员也没有人去帮助你，最主要的还是靠自己。”（重新犯罪人员）

“这个没有。怎么讲呢，如果我在户口原地可能会提出的建议多一点，但是我住在宝山，如果我不联系他们，他们也不会联系我，就这么简单，所以根本没有什么要改进的，因为距离太远了，如果释放回去的话也是回宝山，不会回户口原在地。”（重新犯罪人员）

“没有，这个东西在外面是要自己争取的吗？我不知道，我猜是这样。那这个没有。也不能这么说，这个讲不清楚，反正是没有获得实质性的帮助。我没有什么需求，他们也没做什么事情，他们也是在上班，也是赚八个小时的钱，能够真心真意帮助你的，我觉得这个不太多。”（重新犯罪人员）

第五节　心理感受与重新犯罪

心理感受是一个很宽泛的概念，它的内涵是个人主观的体验，它的外延是个人所有形式的主观体验。心理感受包括很多内容。本研究肯定难以穷尽刑满释放人员的心理感受的各种形式，但是，本研究可以也应该主要聚焦于刑满释放人员可能与其重新犯罪有关的心理感受，而不是宽泛的心理感受。在本节中，这些心理感受主要包括：一是刑满释放人员感受到的社会距离；二是刑满释放人员感受到的来自他人的歧视；三是刑满释放人员的情绪状况；四是刑满释放人员的价值观。

一、研究回顾与研究假设

（一）社会距离

1. 社会距离的定义

欧洲心理学家塔尔德最早提出社会距离概念，他认为社会距离是文明与文明之间的关系和差异性，具体是指心理上的模仿、接纳和理解的程度。他指出社会交往能促进社会模仿，随着模仿的持久深入，位高者和位低者之间会出现平等和相互融合，阶级之间的距离不断缩小甚至消失。①此后，社会距离被用来表述社会交往、社会关系网络及情感亲密度等。如社会距离研究集大成者帕克全面剖析了社会距离的内涵。他认为社会距离是一种可以测量的表现个人和一般社会关系的理解与亲密的程度；种族意识、阶级意识、种族关系是一种社会距离；文化差异是社会距离产生的重要原因，语言、社会习俗、道德、习惯和思想的差异将人们隔离开来。②借鉴以上定义，本书中的社会距离是指社区服刑人员与普通民众之间的社会关系亲密程度。

2. 社会距离的测量

当前比较流行的社会距离量表有两种。一种是美国学者博格达斯在研究美国种族关系时从强势群体视角出发设计的社会距离量表，该量表也称为博格达斯量表，具体包含了七个问题：（1）愿意与其通婚；（2）愿意让其参加本社团活动；（3）愿意与其做邻居；（4）愿意与其做同事；（5）愿意让其成为美国公民；（6）只愿他作为美国的游客；（7）不愿他与美国发生任何接触。③另一种是 Lee 提出的反转社会距离量表。他认为博格达斯从强势群

---

①［法］加布里埃尔·塔尔德：《模仿律》，何道宽译，中国人民大学出版社 2008 年版，第 149 页。

②［美］刘易斯·科塞：《社会学思想名家》，石人译，中国社会科学出版社 1990 年版，第 400—401 页。

③ E. S. Bogardus. Measuring Social Distance.Journal of Applied Sociology, 1925 (2).

体视角来研究社会距离，并不能解释弱势群体对社会距离的感受，因为弱势群体对社会距离的主观感受与强势群体对社会距离的主观感受具有差异性。为此，他从弱势群体的视角研究了美国非白种人与白种人之间的社会距离，编制了反转社会距离量表。该量表具体包含五个问题:（1）你认为美国人愿意你成为他们国家的公民吗？（2）你认为美国人愿意你和他们成为邻居吗？（3）你认为美国人愿意你住在他们附近吗？（4）你认为美国人愿意你和他们成为亲密的朋友吗？（5）你认为美国人愿意你通过婚姻的方式与他们成为亲戚吗？①

（二）社会歧视

针对社会歧视的概念界定，曲凯音总结出以下观点：在字典中，歧视中的“歧”是指差异、不同。对歧视的定义为:“所谓歧视，简言之，指不平等地看待。”在《布莱克维尔政治学百科全书》中，歧视被解释为“对一种差异、一种区别或不同待遇的感受”。戴维·波普诺在《社会学》中把歧视定义为:“由于某些人是某一群体或类属的成员而对他们施以不公平或不平等的待遇。”吴忠民从社会学的角度把歧视定义为:“不是以能力、贡献、合作等为依据，而是以诸如身份、性别、种族或社会经济资源拥有状况为依据，对社会成员进行‘有所区别的对待’，以实现‘不合理’的目的，其结果是对某些社会群体、某些社会成员形成一种剥夺，造成一种不公正的社会现象。”② 黄家亮提出，社会歧视即社会上的某一群体或社会上人们所共有针对某一弱势群体的不公平、否定性和排斥性的社会行为或制度安排。③ 黄家亮进一步指出:“从社会学的视角来看，社会歧视的核心内涵是不公平和

① Lee, Stephen G., Melvin C. The Reverse Social Distance Scale .The Journal of Social Psychology, 1996(36).

② 曲凯音:《社会歧视研究综述》，载《西安石油大学学报》2010 年第 9 期。

③ 黄家亮:《论社会歧视的社会心理根源及其消除方式——社会心理学视野下的社会歧视》，载《思想战线》2005 年第 5 期。

不平等，它的表现形式有行为、制度和态度。据此，我们将社会歧视分为三种类型：社会偏见（即态度性社会歧视）、行为性歧视、制度性歧视。如美国的种族隔离制度、印度延续至今的种姓制度都是历史上有名的制度性歧视。”①

由于受到偏见、习俗或者其他因素影响，导致有过犯罪经历的人员与其他社会成员或者社会群体在社会关系方面出现了断裂，无法进入其他群体的社会关系网络中,社会交往和社会关系受到相当大的限制。由于刑满释放人员是已经接受刑罚处罚，重新回到社会后不致再危害社会的有过犯罪经历的人群，他们已经是普通的公民，公众在心理上依然对刑满释放人员存在歧视是不恰当的，但是，当身边存在刑满释放人员时，公众可能依旧认为刑满释放人员对他们安全的社会环境构成威胁，也许威胁程度比较轻，但是有的公众依旧采取不恰当的歧视态度。社会关系歧视体现在一种社会距离的自觉生成，社会中的各种人群不愿意与刑满释放人员进行社会交往，将刑满释放人员排斥在社会支持体系之外。例如，胡滨指出，有过犯罪经历的人员受到的社会关系排斥主要来自三个方面：一是在家庭内部歧视。许多有过犯罪经历人员的家庭成员对于有过犯罪经历的人员是自己的家人感到丢脸，甚至表现出厌恶情绪。家庭的接纳出现问题，家庭内亲人对刑满释放人员冷眼相待甚至训斥和辱骂，有过犯罪经历的人员回归社会找不到家庭温暖的归属感。二是其他社会成员的歧视。比如在邻里受人猜疑，邻居见面不搭话，背后则闲言碎语、指指点点、挖苦讽刺。在工作或生活中，人们也不乐意与归正人员交友，甚至以前的朋友见面也不答话、绕着走等。三是对有过犯罪经历的人员子女的歧视。司法部相关调研数据显示，目前我国监狱服刑人员达 100 多万人，服刑人员子女约有 60 万人，成为社会中一

① 黄家亮：《论社会歧视及其治理——一个社会学视角的理论分析》，载《华东理工大学学报》2008 年第 3 期。

个特殊的弱势群体，亦成为社会关注的热点问题。社会对有过犯罪经历的人员子女的污名化、贴标签、教育自家孩子远离有过犯罪经历的人员子女等行为对有过犯罪经历的人员子女的成长和融入社会造成很大的伤害。①

社会歧视的不良后果是显而易见的，如姚建龙认为："对有前科犯罪人过度社会歧视的严重后果是：人为地制造一个不断膨胀、恶化、难以消解的社会敌对阶层，其最终后果是构成对社会安全的严重威胁；社会排斥可能存在的社会防卫、预防犯罪等积极作用，也将不复存在。"② 张晓灿也指出，经历了刑事司法程序的社区服刑人员，重回到熟悉的开放社区生活，身份的转变，客观经历的存在，仍有不适状态出现。回归社会后，服刑人员的低落、羞耻情绪依旧存在，服刑人员出于对服刑身份的自卑使得他们回避社会交往，大多数服刑人员认为自己回归社会后只能低着头做人、低人一等。这种自卑心理同时激发了社区服刑人员对于社会交往的抗拒心理，回归的服刑人员对于正常的社会交往失去信心，交往不积极，对社会充满防备，反而继续接触不良朋友。张晓灿指出："虽然这种同伴圈在某种意义上给社区服刑人员提供了一定程度的社会支持，但是需要注意的是，不良同伴圈内的亚文化认同可能影响个人的认知，特别是容易遗留犯罪心理，从而影响社区服刑人员认罪悔罪的态度、对社区矫正的看法。"③ 这里的社区服刑人员与刑满释放人员有着很多的相似之处，他们在社会上的生活与遭遇也比较接近。

在社会歧视研究领域中，标签理论（Labeling theory）是最负盛名的子理论之一。标签理论又名标定理论，是西方犯罪学与社会学的一种理论，持这种观点的学者认为，越轨并不是个人行为的固有性质，是他人运用法律规则惩罚"犯规者"的结果，而所谓越轨者只是一个被贴上犯罪标签的人，

---

① 胡滨：《对归正人员回归社会中的社会排斥分析》，载《湖南公安高等专科学校学报》2010年第2期。

② 姚建龙：《社会排斥理论与未成年人犯罪记录封存制度改革》，载《青年探索》2015年第2期。

③ 张晓灿：《社区服刑人员的复原力发展过程研究》，华东理工大学2016年硕士学位论文。

越轨行为只不过是被人如此标定的行为。[①]标签理论形成于20世纪50年代的美国，20世纪60年代开始流行起来，到20世纪70年代成为美国社会学界研究越轨行为的占主导地位的理论。标签理论非常注重分析越轨行为产生的过程而非解释越轨行为产生的原因，认为一个人之所以被界定为越轨者，往往是因为其与其他个人、组织等进行社会互动的过程中，被父母、学校教师、其他群体以及社会组织贴上如坏孩子、古惑仔、不良少年、少年犯等"标签"。这些标签是一种社会耻辱性"烙印"，他将此种烙印贴在被标定者的身上，将越轨者与"社会的正常人"加以区分。被打上"标签"烙印的人在他人、群体或社会组织等"主流社会成员"的排斥、疏离的情境中逐渐接受社会对其的不良评价，逐渐退出了主流社会，并且在不知不觉中修正了"自我形象"，使自己言语和行为逐渐符合"标签"的界定，认同了他人的观点，接受了被"标定"为坏人的结果，最后滑向了社会的边缘和角落，被迫与其他"坏人"为伍，进行更加恶劣的越轨行为。久而久之，越轨行为者越陷越深，最终无法自拔。标签理论强调社会对越轨者的反应，包括训斥、责骂、歧视、惩罚等，认为社会的反应是造成初级越轨者一步步加深，最终陷入"越轨生涯"这一深渊的重要原因。[②]

标签理论认为，社会上存在的越轨行为和犯罪现象是社会互动的必然产物。当某个人一旦被有社会意义的他人或社会机构，如警察、教师、父母或法院、学校等贴上标签，描述为偏差行为者或犯罪者时，他就会逐渐成为偏差行为者或犯罪者。社会上的他人和社会控制机构应该对越轨和犯罪尤其是普通刑事犯罪行为的产生负有重要责任。负面的标签，如认为某人是"傻子""精神病患者""小偷""骗子"等，都是使他人自我形象受到长期损害的主要原因。正如符号互动论的代表人物之一——戈夫曼在《污记》

① 谢勇:《犯罪学研究导论》，湖南出版社1992年版，第242页。

② 康树华、张小虎:《犯罪学》，北京大学出版社2004年版，第286页。

一书中指出:“在我们的头脑中，他从一个正常而完美的人降到了一个有污点而不可信赖的人。”①

标签理论认为，越轨行为的养成是一种被辱的过程。当个人被贴上各种越轨者的标签，如小偷、骗子等污名。身边的人们就会开始根据这一标签对他做出种种的反应，如歧视、排斥或轻蔑等，时间一长，初级越轨者就会在有意无意之中接受这一标签，形成新的自我概念，甚至对别人的看法予以认同，开始围绕越轨者的角色来认知自己的观念和行为，并做出相应的行为。在这种歧视和排斥的社会环境中，越轨者不得不与其他越轨行为者为伍，形成越轨群体和越轨群体亚文化。群体成员间的相互认同减轻了由越轨行为造成的内疚和自我悔恨的心理负担，恪守常规的压力减轻了，越轨者的自我形象和群体意识在此过程中均得以加强了，群体使越轨行为合理化。所以群体人员更是以越轨者自居，成为典型的不良团伙。照此类标签所意味着的越轨行为模式去扮演角色，导致发展出更多的越轨和违法行为，继而有可能形成持续性越轨的生活方式，由初级越轨者演变成习惯性越轨者或累犯。②

标签理论独特的研究视野和对传统的大胆挑战，给学术界带来了巨大的冲击。同时它也给社会学和犯罪学的研究带来了一个新的研究视角,对越轨行为的研究具有很大的启发意义，并且为预防犯罪和如何矫正犯罪人回归社会提供了新的思路。它重新分析了越轨行为的社会成因,并把重点从个人移转到整个社会以及社会的反应，由规则的破坏者移转到规则的制定者，由接受社会规范及法律为中立的性质，移转到它们皆是优势团体为了巩固自己既得的利益所制定的产物。它使我们了解越轨行为是任何社会中都存在的社会现象,而且是具有普遍性的社会现象。往往弱势群体更容易成为越

① 克特 · W. 巴克:《社会心理学》，南开大学社会学系译，南开大学出版社 1987 年版，第 211 页。

② 徐玲:《标签理论及其对教育“问题青少年”的启示》，载《社会》2000 年第 10 期。

轨者，他们的弱势地位导致他们缺乏磋商能力，他们更易因此而付出代价，这些人更易可能是社会的牺牲品，也让更多的人明白社会工作的一个重要任务就是要通过一种重新定义或标定的过程来使那些原来被认为是有问题的人恢复为“正常人”。①

（三）情绪状况

情绪状况与犯罪之间的关系比较容易理解，如一个情绪不稳定、心理压力特别大的、容易冲动的人，实施犯罪行为的可能性肯定要比一个情绪稳定、心理压力小、善于克制自己愤怒的人要大得多。关于情绪状况与犯罪之间的关系，许多研究者都比较关注，并且得出了许多有价值的研究结论。例如，刘建清认为情绪是犯罪动机结构的维度之一，它与生理性维度、习得性维度与认知性维度共同构成了完整的犯罪动机结构。情绪是犯罪动机研究中以主观体验为主要指向的因素、成分与机制探讨的方面，并与其他维度密切联系、相互作用。这种犯罪动机的情绪性动力不仅指向情绪性目标（结果性体验或体验预期）对行为的激起、维持力量，也指向行为、活动过程本身之情绪体验（过程性体验或者结果预期体验）所具有的动力作用。② 又如，吕卫红认为，情绪性犯罪又分为反社会情感的犯罪、挫折状态的犯罪、激情犯罪、应激状态的犯罪、消极心境的犯罪五类。张洪海案件属于典型的“消极心境”犯罪。这种犯罪主要是因为行为人长期处于一种比较微弱、持久的抑郁、忧愁与不满的心理状态下，以致在某种外界的刺激下，长期积累的消极的情绪能量转化为直接的犯罪动机而出现犯罪行为。情绪型犯罪人的心理一般具有四个特点：偏激的认知、消极的情绪、情感品质异常的自尊心理水平、较低的挫折承受力等。要预防情绪型犯罪，公民

① 曹立群、周愫娴：《犯罪学理论与实证》，群众出版社 2007 年版，第 206—207 页。

② 刘建清：《犯罪动机与人格》，中国政法大学 2009 年。

自己要树立正确的人生观、恰当评价自我、培养积极的自我体验、增强自我控制能力，维持健康的情绪状态；作为国家，要完善法律制度，加强法制宣传教育，充分发挥基层单位的作用，促使矛盾及时解决。同时，社会应该给不良情绪“从良”营造一个环境。①再如，王亚妮、周丽认为，情绪型犯罪是从犯罪心理学的角度来界定的。情绪型犯罪是一种带有感情色彩的犯罪行为，即行为人带有一定情绪和情感色彩，在受到不良情绪、情感的直接作用下实施某种犯罪行为。它作为一种犯罪行为，在很大程度上取决于人的情绪型动机，即心理的或心理社会的动机，它是以非生理性变化为特征，而以社会交往需要为基础的动机，呈现出强烈的情绪因素。情绪型犯罪往往是犯罪人自认为自身利益受到侵害，自私或自尊的需要未得到满足，在外界情境的刺激下，原有的不良心理突发质变，在情绪的支配下，产生犯罪动机而实施犯罪，最终使自己的心理得到满足的一种行为。而激情犯罪则多带有情境偶发性、轻妄疯狂性，一般激情犯罪指情感障碍的犯罪，即情感活动的变态和失常现象。②

（四）价值观

价值观与犯罪之间的关系，更多地体现在个人对金钱的观点，对获得金钱方式的看法。相关研究者对价值观特别是金钱观与犯罪的关系也做了大量的研究。例如，刘美玲指出，价值观决定着犯罪动机的性质、方向和强度。如利他的价值观产生助人的动机；利己价值观产生贪利性动机；极端利己的价值观产生违反道德和法律追求个人利益的违法犯罪行为动机。这些违法犯罪行为普遍表现在商界的偷工减料、以次充好、制造和贩卖假冒伪劣商品损害消费者的利益，甚至以消费者的生命作代价牟取暴利。还表

---

① 吕卫红:《犯罪：不良情绪从积累到爆发》，载《检察日报》2004 年第 1 期。

② 王亚妮、周丽:《情绪型犯罪的分析与思考》，载《西藏民族学院学报》（哲学社会科学版）2005 年第 3 期。

现为学界的假论文、假文凭到盗版、剽窃他人的作品，甚至是代人考试等。刘美玲进一步指出，价值观对犯罪动机的调节和控制有直接作用，个体把目标的价值看得越高，由目标激发的动机就越强，在活动中发挥的力量就越大。如“拜金主义”的价值观只注重实惠、利益，将金钱视为最大的追求目标，把追求金钱的价值看得越高，获取金钱的动机也就越强，甚至对金钱的欲望超过社会为其提供的合法手段。这样就导致出现有权者进行权钱交易、无权者通过制假造假、偷税漏税等非法手段获利现象，有些人甚至通过诈骗、抢劫、杀人来实现其对金钱追求目标。①

杜林致认为，个体的金钱观与价值观有着密切的关系。他指出，金钱本身没有善恶之分，但对待金钱的态度和行为则有善恶之分；金钱的多寡本身无可厚非，但挣钱的手段有合法不合法、道德不道德之分。错误的金钱观容易使一个人的价值观发生扭曲，把金钱看作衡量一切的标准和自己人生追求的唯一目标，从而不择手段地一味追求金钱，最终走上犯罪道路。个体的金钱态度和行为与其生活经历有着密切的关系，特别是与其家庭环境密切相关。②

根据笔者对以往相关研究成果的文献综述，笔者将刑满释放人员心理感受的相关因素作为本研究的自变量，将刑满释放人员是否重新犯罪作为因变量。据此，本研究提出如下几个研究假设：

假设1：刑满释放人员感觉其他人是否愿意和自己生活在同一个小区显著影响其是否重新犯罪；

假设2：刑满释放人员感觉其他人是否愿意和自己做同事显著影响其是否重新犯罪；

假设3：刑满释放人员感觉其他人是否愿意和自己做朋友显著影响其是

① 刘美玲：《论价值观与犯罪》，载《安徽警官职业学院学报》2007年第6期。

② 杜林致：《罪犯金钱心理特征及其与价值观、家庭环境关系研究》，载《西北师大学报》（社会科学版）2012年第2期。

否重新犯罪；

假设4：刑满释放人员感觉其他人是否愿意和自己成为一家人显著影响其是否重新犯罪；

假设5：刑满释放人员是否同意犯过罪的人就是坏人显著影响其是否重新犯罪；

假设6：刑满释放人员感觉家人因为自己有犯罪经历而看不起自己显著影响其是否重新犯罪；

假设7：刑满释放人员感觉亲戚因为自己有犯罪经历而看不起自己显著影响其是否重新犯罪；

假设8：刑满释放人员感觉朋友因为自己有犯罪经历而看不起自己显著影响其是否重新犯罪；

假设 9：刑满释放人员情绪状况显著影响其是否重新犯罪；

假设 10：刑满释放人员心理压力显著影响其是否重新犯罪；

假设 11：刑满释放人员是否有过自己伤害自己的想法显著影响其是否重新犯罪；

假设 12：刑满释放人员价值观显著影响其是否重新犯罪。

二、变量设置与测量方法

在本研究中，心理感受被操作为 12 个自变量，即“感觉其他人是否愿意和自己生活在同一个小区”“感觉其他人是否愿意和自己做同事”“感觉其他人是否愿意和自己做朋友”“感觉其他人是否愿意和自己成为一家人”“是否同意犯过罪的人就是坏人”“感觉家人因为自己有犯罪经历而看不起自己”“感觉亲戚因为自己有犯罪经历而看不起自己”“感觉朋友因为自己有犯罪经历而看不起自己”“情绪状况”“心理压力”“是否有过自己伤害自己的想法”“价值观”。本研究的目的是发现刑满释放人员是否重新犯罪的影响因素，由于是否重新犯罪这个因变量是典型的二分类变量，因此，本研究采用 ROC 曲线分析来检验各自变量对是否重新犯罪的预测力度。

ROC 曲线分析方法要求自变量为连续型定量，连续型变量包括定距变量、定比变量、虚拟变量以及定序变量。对于分类变量，即题目的选项为“是与否”或“没有与有”等二分类形式的变量,需要被转换为虚拟变量（0 和 1），才能开展 ROC 曲线分析。因此，本研究的变量设置表如下：

表 7.5.1 上次刑释后心理感受自变量设置表

维度	题目	描述性统计选项	ROC 曲线分析选项
1. 社会距离感受	您感觉其他人愿意和您生活在同一个小区吗?	①愿意 =1 ②不愿意 =2 ③看情况 =3	①愿意 =0 ②不愿意 =1 ③看情况 =1
	在此期间，您感觉其他人愿意和您做同事吗?	①愿意 =1 ②不愿意 =2 ③看情况 =3	①愿意 =0 ②不愿意 =1 ③看情况 =1
	在此期间，您感觉其他人愿意和您做邻居吗?	①愿意 =1 ②不愿意 =2 ③看情况 =3	①愿意 =0 ②不愿意 =1 ③看情况 =1
	在此期间，您感觉其他人愿意和您做朋友吗?	①愿意 =1 ②不愿意 =2 ③看情况 =3	①愿意 =0 ②不愿意 =1 ③看情况 =1
	在此期间，您感觉其他人愿意和您成为一家人吗?	①愿意 =1 ②不愿意 =2 ③看情况 =3	①愿意 =0 ②不愿意 =1 ③看情况 =1
2. 社会歧视感受	您同意“犯过罪的人就是坏人”这个说法吗?	①同意 =1 ②不同意 =2 ③看情况 =3	①同意 =1 ②不同意 =0 ③看情况 =1

续表

维度	题目	描述性统计选项	ROC 曲线分析选项
2. 社会歧视感受	上次释放后，总体上您感觉家人因为您有犯罪经历而看不起您吗？	①有感觉 =1 ②没感觉 =2	①有感觉 =1 ②没感觉 =0
	在此期间，总体上您感觉亲戚因为您有犯罪经历而看不起您吗？	①有感觉 =1 ②没感觉 =2	①有感觉 =1 ②没感觉 =0
	在此期间，总体上您感觉朋友因为您有犯罪经历而看不起您吗？	①有感觉 =1 ②没感觉 =2	①有感觉 =1 ②没感觉 =0
3. 情绪状况	在此期间，您的情绪如何？	①经常是稳定的 =1 ②经常是不稳定的 =2	①经常是稳定的 =0 ②经常是不稳定的 =1
	上次刑满释放后，您感到心理压力大吗？	①经常感到 =1 ②经常不感到 =2	①经常感到 =1 ②经常不感到 =0
	在此期间，您有过自己伤害自己的想法吗？	①有 =1 ②没有 =2	①有 =1 ②没有 =0
4. 价值观	"每个人都应该通过合法途径挣钱。"	①赞同 =1 ②不赞同 =2	①赞同 =0 ②不赞同 =1
	"工作的唯一目的就是挣钱。"	①赞同 =1 ②不赞同 =2	①赞同 =0 ②不赞同 =1
	上次刑满释放后，追求安定的生活对您来说重要吗？	①重要 =1 ②不重要 =2	①重要 =0 ②不重要 =1

三、社会距离感受与重新犯罪之间关系的描述性统计分析

表 7.5.2 显示了刑满释放人员社会距离感受的描述性统计分析结果，从"不愿意"这个负面、消极的感受来看，重新犯罪群体所在比重在五个

题目方面，全都明显大于未重新犯罪群体。如“生活在同一个小区”方面，重新犯罪者比未重新犯罪者所占比重大 13.5 个百分点；“做同事”方面，重新犯罪者比未重新犯罪者所占比重大 18.7 个百分点；“做邻居”方面，重新犯罪者比未重新犯罪者所占比重大 16.3 个百分点；“做朋友”方面，重新犯罪者比未重新犯罪者所占比重大 10.6 个百分点；“成为一家人”方面，重新犯罪者比未重新犯罪者所占比重大 9.7 个百分点。

表 7.5.2　社会距离感受与重新犯罪交叉表（人 /%）

题目	选项	未重新犯罪	重新犯罪
1. 在此期间，您感觉其他人愿意和您生活在同一个小区吗？	愿意	191/76.4	88/34.2
	不愿意	12/4.8	47/18.3
	看情况	47/18.8	122/47.5
2. 在此期间，您感觉其他人愿意和您做同事吗？	愿意	189/76.2	74/29.5
	不愿意	10/4.0	57/22.7
	看情况	49/19.8	120/47.8
3. 在此期间，您感觉其他人愿意和您做邻居吗？	愿意	189/75.9	88/34.4
	不愿意	12/4.8	54/21.1
	看情况	48/19.3	114/44.5
4. 在此期间，您感觉其他人愿意和您做朋友吗？	愿意	195/78.3	95/37.5
	不愿意	9/3.6	36/14.2
	看情况	45/18.1	122/48.2
5. 在此期间，您感觉其他人愿意和您成为一家人吗？	愿意	126/50.8	64/25.4
	不愿意	27/10.9	52/20.6
	看情况	95/38.3	136/54.0

四、社会距离感受与是否重新犯罪关系的 ROC 曲线分析

表 7.5.3 显示的结果是对 ROC 曲线下面积的检验，具体结果如下：（1）自变量“您感觉其他人愿意和您生活在同一个小区吗？”对应的曲线下面积为 AUC=0.711，P=0.000，有统计学意义，并且，AUC=0.711 > 0.5，说明此自变量对重新犯罪的诊断有意义。（2）自变量“在此期间，您感觉其他人愿意和您做同事吗？”对应的曲线下面积为 AUC=0.733，P=0.000，有统计学意义，并且，AUC=0.733 > 0.5，说明此自变量对重新犯罪的诊断有意义。（3）自变量“在此期间，您感觉其他人愿意和您做邻居吗？”对应的曲线下面积为 AUC=0.705，P=0.000，有统计学意义，并且，AUC=0.705 > 0.5，说明此自变量对重新犯罪的诊断有意义。（4）自变量“在此期间，您感觉其他人愿意和您做朋友吗？”对应的曲线下面积为 AUC=0.703，P=0.000，有统计学意义，并且，AUC=0.703 > 0.5，说明此自变量对重新犯罪的诊断有意义。（4）自变量“在此期间，您感觉其他人愿意和您成为一家人吗？”对应的曲线下面积为 AUC=0.631，P=0.000，有统计学意义，并且，AUC=0.631 > 0.5，说明此自变量对重新犯罪的诊断有意义。

表 7.5.3　社会距离感受各自变量的曲线下面积与显著值

自变量	AUC 面积	Sig.
1. 在此期间，您感觉其他人愿意和您生活在同一个小区吗？	0.711***	0.000
2. 在此期间，您感觉其他人愿意和您做同事吗？	0.733***	0.000
3. 在此期间，您感觉其他人愿意和您做邻居吗？	0.705***	0.000
4. 在此期间，您感觉其他人愿意和您做朋友吗？	0.703***	0.000
5. 在此期间，您感觉其他人愿意和您成为一家人吗？	0.631***	0.000

*P < 0.05，**P < 0.01，***P < 0.001

表 7.5.3 进一步说明，相应的五个研究假设均被证实，即刑满释放人员感觉其他人是否愿意和自己生活在同一个小区显著影响其是否重新犯罪；刑满释放人员感觉其他人是否愿意和自己做同事显著影响其是否重新犯罪；刑满释放人员感觉其他人是否愿意和自己做朋友显著影响其是否重新犯罪；刑满释放人员感觉其他人是否愿意和自己成为一家人显著影响其是否重新犯罪；刑满释放人员是否同意犯过罪的人就是坏人显著影响其是否重新犯罪。五个研究假设中，全都是回答“不愿意”者更容易重新犯罪。

五、社会歧视感受与重新犯罪之间关系的描述性统计分析

表 7.5.4 显示了刑满释放人员社会歧视感受的描述性统计分析结果，从同意“犯过罪的人就是坏人”这个说法来看，回答“同意”的重新犯罪群体的比重比未重新犯罪群体的比重大 7.3 个百分点。在其他三个题目中，从“有感觉”这个负面、消极的感受来看，重新犯罪群体所在比重在三个题目方面，全都明显大于未重新犯罪群体。如“被家人看不起”方面，重新犯罪者比未重新犯罪者所占比重大 20.9 个百分点；“被亲戚看不起”方面，重新犯罪者比未重新犯罪者所占比重大 39.9 个百分点；“被朋友看不起”方面，重新犯罪者比未重新犯罪者所占比重大 27.4 个百分点。

表 7.5.4 社会歧视感受与重新犯罪交叉表（人 /%）

题目	选项	未重新犯罪	重新犯罪
1. 您同意“犯过罪的人就是坏人”这个说法吗？	同意	12/4.8	31/12.1
	不同意	175/70.6	179/69.9
	看情况	61/24.6	46/18.0
2. 上次释放后，总体上您感觉家人因为您有犯罪经历而看不起您吗？	有感觉	39/15.6	93/36.5
	没感觉	210/84.0	162/63.5

续表

题目	选项	未重新犯罪	重新犯罪
3. 在此期间，总体上您感觉亲戚因为您有犯罪经历而看不起您吗？	有感觉	48/19.2	150/59.1
	没感觉	201/80.4	104/40.9
4. 在此期间，总体上您感觉朋友因为您有犯罪经历而看不起您吗？	有感觉	45/18.0	114/45.4
	没感觉	202/80.8	137/54.6

六、社会歧视感受与是否重新犯罪关系的 ROC 曲线分析

表 7.5.5 显示的结果是对 ROC 曲线下面积的检验，具体结果如下：（1）自变量"您同意'犯过罪的人就是坏人'这个说法吗？"对应的曲线下面积为 AUC=0.497，P=0.920，有统计学意义，但是，AUC=0.497 ＜ 0.5，说明此自变量对重新犯罪的诊断没有意义。（2）自变量"上次释放后，总体上您感觉家人因为您有犯罪经历而看不起您吗？"对应的曲线下面积为 AUC=0.599，P=0.000，有统计学意义，并且，AUC=0.599 ＞ 0.5，说明此自变量对重新犯罪的诊断有意义。（3）自变量"在此期间，总体上您感觉亲戚因为您有犯罪经历而看不起您吗？"对应的曲线下面积为 AUC=0.695，P=0.000，有统计学意义，并且，AUC=0.695 ＞ 0.5，说明此自变量对重新犯罪的诊断有意义。（4）自变量"在此期间，您感觉朋友因为您有犯罪经历而看不起您吗？"对应的曲线下面积为 AUC=0.627，P=0.000，有统计学意义，并且，AUC=0.627 ＞ 0.5，说明此自变量对重新犯罪的诊断有意义。

表 7.5.5　社会歧视感受各自变量的曲线下面积与显著值

自变量	AUC 面积	Sig.
1. 您同意"犯过罪的人就是坏人"这个说法吗？	0.497	0.920

续表

自变量	AUC 面积	Sig.
2. 上次释放后，总体上您感觉家人因为您有犯罪经历而看不起您吗？	0.599***	0.000
3. 在此期间，总体上您感觉亲戚因为您有犯罪经历而看不起您吗？	0.695***	0.000
4. 在此期间，总体上您感觉朋友因为您有犯罪经历而看不起您吗？	0.627***	0.000

*P ＜ 0.05，**P ＜ 0.01，***P ＜ 0.001

表 7.5.5 进一步说明，相应的四个研究假设有三个被证实，一个被证伪。被证实的三个研究假设分别是：刑满释放人员感觉家人因为自己有犯罪经历而看不起自己显著影响其是否重新犯罪；刑满释放人员感觉亲戚因为自己有犯罪经历而看不起自己显著影响其是否重新犯罪；刑满释放人员感觉朋友因为自己有犯罪经历而看不起自己显著影响其是否重新犯罪。这三个研究假设中，全都是回答“有感觉”者更容易重新犯罪。一个被证伪的假设是：刑满释放人员是否同意犯过罪的人就是坏人显著影响其是否重新犯罪。

在深度访谈过程中，重新犯罪者主要谈到了家人的歧视，相关情况表现为：（1）在第一次刑满释放到第二次犯错期间，少数服刑罪犯与家人的关系不是很好，但这种状况不是只发生在这段期间，而是长期以来家庭关系就不和睦，这也是导致服刑罪犯犯罪的主要原因。如父母离异，对服刑罪犯关心很少，缺少沟通，给其造成很大的心理创伤。有的父母离异之后，甚至对子女不管不问，早已形同陌路，从未主动向其提供过帮助和关心。（2）有的父母对服刑罪犯管教不力，往往放纵其从事违法、违规行为，最终导致重犯的出现。（3）从小父母管教太严厉，导致服刑罪犯害怕回家，害怕见到父母，长久以往与父母感情淡漠。

“没有，跟家里人没有联系过。然后跟上海这边的亲戚也没怎么来往，当时出去的时候是我堂哥来接的。在松江住了一个晚上，第二天又回到原来的闵行去了。就又跟以前认识那些人在一起玩。父母离异了，2005 年在少管所的时候，我父亲和母亲就分开了。我出去的时候不想跟他们生活在一块，也是因为这个原因。当时我母亲到少管所来找我的时候，我都想不明白为什么十几年了，说离婚就离婚。这对于我来说有一点小小的打击吧，我很小的时候就离开他们,在外面已经有了一段时间的生活。虽然在外面已经习惯了，但是听到的时候心里还是有一点点难过的。当时我就在想，什么事情都是你们大人决定的，我也没有办法，当时我妈说等我出去了，跟他一块生活，我也不想。所以说他们的事情我也不愿意去管。”（重新犯罪人员）

“家庭的话就是家庭对我管理太放任了，对我没有什么约束。他们对我不怎么管，这个也是偶尔一次的爆发。”（重新犯罪人员）

“不多，我母亲也一直待在家里面，我跟母亲接触的也很少。从小我妈对我管教的也比较严，从小我就只想躲着她。从第一次到现在，已经八九年了，我在家里待的时间也不长。基本上在家里待不了几天，待了几天就走了。该上班就上班，不愿意在家里待着，不然就去朋友那。我一回家就感觉很不自在，我妈一直在我耳边唠叨，从十几岁的时候我就不愿意待在家里面。就是天天不愿意回家，在朋友家住。我跟我朋友家的人都处的挺好的，从小就不愿意回家。我妈每次都到我朋友家去找我，那时候就十几岁。回去挨顿打，然后接着跑出来，还是去朋友家。从小就不愿意待在家，跟家里人接触的也比较少。父亲没了，一个母亲，两个姐姐。”（重新犯罪人员）

“父母离异，然后我就离家出走了，就在社会上流浪。因为那时候还是未成年犯罪人，所以还是不想回去，不想面对这样的一个家庭。还是在社会上流浪，那时候我也去找过很多份工作。但是因为我是未成年犯罪人，很多人都不接受。那时候我就面临着一个生存的问题，所以就碰到了一些不好的人。就这样慢慢地犯罪了。”（重新犯罪人员）

“在社会上做这些事情都是瞒着家人，就跟他们说工作干的很好，但是家人还是持怀疑态度，因为我的一些家人的朋友会把这些信息反馈给家人，家人也多次劝解远离这些人，可能当时比较叛逆，家人唠唠叨叨感觉他们挺烦的，家人打电话也不接，到后来家也不回了。”（重新犯罪人员）

七、情绪状况与重新犯罪之间关系的描述性统计分析

表 7.5.6 显示了刑满释放人员情绪状况的描述性统计分析结果，在这三个题目中，从“情绪经常不稳定”“经常感到心理压力大”“有过伤害自己的想法”这三个负面、消极的感受来看，重新犯罪群体所占比重在三个题目方面，全都明显大于未重新犯罪群体。如“情绪经常是不稳定的”方面，重新犯罪者比未重新犯罪者所占比重大 38.1 个百分点；“经常感到心理压力大”方面，重新犯罪者比未重新犯罪者所占比重大 33.8 个百分点；“有过自己伤害自己的想法”方面，重新犯罪者比未重新犯罪者所占比重大 24.8 个百分点。

表 7.5.6　情绪状况与重新犯罪交叉表（人 /%）

题目	选项	未重新犯罪	重新犯罪
1. 在此期间，您的情绪如何？	经常是稳定的	212/89.8	125/51.7
	经常是不稳定的	24/10.2	117/48.3
2. 上次刑满释放后，您感到心理压力大吗？	经常感到	112/48.7	198/82.5
	不经常感到	118/51.3	42/17.5
3. 在此期间，您有过自己伤害自己的想法吗？	有	28/11.8	89/36.6
	没有	209/88.2	154/63.4

八、情绪状况与是否重新犯罪关系的 ROC 曲线分析

表 7.5.7 显示的结果是对 ROC 曲线下面积的检验，具体结果如下：

（1）自变量“在此期间，您的情绪如何？”对应的曲线下面积为 AUC=0.688，P=0.000，有统计学意义，并且，AUC=0.688 > 0.5，说明此自变量对重新犯罪的诊断有意义。（2）自变量“上次刑满释放后，您感到心理压力大吗？”对应的曲线下面积为 AUC=0.669，P=0.000，有统计学意义，并且，AUC=0.669 > 0.5，说明此自变量对重新犯罪的诊断有意义。（3）自变量“在此期间，您有过自己伤害自己的想法吗？”对应的曲线下面积为 AUC=0.623，P=0.000，有统计学意义，并且，AUC=0.623 > 0.5，说明此自变量对重新犯罪的诊断有意义。

表 7.5.7 情绪状况各自变量的曲线下面积与显著值

自变量	AUC 面积	Sig.
1. 在此期间，您的情绪如何？	0.688***	0.000
2. 上次刑满释放后，您感到心理压力大吗？	0.669***	0.000
3. 在此期间，您有过自己伤害自己的想法吗？	0.623***	0.000

*P < 0.05，**P < 0.01，***P < 0.001

表 7.5.7 进一步说明，相应的三个研究假设均被证实。被证实的三个研究假设分别是：刑满释放人员情绪状况显著影响其是否重新犯罪；刑满释放人员心理压力显著影响其是否重新犯罪；刑满释放人员是否有过自己伤害自己的想法显著影响其是否重新犯罪。这三个研究假设中，回答“情绪经常不稳定”“经常感到心理压力大”“有过自己伤害自己的想法”者更容易重新犯罪。

九、价值观与重新犯罪之间关系的描述性统计分析

表 7.5.8 显示了刑满释放人员价值观的描述性统计分析结果，在这三个题目中，从“每个人不需要通过合法途径挣钱”“工作的唯一目的就是挣

钱”“追求安定的生活并不重要”这三个负面、消极、错误的价值观来看，重新犯罪群体所占比重在三个题目方面,全都明显大于未重新犯罪群体。如“每个人不需要通过合法途径挣钱”方面，重新犯罪者比未重新犯罪者所占比重大 11 个百分点;“工作的唯一目的就是挣钱”方面，重新犯罪者比未重新犯罪者所占比重大 12.3 个百分点;“追求安定的生活并不重要”方面，重新犯罪者比未重新犯罪者所占比重大 4.7 个百分点。

表 7.5.8　价值观与重新犯罪交叉表（人/%）

题目	选项	未重新犯罪	重新犯罪
1.“每个人都应该通过合法途径挣钱”	赞同	243/97.2	218/86.2
	不赞同	7/2.8	35/13.8
2.“工作的唯一目的就是挣钱”	赞同	116/46.6	149/58.9
	不赞同	133/53.4	104/41.1
3. 上次刑满释放后，追求安定的生活对您来说重要吗？	重要	245/98.4	237/93.7
	不重要	4/1.6	16/6.3

十、价值观与是否重新犯罪关系的 ROC 曲线分析

表 7.5.9 显示的结果是对 ROC 曲线下面积的检验,具体结果如下:（1）自变量“每个人都应该通过合法途径挣钱”对应的曲线下面积为 AUC=0.557，P=0.029，有统计学意义，并且，AUC=0.557 > 0.5，说明此自变量对重新犯罪的诊断有意义。（2）自变量“工作的唯一目的就是挣钱”对应的曲线下面积为 AUC=0.440，P=0.026，虽有统计学意义，但是，AUC=0.440 < 0.5，说明此自变量对重新犯罪的诊断没有意义。（3）自变量“上次刑满释放后，追求安定的生活对您来说重要吗？”对应的曲线下面积为 AUC=0.522，P=0.391，没有统计学意义，虽然，AUC=0.522 > 0.5，但依旧说明此自变量对重新犯罪的诊断没有意义。

表 7.5.9 价值观各自变量的曲线下面积与显著值

自变量	AUC 面积	Sig.
1. “每个人都应该通过合法途径挣钱”	0.557*	0.029
2. “工作的唯一目的就是挣钱”	0.440*	0.026
3. 上次刑满释放后，追求安定的生活对您来说重要吗?	0.522	0.391

*P ＜ 0.05，**P ＜ 0.01，***P ＜ 0.001

表 7.5.9 进一步说明，相应的三个研究假设有一个被证实，两个被证伪。被证实的研究假设是：刑满释放人员是否认为“每个人都应该通过合法途径挣钱”显著影响其是否重新犯罪。不认同此观点的重新犯罪者更容易重新犯罪。被证伪的两个研究假设是：刑满释放人员是否认为“工作的唯一目的就是挣钱”显著影响其是否重新犯罪。刑满释放人员是否认为“追求安定的生活对您来说是重要的”显著影响其是否重新犯罪。

在深度访谈过程中，我们发现重新犯罪的刑满释放人员往往都有错误的金钱观，即不满足于普通的工作，希望一夜暴富，想的是轻轻松松拿钱，无法静下心来做一份稳定的工作，如有的人希望挣钱快一些而参与赌博。

“有好有坏，有的是在混，但有的是在好好上班，有的也会跟我说出来以后好好找一份工作，不要瞎混，有的嘛，总归也是说一些不好的话，让我继续怎样怎样，这个其实还是看自己了，我也上过一段时间班，但是我这个性格我觉得不适合一直做工作，心静不下来，我也断断续续做过一段时间，后来又停下来。”（重新犯罪人员）

“没什么交往，但是第二次又跟之前的一些朋友走到一起。经常出入赌博场所，一来二去经常在赌博场所碰到，我在进里面以前或者他在进里面以前会出去吃喝玩乐，他都会主动打电话联系你，带上他的朋友，一来二去两个人又走到一起，赌博这个事情，把之前在外面打拼的那些钱都输了，慢慢手上没有经济来源，加上外面欠了一部分外债，想尽快地找到经济来

源还清。”（重新犯罪人员）

“吃饭、玩，时不时还会跟别人打架，玩的项目有很多，慢慢的在那样的场所里跟之前的朋友产生一种博弈心理，天天在赌博的场所里混，能够轻轻松松拿到钱，之前的工作也没有心思去做。”（重新犯罪人员）

第六节　不幸遭遇与重新犯罪

个体在上次刑满释放之后，作为刑满释放人员，本来就是特殊的弱势群体，如果遭遇不幸事件，并且没有能力妥善处理，外界也没有资源帮助他们妥善解决的话，很显然，刑满释放人员将会面临巨大的心理压力，这是典型的成年危机事件，当刑满释放人员的困境导致其走投无路的时候，铤而走险，重新犯罪就成为可能发生的结果。过去也有许多犯罪学研究者关注不幸事件对个体初犯与重新犯罪的影响。基于此，本研究尝试分析刑满释放人员在上次刑满释放之后的不幸事件对其重新犯罪的影响。

一、研究回顾与研究假设

国外心理学家佩恩（Payne）分析个体遭遇突如其来的打击或者不幸事件的现象是个人遭遇的一种危机情形。他据此提出了自己的危机理论。他的危机理论所强调的基本假设包括下列几项：一是每个人一生中都可能会遭遇危机。这些危机包括突发性的情景压力、成长过程中的危机、意外的灾难事件等。情境压力如离婚、罹患癌症、动手术等，成长中的危机如结婚、就业、失业、退休等，灾难性事件如火灾、车祸、地震等。二是处在危机中的人会出现各种症状。当个人处在危机情境中，平日所惯用的应对方式无法化解危机时，会出现暂时性的强烈情绪（如焦虑、紧张、困惑、愤怒、无助等）、认知失调（如否认现实、逃避等）及生理症状（如恶心、反胃、出汗等）。三是危机具有时间性并且有可能被化解。危机的发展历程大约会持续4—6周，发展的阶段一般可以分为冲击期、焦虑增高器、紧急应对期及危机期等阶段，每个阶段只要适当介入，就可以化解危机。四是危机中有的人可能难以恢复生活均衡。处在危机中的人面临着高压力、混乱状态。此情此景中，个人会评估危机事件对其个人的影响，其有哪些个人资源或社会资源可以运用，然后尽各种努力，企图恢复生活的均衡，但是如果无法恢复生活的均衡，则会造成心理创伤，并且对生活造成负面影响。五是身心交瘁的人如果未得到有效协助则可能引发危机事件。身心交瘁的人已经耗尽自己所拥有的个人资源与社会资源，很容易受他人的影响，此阶段他容易接受协助，但是协助如果无效，则可能造成更大的危机。六是危机既可能成为个体的一个转机，也可能成为更加危机的前奏。“塞翁失马，焉知非福？”危机虽然给个体带来极大的威胁，但只要处理得当，个体就可以安然渡过危机，甚至从处理危机的历程中改变观念、习得新的应对方法，而获得成长。如果处理不当，则可能造成长久的心理创伤，影响未来的正常社会适应。[①]

除了心理学家认为个体经历的不幸事件可能导致个体遭到心理创伤，而且有的个体会受到长远的负面影响，许多犯罪学家也在自己的研究中重点分析了不幸事件对个体走上犯罪道路的诸多影响。例如，著名犯罪学家艾格纽提出的“一般紧张理论”认为生活中负面事件是引发犯罪的重要原因。他认为，犯罪或越轨行为的根源是个人所面临的紧张所致，他进一步指出，个人所面临的紧张，其范围涵盖了认知、行为和情绪等类型。他提出的一般紧张理论认为有三种紧张来源会造成个人的越轨行为甚至是犯罪行为：（1）因无法达到个人想要达到的目标而形成的紧张。例如，想要考上好的

① 曾华源：《危机介入取向之社会工作模式》，载宋丽玉等：《社会工作理论——干预模式与案例分析》，台北洪叶文化出版社2009年版，第138—168页。

大学，但成绩不好，考不上；想要买一辆跑车，但无论如何努力也赚不到所需的钱。（2）失去了个人积极向上的欲望或失去积极的鼓励所形成的紧张。这种紧张的源泉是少年亲身经历的不幸事件与突发危机。例如，亲人的逝去，喜欢的老师突然被调离，从学校退学等。（3）遭遇负面刺激所造成的紧张。例如，儿童时代时受到虐待，个人在学生时代经常被老师指责为坏学生，贴上负面或者污名化的标签等。因为少年不能合法地离家或离校，避免紧张的合法途径被堵死了，在这种情形下，少年很可能用替代方式来避免或者纾解紧张，这种替代方式很可能就是越轨行为，严重的越轨行为构成犯罪。根据艾格纽的说法，可以看出，以上三种情况都会使人产生紧张，增加失望、沮丧、害怕、愤怒等负面情绪。当负面情绪产生时，个人如果无法找到合适的，被社会所认可的方式去调适，降低心理负荷，那么，他们就会有可能采用社会不能接受的方式来解决所面临的紧张，如越轨行为。①

笔者根据对以上既有的相关研究成果的梳理与分析，以及对刑满释放人员本身生活实际与生活特征的考察，将刑满释放人员上次刑满释放人员之后遭遇的不幸事件经历作为自变量，将刑满释放人员是否重新犯罪作为因变量。据此，笔者提出如下几个研究假设：

假设1：刑满释放人员上次刑释后父母一方长期患病显著影响其是否重新犯罪；

假设2：刑满释放人员上次刑释后父母双方长期患病显著影响其是否重新犯罪；

假设3：刑满释放人员上次刑释后父母一方去世显著影响其是否重新犯罪；

假设4：刑满释放人员上次刑释后父母双方去世显著影响其是否重新

① Agnew Robert. 1992. Foundation for a General Strain Theory of Crime and Delinquency. Criminology30: 47–87.

犯罪；

假设 5：刑满释放人员上次刑释后父母一方犯罪显著影响其是否重新犯罪；

假设 6：刑满释放人员上次刑释后父母双方犯罪显著影响其是否重新犯罪；

假设 7：刑满释放人员上次刑释后与配偶分居显著影响其是否重新犯罪；

假设 8：刑满释放人员上次刑释后离异显著影响其是否重新犯罪；

假设 9：刑满释放人员上次刑释后失业显著影响其是否重新犯罪；

假设 10：刑满释放人员上次刑释后家里住房条件很差显著影响其是否重新犯罪；

假设 11：刑满释放人员上次刑释后家庭收入很低显著影响其是否重新犯罪。

二、变量设置与测量方法

在本研究中，不幸遭遇被操作为 11 个自变量，即“上次刑释后父母一方长期患病”“上次刑释后父母双方长期患病”“上次刑释后父母一方去世”“上次刑释后父母双方去世”“上次刑释后父母一方犯罪”“上次刑释后父母双方犯罪”“上次刑释后与配偶分居”“上次刑释后离异”“上次刑释后失业”“上次刑释后家里住房条件很差”“上次刑释后家庭收入很低”。本研究的目的是发现刑满释放人员是否重新犯罪的影响因素，由于是否重新犯罪这个因变量是典型的二分类变量，因此，本研究采用 ROC 曲线分析来检验各自变量对是否重新犯罪的预测力度。

ROC 曲线分析方法要求自变量为连续型定量，连续型变量包括定距变量、定比变量、虚拟变量以及定序变量。对于分类变量，即题目的选项为“是与否”或“没有与有”等二分类形式的变量,需要被转换为虚拟变量（0 和 1），才能开展 ROC 曲线分析。因此，本研究的变量设置表如下：

表 7.6.1　上次刑释后不幸遭遇自变量设置表

题目	描述统计选项	ROC 曲线分析选项	变量层次
1. 上次刑满释放后，父母一方长期患病，曾经发生在您的身上	①否 =0 ②是 =1	①否 =0 ②是 =1	虚拟变量
2. 上次刑满释放后，父母双方长期患病，曾经发生在您的身上	①否 =0 ②是 =1	①否 =0 ②是 =1	虚拟变量
3. 上次刑满释放后，父母一方去世，曾经发生在您的身上	①否 =0 ②是 =1	①否 =0 ②是 =1	虚拟变量
4. 上次刑满释放后，父母双方去世，曾经发生在您的身上	①否 =0 ②是 =1	①否 =0 ②是 =1	虚拟变量
5. 上次刑满释放后，父母一方犯罪，曾经发生在您的身上	①否 =0 ②是 =1	①否 =0 ②是 =1	虚拟变量
6. 上次刑满释放后，父母双方犯罪，曾经发生在您的身上	①否 =0 ②是 =1	①否 =0 ②是 =1	虚拟变量
7. 上次刑满释放后,与配偶分居,曾经发生在您的身上	①否 =0 ②是 =1	①否 =0 ②是 =1	虚拟变量
8. 上次刑满释放后，离异，曾经发生在您的身上	①否 =0 ②是 =1	①否 =0 ②是 =1	虚拟变量
9. 上次刑满释放后，失业，曾经发生在您的身上	①否 =0 ②是 =1	①否 =0 ②是 =1	虚拟变量
10. 上次刑满释放后,家里住房条件很差，曾经发生在您的身上	①否 =0 ②是 =1	①否 =0 ②是 =1	虚拟变量
11. 上次刑满释放后,家庭收入很低，曾经发生在您的身上	①否 =0 ②是 =1	①否 =0 ②是 =1	虚拟变量

三、不幸遭遇与重新犯罪之间关系的描述性统计分析

表 7.6.2 显示了刑满释放人员不幸遭遇的描述性统计分析结果，从“曾

经发生在您的身上”这个负面、消极的回答来看，重新犯罪群体所对应的比重，在11个题目方面，全都明显大于未重新犯罪群体。如在遭遇了“父母一方长期患病”方面，重新犯罪者比未重新犯罪者所占比重大12.1个百分点；如在遭遇了“父母双方长期患病”方面，重新犯罪者比未重新犯罪者所占比重大2.1个百分点；如在遭遇了“父母一方去世”方面，重新犯罪者比未重新犯罪者所占比重大15.9个百分点；如在遭遇了“父母双方去世”方面，重新犯罪者比未重新犯罪者所占比重大4.1个百分点；如在遭遇了“父母一方犯罪”方面，重新犯罪者比未重新犯罪者所占比重大0.4个百分点；如在遭遇了“父母双方犯罪”方面，重新犯罪者比未重新犯罪者所占比重大0.4个百分点；如在遭遇了“与配偶分居”方面，重新犯罪者比未重新犯罪者所占比重大6.7个百分点；如在遭遇了“离异”方面，重新犯罪者比未重新犯罪者所占比重大12.3个百分点；如在遭遇了“失业”方面，重新犯罪者比未重新犯罪者所占比重大14个百分点；如在遭遇了“家里住房条件很差”方面，重新犯罪者比未重新犯罪者所占比重大24个百分点；如在遭遇了“家庭收入很低”方面，重新犯罪者比未重新犯罪者所占比重大24.8个百分点。

表7.6.2 不幸遭遇与重新犯罪交叉表（人/%）

题目	选项	未重新犯罪	重新犯罪
1. 上次刑满释放后，父母一方长期患病，曾经发生在您的身上	否	220/93.2	202/81.1
	是	16/6.8	47/18.9
2. 上次刑满释放后，父母双方长期患病，曾经发生在您的身上	否	231/97.9	240/96.4
	是	5/2.1	9/3.6
3. 上次刑满释放后，父母一方去世，曾经发生在您的身上	否	227/96.2	200/80.3
	是	9/3.8	49/19.7

续表

题目	选项	未重新犯罪	重新犯罪
4. 上次刑满释放后，父母双方去世，曾经发生在您的身上	否	225/95.3	227/91.2
	是	11/4.7	22/8.8
5. 上次刑满释放后，父母一方犯罪，曾经发生在您的身上	否	235/99.6	247/99.2
	是	1/0.4	2/0.8
6. 上次刑满释放后，父母双方犯罪，曾经发生在您的身上	否	236/100.0	248/99.6
	是	0/0.0	1/0.4
7. 上次刑满释放后，与配偶分居，曾经发生在您的身上	否	232/98.3	228/91.6
	是	4/1.7	21/8.4
8. 上次刑满释放后，离异，曾经发生在您的身上	否	227/96.2	209/83.9
	是	9/3.8	40/16.1
9. 上次刑满释放后，失业，曾经发生在您的身上	否	213/90.3	190/76.3
	是	23/9.7	59/23.7
10. 上次刑满释放后，家里住房条件很差，曾经发生在您的身上	否	213/90.3	165/66.3
	是	23/9.7	84/33.7
11. 上次刑满释放后，家庭收入很低，曾经发生在您的身上	否	193/81.8	142/57.0
	是	43/18.2	107/43.0

四、不幸遭遇与是否重新犯罪关系的 ROC 曲线分析

表 7.6.3 显示的结果是对 ROC 曲线下面积的检验，具体结果如下：（1）自变量“上次刑满释放后，父母一方长期患病，曾经发生在您的身上”对应的曲线下面积为 AUC=0.560，P=0.021，有统计学意义，并且，AUC=0.560 > 0.5，说明此自变量对重新犯罪的诊断有意义。（2）自变量“上次刑满释放后，父母一方去世，曾经发生在您的身上”对应的曲线下面积为 AUC=0.579，P=0.003，有统计学意义，并且，AUC=0.579 > 0.5，说

明此自变量对重新犯罪的诊断有意义。（3）自变量“上次刑满释放后，离异，曾经发生在您的身上”对应的曲线下面积为 AUC=0.561，P=0.020，有统计学意义，并且，AUC=0.561 > 0.5，说明此自变量对重新犯罪的诊断有意义。（4）自变量“上次刑满释放后，失业，曾经发生在您的身上”对应的曲线下面积为 AUC=0.570，P=0.008，有统计学意义，并且，AUC=0.570 > 0.5，说明此自变量对重新犯罪的诊断有意义。（5）自变量“上次刑满释放后，家里住房条件很差，曾经发生在您的身上”对应的曲线下面积为 AUC=0.620，P=0.000，有统计学意义，并且，AUC=0.620 > 0.5，说明此自变量对重新犯罪的诊断有意义。（6）自变量“上次刑满释放后，家庭收入很低，曾经发生在您的身上”对应的曲线下面积为 AUC=0.624，P=0.000，有统计学意义，并且，AUC=0.624 > 0.5，说明此自变量对重新犯罪的诊断有意义。

表 7.6.3 不幸遭遇各自变量的曲线下面积与显著值

自变量	AUC 面积	Sig.
1. 上次刑满释放后，父母一方长期患病，曾经发生在您的身上	0.560*	0.021
2. 上次刑满释放后，父母双方长期患病，曾经发生在您的身上	0.507	0.776
3. 上次刑满释放后，父母一方去世，曾经发生在您的身上	0.579**	0.003
4. 上次刑满释放后，父母双方去世，曾经发生在您的身上	0.521	0.427
5. 上次刑满释放后，父母一方犯罪，曾经发生在您的身上	0.502	0.942
6. 上次刑满释放后，父母双方犯罪，曾经发生在您的身上	0.502	0.939
7. 上次刑满释放后，与配偶分居，曾经发生在您的身上	0.534	0.199
8. 上次刑满释放后，离异，曾经发生在您的身上	0.561*	0.020
9. 上次刑满释放后，失业，曾经发生在您的身上	0.570**	0.008
10. 上次刑满释放后，家里住房条件很差，曾经发生在您的身上	0.620***	0.000
11. 上次刑满释放后，家庭收入很低，曾经发生在您的身上	0.624***	0.000

*P < 0.05，**P < 0.01，***P < 0.001

表 7.6.3 进一步说明，相应的 11 个研究假设有 6 个被证实，5 个被证伪。被证实的研究假设是：刑满释放人员上次刑释后遭遇父母一方长期患病显著影响其是否重新犯罪，遭遇了此不幸事件者更容易重新犯罪；刑满释放人员上次刑释后父母一方去世显著影响其是否重新犯罪，遭遇了此不幸事件者更容易重新犯罪；刑满释放人员上次刑释后遭遇离异显著影响其是否重新犯罪，遭遇了此不幸事件者更容易重新犯罪；刑满释放人员上次刑释后遭遇失业显著影响其是否重新犯罪，遭遇了此不幸事件者更容易重新犯罪；刑满释放人员上次刑释后遭遇家里住房条件很差显著影响其是否重新犯罪，遭遇了此不幸事件者更容易重新犯罪；刑满释放人员上次刑释后遭遇家庭收入很低显著影响其是否重新犯罪，遭遇了此不幸事件者更容易重新犯罪。

据深度访谈发现，一些刚从监狱里面出来的刑满释放人员可能面临着无处居住的问题，也可能面临着短期内无法找到工作，没有任何生活来源的问题等。这个时候，最基本的生存问题摆在眼前，也可以说遭遇到无家可归、无钱吃饭这种不幸事件。这个时候，如果安置帮教工作者能够帮他申请廉租房补贴，缓解他的居住困难，尽快帮他办理低保或申请临时救助资金，将会有效降低他们重新犯罪的风险。

“今年我有一个案例，我对他做了工作，他就回去了。他是养母带大的。但是在他坐监之后，养母在 1995 年的时候就和他解除了母子关系。他回来之后什么都没有，没有户口，像这样一种情况我们就要引起重视。我们到他所在的监狱里去，工作有一个衔接。像他这种人回来，我们首先要帮他解决居住问题，要提前做好准备工作，牵涉方方面面，住旅馆需要费用。我们要到街道派出所去登记、申请。司法所不负责这块。然后，街道这笔钱就发到我手里。然后廉租房、基本生活费他给你保一点啊。然后就租一个旅馆。我和旅馆的阿姨有一个约定，就是他在这里住，不要忌讳他是什么身份。然后就是帮助留意，如果他精神不振的话，赶紧给我打电话。他重犯的风险太大。通过这样的工作，让他安定下来。这种人你不解决就会很麻烦，廉租房要帮他申请。因为住旅馆的话每天都要出钱，住廉租房的话，价格便宜一些，一个月出一次钱。帮他申请到廉租房住进去后，基本的生活他可以解决了。”（安置帮教工作者）

“低保啊，低保是我们最起码的工作。如果他符合低保条件的话，我们绝对会义务帮他到街道、民政部门去解决这个问题。最起码要解决他的生活问题。最基本的生活必须有所保障。”（安置帮教工作者）

第七节 悔罪态度与重新犯罪

悔罪态度在国外属于犯罪学研究的一个重要板块。国外关于悔罪态度的研究依据的重要理论之一是犯罪的中立化理论，犯罪的中立化理论其实质是论述犯罪人如何将犯罪行为合理化的一种理论。[①] 实际上，这个理论是研究犯罪人是否将自己犯罪的责任归因于外界，从而减轻和摆脱自己对所犯罪行的责任。犯罪的中立化理论也呈现了犯罪人如何自认为巧妙地减轻自己责任的方式。虽然国外非常重视悔罪态度的研究，但是国内对此主题的研究并不常见，因此，本研究不仅可以检验犯罪的中立化理论对于国内研究的适用性，也可以进一步拓展国内的悔罪态度研究。

一、研究回顾与研究假设

犯罪的中立化理论的实质是论述犯罪人如何将犯罪行为合理化的一种理论。[②] 马茨阿和赛克斯在 1957 年发表的一文中总结了青少年犯将越轨和

①［美］赛克斯、［美］马茨阿:《中和技术：一种少年犯罪理论》，载《美国社会学评论》1957 年第 22 期。
②［美］赛克斯、［美］马茨阿:《中和技术：一种少年犯罪理论》，载《美国社会学评论》1957 年第 22 期。

犯罪行为“中性化”或“合理化”的五类理由。第一，否认越轨或犯罪行为的责任，马茨阿和赛克斯认为，越轨和犯罪都可分有意和无意两类。当它们是无意时，越轨者或犯罪者的责任就会小一些。青少年在解释他们的越轨或犯罪行为时不是将其行为看作有意的，而是将其看作超出自我控制的外在因素所造成。这些因素包括缺乏关爱的父母、贫穷以及坏的伙伴等。在这方面，越轨或犯罪青少年常用的托词包括“他们迫使我这样做”“我没有其他选择”。第二，否认越轨或犯罪行为对他人、群体或社区的伤害。在作这类解释时，越轨或犯罪的青少年并不否认行为本身，而是辩称该行为没有真正伤害任何人。例如，偷车可能被看作只是暂时地“借用”；帮伙殴打可能被看作仅仅是参入者双方的私人冲突，不危及社区或社会；某人的财产被损坏可能被解释为“受害者足够的富裕”。第三，诋毁受害者。在这种“合理化”解释中，越轨或犯罪行为被看作受害者应得的。例如，对同性恋或少数民族的攻击被解释为这类人做了他们不应该做的事或到了他们不应该到的地方。常用的辩词包括“他态度不好”“他先发起进攻”。第四，责备者或执法人。持这种理由的越轨或犯罪者认为，责备他们行为的人本身是越轨者或因私愤而报复者。例如，他们把警察看作受贿者、愚蠢或蛮横无理的人；把教师看作常有偏爱而不公正的人。第五，忠实于帮伙。这意味着，越轨或犯罪者把对帮伙的忠诚看作高于对家庭、社区以及社会主流价值观的承诺。因此，当其群体或帮伙要求使用越轨或犯罪行为时，青少年将越轨或犯罪行为看作一种更高的忠诚。“我必须保护我的哥们儿”是这类“合理化”的常用托词。[①]

中立化理论认为，未成年犯罪人其实了解并认同传统规范和价值。为了减少自己犯罪后的羞愧或罪恶感，便会采用中立化的五种技巧来改变自

---

① 江山河：《犯罪学理论》，格致出版社 2008 年版，第 25 页。

己的认知。[①] 这五种中立化技巧分别是：否认自己的责任（我不是故意的，我只是忍不住）；否认造成伤害（我没有伤害任何人）；否认有被害人（他们是自找的！谁叫他们要在那里出现？谁叫他们要戴珠宝？谁叫他们要穿那么少？）；责备掌权者（大家都只盯着我，其实人人都在犯罪）；诉诸更高情操或权威（我这样做，不是为了自己；在友谊与法律间挣扎——我讲义气、我不能出卖朋友）。[②]Buffalo 和 Rogers 以及 Regoli 和 Poole 的两项研究发现，受访的犯罪人通常都宣称自己认同传统的道德价值，在价值观上无异于其他守法者。另外，Yochelson 和 Samenow 的研究发现，无论是多么罪大恶极的犯罪人，他们不会承认自己是犯罪人，却能够轻易地辨认他人的罪行。[③]

在犯罪过程中采取中立化技巧是否合理上，学者产生了分歧。中立化理论认为，中立化技巧是未成年人犯罪时所必需的，是用来保护自己，暂时改变自己的内在价值，免于违法后受罪恶感、羞愧心之困的方法。赛克斯发现“个人会潜意识地扭曲事实真相，来为自己的犯罪行为辩护。如此一来，便可以使自我形象免受损害，或使其免受摧残于自责之中”。既然大多数未成年犯罪人都没有表现出对犯罪价值的认同，也不觉得自己是犯罪人，所以他们犯罪时，就必须中立化自己的行为，以减轻内心的罪恶感。[④]“中和技术理论”认为少年犯罪人的犯罪行为就是通过中和技术将其非法行为进行合理化，从而使自己摆脱从童年起就习惯了的道德的结果。[⑤] 但赛克斯和马茨阿认为，这些中立化技巧实际上是法律上可接受的犯罪借口的延伸。

---

① 曹立群、周愫娴：《犯罪学理论与实证》，群众出版社 2007 年版，第 92 页。

② 曹立群、周愫娴：《犯罪学理论与实证》，群众出版社 2007 年版，第 92 页。

③ 曹立群、周愫娴：《犯罪学理论与实证》，群众出版社 2007 年版，第 93 页。

④ 曹立群、周愫娴：《犯罪学理论与实证》，群众出版社 2007 年版，第 91 页。

⑤ 刘广三、咸丰刚：《“中和技术理论 ” 与青少年犯罪研究》，载《烟台大学学报》（哲学社会科学版）2005 年第 4 期。

赛克斯和卡伦认为，这些技巧不仅助长了未成年人犯罪，对成人犯罪也有一样的影响。在论述他们的理论时，赛克斯和马茨阿十分清楚地表明，中立化技巧是“赞成犯罪的定义”的一个类型，和萨瑟兰论述的差别接触理论所说的一样。但是他们不认为犯罪来自亚文化的主张。亚文化理论认为，青少年成长于含有反对主流文化、反对守法价值的亚文化中，很自然地接受了这些价值观，把犯罪当作一件正当的事情。①

赛克斯和马茨阿对未成年犯罪人与未犯罪人在价值观上究竟有无不同方面进行了数据调查，这些数据来自监狱服刑的未成年犯罪人。这些人在研究人员访问时，可能想树立“好人”的形象，因此会尽量表现自己认同传统道德价值的一面，至于是不是真的认同，无从得知。Hin-delang 的研究就发现，未成年犯罪人与未犯罪人在道德价值上的确有差异。他的研究结果显示，未成年犯罪人没有真的罪恶感，因此，他们犯罪也不需要使用任何技巧来中立化自己的犯罪行为。但 Buffalo 和 Rogers 以及 Regoli 和 Poole 的两项研究却发现，受访犯罪人通常宣称自己认同传统的道德价值，在价值观上无异于其他守法者。另外，Yochelson 和 Samenow 的研究发现，无论是多么罪大恶极的犯罪人，他们不会承认自己是犯罪人，却能够轻易地辨认他人的罪行。其他学者曾测试中立化理论的有效性，并找到了支持中立化理论的某些证据。②赛克斯和马茨阿在他们合写的《少年犯罪与秘密价值观念》一文中阐明了地下价值观念体系对少年犯罪行为的促进作用，认为这种价值观念体系有助于青少年将其犯罪行为进行中和。与认为信奉少年犯罪的价值观念引起少年犯罪的社会学观点不同的是，“中和技术理论”主要分析了少年犯罪人在认为少年犯罪行为是错误的和不道德的前提下，如何运用中和技术为自己的行为进行辩护，他们认为自己的少年犯罪活动是“无罪

---

① 曹立群、周愫娴：《犯罪学理论与实证》，群众出版社 2007 年版，第 92 页。

② 曹立群、周愫娴：《犯罪学理论与实证》，群众出版社 2007 年版，第 93 页。

过的”。[①]“在将常规价值观念与犯罪价值观念中和之后，他们便在合法与犯罪行为之间来飘荡，他们也上学，也作为家庭成员参加家庭的正常活动。”[②]美国著名犯罪学家艾伯特·科恩在其著名的少年犯罪亚文化群理论中指出，下层阶级青少年的犯罪行为是对美国中产阶级主流文化中的规范和价值观的一种反抗。[③]这种理论能够解释下层阶级青少年的犯罪行为，却难以解释中上阶级青少年犯罪的存在。

国内关于悔罪的研究非常少见，“悔罪”在我国刑事法律制度中占有重要地位，它是每个刑事案件都会涉及的情节。根据《刑法》规定，悔罪表现、悔改表现是决定是否适用缓刑、假释的实质条件，在司法实践中，悔罪表现是一个量刑的重要酌定情节。[④]何为悔罪，不同的学者有不同的认定。虽然表述上有差异，但是其所要表达的内容是一致的。其主要有以下几个方面：第一，悔罪的主体是实施了犯罪行为的人；第二，悔罪的时间是在实施犯罪行为后；第三，悔罪的内容是认罪并悔改、忏悔，行为人认罪是认定其悔罪的前提条件。[⑤]在刑法语境里，悔罪包括强制性悔罪与自愿性悔罪两类。强制性悔罪是指在刑事诉讼领域，法院裁定或判决行为人赔礼道歉。根据我国《刑法》第 37 条规定，对于犯罪情节轻微不需要判处刑罚的，可以责令赔礼道歉。自愿性悔罪是指犯罪人在犯罪后或者监禁期间主动认罪悔过。其核心要素在于犯罪人的自愿性悔罪。只有犯罪人真诚、自愿悔罪，才能使被害人因犯罪而遭受的精神损害得到补偿，犯罪人才有可能重新回归社会，被破坏的社会关系才得到修补。[⑥]

---

① 吴宗宪：《西方犯罪学史》，警官教育出版社 1997 年版，第 590 页。

② 郭建安：《美国犯罪学的几个基本问题》，中国人民公安大学出版社 1992 年版，第 62 页。

③ 吴宗宪：《西方犯罪学史》，警官教育出版社 1997 年版，第 658 页。

④ 陈娜：《社区服刑人员悔罪程度及影响因素实证研究——基于上海的问卷调查》，载《法学论坛》2016 年第 5 期。

⑤ 胥献文：《悔罪影响量刑问题研究》，载《天水行政学院学报》2016 年第 2 期。

⑥ 王立峰：《论悔罪》，载《中国刑事法杂志》2006 年第 3 期。

虽然悔罪在司法实践中如此重要，但是，其定义却较为模糊。对于何为悔罪，至今仍然没有一个明确的界定，也很难量化，这使得法官认定是否悔罪具有较大的裁量权。[①] 从我国的司法实践看，行为人的罪后认罪悔罪形式多种多样，《刑法》第 97 条仅规定了自首和立功，范围太窄。[②] 在法律上，悔罪却仅仅是一种酌定量刑情节，并不像自首、坦白、立功那样作为法定量刑情节对量刑产生影响。虽然悔罪体现了行为人人身危险性的降低，但是，司法实践中由于其仅仅是酌定量刑情节，不同的司法机关或者司法机关在不同时期可能会考虑悔罪这一酌定量刑情节，也可能不考虑；对某相同的行为表现可能认定为悔罪，也可能不认定为悔罪；对相同的悔罪可能认定影响量刑较大，也可能认定影响量刑较小，这无疑会导致随意性较大以及罪责刑不相适应的弊端。[③] 在最近的研究中，有学者通过北大法宝对涉及认罪态度的 234 个评析案例进行分析，认为悔罪态度这一标准较为模糊，需要对悔罪态度进行更多的实证研究，来探索更加确切、量化的判断标准。[④]

根据笔者对以往相关研究成果特别是犯罪学中立化理论的文献综述，笔者将刑满释放人员是否中立化自己的犯罪行为作为本研究的自变量，将刑满释放人员是否重新犯罪作为因变量。据此，本研究提出如下几个研究假设：

假设 1：刑满释放人员是否否认自己的法律责任显著影响其是否重新犯罪；

假设 2：刑满释放人员是否否认有被害人显著影响其是否重新犯罪；

假设 3：刑满释放人员是否否认造成损害显著影响其是否重新犯罪；

---

① 胡铭、冯姣：《认罪态度对法官判决影响的实证分析》，载《江苏行政学院学报》2014 年第 2 期。

② 赵长青：《悔罪形态初探》，载《云南大学学报法学版》2006 年第 1 期。

③ 胥献文：《悔罪影响量刑问题研究》，载《天水行政学院学报》2016 年第 2 期。

④ 胡铭、冯姣：《认罪态度对法官判决影响的实证分析》，载《江苏行政学院学报》2014 年第 2 期。

假设 4：刑满释放人员是否否认社会公正显著影响其是否重新犯罪；

假设 5：刑满释放人员是否诉诸更高情操显著影响其是否重新犯罪；

假设6：刑满释放人员是否用平常守法程度来抵消犯罪责任显著影响其是否重新犯罪；

假设7：刑满释放人员是否用对好日子追求来抵消犯罪责任显著影响其是否重新犯罪。

二、变量设置与测量方法

在本研究中，悔罪态度被操作为 7 个自变量，即“否认自己的责任”“否认有被害人”“否认造成损害”“否认社会公正”“诉诸对朋友情谊的重视”“强调自己平常的守法程度”“诉诸对美好生活的追求”。本研究的目的是发现刑满释放人员是否重新犯罪的影响因素，由于是否重新犯罪这个因变量是典型的二分类变量，因此，本研究采用 ROC 曲线分析来检验各自变量对是否重新犯罪的预测力度。

ROC 曲线分析方法要求自变量为连续型定量，连续型变量包括定距变量、定比变量、虚拟变量以及定序变量。对于分类变量，即题目的选项为“是与否”或“没有与有”等二分类形式的变量，需要被转换为虚拟变量（0 和 1），才能开展 ROC 曲线分析。因此，本研究的变量设置表如下：

表 7.7.1　悔罪态度自变量设置表

题目	选项		变量层次
1. 不懂法律犯罪应该被原谅	①不同意 =0	①不同意 =0	虚拟变量
	②同意 =1	②同意 =1	
2. 无受害人犯罪应该被原谅	①不同意 =0	①不同意 =0	虚拟变量
	②同意 =1	②同意 =1	

续表

题目	选项		变量层次
3. 被害人是坏人犯罪应该被原谅	①不同意 =0	①不同意 =0	虚拟变量
	②同意 =1	②同意 =1	
4. 社会不公正犯罪是逼不得已	①不同意 =0	①不同意 =0	虚拟变量
	②同意 =1	②同意 =1	
5. 为了帮朋友可以犯罪	①不同意 =0	①不同意 =0	虚拟变量
	②同意 =1	②同意 =1	
6. 平常守法的人犯罪应该被原谅	①不同意 =0	①不同意 =0	虚拟变量
	②同意 =1	②同意 =1	
7. 想过上好日子犯罪可以被原谅	①不同意 =0	①不同意 =0	虚拟变量
	②同意 =1	②同意 =1	

三、悔罪态度与重新犯罪之间关系的描述性统计分析

表7.7.2共同显示了刑满释放人员悔罪态度的描述性统计分析结果，从悔罪态度对应的7个题目来看，实际上是测量刑满释放人员是否承认自己的责任，是否认为自己不应该规避责任，对自己犯罪行为负责，所以，凡是选择“同意”选项的人，可以被看作逃避责任的情况。从表7.7.2可见看出，（1）有5个题目对应的答案与我们的常识相符，都是重新犯罪的人更倾向于推卸责任、逃避责任。这5个题目是：“无受害人犯罪应该被原谅”“被害人是坏人犯罪应该被原谅”“社会不公正犯罪是逼不得已”“为了帮朋友可以犯罪”“想过上好日子可以犯罪”。在这5个题目中，重新犯罪者所占比重超过未重新犯罪者非常大的题目有两个，它们分别是“社会不公正犯罪是逼不得已”，前者比后者比重大28.5个百分点；“想过上好日子可以犯罪”，前者比后者比重大26.3个百分点。（2）有两个题目与我们的常识不符。这两

个题目一是“不懂法律而犯罪应该被原谅”，这是对法律责任的否认，结果是选择“同意”的重新犯罪者所占比例比未重新犯罪者要少 20.4 个百分点。二是“平常守法的人犯罪应该被原谅”，这是使用“对美好生活的追求”意愿来抵消犯罪的责任，结果是选择“同意”的重新犯罪者所占比例比未重新犯罪者要少 6.3 个百分点。这两个选项对应的因素是否对刑满释放人员重新犯罪有诊断作用，需要使用 ROC 曲线分析，分析结果见表 7.7.2。

表 7.7.2　悔罪态度与重新犯罪交叉表（人 /%）

题目	选项	未重新犯罪	重新犯罪
1. 不懂法律而犯罪应该被原谅	不同意	82/45.8	145/66.2
	同意	97/54.2	74/33.8
2. 无受害人犯罪应该被原谅	不同意	173/96.6	177/80.8
	同意	6/3.4	42/19.2
3. 被害人是坏人犯罪应该被原谅	不同意	153/85.5	167/76.3
	同意	26/14.5	52/23.7
4. 社会不公正犯罪是逼不得已	不同意	167/93.3	142/64.8
	同意	12/6.7	77/35.2
5. 为了帮朋友可以犯罪	不同意	177/98.9	194/88.6
	同意	2/1.1	25/11.4
6. 平常守法的人犯罪应该被原谅	不同意	139/77.7	184/84.0
	同意	40/22.3	35/16.0
7. 想过上好日子犯罪可以被原谅	不同意	173/96.6	154/70.3
	同意	6/3.4	65/29.7

四、悔罪态度与是否重新犯罪关系的 ROC 曲线分析

上述描述性统计分析初步呈现了刑满释放人员悔罪态度与重新犯罪之间的关系。描述性统计分析的作用是增加我们对两者之间关系的感性认识。

但是，进一步来说，这是一种表面分析或者说是初步分析，尚未揭示出刑满释放人员悔罪态度与重新犯罪之间关系的内在规律。那么，刑满释放人员悔罪态度与重新犯罪之间的关系是否是客观事实，即统计上是否显著？笔者可以通过 ROC 曲线分析做出解答。

表 7.7.3 显示的结果是对 ROC 曲线下面积的检验，具体结果如下：（1）自变量“不懂法律而犯罪应该被原谅”对应的曲线下面积为 AUC=0.398，P=0.000，虽然有统计学意义，但是，AUC=0.398 < 0.5，说明此自变量对重新犯罪的诊断没有意义。（2）自变量“只要无受害者，犯罪没关系”对应的曲线下面积为 AUC=0.579，P=0.007，有统计学意义，并且，AUC=0.579 > 0.5，说明此自变量对重新犯罪的诊断有意义。（3）自变量“被害者是坏人，犯罪应被原谅”对应的曲线下面积为 AUC=0.546，P=0.113，没有统计学意义，虽然，AUC=0.546 > 0.5，也说明此自变量对重新犯罪的诊断没有意义。（4）自变量“社会不公正，犯罪是逼不得已”对应的曲线下面积为 AUC=0.642，P=0.000，有统计学意义，并且，AUC=0.642 > 0.5，说明此自变量对重新犯罪的诊断有意义。（5）自变量“为了帮朋友可以犯罪”对应的曲线下面积为 AUC=0.551，P=0.077，没有统计学意义，虽然，AUC=0.551 > 0.5，也说明此自变量对重新犯罪的诊断没有意义。（6）自变量“平常守法的人犯罪应该被原谅”对应的曲线下面积为 AUC=0.468，P=0.275，虽然有统计学意义，但是，AUC=0.468 < 0.5，说明此自变量对重新犯罪的诊断没有意义。（7）自变量“想要过上好日子可以犯罪”对应的曲线下面积为 AUC=0.632，P=0.000，有统计学意义，并且，AUC=0.632 > 0.5，说明此自变量对重新犯罪的诊断有意义。

表 7.7.3 悔罪态度各自变量的曲线下面积与显著值

自变量	AUC 面积	Sig.
1. 不懂法律而犯罪应该被原谅	0.398	0.000
2. 只要无受害者，犯罪没关系	0.579**	0.007
3. 被害者是坏人，犯罪应被原谅	0.546	0.113
4. 社会不公正，犯罪是逼不得已	0.642***	0.000
5. 为了帮朋友可以犯罪	0.551	0.077
6. 平常守法的人犯罪应被原谅	0.468	0.275
7. 要想过上好日子可以犯罪	0.632***	0.000

$^{*}P < 0.05$，$^{**}P < 0.01$，$^{***}P < 0.001$

表 7.7.3 进一步说明，相应的 7 个研究假设有 3 个被证实，4 个被证伪。被证实的研究假设是：刑满释放人员是否否认有被害人显著影响其是否重新犯罪；刑满释放人员是否否认社会公正显著影响其是否重新犯罪；刑满释放人员是否用对好日子追求来抵消犯罪责任显著影响其是否重新犯罪。

通过深度访谈发现，多数重新犯罪对象都对犯罪感到后悔，有的人认为自己犯罪的原因是读书太少，文化水平太低，对法律等文字看不懂，也不太能理解，导致很难适应社会。当然也有人对犯罪并没有什么后悔之心，他觉得是一次深刻的教训，笔者认为只要他觉得是教训就已经证明了这是一件不该发生的事，应该说，他的犯罪行为及其导致的刑罚处罚，对他而言，已经让他有做错事情的感受。

“这个文化水平我也想过，我后悔读书太少，因为我的初中还没读完，所以我对法律这些东西，就不是太懂。我后来一直教育小孩子，千万要好好学习，不能像我一样，像我一样就永远没出息。”（重新犯罪者）

“这怎么说呢？后悔也不后悔，既然自己做了就要承担，就当花钱买个教训。自己做事情以后会怎么样呢？后悔也没有用。人家就会讲我后悔啊，给我一次机会呀，这种话我不想说。太虚伪了。我这人就是说话直，我不后悔，就花钱买个教训。人要成长肯定是要有一些经历的。”（重新犯罪者）

本章小结

从人口特征与重新犯罪的关系角度来看，（1）“文化程度”这一题中，初中文化程度的犯罪人数占比最高为42.7%。在“第一次犯罪时年龄”这一题中，重新犯罪的刑满释放人员中，在刚刚成年时实施第一次犯罪的人数最多，未重新犯罪的刑满释放人员中，在而立之年实施首次犯罪者的人数最多。（2）ROC曲线分析中得到的显著影响刑满释放人员重新犯罪的自变量有“户口”“刑释时是否有配偶”。

从经济状况与重新犯罪的关系角度来看，（1）在“在此期间，您是否经常更换住处？”这一题中，未重新犯罪者中回答是的人占5.3%，重新犯罪者回答是的人占43.8%，差异明显。在“上次刑满释放后，您的收入主要来自哪里？”这一题中，未重新犯罪者中回答在职工作（合法）的人占69.6%，重新犯罪者回答在职工作（合法）的人占27.9%，差异较大。在“在此期间，您有工作吗？”这一题中，未重新犯罪者中回答一直有的人占58.5%，重新犯罪者中回答一直有的人占15.5%，差异明显。（2）ROC曲线分析中得到的显著影响刑满释放人员重新犯罪的自变量有“您的住所属于哪一类？”“您是否经常更换住所？”“您对住宿条件满意吗？”“上次刑满释放后，您的收入主要来自哪里？”“在此期间，大部分时候，您的收入能够满足基本生活需求吗？”“上次刑满释放后，您是否因为犯罪被原单位辞退？”“在此期间，您难以就业的原因是学历太低”“在此期间，您难以就业的原因是技能不足”“在此期间，您难以就业的原因是有犯罪经历”“失业次数”。

从家庭环境与重新犯罪的关系角度来看，（1）在“上次刑满释放后，总体上您与配偶的关系如何？”这一题中，未重新犯罪者中回答好的人占61.0%，重新犯罪者中回答好的人占31.9%，差异明显。在“在此期间，总体上您与父母的关系如何？”这一题中，未重新犯罪者中回答好的人占83.7%，重新犯罪者中回答好的人占64.6%，差异较大。从“同住家人人数”这个问题来看，在重新犯罪组内，平均人数为2.60人，在未重新犯罪组内，平均人数为2.21人。（2）ROC曲线分析中得到的显著影响刑满释放人员重新犯罪的自变量有“上次刑满释放后，总体上您与配偶的关系如何？”“在此期间，总体上您与父母的关系如何？”“在此期间，总体上您与孩子的关系如何？”“上次释放后，您父亲是否认为您是‘坏人’？”“同住家人人数”“同住家人中有犯罪经历人数”。

从社会交往与重新犯罪的关系角度来看，（1）在“您推测在困难时有几个愿意帮助你的朋友？”这一题中，未重新犯罪者中回答0个的人占6.9%，重新犯罪者中回答0个的人占16.1%，差异较明显。在“在此期间，您是否参加过小区中的休闲活动？”这一题中，未重新犯罪者中回答参加过的人占37.2%，重新犯罪者中回答参加过的人占13.1%，差异较明显。在“上次释放后，您遇到困难时向以下人员求助时，愿意提供帮助的有司法所安帮干部”这一题中，未重新犯罪者中回答是的人占47.7%，重新犯罪者中回答是的人占14.2%，差异明显。（2）ROC曲线分析中得到的显著影响刑满释放人员重新犯罪的自变量有“总体上您愿意与他人交往吗？”“在此期间，您觉得您的朋友多吗？”“在此期间，您的朋友中，大约有几人曾经违法犯罪？”“上次释放后，有主动要求您违法犯罪的朋友吗？”“在此期间，您是否参加过小区中的休闲活动？”“在此期间，小区居民知道您是刑满释放人员的人数”“上次释放后，您遇到困难时向以下人员求助时，愿意提供帮助的有司法所安帮干部”“上次释放后，您遇到困难时向以下人员求助时，愿意提供帮助的有安帮社会工作者”“上次释放后，您遇到困难时向以下人员求助时，愿意提供帮助的有安帮志愿者”。

从心理感受与重新犯罪的关系角度来看，（1）在“您感觉其他人愿意和您生活在同一个小区吗？”这一题中，未重新犯罪者中回答愿意的人占76.4%，重新犯罪者中回答愿意的人占34.2%，差异较明显。在“在此期间，您感觉其他人愿意和您做朋友吗？”这一题中，未重新犯罪者中回答愿意的人占78.3%，重新犯罪者中回答愿意的人占37.5%，差异明显。在“在此期间，总体上您感觉亲戚因为您有犯罪经历而看不起您吗？”这一题中，未重新犯罪者中回答有感觉的人占19.2%，重新犯罪者中回答有感觉的人占59.1%，差异明显。（2）ROC曲线分析中得到的显著影响刑满释放人员重新犯罪的自变量有“您感觉其他人愿意和您生活在同一个小区吗？”“在此期间，您感觉其他人愿意和您做同事吗？”“在此期间，您感觉其他人愿意和您做邻居吗？”“在此期间，您感觉其他人愿意和您做朋友吗？”“在此期间，您感觉其他人愿意和您成为一家人吗？”“上次释放后，总体上您感觉家人因为您有犯罪经历而看不起您吗？”“在此期间，总体上您感觉亲戚因为您有犯罪经历而看不起您吗？”“在此期间，总体上您感觉朋友因为您有犯罪经历而看不起您吗？”“在此期间，您的情绪如何？”“上次刑满释放后，您感到心理压力大吗？”“在此期间，您有过自己伤害自己的想法吗？”“每个人都应该通过合法途径挣钱”“上次刑满释放后，追求安定的生活对您来说重要吗？”

从不幸遭遇与重新犯罪的关系角度来看，（1）在“上次刑满释放后，父母一方去世，曾经发生在您的身上”这一题中，未重新犯罪者中回答是的人占3.8%，重新犯罪者中回答是的人占19.7%，差异较明显。在“上次刑满释放后，离异，曾经发生在您的身上”这一题中，未重新犯罪者中回答是的人占3.8%，重新犯罪者中回答是的人占16.1%，差异较明显。在“上次刑满释放后，失业，曾经发生在您的身上”这一题中，未重新犯罪者中回答是的人占9.7%，重新犯罪者中回答是的人占23.7%，差异较明显。（2）ROC曲线分析中得到的显著影响刑满释放人员重新犯罪的自变量有“上次刑满释放后，父母一方长期患病，曾经发生在您的身上”“上次刑满释放后，父母一方去世，曾经发生在您的身上”“上次刑满释放后，离异，曾经发生在您的身上”“上次刑满释放后，失业，曾经发生在您的身上”“上次刑满释放后，家里住房条件很差，曾经发生在您的身上”“上次刑满释放后，家庭收入很低，曾经发生在您的身上”。

从悔罪态度与重新犯罪的关系角度来看，（1）在“社会不公正犯罪是逼不得已”这一题中，回答同意的未重新犯罪者占比 6.7%，重新犯罪者占比 35.2%，两者占比存在明显差异。在“想过上好日子犯罪可以被原谅”这一题中，回答同意的未重新犯罪者占比 3.4%，重新犯罪者占比 29.7%，两者之间存在明显差异。（2）ROC 曲线分析中得到的显著影响刑满释放人员重新犯罪的自变量有“只要无受害者，犯罪没关系”“被害者是坏人，犯罪应被原谅”“社会不公正，犯罪是逼不得已”“为了帮朋友可以犯罪”“想要过上好日子可以犯罪”。

第八章 研究结论

首先，本章将第四章到第七章所有经过 ROC 曲线分析证明显著影响刑满释放人员重新犯罪的自编汇总到一个表格中，并将它们的 AUC 面积值呈现出来。其次，笔者根据相关的统计标准将各个影响因素对应的 AUC 面积值转化为分值，并且给出刑满释放人员重新犯罪总分计算与转换方法。再次，依据这些工作，笔者进一步设计了刑满释放人员重新犯罪风险评估工具。最后，笔者以本研究的结果为基础提出了预防刑满释放人员重新犯罪的对策建议。

第一节 刑释人员重新犯罪风险评分体系的构建

本节拟通过归纳第四章到第七章的具体结论，形成本书的总体结论。具体而言，第一步，笔者按照生命历程理论的逻辑顺序，将第四章到第七章所有经过 ROC 曲线分析证明显著影响刑满释放人员重新犯罪的自编汇总到一个表格中，并将它们的 AUC 面积值呈现出来。第二步，依据 AUC 面积值的绝对值开展比较，绝对值大的自变量作为诊断力大的，即影响力大的自变量，反之则被判定为影响力小的自变量。第三步，按照生命历程理论的逻辑顺序编制重新犯罪人员重新犯罪风险评分体系。需要交代的是，此刑满释放人员重新犯罪风险评分体系基本上是依据犯罪学理论而编制出的结果，与安置帮教部门的具体实践工作可能存在着一定的差异，因此，如何将理论研究与实践工作结合起来研制刑满释放人员重新犯罪风险评分体系是笔者今后进一步研究的方向。

一、刑满释放人员重新犯罪影响因素汇总

接下来，笔者将第四章到第七章所有经过 ROC 曲线分析证明显著影响刑满释放人员重新犯罪的自变量汇总到一个表格中，并将它们的 AUC 面积值呈现出来。这个表格包含三个级别的指标，一级指标是维度，如早年成长时期经历、监狱服刑时期经历等。二级指标是内容，如家庭环境、学校环境、社会交往等。三级指标是题目，如父亲重要程度、是否有违法犯罪朋友等。

如表 8.1.1 所示，笔者在生命历程的理论框架之下，以 ROC 曲线分析结果为基础，编制了如下的刑满释放人员重新犯罪影响因素汇总表。笔者尝试将 ROC 曲线分析得到的结果 AUC 面积值转换为具体的分值，这些分值就是这些影响因素的基础分数。

在此回顾 ROC 曲线分析统计量的计算标准：ROC 曲线下面积值在 1.0 和 0.5 之间。在 AUC ＞ 0.5 的情况下，AUC 越接近 1，说明诊断效果越好。AUC 在 0.5—0.7 时有较低准确性，AUC 在 0.7—0.9 时，有较高准确性，AUC 在 0.9 以上时有很高准确性，AUC=0.5 时，说明诊断方法完全不起作用，无诊断价值，AUC ＜ 0.5 时，说明诊断方法准确性特别低，应该忽略这种诊断方法，即没有诊断价值。

依据以上评价准确性的标准，结合本研究对刑满释放人员重新犯罪影响因素检验所得到的 AUC 面积值，并且为了对不同 AUC 面积值做出更为细致的区分，以便在实际工作中更加方便使用这些 AUC 面积值，笔者将评价准确度分为五个级别，并且列出五个级别对应的 AUC 面积值：

第一等级：AUC=[0.5，0.55]，非常低，赋值 1 分。

第二等级：AUC=(0.55，0.6]，比较低，赋值 2 分。

第三等级：AUC=(0.6，0.65]，一般般，赋值 3 分。

第四等级：AUC=(0.65，0.7]，比较高，赋值 4 分。

第五等级：AUC=（0.7，1]，非常高，赋值 5 分。

除此之外，笔者还设置了一些分数调整的原则：（1）为了便于计算，所有分数采取四舍五入的原则转换为整数。（2）区分正负分。由于本研究采取的是将因变量中的重新犯罪设定为 1，未重新犯罪设定为 0，将自变量中的负面的、消极的选项设定为 1，正面的、积极的选项设定为 0，因此，分值的正负方向，需要参考自变量所对应的描述分析，如果自变量描述分析结果，选项 1 所占百分比大于选项 0 所占百分比，则证明分值为正数，反之，则分值为负数。笔者已经在前文中完成此正负数的区分工作。因此，分数越高，证明重新犯罪风险越高。（3）关于自变量为定比变量的分值设置方法，定比变量自变量的分值由频次分析结果来确定，笔者将平均数作为参照物，凡是次数等于或高于平均数的自变量，则它对应的分值为 AUC 面积值，凡是次数低于平均数的自变量，则它对应的分值为 AUC 面积值减去 1。

表 8.1.1　刑满释放人员重新犯罪影响因素汇总

维度	内容	题目	AUC	分值
一、早年成长时期	（一）家庭成长经历	1. 家长教育方式	0.663***	+4
		2. 家长知道交友情况吗？	0.702***	+5
		3. 家长认为您是“好孩子”吗？	0.693***	+4
	（二）学校成长经历	1. 学习成绩	0.602***	+3
		2. 曾有老师认为您“常惹麻烦”	0.665***	+4
	（三）不良社会交往	有赞同您违法犯罪的朋友吗？	0.652***	+4

续表

维度	内容	题目	AUC	分值
一、早年成长时期	（四）偏差行为	1. 打架斗殴	0.676***	+4
		2. 强要他人财物	0.575**	+2
		3. 骗取他人财物	0.559*	+2
		4. 破坏他人财物	0.552*	+2
		5. 偷盗	0.689***	+4
		6. 吸毒	0.701***	+5
		7. 经常在网吧逗留	0.570**	+2
		8. 逃学	0.659***	+4
	（五）不幸事件	1. 父母一方长期患病	0.544*	+1
		2. 父母一方去世	0.577**	+2
		3. 休学或辍学	0.574**	+2
		4. 家庭收入很低	0.581**	+2
二、初次犯罪时期	（一）初次犯罪罪名	1. 盗窃罪	0.609***	+3
		2. 毒品犯罪	0.640***	+3
	（二）初次刑罚经历	1. 初次犯罪所判刑期	0.590**	-2
		2. 初次犯罪实际执行刑期	0.721***	-5
三、上次监狱服刑时期	（一）监狱劳动改造情况	1. 您愿意参加劳动改造吗？	0.565*	+2
		2. 您能按规定参加劳动改造吗？	0.601*	+3
		3. 您被扣过多少分	0.626***	+3
	（二）监狱管理制度	1. 监狱会客制度合理	0.585**	+2
		2. 监狱奖励制度合理	0.568*	+2

续表

维度	内容	题目	AUC	分值
三、上次监狱服刑时期	（三）监狱教育制度	1. 对人生观教育工作感到满意	0.661***	+4
		2. 对道德教育工作感到满意	0.574**	+2
		3. 对前途教育工作感到满意	0.586**	+2
		4. 对法律常识教育工作感到满意	0.643***	+3
		5. 对权利义务教育工作感到满意	0.561*	+2
四、上次刑释至重犯之间的时期	（一）人口特征	1. 户口	0.615***	+3
		2. 是否有配偶	0.599***	+2
		3. 上次刑释前进监狱服刑次数	0.850***	+5
	（二）经济状况	1. 您是否住在自家的房子	0.583**	+2
		2. 您是否经常更换住所	0.697*	+4
		3. 您对住宿条件满意吗?	0.624***	+3
	（三）收支情况	1. 您的收入主要来自哪里	0.741***	+5
		2. 您的收入能够满足基本生活需求吗	0.651***	+4
	（四）就业情况	1. 是否因犯罪被原单位辞退	0.598*	+2
		2. 您难以就业的原因是学历太低	0.680***	+4
		3. 您难以就业的原因是技能不足	0.615**	+3
		4. 您难以就业的原因是有犯罪经历	0.645***	+3
		5. 失业次数	0.713***	+5
	（五）家庭环境	1. 总体上您与配偶的关系如何	0.600*	+3
		2. 您父亲是否认为您是“坏人”	0.560*	+2

续表

维度	内容	题目	AUC	分值
四、上次刑释至重犯之间的时期	（六）社会交往	1. 您的朋友中，大约有几人曾经违法犯罪	0.682***	+4
		2. 有主动要求您违法犯罪的朋友吗？	0.621***	+3
		3. 您是否参加过小区中的休闲活动	0.621***	+3
		4. 小区居民知道您是刑满释放人员的人数	0.613***	+3
		5. 愿意提供帮助的有司法所安帮干部	0.667***	+4
		6. 愿意提供帮助的有安帮社会工作者	0.607***	+3
	（七）心理感受	1. 您感觉其他人愿意和您生活在同一个小区吗？	0.711***	+5
		2. 您感觉其他人愿意和您做同事吗？	0.733***	+5
		3. 您感觉其他人愿意和您做邻居吗？	0.705***	+5
		4. 您感觉其他人愿意和您做朋友吗？	0.703***	+5
		5. 您感觉其他人愿意和您成为一家人吗？	0.631***	+3
		6. 总体上您感觉家人因为您有犯罪经历而看不起您吗？	0.599***	+2
		7. 总体上您感觉亲戚因为您有犯罪经历而看不起您吗？	0.695***	+4
		8. 总体上您感觉朋友因为您有犯罪经历而看不起您吗？	0.627***	+3
	（八）情绪状况	1. 您的情绪经常是稳定的吗？	0.688***	+4
		2. 您经常感到心理压力大吗？	0.669***	+4
		3. 您有过自己伤害自己的想法吗？	0.623***	+3
	（九）金钱观	1. “每个人都应该通过合法途径挣钱。”	0.557*	+2

续表

维度	内容	题目	AUC	分值
四、上次刑释至重犯之间的时期	（十）不幸遭遇	1. 父母一方长期患病	0.560*	+2
		2. 父母一方去世	0.579**	+2
		3. 离异	0.561*	+2
		4. 失业	0.570**	+2
		5. 家里住房条件很差	0.620***	+3
		6. 家庭收入很低	0.624***	+3
	（十一）悔罪态度	1. 只要无受害者，犯罪没关系	0.579**	+2
		2. 社会不公正，犯罪是逼不得已	0.642***	+3
		3. 要想过上好日子可以犯罪	0.632***	+3

以上刑满释放人员重新犯罪影响因素汇总表中，一共包含 4 个维度，11 个方面的内容，最高分总分为 217 分。在日常生活和工作中，人们更习惯于使用 100 分作为总分，因此，将 217 分标准化为 100 分，按照标准化的方法，可以计算出所有风险评估分数对应的标准分。具体而言，标准分计算方法如下：

计算方法：使用标准化公式：217/100=A/X，其中 A 为某个刑满释放人员重新犯罪风险评测的原始分数，X 为标准化之后的分数。

$$X=100\times A/217$$

下面，以 200 分这个原始分为例子，计算 200 分对应的标准分 X，首先得到计算等式：X=100×200÷217=92.2，四舍五入，X=92 分，即 200 分的标准分为 92 分，也就是说，在 100 分为总分的标准化分数中，200 分对应的分数就是 92 分。依此方法，可以计算出其他所有原始分对应的标准分。

在重新犯罪风险等级与区间的划分方面，一般而言，重新犯罪风险等级可以分为三级或五级，本研究采用五级划分，即将重新犯罪风险分为：

“低”“较低”“中”“较高”“高”。每一级别对应的分数区间长度根据正态分布理论模型加以确定,即风险“低”和“高”的各占16%(两项合计32%),“较低”“较高”的各占22%,“中”的占24%(三项合计68%)。据此,每一区间可以确定为:[0,16],(16,38],(38,62],(62,84],(84,100]。风险等级划分表请见表8.1.2:

表 8.1.2 重新犯罪风险等级划分表

风险等级	低	较低	中	较高	高
占百分比	16	22	24	22	16
分数区间	[0,16]	(16,38]	(38,62]	(62,84]	(84,100]

二、刑满释放人员重新犯罪风险测评工具

刑满释放人员重新犯罪风险测评工具

指导语:

【**评估主体**】监狱民警、安置帮教工作者

【**评估对象**】(1)即将出狱的监狱服刑人员;(2)出狱后的有必要接受测评的刑满释放人员。

【**评估方法**】他评。具体而言,由相关评估工作者在平时的工作中,采取适宜的答案获取方法,搜寻答案,并完成评估工具中的所有问题,最好使用访谈法收集资料。

【**注意事项**】(1)需要根据实际操作不断修订该评估工具;(2)需要在后续的实际操作过程中,检验该评估工具的信度和效度。

【**工具主体**】如下:

第一部分　早年成长时期经历

一、家庭环境

1.14 岁前，家长的教育方式：

（0 分）合适　　　　　　（4 分）不合适

2.14 岁前，家长知道您交朋友情况吗？

（0 分）通常知道　　　　（5 分）通常不知道

3.14 岁前，家长认为您是好孩子吗？

（0 分）通常认为　　　　（4 分）通常不认为

二、学校环境

4.14 岁前，总体上，您的学习成绩怎样？

（0 分）好

（1 分）一般

（3 分）不好

5.14 岁前，曾经有老师认为您“常惹麻烦”吗？

（4 分）有　　　　（0 分）没有

三、社会交往

6.14 岁前，有赞同您违法犯罪的朋友吗？

（4 分）有　　　　（0 分）没有

四、偏差行为

7.14 岁前，您自己有没有参与过以下行为？**【可多选】**

（4 分）打架斗殴

（2 分）强要他人财物

（2 分）骗取他人财物

（2 分）破坏他人财物

（4 分）偷盗

（5 分）吸毒

（2 分）经常在网吧逗留

（4 分）逃学

五、不幸遭遇

8.14 岁前，下列哪些事情，发生在您的身上。**【可多选】**

（1 分）父母一方长期患病

（2 分）父母一方去世

（2 分）休学或辍学

（2 分）家庭收入很低

第二部分　初次犯罪时期经历

1. 您初次因为什么罪名被判处监狱服刑？**【可多选】**

（3 分）盗窃罪　　　（3 分）毒品犯罪

2. 您初次犯罪，被判刑多久？

（–2 分）> 19 个月

（–1 分）< 19 个月

（–0 分）< 12 个月

3. 您上次犯罪，实际执行刑期有多久？

（–5 分）> 13 个月

（–4 分）< 10 个月

（–2 分）< 6 个月

（–1 分）< 3 个月

第三部分 上次监狱服刑时期经历

一、监狱管理工作

1. 监狱服刑期间，您愿意参加劳动改造吗？

（0 分）愿意　　　　（2 分）不愿意

2. 在此期间，总体上您能按规定参加劳动改造吗？

（0 分）能　　　　（3 分）不能

3. 上次监狱服刑期间，您被扣过多少分？

（0 分）0 分

（1 分）1—5 分

（2 分）6—10 分

（3 分）11 分及以上

4. 在此期间，您觉得以下哪些监狱管理制度不合理？**【可多选】**

（2 分）会客制度　　　　（2 分）奖励制度

二、监狱教育工作

您对以下哪些监狱教育工作感到不满意？

（4 分）人生观教育

（2 分）道德教育

（2 分）前途教育

（3 分）法律常识教育

（2 分）权利、义务教育

第四部分 上次刑释至本次重犯之间经历

一、人口特征

1. 您目前的户口是：

（3 分）城镇户口 （0 分）农业户口

2. 您目前的婚姻状况是：

（0 分）已婚 （2 分）未婚

3. 您之前进监狱服刑的次数？

（5 分）≥ 1 次 （0）0 次

二、经济状况

（一）居住情况

1. 您的住所属于哪一类？

（0 分）自家的房子 （2 分）非自家的房子

2. 在此期间，您是否经常更换住处？

（4 分）是 （0 分）不是

3. 在此期间，您对住宿条件满意吗？

（0 分）满意 （3 分）不满意

（二）收支情况

1. 您的收入情况：

（0 分）收入稳定

（3 分）收入合法、不稳定

（5 分）收入不合法

2. 您的收入能够满足基本生活需求吗？

（0 分）能 （4 分）不能

（三）就业情况

1. 您是否因为犯罪被原单位辞退？

（2分）是　　　（0分）否

2. 在此期间，您难以就业的原因是？**【可多选】**

（4分）学历太低

（3分）技能不足

（3分）有犯罪经历

3. 在此期间，你失业的次数？

（5分）≥2次

（3分）1次

（0分）0次

（四）家庭环境

1. 总体上您与配偶的关系：

（0分）好

（3分）不好

（1分）没有配偶

2. 在此期间，您父亲是否认为您是“坏人”？

（2分）认为　　　（0分）不认为

（五）社会交往

1. 在此期间，您的朋友中，大约有几人曾经违法犯罪（如逃税、盗窃、伤害他人等）？

（0分）0个

（2分）1—2个

（3分）3—5个

（4分）6个及以上

2. 有主动要求您违法犯罪的朋友吗？

（3分）有　　　　　　　（0分）没有

3. 您是否参加过小区中的休闲活动？

（0分）参加过　　　　　（3分）没参加过

4. 小区居民知道您是刑满释放人员的人数：

（3分）多　　　　　　　（0分）少

5. 您遇到困难时向以下人员求助时，愿意提供帮助的有：**【可多选】**

5.1. 司法所安帮干部：

（0分）愿意　　　　　　（4分）不愿意

5.2. 安帮社会工作者：

（0分）愿意　　　　　　（3分）不愿意

（六）心理感受

1. 您感觉其他人愿意和您生活在同一个小区吗？

（0分）愿意　　　（5分）不愿意

2. 在此期间，您感觉其他人愿意和您做同事吗？

（0分）愿意　　　（5分）不愿意

3. 在此期间，您感觉其他人愿意和您做邻居吗？

（0分）愿意　　　（5分）不愿意

4. 在此期间，您感觉其他人愿意和您做朋友吗？

（0分）愿意　　　（5分）不愿意

5. 在此期间，您感觉其他人愿意和您成为一家人吗？

（0分）愿意　　　（3分）不愿意

6. 上次释放后，总体上您感觉家人因为您有犯罪经历而看不起您吗？

（2 分）有感觉　　　　　（0 分）没感觉

7. 在此期间，总体上您感觉亲戚因为您有犯罪经历而看不起您吗？

（4 分）有感觉　　　　　（0 分）没感觉

8. 在此期间，总体上您感觉朋友因为您有犯罪经历而看不起您吗？

（3 分）有感觉　　　　　（0 分）没感觉

9. 在此期间，您的情绪：

（0 分）经常是稳定的　　（4 分）经常是不稳定的

10. 您感到心理压力大吗？

（4 分）经常感到　　　　（0 分）经常不感到

11. 在此期间，您有过自己伤害自己的想法吗？

（3 分）有　　　　　　　（0 分）没有

12. “每个人都应该通过合法途径挣钱。”

（0 分）赞同　　　　　　（2 分）不赞同

（七）不幸遭遇

刑满释放后，下列哪些事情，曾经发生在您的身上？**【可多选】**

（2 分）父母一方长期患病

（2 分）父母一方去世

（2 分）离异

（2 分）失业

（3 分）家里住房条件很差

（3 分）家庭收入很低

（八）悔罪态度

以下说法，哪些是您同意的？**【可多选】**

（2 分）只要无人受害，犯罪也没关系

（3 分）社会不公正，逼不得已的情况下才犯罪

（3 分）要想过上好日子，可以违法犯罪

——结束——

第二节　刑释人员重新犯罪预防对策建议

本研究最大的创新价值是进一步推进了刑满释放人员重新犯罪的实证研究，在一定程度上弥补了以往重新犯罪实证研究比较薄弱的不足。具体而言，本研究的主要任务是研究刑满释放人员重新犯罪影响因素，筛选出在统计学意义上对刑满释放人员重新犯罪有诊断意义的显著影响因素，以及在此基础上编制刑满释放人员重新犯罪风险评估工具。其次的任务是提出预防刑满释放人员重新犯罪风险的对策。课题组依据对刑满释放人员重新犯罪各个影响因素的分析，提出预防该群体重新犯罪的对策。

一、依人口特征开展分类安置帮教

本研究发现，不同特征的刑满释放人员重新犯罪情形不同。相关的人口特征对刑满释放人员重新犯罪程度具有显著的影响。例如，涉毒类的刑满释放人员比非涉毒的刑满释放人员明显更加容易重新犯罪。对于上海市而言，城镇户口刑满释放人员比农村户口刑满释放人员更加容易重新犯罪，没有配偶的刑满释放人员比有配偶的刑满释放人员更加容易重新犯罪。除了这些在统计学意义上重新犯罪程度存在显著差异的人口学特征的刑满释放人员，描述统计分析结果显示，其他人口学特征不同的刑满释放人员的重新犯罪比例同样存在比较大的差异，虽然有些的人口特征并不是重新犯罪的显著影响因素，但是依然应该适当关注这些人口特征因素。因此分类开展安置帮教非常必要，重视刑满释放人员人口学特征的不同之处，是实现

精准安置帮教的必由之路与重要途径。具体而言，可以将刑满释放人员分为有无配偶群体，文化程度高中低水平群体，城镇人口与农村人口，各种不同犯罪类型群体，不同刑期类型群体等，在分类的基础上开展各项工作，更好地预防刑满释放人员重新犯罪。

二、继续帮助相关刑满释放人员克服生活困难

虽然刑满释放人员已经接受过刑罚处罚，回到社会成为正常的或者普通公民，但是，他们中的少数人因为有犯罪前科导致他们在生活的许多方面面临困境。如因为有过犯罪经历导致择偶难；因为许多用人单位拒绝录用有犯罪记录者导致就业难；因为贫困导致铤而走险重新犯罪。因此，安置帮教工作者需要帮助有结婚意愿者成家；为他们提供文化教育与劳动技能培训的机会；多渠道促进他们就业；帮助他们改善经济状况。

三、帮助相关刑满释放人员重建良好家庭关系

据笔者调查发现，尚有少数刑满释放人员面临家庭关系问题：一是家人冷漠。有的刑满释放人员从监狱回到家中生活，家人觉得他丢了家庭的脸，对其不理不睬。二是家人不接纳。有的刑满释放人员从监狱回到家中生活，家庭不再接纳他，导致其无家可归或者没有稳定的住所。三是婚姻危机。有的刑满释放人员在服刑期间，配偶与其离婚，家庭已经破裂。安置帮教工作者需要对这些刑满释放人员开展家庭辅导或治疗。

四、增强相关刑满释放人员融入社会的主动性

对于一些缺乏社会融合主动性的刑满释放人员，安置帮教工作者需要一方面继续加强对普通民众的宣传，增强民众对他们的包容。另一方面需要安置帮教工作者鼓励一些自我封闭的刑满释放人员积极参与社会活动，并且开设专门的社会交往技能培训课程，邀请刑满释放人员参加学习，在此

过程中鼓励他们积极主动与他人交往，在与他人的交往过程中构建社会关系网络，由此增强自己获取社会支持与重返社会的能力。

五、加强刑满释放人员的悔罪教育

开展悔罪态度的研究对预防刑满释放人员重新犯罪意义重大。悔罪态度的研究对于犯罪人自身对违法犯罪的态度有很大的预防作用。通过加深刑满释放人员的悔罪态度，有利于促使其弃恶从善，有利于社会和谐稳定。从犯罪学的角度看，刑满释放人员重新犯罪问题日益严峻，因此我们不能仅从外部环境来寻找消除犯罪原因，必须着重关注刑满释放人员犯罪的内部原因，只有这样才能达到预防犯罪的目的。悔罪态度的研究启示我们要加强对刑满释放人员人生观、道德观、价值观的建设，加强其法律观念的教育，采取相应的措施争取从源头上杜绝犯罪动机的产生。

六、研究“风险—需求—回应”的循证安帮模式

犯罪学学术界与犯罪预防实务机构在开展刑满释放人员重新犯罪研究的初始阶段，就一定要明确，以建立“风险—需求—回应”体系下的循证安置帮教模式为目标，只有这样才能够将学术研究与实务机构需求充分结合起来，只有这样学术界所作的犯罪预防研究成果才能够真正被实务部门重视与接纳。可以说，凡是不以真正解决实务部门工作问题，提升其工作效果的学术界研究，都很难被认可。

七、密切关注刑满释放人员的不良社会交往

本次研究发现，有些刑满释放人员依然保持着与有过犯罪经历者的频繁交往，并且依然参与实施偏差甚至犯罪行为，这一点应该是许多研究者始料未及的问题。例如，有的人说朋友给自己介绍工作，帮助自己过渡没

有经济生活来源的阶段。有的人不自觉地又和之前性格爱好相投的朋友玩在一起。有的人认为他们关心自己，不会因为犯错而歧视自己。他们在一起经常相约打牌、赌博、打架斗殴甚至吸毒。因此，这些刑满释放人员必须有专门的机构，如社会工作机构采取如我国香港地区一样的外展社工工作模式，积极去干预刑满释放人员的不良社会交往。

八、建立“监狱—安帮机构—社会”渐进性回归模式

研究发现，有许多刑满释放人员是在没有做好适应外界社会的心理、知识、技能的情况下进入刑满释放程序，直接回到社会。他们中有很多人的父母一贯就对他们不闻不问，刑满释放后依然如此。他们中的很多人文化水平很低，这也是他们今后难以找到合适的工作，从而重新犯罪的隐患。他们中的一部分人依然与有过犯罪史的人经常性来往，并且频繁参与违法犯罪活动，但是却没有人、没有机构去干预他们的这种明显不正常的生活。因此，笔者建议应该建立一个具有非常好的缓冲机构，建立一种渐进性回归社会的模式非常重要。

九、学术界需要更加注重研究如何完善相关法律法规

我国的《监狱法》《刑满释放人员安置帮教条例》对矫正监狱服刑人员犯罪行为、态度与恶习，保护他们的合法权益，预防他们重新陷入犯罪泥沼，促进他们回归社会发挥了重要的作用，这一点毋庸置疑，但是，这两部法律法规存在的许多弊端已经被许多法学研究者广泛讨论并达成共识。法学界一直在呼吁修改完善这两部法律法规，既然要修法，那么，研究者们不仅需要论证法律在法理上存在的漏洞以及与实践不相适应之处，也要通过实证研究评估法律法规在矫正与预防重新犯罪方面存在的某些效果不彰之处。目前，研究者们在研究刑满释放人员重新犯罪时很少将修订与完善相关法律法规作为研究目的，导致我们的研究成果对法律法规的完善促进作

用并不明显，对整个刑满释放人员犯罪预防刑事政策的完善贡献不足。因此，笔者认为研究者们在开展刑满释放人员重新犯罪的初始阶段，应该将完善我国相关法律法规作为研究目的之一，如此，我们的研究价值将会更加彰显，对罪犯改造与刑释人员重新犯罪预防实践工作推进的效果更加明显，这也是学术界获得实务界认可的有效的方式方法。

十、罪犯矫正机构应更开放地接纳高校科研院所研究者参与研究

目前国内刑满释放人员重新犯罪研究处境比较艰难，这与高校或科研院所难以介入监狱与安帮系统中开展实地调查有着比较大的关系。在这种背景下，许多研究成果来自司法机关，如法院、检察院系统，更多的是来自司法行政机关，如监狱系统、安置帮教系统。高校与科研院所中的研究者的研究成果却比较少。诚然，实务部门的工作者与研究者与刑满释放人员有直接的接触，对他们的各方面的情况比较了解，做出来的研究成果也符合实际情况，对刑满释放人员重新犯罪预防工作有着不可替代的重要价值，但是，这些机构的工作人员同时承担着很多的事务性工作，实际上很难潜心、持续地开展科研工作。繁忙的工作状态也导致他们对国际、国内的研究成果无暇顾及以致不甚了解，这对于提升刑满释放人员重新犯罪研究水平，与国际研究者对话而言都比较困难。从另一个角度来看，高校与科研院所的研究人员其主要工作就是从事学术研究，他们从学生时代就系统地学习了刑事法学的理论与研究方法，搭建了自己的刑事法学知识体系，由于以研究为事业，他们对国际、国内的刑满释放人员犯罪研究都保持了较强的敏感性，这些正是做好学术研究必需的前提条件。同时，向实务部门学习与掌握第一手的刑满释放人员犯罪方面的资料，是研究者们共同的期望与实现学术理想的关键条件。在此背景下，笔者认为监狱系统与安置帮教系统无必要对高校与科研院所的研究人员保持太高的戒备心理，应

以更加开放的姿态欢迎高校与科研院校的研究人员介入实务机构，对他们进行保密、匿名方面的指导，发挥自己对实务工作熟悉与精通的优势，指导他们，与他们一起共同开展研究，共同推进我国刑满释放人员重新犯罪研究事业的进步。

附录1　调查问卷之一

监狱重新犯罪人员回归社会调查问卷

大家好！

我们是上海政法学院的师生。为了政府能够制定合适的政策帮助大家出狱后顺利适应社会，我们开展了此项研究。您的建议非常重要，我们不需要知道2您的姓名，也无法知道哪一份问卷是您填写的，并且这些信息是绝对会保密的，请您放心填写。谢谢您！

上海市监狱管理局，上海政法学院联合课题组

填答说明：

① 大部分题目只选一个答案，多选题会注明【**可多选**】；

② 请在选项后的“□”中画“√”。如初中☑；

③ 请在有横线的地方填写数字。如您现在的年龄是 32 周岁。

第一部分　早年成长时期经历

一、家庭环境

1. 14岁前，家长的教育方式：

①温和□　②粗暴□　③冷漠□　④溺爱□　⑤没和家长一起住□

2. 14岁前，家长知道您交朋友情况吗？

① 通常知道□　② 通常不知道□　③ 没和家长同住□

3. 14岁前，家长认为您是好孩子吗？

① 通常认为□　② 通常不认为□　③ 无法回答□

二、学校环境

4. 14岁前，总体上，您的学习成绩怎样？

① 好□　② 一般□　③ 不好□　④ 没上过学□

5. 14岁前，曾经有老师认为您“常惹麻烦”吗？

① 有□　② 没有□　③ 没上过学□

三、社会交往

6. 14 岁前，有赞同您违法犯罪的朋友吗？

① 有□　② 没有□

四、偏差行为

7. 14 岁前，您自己有没有参与过以下行为？**【可多选】**

①打架斗殴□　②强要他人财物□　③骗取他人财物□　④破坏他人财物□　⑤破坏公物□　⑥偷盗□　⑦吸毒□　⑧经常在网吧逗留□　⑨逃学□　⑩以上都没有参与过□

五、不幸遭遇

8. 14 岁前，下列哪些事情，发生在您的身上。**【可多选】**

① 父母一方长期患病□　② 父母双方长期患病□　③ 父母一方去世□　④ 父母双方去世□　⑤ 父母一方犯罪□　⑥ 父母双方犯罪□　⑦ 父母分居□　⑧ 父母离异□　⑨ 父亲或母亲失业□　⑩ 被父母遗弃□　⑪ 被拐卖□　⑫ 休学或辍学□　⑬ 家里住房条件很差□　⑭ 家庭收入很低□　⑮ 都没有发生过□

第二部分　初次犯罪时期经历

1. 您第一次犯罪被逮捕，是 ________ 周岁。

2. 您初次因为什么罪名被判处监狱服刑？**【可多选】**

① 危险驾驶罪□　② 寻衅滋事罪□　③ 故意伤害罪□　④ 贪污受贿罪□　⑤ 诈骗罪□　⑥ 抢劫罪□　⑦ 盗窃罪□　⑧ 非法侵入住宅罪□　⑨ 交通肇事罪□　⑩ 毒品犯罪□　⑪ 窝藏、包庇罪□　⑫ 逃税罪□　⑬ 性犯罪□　⑭ 非法拘禁罪□　⑮ 职务侵占罪□　⑯ 妨害公务罪□　⑰ 枪支相关罪行□　⑱ 敲诈勒索罪　⑲ 其他________________（请填写）

3. 您初次犯罪，被判刑多久__________。

4. 您上次犯罪，实际执行刑期有多久__________。

5. 对于上一次监狱服刑，您是否接受法院的判决结果？

① 接受□　② 不接受□

6. 上次犯罪，您对被害人感到抱歉吗？

① 感到抱歉□　② 不感到抱歉□　③ 没有被害人□

第三部分 上次监狱服刑时期经历

一、监狱管理工作

1. 上次犯罪服刑期间，您愿意参加劳动改造吗？

① 愿意□ ② 不愿意□

2. 在此期间，总体上您能按规定参加劳动改造吗？

① 能□ ② 不能□

3. 上次监狱服刑期间，您获得过多少加分？

①0 分□ ②1—20 分□ ③21—40 分□ ④41 分及以上□

4. 上次监狱服刑期间，您被扣过多少分？

①0 分□ ②1—5 分□ ③6—10 分□ ④11 分及以上□

5. 在此期间，您觉得以下哪些监狱管理制度比较合理？**【可多选】**

① 定期思想汇报制度□ ② 集体学习制度□ ③ 会客制度□ ④ 奖励制度□ ⑤ 惩罚制度□ ⑥ 以上都不合理□

二、监狱教育工作

1. 上次监狱服刑期间，总体上，您认为监狱以下哪些教育工作是适应社会现实的？**【可多选】**

① 思想教育的方式□ ② 思想教育的内容□ ③ 文化教育的方式□ ④ 文化教育的内容□ ⑤ 劳动技能教育的方式□ ⑥ 劳动技能教育的内容□ ⑦ 以上都不适应□

2. 上次服刑期间，您对以下哪些监狱教育工作感到满意？**【可多选】**

① 人生观教育□ ② 道德教育□ ③ 前途教育□ ④ 法律常识教育□ ⑤ 权利、义务教育□ ⑥ 认罪、悔罪教育□ ⑦ 服刑意识教育□ ⑧ 文化教育□ ⑨ 职业技术教育□ ⑩ 社会交往技能教育□ ⑪ 生活方式教育□ ⑫ 心理健康教育□ ⑬ 以上都不满意□

第四部分 上次刑释至本次重犯之间经历

一、人口特征

1. 您性别是：① 男□ ② 女□

2. 您在重犯时的文化程度是：

① 小学及以下□ ② 初中□ ③ 高中 / 中专 / 技校□ ④ 大专 / 本科 / 研究生□

3. 您在重犯时的婚姻状况是：① 已婚□ ② 单身□

4. 您在重犯时的户籍是：① 上海户籍□ ② 非上海户籍□

5. 您在重犯时的户口是：① 城镇户口□ ② 农业户口□

6. 您在重犯之前进监狱服刑的次数：____________次。

二、经济状况

（一）居住情况

1. 您的住所属于哪一类？

① 自己的房子□ ② 父母的房子□ ③ 寄宿在亲戚家□ ④ 寄宿在朋友家□ ⑤ 租借房□ ⑥ 中途之家□ ⑦ 没地方住，到处流浪□

2. 在此期间，您是否经常更换住处？ ① 是□ ② 不是□

3. 在此期间，您对住宿条件满意吗？ ① 满意□ ② 不满意□ ③ 没地方住□

（二）收支情况

1. 上次刑满释放后，您的收入主要来自：

① 在职工作（合法）□ ② 亲朋好友接济□ ③ 低保□ ④ 养老金□ ⑤ 借钱□ ⑥ 非法途径 ⑦ 无任何收入□

2. 在此期间，大部分时候，您的收入能够满足基本生活需求吗？

① 能□ ② 不能□

（三）就业情况

1. 上次刑满释放后，您是否因为犯罪被原单位辞退？

① 是□ ② 否□ ③ 原本就没有工作□

2. 在此期间，您有工作吗？

① 一直有□ ② 有时就业，有时失业□ ③ 一直没有□

3. 在此期间，您是否愿意就业？

① 愿意□ ② 不愿意□ ③ 不需要就业（因为退休、生活富裕等）□

4. 在此期间，您有过____次失业**（从未就业的不需要填写）**。

5. 在此期间，您接受过就业技能培训吗？

① 接受过□ ② 没接受过□ ③ 不需要就业技能培训□

6. 上次刑满释放后，总体上，您能胜任工作吗？

① 能□ ② 不能□ ③ 一直失业□

7. 在此期间，总体上您对工作满意吗？

① 满意□ ② 一般□ ③ 不满意□ ④ 一直失业□

8. 在此期间，总体上工作单位领导信任您吗？

① 信任□ ② 一般□ ③ 不信任□ ④ 一直失业□

9. 在此期间，总体上您与同事能顺利交往吗？

① 能□ ② 一般□ ③ 不能□ ④ 一直失业□

10. 在此期间，您难以就业的原因是:**【可多选】**

① 学历太低□ ② 技能不足□ ③ 缺乏经验□ ④ 年龄太大□ ⑤ 照顾家人□ ⑥ 有犯罪经历□ ⑦ 其他□ ⑧ 不需要就业□ ⑨ 就业不难□

三、家庭环境

（一）家人关系质量

1. 上次刑满释放后，总体上您与配偶的关系：

① 好□ ② 不好□ ③ 没有配偶□

2. 在此期间，总体上您与父母的关系：

① 好□ ② 不好□ ③ 无法回答□

3. 在此期间，总体上，您与孩子的关系：

① 好□ ② 不好□ ③ 没有小孩□

（二）父母的重要程度

4. 在此期间，父亲在您生命中的重要程度是？

① 重要□ ② 不重要□ ③ 无法回答□

5. 在此期间，母亲在您生命中的重要程度是？

① 重要□ ② 不重要□ ③ 无法回答□

（三）父母贴标签

6. 上次释放后，您父亲是否认为您是“坏人”？

① 认为□ ② 不认为□ ③ 无法回答□

7. 在此期间，您母亲是否认为您是“坏人”？

① 认为□ ② 不认为□ ③ 无法回答□

（四）家人犯罪经历

8. 在此期间，与您同住的家人有 _______ 人（**不包括自己**）。

9. 在此期间，在以上这些家人中，有 _________ 人有过违法犯罪经历（**不包括自己**）。

（五）社会交往

1. 交往意愿

1.1 总体上您愿意与他人交往吗？

① 愿意□ ② 不愿意□

2. 朋友构成

2.1 在此期间，您觉得您的朋友多吗？

① 多□ ② 不多□

3. 不良朋友

3.1 在此期间，您的朋友中，大约有几个人曾经违法犯罪（如逃税、盗窃、伤害他人等）？

①0个□ ②1—2个□ ③3—5个□ ④6个及以上□

3.2 上次释放后，有主动要求您违法犯罪的朋友吗？

① 有□ ② 没有□

4. 小区社交

4.1 在此期间，您是否喜欢您居住的小区？

① 喜欢□ ② 不喜欢□

4.2 在此期间，您是否参加过小区中的休闲活动？

① 参加过□ ② 没参加过□ ③ 看情况□

4.3 在此期间，小区居民知道您是刑满释放人员的人数：

① 多□ ② 少□ ③ 几乎没人知道□

5. 与正式机构的交往

上次释放后，您遇到困难时向以下人员求助时，愿意提供帮助的有：**【可多选】**

① 司法所安帮干部□ ② 安帮社会工作者□ ③ 村/居委会工作者□ ④ 安帮志愿者□ ⑤ 都不愿意帮助□ ⑥ 没有向他们求助过□

（六）心理感受

1. 社会距离感受

1.1 您感觉其他人愿意和您生活在同一个小区吗？

① 愿意□ ② 不愿意□ ③ 看情况□

1.2 在此期间，您感觉其他人愿意和您做同事吗？

① 愿意□ ② 不愿意□ ③ 看情况□

1.3 在此期间，您感觉其他人愿意和您做邻居吗？

① 愿意□ ② 不愿意□ ③ 看情况□

1.4 在此期间，您感觉其他人愿意和您做朋友吗？

① 愿意□ ② 不愿意□ ③ 看情况□

1.5 在此期间，您感觉其他人愿意和您成为一家人吗？

① 愿意□ ② 不愿意□ ③ 看情况□

2. 社会歧视感受

2.1 您同意“犯过罪的人就是坏人”这个说法吗？

① 同意□ ② 不同意□ ③ 看情况□

2.2 上次释放后，总体上您感觉家人因为您有犯罪经历而看不起您吗？

① 有感觉□ ② 没感觉□

2.3 在此期间，总体上您感觉亲戚因为您有犯罪经历而看不起您吗？

① 有感觉□ ② 没感觉□

2.4 在此期间，总体上您感觉朋友因为您有犯罪经历而看不起您吗？

① 有感觉□ ② 没感觉□

3. 情绪状况

3.1 在此期间，您的情绪：

① 经常是稳定的□ ② 经常是不稳定的□

3.2 上次刑满释放后，您感到心理压力大吗？

① 经常感到□ ② 不经常感到□

3.3 在此期间，您有过自己伤害自己的想法吗？

① 有□ ② 没有□

4. 价值观

4.1 “每个人都应该通过合法途径挣钱。”

① 赞同□ ② 不赞同□

4.2 “工作的唯一目的就是挣钱。”

① 赞同□ ② 不赞同□

4.3 上次刑满释放后，追求安定的生活对您来说重要吗？

① 重要□ ② 不重要□

（七）不幸遭遇

上次刑满释放后，下列哪些事情，曾经发生在您的身上。**【可多选】**

①父母一方长期患病□ ②父母双方长期患病□ ③父母一方去世□ ④父母双方去世□ ⑤父母一方犯罪□ ⑥父母双方犯罪□ ⑦与配偶分居□ ⑧离异□ ⑨失业□ ⑩家里住房条件很差□ ⑪家庭收入很低□ ⑫都没有发生过□

（八）悔罪态度

以下说法，哪些是您同意的？**【可多选】**

① 不懂法律而犯罪，应该免除刑罚□ ② 只要无人受害，犯罪也没关系□ ③ 被害人是坏人，犯罪应被原谅□ ④ 逼不得已的情况下可以犯罪 □ ⑤ 为了帮朋友，可以犯罪□ ⑥ 平常守法的人如果犯罪，可以被原谅□ ⑦ 经常撒谎的人犯罪，不可以被原谅□ ⑧ 要想过上好日子，可以违法犯罪□

——问卷填答到此结束，感谢您的支持！——

附录2　调查问卷之二

安置帮教系统刑满释放人员回归社会调查问卷

大家好！

我们是上海政法学院的师生。为了了解您上次刑满释放回到社会后的社会适应情况，使政府制定合适的政策从而帮助大家在社会上更好地生活，我们开展了此项研究。您的建议非常重要，我们不需要知道您的姓名，也无法知道哪一份问卷是您填写的，并且这些信息是绝对会保密的，请您放心填写。谢谢您！

上海市监狱管理局，上海政法学院联合课题组

填答说明：

① 大部分题目只选一个答案，多选题会注明【**可多选**】；

② 请在选项后的“□”中画“√”。如初中☑；

③ 请在有横线的地方填写数字。如您现在的年龄是 <u>32</u> 周岁。

第一部分　早年成长时期经历

一、家庭环境

1.14 岁前，家长的教育方式：

① 温和□　② 粗暴□　③ 冷漠□　④ 溺爱□　⑤ 没和家长一起住□

2.14 岁前，家长知道您交朋友情况吗？

① 通常知道□　② 通常不知道□　③ 没和家长同住□

3.14 岁前，家长认为您是好孩子吗？

① 通常认为□　② 通常不认为□　③ 无法回答□

二、学校环境

4.14 岁前，总体上，您的学习成绩怎样？

① 好□　② 一般□　③ 不好□　④ 没上过学□

5.14 岁前，曾经有老师认为您“常惹麻烦”吗？

① 有□　② 没有□　③ 没上过学□

三、社会交往

6.14 岁前，有赞同您违法犯罪的朋友吗？

① 有□ ② 没有□

四、偏差行为

7.14 岁前，您自己有没有参与过以下行为？**【可多选】**

① 打架斗殴□ ② 强要他人财物□ ③ 骗取他人财物□ ④ 破坏他人财物□ ⑤ 破坏公物□ ⑥ 偷盗□ ⑦ 吸毒□ ⑧ 经常在网吧逗留□ ⑨ 逃学□ ⑩ 都没有参与过□

五、不幸遭遇

8.14 岁前，下列哪些事情，发生在您的身上。**【可多选】**

① 父母一方长期患病□ ② 父母双方长期患病□ ③ 父母一方去世□ ④ 父母双方去世□ ⑤ 父母一方犯罪□ ⑥ 父母双方犯罪□ ⑦ 父母分居□ ⑧ 父母离异□ ⑨ 父亲或母亲失业□ ⑩ 被父母遗弃□ ⑪ 被拐卖□ ⑫ 休学或辍学□ ⑬ 家里住房条件很差□ ⑭ 家庭收入很低□ ⑮ 都没有发生过□

第二部分　初次犯罪时期经历

1. 您第一次犯罪被逮捕，是____________周岁。

2. 您初次因为什么罪名被判处监狱服刑？**【可多选】**

① 危险驾驶罪□ ② 寻衅滋事罪□ ③ 故意伤害罪□ ④ 贪污受贿罪□ ⑤ 诈骗罪□ ⑥ 抢劫罪□ ⑦ 盗窃罪□ ⑧ 非法侵入住宅罪□ ⑨ 交通肇事罪□ ⑩ 毒品犯罪□ ⑪ 窝藏、包庇罪□ ⑫ 逃税罪□ ⑬ 性犯罪□ ⑭ 非法拘禁罪□ ⑮ 职务侵占罪□ ⑯ 妨害公务罪□ ⑰ 枪支相关罪行□ ⑱ 敲诈勒索罪 ⑲ 其他 ______（请填写）

3. 您初次犯罪，被判刑多久____________________。

4. 您上次犯罪，实际执行刑期有多久____________。

5. 对于上一次监狱服刑，您是否接受法院的判决结果？

① 接受□ ② 不接受□

6. 上次犯罪，您对被害人感到抱歉吗？

① 感到抱歉□ ② 不感到抱歉□ ③ 没有被害人□

第三部分　上次监狱服刑时期经历

一、监狱管理工作

1. 上次犯罪服刑期间，您愿意参加劳动改造吗？

① 愿意□　② 不愿意□

2. 在此期间，总体上您能按规定参加劳动改造吗？

① 能□　② 不能□

3. 上次监狱服刑期间，您获得过多少加分？

①0 分□　②1—20 分□　③21—40 分□　④41 分及以上□

4.1. 上次监狱服刑期间，您被扣过多少分？

①0 分□　②1—5 分□　③6—10 分□　④11 分及以上□

5. 在此期间，您觉得以下哪些监狱管理制度比较合理？**【可多选】**

① 定期思想汇报制度□　② 集体学习制度□　③ 会客制度□　④ 奖励制度□　⑤ 惩罚制度□　⑥ 都不合理□

二、监狱教育工作

1. 上次监狱服刑期间，总体上，您认为监狱以下哪些教育工作是适应社会现实的？**【可多选】**

① 思想教育的方式□　② 思想教育的内容□　③ 文化教育的方式□　④ 文化教育的内容□　⑤ 劳动技能教育的方式□　⑥ 劳动技能教育的内容□　⑦ 以上都不适应□

2. 上次服刑期间，您对以下哪些监狱教育工作感到满意？**【可多选】**

① 人生观教育□　② 道德教育□　③ 前途教育□　④ 法律常识教育□　⑤ 权利、义务教育□　⑥ 认罪、悔罪教育□　⑦ 服刑意识教育□　⑧ 文化教育□　⑨ 职业技术教育□　⑩ 社会交往技能教育□　⑪ 生活方式教育□　⑫ 心理健康教育□　⑬ 以上都不满意□

第四部分　上次刑释至本次调查日之间经历

一、人口特征

1. 您性别是：① 男□　② 女□

2. 您在目前的文化程度是：

① 小学及以下□　② 初中□　③ 高中/中专/技校□　④ 大专/本科/研究生□

3. 您在目前的婚姻状况是： ① 已婚□ ② 单身□

4. 您在目前的户籍是：① 上海户籍□ ② 非上海户籍□

5. 您在目前的户口是：① 城镇户口□ ② 农业户口□

6. 您在今天之前进监狱服刑的次数：______________次。

二、经济状况

（一）居住情况

1. 您的住所属于哪一类？

① 自己的房子□ ② 父母的房子□ ③ 寄宿在亲戚家□ ④ 寄宿在朋友家□ ⑤ 租借房□ ⑥ 中途之家□ ⑦ 没地方住，到处流浪□

2. 在此期间，您是否经常更换住处？

① 是□ ② 不是□

3. 在此期间，您对住宿条件满意吗？

① 满意□ ② 不满意□ ③ 没地方住□

（二）收支情况

1. 上次刑满释放后，您的收入主要来自：

① 在职工作（合法）□ ② 亲朋好友接济 ③ 低保□ ④ 养老金□ ⑤ 借钱□ ⑥ 非法途径 ⑦ 无任何收入□

2. 在此期间，大部分时候，您的收入能够满足基本生活需求吗？

① 能□ ② 不能□

（三）就业情况

1. 上次刑满释放后，您是否因为犯罪被原单位辞退？

① 是□ ② 否□ ③ 原本就没有工作□

2. 在此期间，您有工作吗？

① 一直有□ ② 有时就业，有时失业□ ③ 一直没有□

3. 在此期间，您是否愿意就业？

① 愿意□ ② 不愿意□ ③ 不需要就业（因为退休、生活富裕等）□

4. 在此期间，您有过____次失业（**从未就业的不需要填写**）。

5. 在此期间，您接受过就业技能培训吗？

① 接受过□ ② 没接受过□ ③ 不需要就业技能培训□

6. 上次刑满释放后，总体上，您能胜任工作吗？

① 能□ ② 不能□ ③ 一直失业□

7. 在此期间，总体上您对工作满意吗？

① 满意□ ② 一般□ ③ 不满意□ ④ 一直失业□

8. 在此期间，总体上工作单位领导信任您吗？

① 信任□ ② 一般□ ③ 不信任□ ④ 一直失业□

9. 在此期间，总体上您与同事能顺利交往吗？

① 能□ ② 一般□ ③ 不能□ ④ 一直失业□

10. 在此期间，您难以就业的原因是：**【可多选】**

① 学历太低□ ② 技能不足□ ③ 缺乏经验□ ④ 年龄太大□ ⑤ 照顾家人□ ⑥ 有犯罪经历□ ⑦ 其他□ ⑧ 不需要就业□ ⑨ 就业不难□

三、家庭环境

（一）家人关系质量

1. 上次刑满释放后，总体上您与配偶的关系：

① 好□ ② 不好□ ③ 没有配偶□

2. 在此期间，总体上您与父母的关系：

① 好□ ② 不好□ ③ 无法回答□

3. 在此期间，总体上，您与孩子的关系：

① 好□ ② 不好□ ③ 没有小孩□

（二）父母的重要程度

4. 在此期间，父亲在您生命中的重要程度是？

① 重要□ ② 不重要□ ③ 无法回答□

5. 在此期间，母亲在您生命中的重要程度是？

① 重要□ ② 不重要□ ③ 无法回答□

（三）父母贴标签

6. 上次释放后，您父亲是否认为您是“坏人”？

① 认为□ ② 不认为□ ③ 无法回答□

7. 在此期间，您母亲是否认为您是“坏人”？

① 认为□ ② 不认为□ ③ 无法回答□

（四）家人犯罪经历

8. 在此期间，与您同住的家人有________________人（**不包括自己**）。

9. 在此期间，在以上这些家人中，有__________人有过违法犯罪经历（**不包括自己**）。

（五）社会交往

1. 交往意愿

1.1 总体上您愿意与他人交往吗？

① 愿意□ ② 不愿意□

2. 朋友构成

2.1 在此期间，您觉得您的朋友多吗?

① 多□ ② 不多□

3. 不良朋友

3.1 在此期间，您的朋友中，大约有几个人曾经违法犯罪（如逃税、盗窃、伤害他人等）?

①0 个□ ②1—2 个□ ③3—5 个□ ④6 个及以上□

3.2 上次释放后，有主动要求您违法犯罪的朋友吗?

① 有□ ② 没有□

4. 小区社交

4.1 在此期间，您是否喜欢您居住的小区?

① 喜欢□ ② 不喜欢□

4.2 在此期间，您是否参加过小区中的休闲活动?

① 参加过□ ② 没参加过□ ③ 看情况□

4.3 在此期间，小区居民知道您是刑满释放人员的人数:

① 多□ ② 少□ ③ 几乎没人知道□

5. 与正式机构的交往

上次释放后，您遇到困难时向以下人员求助时，愿意提供帮助的有:**【可多选】**

① 司法所安帮干部□ ② 安帮社会工作者□ ③ 村 / 居委会工作者□ ④ 安帮志愿者□ ⑤ 都不愿意帮助□ ⑥ 没有向他们求助过□

（六）心理感受

1. 社会距离感受

1.1 您感觉其他人愿意和您生活在同一个小区吗?

① 愿意□ ② 不愿意□ ③ 看情况□

1.2 在此期间，您感觉其他人愿意和您做同事吗?

① 愿意□ ② 不愿意□ ③ 看情况□

1.3 在此期间，您感觉其他人愿意和您做邻居吗?

① 愿意□ ② 不愿意□ ③ 看情况□

1.4 在此期间，您感觉其他人愿意和您做朋友吗?

① 愿意□ ② 不愿意□ ③ 看情况□

1.5 在此期间，您感觉其他人愿意和您成为一家人吗?

① 愿意□ ② 不愿意□ ③ 看情况□

2. 社会歧视感受

2.1 您同意“犯过罪的人就是坏人”这个说法吗?

① 同意□ ② 不同意□ ③ 看情况□

2.2 上次释放后，总体上您感觉家人因为您有犯罪经历而看不起您吗？

① 有感觉□ ② 没感觉□

2.3 在此期间，总体上您感觉亲戚因为您有犯罪经历而看不起您吗？

① 有感觉□ ② 没感觉□

2.4 在此期间，总体上您感觉朋友因为您有犯罪经历而看不起您吗？

① 有感觉□ ② 没感觉□

3. 情绪状况

3.1 在此期间，您的情绪：

① 经常是稳定的□ ② 经常是不稳定的□

3.2 上次刑满释放后，您感到心理压力大吗？

① 经常感到□ ② 经常不感到□

3.3 在此期间，您有过自己伤害自己的想法吗？

① 有□ ② 没有□

4. 价值观

4.1 "每个人都应该通过合法途径挣钱。"

① 赞同□ ② 不赞同□

4.2 "工作的唯一目的就是挣钱。"

① 赞同□ ② 不赞同□

4.3 上次刑满释放后，追求安定的生活对您来说重要吗？

① 重要□ ② 不重要□

（七）不幸遭遇

上次刑满释放后，下列哪些事情，曾经发生在您的身上。**【可多选】**

① 父母一方长期患病□ ② 父母双方长期患病□ ③ 父母一方去世□ ④ 父母双方去世□ ⑤ 父母一方犯罪□ ⑥ 父母双方犯罪□ ⑦ 与配偶分居□ ⑧ 离异□ ⑨ 失业□ ⑩ 家里住房条件很差□ ⑪ 家庭收入很低□ ⑫ 都没有发生过□

（八）悔罪态度

以下说法，哪些是您同意的？**【可多选】**

① 不懂法律而犯罪，应该免除刑罚□ ② 只要无人受害，犯罪也没关系□ ③ 被害人是坏人，犯罪应被原谅□ ④ 逼不得已的情况下可以犯罪□ ⑤ 为了帮朋友，可以犯罪□ ⑥ 平常守法的人如果犯罪，可以被原谅□ ⑦ 经常撒谎的人犯罪，不可以被原谅□ ⑧ 要想过上好日子，可以违法犯罪□

——问卷填答到此结束，感谢您的支持！——

附录 3　深度访谈提纲之一

监狱服刑 / 刑满释放人员的访谈提纲

您好，我是来自上海政法学院的学生 / 老师，这次访谈是上海市司法局组织的。主要调查刑满释放人员在安置帮教期间的生活状况，同时我们想了解您的工作状况，这次访谈不记名，我们收集的资料仅用于上海市整体研究，不分析某一个人、某一个街道、某一个区县的具体情况。同时为了更好地收集资料，我们需要进行录音，谢谢您的支持！

注：不管您是否属于重新犯罪，都请回答您在最近一次安置帮教期间的情况，谢谢您！

一、安置帮教期间的生活环境

A1. 经济状况

1. 住房情况。（1）您目前的住房情况是怎样的？如果对方回答是自己的或者与父母同住，则直接跳答至（2）如果对方所住的地方不是自己或父母的房子，则询问 ① 您是怎样获得住处的？ ② 在此过程中，您得到过哪些机构或个人的帮助？请您谈谈您当时的情形（凡是帮助过他的人以及帮助的具体方式都要问到）。

2. 就业情况。（1）您现在的工作是？如果回答有工作，则问：① 您这份工作是安置帮教期间找的吗？如果回答是安置帮教期间找到的工作，则继续问。② 在找工作的过程中您遇到过哪些困难？请您谈谈您印象最深刻的一次经历。在此过程中您又获得过哪些帮助？请您谈谈您印象最深刻的一次经历。③ 对于您目前的工作，您遇到过哪些困难？（回答没有困难则结束此题）您又是如何克服的？ ④ 有哪些机构和个人曾经帮助过您？请您谈谈您印象最深刻的一次经历。⑤ 您的刑满释放人员身份是否对您现在的工作造成影响？造成了哪些影响？您是怎样面对这些影响的？如果回答没有工作，则问：① 您觉得现在您没有工作的原因有哪些？ ② 您为找工作做出过哪些努力？请您谈谈您印象最深刻的一次经历。③ 虽然没有工作，但是在找工作过程中您获得过哪些帮助？请您谈谈您印象最深刻的一次经历。

3. 收入情况。（1）目前您主要的收入来源是？（2）目前的收入水平是否能满足您的基本生活需求？◆回答是，则此题结束；◆回答否，① 那您现在是如何维持您的基本生活需求的？ ② 在此方面，您得到过哪些机构或个人的帮助？

A2. 心理感受

1. 情绪状况。① 您感觉心理压力大吗？哪些事情让你觉得心理压力大呢？如果您心理压力大，您一般取什么办法减压？请您谈谈您印象最深刻的一次经历。② 您接受过心理咨询吗？回答是：您因为什么原因接受心理咨询？请您谈谈您印象最深刻的一次经历。

2. 社会歧视。①"您是否感觉到其他人歧视您？"如果回答是，请您详细谈谈您有这样感觉的原因是？请您谈谈您印象最深刻的一次经历。② 安置帮教工作者为消除社会歧视做了哪些工作？

A3. 家庭关系

① 目前和您同住的家人有哪些？② 您家人是怎样看待您违法犯罪的？③ 您和家人平常的关系怎么样？◆若回答很好，则问体现在哪些方面？◆若回答不好，④ 您和家人一般在哪些事情上会产生矛盾？请您谈谈您印象最深刻的一次经历。⑤ 在您无法解决与家人矛盾时，您会向哪些人或机构求助？您得到了哪些帮助？请您谈谈您印象最深刻的一次经历。

A4. 社会交往

1. 与小区互动情况。① 您觉得小区里知道您是刑满释放人员的人数多吗？您感觉社区里的人会因为您是刑满释放人员而排斥您吗？（回答有，请您谈谈您印象中最深的一件事。）

2. 与朋友交往情况。如果您有困难，有朋友帮助您吗？他们会在哪些方面给您帮助？请您谈谈您印象最深刻的一次经历。

B.14 周岁前的生活环境

（1）您 14 岁之前，家长对您管教严格吗？不管其回答是否严格，都追问主要体现在哪些方面？（2）您 14 岁之前，有老师认为您是"爱惹麻烦的学生"吗？如果其回答有，则问"因为哪些事情呢？"（3）您 14 岁之前，有违法犯罪经历的朋友吗？回答有，则请介绍一位你印象最深刻的朋友所做过的错误行为。（4）您觉得您小时候的成长经历与您本次进入安置帮教之间有关系吗？若有，则您觉得主要是哪些事情与之有关？

C. 安置帮教期间的经历

1. 获得安置帮教工作者的帮助。您得到过安置帮教工作者们的哪些帮助？请分别您谈谈您印象最深刻的一件事情。

2. 得到的安置帮教帮扶救助。① 对于安置帮教帮困救助工作您满意的有哪些？② 您觉得哪些帮困救助工作是最重要的？您这样认为的原因有哪些？

D. 对重新犯罪的看法

1. 少数刑满释放人员重新犯罪了，您认为造成他们重新犯罪的原因有哪些？

2. 您觉得可以采取哪些措施预防他们重新犯罪？

附录4　深度访谈提纲之二

关于安置帮教工作者的访谈提纲

您好，我是来自上海政法学院的 ***，这次访谈是上海市司法局组织的。主要调查刑满释放人员在安置帮教期间的生活状况，比如经济状况、人际关系、工作状况等，最终向上海市司法局汇报，希望上海市司法局在了解刑满释放人员生活状况之后能够做出一些政策上的调整，改善刑满释放人员的生活。这次访谈不记名，而且资料是绝对保密的，我们收集的资料也仅用于整个上海市研究，不分析某一个人、某一个区县、某一个街道的具体情况。同时为了更好地收集资料，我们需要进行录音，谢谢您的支持！

1. 您平时的主要工作内容是什么？

2. 安置帮教机构有没有要求您必须开展某些和刑满释放人员有关的活动？这些活动对帮助服刑人员回归社会有什么影响？

3. 您在工作中遇到的最大困难是什么？

4. 您在帮助刑满释放人员的过程中有没有印象最深的事？

5. 您负责帮教的刑满释放人员的住宿情况怎么样？（住宿条件、满意度等）您是怎样帮助他们解决住宿方面的相关问题的？

6. 您负责帮教的刑满释放人员的就业状况如何？常见的困境有哪些？关于他们的就业问题您有采取一些相关的措施吗？什么措施？

7. 您负责帮教的刑满释放人员的文化程度如何，社区有针对文化教育这一块开展的服务吗？具体内容有哪些？

8. 您负责帮教的刑满释放人员的心理状况如何，社区有开展相关的心理服务吗？具体内容有哪些？

9. 您负责帮教的刑满释放人员的家庭关系怎么样？常见的问题有哪些？您是怎么介入并帮助解决他们的家庭问题的？

10. 您负责帮教的刑满释放人员的社会交往情况如何，他们能正常地融入社会生活，社区生活吗？您是怎样帮助他们融入社会的呢？

11. 在您工作的社区中，刑满释放人员重新犯罪这种现象出现的比例怎么样？

12. 出现重新犯罪行为的这些刑满释放人员在刑满释放期间与其他刑满释放人员相比在心理状况上有什么不同？出现重新犯罪行为的这些刑满释放人员在刑满释放期间

与其他刑满释放人员相比在生理状况上有什么不同？您觉得刑满释放人员家庭中发生重大变故或者家庭关系紧张和他们重新犯罪之间有什么关联？您觉得刑满释放人员的朋友出现不适当行为，比如打架斗殴、吸毒、赌博等和他们重新犯罪之间有什么关联？

13. 您觉得社区其他人员对于刑满释放人员的接纳程度和刑满释放人员重新犯罪之间有什么关联？

14. 您觉得安置帮教工作者对于刑满释放人员的帮扶程度和刑满释放人员重新犯罪之间有什么关联？

15. 除了上述因素之外，您觉得导致刑满释放人员重新犯罪的因素有哪些？

16. 安置帮教工作者预防刑满释放人员重新犯罪的措施有哪些？

17. 您对预防刑满释放人员重新犯罪有什么建议？

18. 您觉得您所在的安置帮教机构可以基本上满足刑满释放人员重新融入社会的要求吗？

19. 您认为安置帮教中能够有效预防重新犯罪的制度有哪些？

20. 您对安置帮教的进一步发展有什么建议及意见呢？

附录 5　中华人民共和国监狱法

中华人民共和国监狱法

第一章　总　　则

第一条　为了正确执行刑罚，惩罚和改造罪犯，预防和减少犯罪，根据宪法，制定本法。

第二条　监狱是国家的刑罚执行机关。

依照刑法和刑事诉讼法的规定，被判处死刑缓期二年执行、无期徒刑、有期徒刑的罪犯，在监狱内执行刑罚。

第三条　监狱对罪犯实行惩罚和改造相结合、教育和劳动相结合的原则，将罪犯改造成为守法公民。

第四条　监狱对罪犯应当依法监管，根据改造罪犯的需要，组织罪犯从事生产劳动，对罪犯进行思想教育、文化教育，技术教育。

第五条　监狱的人民警察依法管理监狱、执行刑罚、对罪犯进行教育改造等活动，受法律保护。

第六条　人民检察院对监狱执行刑罚的活动是否合法，依法实行监督。

第七条　罪犯的人格不受侮辱，其人身安全、合法财产和辩护、申诉、控告、检举以及其他未被依法剥夺或者限制的权利不受侵犯。

罪犯必须严格遵守法律、法规和监规纪律，服从管理，接受教育，参加劳动。

第八条　国家保障监狱改造罪犯所需经费。监狱的人民警察经费、罪犯改造经费、罪犯生活经费、狱政设施经费及其他专项经费，列入国家预算。

国家提供罪犯劳动必需的生产设施和生产经费。

第九条　监狱依法使用的土地、矿产资源和其他自然资源以及监狱的财产，受法律保护，任何组织或者个人不得侵占、破坏。

第十条　国务院司法行政部门主管全国的监狱工作。

第二章　监　　狱

第十一条　监狱的设置、撤销、迁移，由国务院司法行政部门批准。

第十二条　监狱设监狱长一人、副监狱长若干人，并根据实际需要设置必要的工作机构和配备其他监狱管理人员。

监狱的管理人员是人民警察。

第十三条 监狱的人民警察应当严格遵守宪法和法律，忠于职守，秉公执法，严守纪律，清正廉洁。

第十四条 监狱的人民警察不得有下列行为：

（一）索要、收受、侵占罪犯及其亲属的财物；

（二）私放罪犯或者玩忽职守造成罪犯脱逃；

（三）刑讯逼供或者体罚、虐待罪犯；

（四）侮辱罪犯的人格；

（五）殴打或者纵容他人殴打罪犯；

（六）为谋取私利，利用罪犯提供劳务；

（七）违反规定，私自为罪犯传递信件或者物品；

（八）非法将监管罪犯的职权交予他人行使；

（九）其他违法行为。

监狱的人民警察有前款所列行为，构成犯罪的，依法追究刑事责任；尚未构成犯罪的，应当予以行政处分。

第三章 刑罚的执行

第一节 收 监

第十五条 人民法院对被判处死刑缓期二年执行、无期徒刑、有期徒刑的罪犯，应当将执行通知书、判决书送达羁押该罪犯的公安机关，公安机关应当自收到执行通知书、判决书之日起一个月内将该罪犯送交监狱执行刑罚。

罪犯在被交付执行刑罚前，剩余刑期在三个月以下的，由看守所代为执行。

第十六条 罪犯被交付执行刑罚时，交付执行的人民法院应当将人民检察院的起诉书副本、人民法院的判决书、执行通知书、结案登记表同时送达监狱。监狱没有收到上述文件的，不得收监；上述文件不齐全或者记载有误的，作出生效判决的人民法院应当及时补充齐全或者作出更正；对其中可能导致错误收监的，不予收监。

第十七条 罪犯被交付执行刑罚，符合本法第十六条规定的，应当予以收监。罪犯收监后，监狱应当对其进行身体检查。经检查，对于具有暂予监外执行情形的，监狱可以提出书面意见，报省级以上监狱管理机关批准。

第十八条 罪犯收监，应当严格检查其人身和所携带的物品。非生活必需品，由监狱代为保管或者征得罪犯同意退回其家属，违禁品予以没收。

女犯由女性人民警察检查。

第十九条 罪犯不得携带子女在监内服刑。

第二十条 罪犯收监后，监狱应当通知罪犯家属。通知书应当自收监之日起五日内发出。

第二节 对罪犯提出的申诉、控告、检举的处理

第二十一条 罪犯对生效的判决不服的，可以提出申诉。

对于罪犯的申诉，人民检察院或者人民法院应当及时处理。

第二十二条 对罪犯提出的控告、检举材料，监狱应当及时处理或者转送公安机关或者人民检察院处理，公安机关或者人民检察院应当将处理结果通知监狱。

第二十三条 罪犯的申诉、控告、检举材料，监狱应当及时转递，不得扣压。

第二十四条 监狱在执行刑罚过程中，根据罪犯的申诉，认为判决可能有错误的，应当提请人民检察院或者人民法院处理，人民检察院或者人民法院应当自收到监狱提请处理意见书之日起六个月内将处理结果通知监狱。

第三节 监 外 执 行

第二十五条 对于被判处无期徒刑、有期徒刑在监内服刑的罪犯，符合刑事诉讼法规定的监外执行条件的，可以暂予监外执行。

第二十六条 暂予监外执行，由监狱提出书面意见，报省、自治区、直辖市监狱管理机关批准。批准机关应当将批准的暂予监外执行决定通知公安机关和原判人民法院，并抄送人民检察院。

人民检察院认为对罪犯适用暂予监外执行不当的，应当自接到通知之日起一个月内将书面意见递交批准暂予监外执行的机关，批准暂予监外执行的机关接到人民检察院的书面意见后，应当立即对该决定进行重新核查。

第二十七条 对暂予监外执行的罪犯，依法实行社区矫正，由社区矫正机构负责执行。原关押监狱应当及时将罪犯在监内改造情况通报负责执行的社区矫正机构。

第二十八条 暂予监外执行的罪犯具有刑事诉讼法规定的应当收监的情形的，社区矫正机构应当及时通知监狱收监；刑期届满的，由原关押监狱办理释放手续。罪犯在暂予监外执行期间死亡的，社区矫正机构应当及时通知原关押监狱。

第四节 减刑、假释

第二十九条 被判处无期徒刑、有期徒刑的罪犯，在服刑期间确有悔改或者立功表现的，根据监狱考核的结果，可以减刑。有下列重大立功表现之一的，应当减刑：

（一）阻止他人重大犯罪活动的；

（二）检举监狱内外重大犯罪活动，经查证属实的；

（三）有发明创造或者重大技术革新的；

（四）在日常生产、生活中舍己救人的；

（五）在抗御自然灾害或者排除重大事故中，有突出表现的；

（六）对国家和社会有其他重大贡献的。

第三十条　减刑建议由监狱向人民法院提出，人民法院应当自收到减刑建议书之日起一个月内予以审核裁定；案情复杂或者情况特殊的，可以延长一个月。减刑裁定的副本应当抄送人民检察院。

第三十一条　被判处死刑缓期二年执行的罪犯，在死刑缓期执行期间，符合法律规定的减为无期徒刑、有期徒刑条件的，二年期满时，所在监狱应当及时提出减刑建议，报经省、自治区、直辖市监狱管理机关审核后，提请高级人民法院裁定。

第三十二条　被判处无期徒刑、有期徒刑的罪犯，符合法律规定的假释条件的，由监狱根据考核结果向人民法院提出假释建议，人民法院应当自收到假释建议书之日起一个月内予以审核裁定；案情复杂或者情况特殊的，可以延长一个月。假释裁定的副本应当抄送人民检察院。

第三十三条　人民法院裁定假释的，监狱应当按期假释并发给假释证明书。

对被假释的罪犯，依法实行社区矫正，由社区矫正机构负责执行。被假释的罪犯，在假释考验期限内有违反法律、行政法规或者国务院有关部门关于假释的监督管理规定的行为，尚未构成新的犯罪的，社区矫正机构应当向人民法院提出撤销假释的建议，人民法院应当自收到撤销假释建议书之日起一个月内予以审核裁定。人民法院裁定撤销假释的，由公安机关将罪犯送交监狱收监。

第三十四条　对不符合法律规定的减刑、假释条件的罪犯，不得以任何理由将其减刑、假释。

人民检察院认为人民法院减刑、假释的裁定不当，应当依照刑事诉讼法规定的期间向人民法院提出书面纠正意见。对于人民检察院提出书面纠正意见的案件，人民法院应当重新审理。

第五节　释放和安置

第三十五条　罪犯服刑期满，监狱应当按期释放并发给释放证明书。

第三十六条　罪犯释放后，公安机关凭释放证明书办理户籍登记。

第三十七条　对刑满释放人员，当地人民政府帮助其安置生活。

刑满释放人员丧失劳动能力又无法定赡养人、扶养人和基本生活来源的，由当地人民政府予以救济。

第三十八条　刑满释放人员依法享有与其他公民平等的权利。

第四章　狱 政 管 理

第一节　分 押 分 管

第三十九条　监狱对成年男犯、女犯和未成年犯实行分开关押和管理，对未成年犯和女犯的改造，应当照顾其生理、心理特点。

监狱根据罪犯的犯罪类型、刑罚种类、刑期、改造表现等情况，对罪犯实行分别关押，采取不同方式管理。

第四十条 女犯由女性人民警察直接管理。

第二节 警　　戒

第四十一条 监狱的武装警戒由人民武装警察部队负责，具体办法由国务院、中央军事委员会规定。

第四十二条 监狱发现在押罪犯脱逃，应当即时将其抓获，不能即时抓获的，应当立即通知公安机关，由公安机关负责追捕，监狱密切配合。

第四十三条 监狱根据监管需要，设立警戒设施。监狱周围设警戒隔离带，未经准许，任何人不得进入。

第四十四条 监区、作业区周围的机关、团体、企业事业单位和基层组织，应当协助监狱做好安全警戒工作。

第三节 戒具和武器的使用

第四十五条 监狱遇有下列情形之一的，可以使用戒具：

（一）罪犯有脱逃行为的；

（二）罪犯有使用暴力行为的；

（三）罪犯正在押解途中的；

（四）罪犯有其他危险行为需要采取防范措施的。

前款所列情形消失后，应当停止使用戒具。

第四十六条 人民警察和人民武装警察部队的执勤人员遇有下列情形之一，非使用武器不能制止的，按照国家有关规定，可以使用武器：

（一）罪犯聚众骚乱、暴乱的；

（二）罪犯脱逃或者拒捕的；

（三）罪犯持有凶器或者其他危险物，正在行凶或者破坏，危及他人生命、财产安全的；

（四）劫夺罪犯的；

（五）罪犯抢夺武器的。

使用武器的人员，应当按照国家有关规定报告情况。

第四节 通信、会见

第四十七条 罪犯在服刑期间可以与他人通信，但是来往信件应当经过监狱检查。监狱发现有碍罪犯改造内容的信件，可以扣留。罪犯写给监狱的上级机关和司法机关的信件，不受检查。

第四十八条 罪犯在监狱服刑期间，按照规定，可以会见亲属、监护人。

第四十九条 罪犯收受物品和钱款，应当经监狱批准、检查。

第五节　生活、卫生

第五十条　罪犯的生活标准按实物量计算，由国家规定。

第五十一条　罪犯的被服由监狱统一配发。

第五十二条　对少数民族罪犯的特殊生活习惯，应当予以照顾。

第五十三条　罪犯居住的监舍应当坚固、通风、透光、清洁、保暖。

第五十四条　监狱应当设立医疗机构和生活、卫生设施，建立罪犯生活、卫生制度。罪犯的医疗保健列入监狱所在地区的卫生、防疫计划。

第五十五条　罪犯在服刑期间死亡的，监狱应当立即通知罪犯家属和人民检察院、人民法院。罪犯因病死亡的，由监狱作出医疗鉴定。人民检察院对监狱的医疗鉴定有疑义的，可以重新对死亡原因作出鉴定。罪犯家属有疑义的，可以向人民检察院提出。罪犯非正常死亡的，人民检察院应当立即检验，对死亡原因作出鉴定。

第六节　奖　　惩

第五十六条　监狱应当建立罪犯的日常考核制度，考核的结果作为对罪犯奖励和处罚的依据。

第五十七条　罪犯有下列情形之一的，监狱可以给予表扬、物质奖励或者记功：

（一）遵守监规纪律，努力学习，积极劳动，有认罪服法表现的；

（二）阻止违法犯罪活动的；

（三）超额完成生产任务的；

（四）节约原材料或者爱护公物，有成绩的；

（五）进行技术革新或者传授生产技术，有一定成效的；

（六）在防止或者消除灾害事故中作出一定贡献的；

（七）对国家和社会有其他贡献的。

被判处有期徒刑的罪犯有前款所列情形之一，执行原判刑期二分之一以上，在服刑期间一贯表现好，离开监狱不致再危害社会的，监狱可以根据情况准其离监探亲。

第五十八条　罪犯有下列破坏监管秩序情形之一的，监狱可以给予警告、记过或者禁闭：

（一）聚众哄闹监狱，扰乱正常秩序的；

（二）辱骂或者殴打人民警察的；

（三）欺压其他罪犯的；

（四）偷窃、赌博、打架斗殴、寻衅滋事的；

（五）有劳动能力拒不参加劳动或者消极怠工，经教育不改的；

（六）以自伤、自残手段逃避劳动的；

（七）在生产劳动中故意违反操作规程，或者有意损坏生产工具的；

（八）有违反监规纪律的其他行为的。

依照前款规定对罪犯实行禁闭的期限为七天至十五天。

罪犯在服刑期间有第一款所列行为，构成犯罪的，依法追究刑事责任。

第七节　对罪犯服刑期间犯罪的处理

第五十九条　罪犯在服刑期间故意犯罪的，依法从重处罚。

第六十条　对罪犯在监狱内犯罪的案件，由监狱进行侦查。侦查终结后，写出起诉意见书，连同案卷材料、证据一并移送人民检察院。

第五章　对罪犯的教育改造

第六十一条　教育改造罪犯，实行因人施教、分类教育，以理服人的原则，采取集体教育与个别教育相结合、狱内教育与社会教育相结合的方法。

第六十二条　监狱应当对罪犯进行法制、道德、形势、政策、前途等内容的思想教育。

第六十三条　监狱应当根据不同情况，对罪犯进行扫盲教育、初等教育和初级中等教育，经考试合格的，由教育部门发给相应的学业证书。

第六十四条　监狱应当根据监狱生产和罪犯释放后就业的需要，对罪犯进行职业技术教育，经考核合格的，由劳动部门发给相应的技术等级证书。

第六十五条　监狱鼓励罪犯自学，经考试合格的，由有关部门发给相应的证书。

第六十六条　罪犯的文化和职业技术教育，应当列入所在地区教育规划。监狱应当设立教室、图书阅览室等必要的教育设施。

第六十七条　监狱应当组织罪犯开展适当的体育活动和文化娱乐活动。

第六十八条　国家机关、社会团体、部队、企业事业单位和社会各界人士以及罪犯的亲属，应当协助监狱做好对罪犯的教育改造工作。

第六十九条　有劳动能力的罪犯，必须参加劳动。

第七十条　监狱根据罪犯的个人情况，合理组织劳动，使其矫正恶习，养成劳动习惯，学会生产技能，并为释放后就业创造条件。

第七十一条　监狱对罪犯的劳动时间，参照国家有关劳动工时的规定执行；在季节性生产等特殊情况下，可以调整劳动时间。

罪犯有在法定节日和休息日休息的权利。

第七十二条　监狱对参加劳动的罪犯，应当按照有关规定给予报酬并执行国家有关劳动保护的规定。

第七十三条　罪犯在劳动中致伤、致残或者死亡的，由监狱参照国家劳动保险的有关规定处理。

第六章　对未成年犯的教育改造

第七十四条　对未成年犯应当在未成年犯管教所执行刑罚。

第七十五条　对未成年犯执行刑罚应当以教育改造为主。未成年犯的劳动，应当符合未成年人的特点，以学习文化和生产技能为主。

监狱应当配合国家、社会、学校等教育机构，为未成年犯接受义务教育提供必要的条件。

第七十六条　未成年犯年满十八周岁时，剩余刑期不超过二年的，仍可以留在未成年犯管教所执行剩余刑期。

第七十七条　对未成年犯的管理和教育改造，本章未作规定的，适用本法的有关规定。

第七章　附　　则

第七十八条　本法自公布之日起施行。

附录6　上海市安置帮教工作规定

上海市安置帮教工作规定

第一条　为了规范和加强安置帮教工作，帮助刑满释放、解除劳动教养人员融入社会，维护社会和谐稳定，根据国家法律、行政法规等相关规定，结合本市实际情况，制定本规定。

第二条　本市行政区域内，对刑满释放、解除劳动教养人员（以下简称刑释解教人员）的扶助、教育、服务等安置帮教活动，适用本规定。

第三条　各级人民政府应当加强对安置帮教工作的领导，将其纳入国民经济和社会发展规划，并将安置帮教工作经费纳入同级财政预算。

市和区、县司法行政部门负责本行政区域内安置帮教的组织、协调和指导工作。

乡镇、街道司法行政机构具体承担安置帮教的日常工作。

公安、民政、人力资源和社会保障、教育、工商、财政、税务、住房保障房屋管理等部门应当按照各自职责，共同做好安置帮教工作。

第四条　鼓励建立为刑释解教人员提供帮教服务的专业社会组织和志愿者组织（以下统称社会帮教组织）。

社会帮教组织可以动员公民、法人和其他组织开展形式多样的社会帮教活动。

司法行政部门可以通过购买服务等方式，支持社会帮教组织开展帮教工作。社会帮教组织在司法行政部门指导下自主开展帮教工作。

第五条　鼓励公民、法人和其他组织通过提供就业岗位、志愿服务、捐赠等多种形式，参与安置帮教工作。

第六条　区、县司法行政部门应当建立与监管场所的信息沟通和工作联系机制，了解服刑劳教人员情况。

监管场所应当自接收服刑劳教人员之日起三十日内，将有关情况告知相关户籍地或居住地的区、县司法行政部门。

第七条　监管场所应当在服刑劳教人员刑满释放、解除劳动教养（以下简称刑释解教）前三十日，将有关信息通知区县司法行政部门、公安机关以及乡镇、街道司法行政机构。

乡镇、街道司法行政机构应当在服刑劳教人员刑释解教前，告知其家属将其接回；

对有特殊困难或者有其他特殊情况的刑释解教人员，应当帮助其返回居住地。

第八条 服刑劳教人员刑释解教后，其居住地的乡镇、街道司法行政机构应当主动关心，及时了解其生活、就业等情况。

第九条 公安机关应当按照国家和本市户籍、居住管理等规定，办理刑释解教人员的户口或者居住证明的登记、变更等手续。

第十条 教育等部门对符合就学条件的刑释解教人员，依法做好指导、帮助其就学的有关工作。

对符合录取条件的刑释解教人员，学校应当予以录取，不得歧视。

第十一条 人力资源和社会保障等部门按照国家和本市关于促进就业有关规定，做好刑释解教人员的就业指导、技能培训等相关工作，鼓励其自主创业、自谋职业。

刑释解教人员就业不受歧视，鼓励企业接收刑释解教人员就业。

第十二条 刑释解教人员可以根据国家和本市有关规定，参加相应的社会保险；符合申领失业保险金条件的，可按规定享受失业保险待遇。

对生活确有困难的刑释解教人员，民政部门依法给予最低生活保障等社会救助。

第十三条 区、县人民政府根据本地区安置帮教工作的需要，通过政府投入、社会支持等多种形式，建立具有食宿、教育、培训、救助等功能的过渡性安置基地，临时安置在生活、就业等方面有特殊困难的刑释解教人员。

参与过渡性安置基地建设的公民、法人和其他组织，按照规定享受补贴和优惠措施。

第十四条 司法行政部门应当会同有关部门和单位定期对刑释解教人员的学习、生活、就业等情况进行分析、评估，开展针对性的帮助、服务。

第十五条 行政机关工作人员违反本规定，有下列行为之一，造成不良后果的，由所在单位或者上级主管部门对直接负责的主管人员和其他直接责任人员批评教育，责令改正，依法给予行政处分：

（一）未按照要求履行通知、告知义务的；

（二）未按照规定为刑释解教人员提供相关服务的；

（三）有不履行或者违法履行法定职责的其他行为的。

第十六条 本规定自2013年4月1日起施行。

附录7　中华人民共和国预防未成年人犯罪法

中华人民共和国预防未成年人犯罪法

第一章　总　　则

第一条　为了保障未成年人身心健康，培养未成年人良好品行，有效地预防未成年人犯罪，制定本法。

第二条　预防未成年人犯罪，立足于教育和保护，从小抓起，对未成年人的不良行为及时进行预防和矫治。

第三条　预防未成年人犯罪，在各级人民政府组织领导下，实行综合治理。

政府有关部门、司法机关、人民团体、有关社会团体、学校、家庭、城市居民委员会、农村村民委员会等各方面共同参与，各负其责，做好预防未成年人犯罪工作，为未成年人身心健康发展创造良好的社会环境。

第四条　各级人民政府在预防未成年人犯罪方面的职责是：

（一）制定预防未成年人犯罪工作的规划；

（二）组织、协调公安、教育、文化、新闻出版、广播电影电视、工商、民政、司法行政等政府有关部门和其他社会组织进行预防未成年人犯罪工作；

（三）对本法实施的情况和工作规划的执行情况进行检查；

（四）总结、推广预防未成年人犯罪工作的经验，树立、表彰先进典型。

第五条　预防未成年人犯罪，应当结合未成年人不同年龄的生理、心理特点，加强青春期教育、心理矫治和预防犯罪对策的研究。

第二章　预防未成年人犯罪的教育

第六条　对未成年人应当加强思想、道德、法制和爱国主义、集体主义、社会主义教育。对于达到义务教育年龄的未成年人，在进行上述教育的同时，应当进行预防犯罪的教育。

预防未成年人犯罪的教育的目的，是增强未成年人的法制观念，使未成年人懂得违法和犯罪行为对个人、家庭、社会造成的危害，违法和犯罪行为应当承担的法律责任，树立遵纪守法和防范违法犯罪的意识。

第七条　教育行政部门、学校应当将预防犯罪的教育作为法制教育的内容纳入学校教育教学计划，结合常见多发的未成年人犯罪，对不同年龄的未成年人进行有针对性的预防犯罪教育。

第八条　司法行政部门、教育行政部门、共产主义青年团、少年先锋队应当结合实际，组织、举办展览会、报告会、演讲会等多种形式的预防未成年人犯罪的法制宣传活动。

学校应当结合实际举办以预防未成年人犯罪的教育为主要内容的活动。教育行政部门应当将预防未成年人犯罪教育的工作效果作为考核学校工作的一项重要内容。

第九条　学校应当聘任从事法制教育的专职或者兼职教师。学校根据条件可以聘请校外法律辅导员。

第十条　未成年人的父母或者其他监护人对未成年人的法制教育负有直接责任。学校在对学生进行预防犯罪教育时，应当将教育计划告知未成年人的父母或者其他监护人，未成年人的父母或者其他监护人应当结合学校的计划，针对具体情况进行教育。

第十一条　少年宫、青少年活动中心等校外活动场所应当把预防未成年人犯罪的教育作为一项重要的工作内容，开展多种形式的宣传教育活动。

第十二条　对于已满十六周岁不满十八周岁准备就业的未成年人，职业教育培训机构、用人单位应当将法律知识和预防犯罪教育纳入职业培训的内容。

第十三条　城市居民委员会、农村村民委员会应当积极开展有针对性的预防未成年人犯罪的法制宣传活动。

第三章　对未成年人不良行为的预防

第十四条　未成年人的父母或者其他监护人和学校应当教育未成年人不得有下列不良行为：

（一）旷课、夜不归宿；

（二）携带管制刀具；

（三）打架斗殴、辱骂他人；

（四）强行向他人索要财物；

（五）偷窃、故意毁坏财物；

（六）参与赌博或者变相赌博；

（七）观看、收听色情、淫秽的音像制品、读物等；

（八）进入法律、法规规定未成年人不适宜进入的营业性歌舞厅等场所；

（九）其他严重违背社会公德的不良行为。

第十五条　未成年人的父母或者其他监护人和学校应当教育未成年人不得吸烟、酗酒。任何经营场所不得向未成年人出售烟酒。

第十六条　中小学生旷课的，学校应当及时与其父母或者其他监护人取得联系。

未成年人擅自外出夜不归宿的，其父母或者其他监护人、其所在的寄宿制学校应当及时查找，或者向公安机关请求帮助。收留夜不归宿的未成年人的，应当征得其父母或者其他监护人的同意，或者在二十四小时内及时通知其父母或者其他监护人、所在学校或者及时向公安机关报告。

第十七条 未成年人的父母或者其他监护人和学校发现未成年人组织或者参加实施不良行为的团伙的，应当及时予以制止。发现该团伙有违法犯罪行为的，应当向公安机关报告。

第十八条 未成年人的父母或者其他监护人和学校发现有人教唆、胁迫、引诱未成年人违法犯罪的，应当向公安机关报告。公安机关接到报告后，应当及时依法查处，对未成年人人身安全受到威胁的，应当及时采取有效措施，保护其人身安全。

第十九条 未成年人的父母或者其他监护人，不得让不满十六周岁的未成年人脱离监护单独居住。

第二十条 未成年人的父母或者其他监护人对未成年人不得放任不管，不得迫使其离家出走，放弃监护职责。

未成年人离家出走的，其父母或者其他监护人应当及时查找，或者向公安机关请求帮助。

第二十一条 未成年人的父母离异的，离异双方对子女都有教育的义务，任何一方都不得因离异而不履行教育子女的义务。

第二十二条 继父母、养父母对受其抚养教育的未成年继子女、养子女、应当履行本法规定的父母对未成年子女在预防犯罪方面的职责。

第二十三条 学校对有不良行为的未成年人应当加强教育、管理，不得歧视。

第二十四条 教育行政部门、学校应当举办各种形式的讲座、座谈、培训等活动，针对未成年人不同时期的生理、心理特点，介绍良好有效的教育方法，指导教师、未成年人的父母和其他监护人有效地防止、矫治未成年人的不良行为。

第二十五条 对于教唆、胁迫、引诱未成年人实施不良行为或者品行不良，影响恶劣，不适宜在学校工作的教职员工，教育行政部门、学校应当予以解聘或者辞退；构成犯罪的，依法追究刑事责任。

第二十六条 禁止在中小学校附近开办营业性歌舞厅、营业性电子游戏场所以及其他未成年人不适宜进入的场所。禁止开办上述场所的具体范围由省、自治区、直辖市人民政府规定。

对本法施行前已在中小学校附近开办上述场所的，应当限期迁移或者停业。

第二十七条 公安机关应当加强中小学校周围环境的治安管理，及时制止、处理中小学校周围发生的违法犯罪行为。城市居民委员会、农村村民委员会应当协助公安机关做好维护中小学校周围治安的工作。

第二十八条 公安派出所、城市居民委员会、农村村民委员会应当掌握本辖区内暂住人口中未成年人的就学、就业情况。对于暂住人口中未成年人实施不良行为的，应当督促其父母或者其他监护人进行有效的教育、制止。

第二十九条　任何人不得教唆、胁迫、引诱未成年人实施本法规定的不良行为，或者为未成年人实施不良行为提供条件。

第三十条　以未成年人为对象的出版物，不得含有诱发未成年人违法犯罪的内容，不得含有渲染暴力、色情、赌博、恐怖活动等危害未成年人身心健康的内容。

第三十一条　任何单位和个人不得向未成年人出售、出租含有诱发未成年人违法犯罪以及渲染暴力、色情、赌博、恐怖活动等危害未成年人身心健康内容的读物、音像制品或者电子出版物。

任何单位和个人不得利用通讯、计算机网络等方式提供前款规定的危害未成年人身心健康的内容及其信息。

第三十二条　广播、电影、电视、戏剧节目，不得有渲染暴力、色情、赌博、恐怖活动等危害未成年人身心健康的内容。

广播电影电视行政部门、文化行政部门必须加强对广播、电影、电视、戏剧节目以及各类演播场所的管理。

第三十三条　营业性歌舞厅以及其他未成年人不适宜进入的场所、应当设置明显的未成年人禁止进入标志，不得允许未成年人进入。

营业性电子游戏场所在国家法定节假日外，不得允许未成年人进入，并应当设置明显的未成年人禁止进入标志。

对于难以判明是否已成年的，上述场所的工作人员可以要求其出示身份证件。

第四章　对未成年人严重不良行为的矫治

第三十四条　本法所称“严重不良行为”，是指下列严重危害社会，尚不够刑事处罚的违法行为：

（一）纠集他人结伙滋事，扰乱治安；

（二）携带管制刀具，屡教不改；

（三）多次拦截殴打他人或者强行索要他人财物；

（四）传播淫秽的读物或者音像制品等；

（五）进行淫乱或者色情、卖淫活动；

（六）多次偷窃；

（七）参与赌博，屡教不改；

（八）吸食、注射毒品；

（九）其他严重危害社会的行为。

第三十五条　对未成年人实施本法规定的严重不良行为的，应当及时予以制止。

对有本法规定严重不良行为的未成年人，其父母或者其他监护人和学校应当相互配合，采取措施严加管教，也可以送工读学校进行矫治和接受教育。

对未成年人送工读学校进行矫治和接受教育，应当由其父母或者其他监护人，或者原所在学校提出申请，经教育行政部门批准。

第三十六条 工读学校对就读的未成年人应当严格管理和教育。工读学校除按照义务教育法的要求，在课程设置上与普通学校相同外，应当加强法制教育的内容，针对未成年人严重不良行为产生的原因以及有严重不良行为的未成年人的心理特点，开展矫治工作。

家庭、学校应当关心、爱护在工读学校就读的未成年人，尊重他们的人格尊严，不得体罚、虐待和歧视。工读学校毕业的未成年人在升学、就业等方面，同普通学校毕业的学生享有同等的权利，任何单位和个人不得歧视。

第三十七条 未成年人有本法规定严重不良行为，构成违反治安管理行为的，由公安机关依法予以治安处罚。因不满十四周岁或者情节特别轻微免予处罚的，可以予以训诫。

第三十八条 未成年人因不满十六周岁不予刑事处罚的，责令他的父母或者其他监护人严加管教；在必要的时候，也可以由政府依法收容教养。

第三十九条 未成年人在被收容教养期间，执行机关应当保证其继续接受文化知识、法律知识或者职业技术教育；对没有完成义务教育的未成年人，执行机关应当保证其继续接受义务教育。

解除收容教养、劳动教养的未成年人，在复学、升学、就业等方面与其他未成年人享有同等权利，任何单位和个人不得歧视。

第五章 未成年人对犯罪的自我防范

第四十条 未成年人应当遵守法律、法规及社会公共道德规范，树立自尊、自律、自强意识，增强辨别是非和自我保护的能力，自觉抵制各种不良行为及违法犯罪行为的引诱和侵害。

第四十一条 被父母或者其他监护人遗弃、虐待的未成年人，有权向公安机关、民政部门、共产主义青年团、妇女联合会、未成年人保护组织或者学校、城市居民委员会、农村村民委员会请求保护。被请求的上述部门和组织都应当接受，根据情况需要采取救助措施的，应当先采取救助措施。

第四十二条 未成年人发现任何人对自己或者对其他未成年人实施本法第三章规定不得实施的行为或者犯罪行为，可以通过所在学校、其父母或者其他监护人向公安机关或者政府有关主管部门报告，也可以自己向上述机关报告。受理报告的机关应当及时依法查处。

第四十三条 对同犯罪行为作斗争以及举报犯罪行为的未成年人，司法机关、学校、社会应当加强保护，保障其不受打击报复。

第六章　对未成年人重新犯罪的预防

第四十四条　对犯罪的未成年人追究刑事责任，实行教育、感化、挽救方针，坚持教育为主、惩罚为辅的原则。

司法机关办理未成年人犯罪案件，应当保障未成年人行使其诉讼权利，保障未成年人得到法律帮助，并根据未成年人的生理、心理特点和犯罪的情况，有针对性地进行法制教育。

对于被采取刑事强制措施的未成年学生，在人民法院的判决生效以前，不得取消其学籍。

第四十五条　人民法院审判未成年人犯罪的刑事案件，应当由熟悉未成年人身心特点的审判员或者审判员和人民陪审员依法组成少年法庭进行。

对于审判的时候被告人不满十八周岁的刑事案件，不公开审理。

对未成年人犯罪案件，新闻报道、影视节目、公开出版物不得披露该未成年人的姓名、住所、照片及可能推断出该未成年人的资料。

第四十六条　对被拘留、逮捕和执行刑罚的未成年人与成年人应当分别关押、分别管理、分别教育。未成年犯在被执行刑罚期间，执行机关应当加强对未成年犯的法制教育，对未成年犯进行职业技术教育。对没有完成义务教育的未成年犯，执行机关应当保证其继续接受义务教育。

第四十七条　未成年人的父母或者其他监护人和学校、城市居民委员会、农村村民委员会、对因不满十六周岁而不予刑事处罚、免予刑事处罚的未成年人，或者被判处非监禁刑罚、被判处刑罚宣告缓刑、被假释的未成年人，应当采取有效的帮教措施，协助司法机关做好对未成年人的教育、挽救工作。

城市居民委员会、农村村民委员会可以聘请思想品德优秀，作风正派，热心未成年人教育工作的离退休人员或其他人员协助做好对前款规定的未成年人的教育、挽救工作。

第四十八条　依法免予刑事处罚、判处非监禁刑罚、判处刑罚宣告缓刑、假释或者刑罚执行完毕的未成年人，在复学、升学、就业等方面与其他未成年人享有同等权利，任何单位和个人不得歧视。

第七章　法 律 责 任

第四十九条　未成年人的父母或者其他监护人不履行监护职责，放任未成年人有本法规定的不良行为或者严重不良行为的，由公安机关对未成年人的父母或者其他监护人予以训诫，责令其严加管教。

第五十条　未成年人的父母或者其他监护人违反本法第十九条的规定，让不满十六周岁的未成年人脱离监护单独居住的，由公安机关对未成年人的父母或者其他监护人予以训诫，责令其立即改正。

第五十一条 公安机关的工作人员违反本法第十八条的规定，接到报告后，不及时查处或者采取有效措施，严重不负责任的，予以行政处分；造成严重后果，构成犯罪的，依法追究刑事责任。

第五十二条 违反本法第三十条的规定，出版含有诱发未成年人违法犯罪以及渲染暴力、色情、赌博、恐怖活动等危害未成年人身心健康内容的出版物的，由出版行政部门没收出版物和违法所得，并处违法所得三倍以上十倍以下罚款；情节严重的，没收出版物和违法所得，并责令停业整顿或者吊销许可证。对直接负责的主管人员和其他直接责任人员处以罚款。

制作、复制宣扬淫秽内容的未成年人出版物，或者向未成年人出售、出租、传播宣扬淫秽内容的出版物的，依法予以治安处罚；构成犯罪的，依法追究刑事责任。

第五十三条 违反本法第三十一条的规定，向未成年人出售、出租含有诱发未成年人违法犯罪以及渲染暴力、色情、赌博、恐怖活动等危害未成年人身心健康内容的读物、音像制品、电子出版物的，或者利用通讯、计算机网络等方式提供上述危害未成年人身心健康内容及其信息的，没收读物、音像制品、电子出版物和违法所得，由政府有关主管部门处以罚款。

单位有前款行为的，没收读物、音像制品、电子出版物和违法所得，处以罚款，并对直接负责的主管人员和其他直接责任人员处以罚款。

第五十四条 影剧院、录像厅等各类演播场所，放映或者演出渲染暴力、色情、赌博。恐怖活动等危害未成年人身心健康的节目的，由政府有关主管部门没收违法播放的音像制品和违法所得，处以罚款，并对直接负责的主管人员和其他直接责任人员处以罚款；情节严重的，责令停业整顿或者由工商行政部门吊销营业执照。

第五十五条 营业性歌舞厅以及其他未成年人不适宜进入的场所、营业性电子游戏场所，违反本法第三十三条的规定，不设置明显的未成年人禁止进入标志，或者允许未成年人进入的，由文化行政部门责令改正、给予警告、责令停业整顿、没收违法所得，处以罚款，并对直接负责的主管人员和其他直接责任人员处以罚款；情节严重的，由工商行政部门吊销营业执照。

第五十六条 教唆、胁迫、引诱未成年人实施本法规定的不良行为、严重不良行为，或者为未成年人实施不良行为、严重不良行为提供条件，构成违反治安管理行为的，由公安机关依法予以治安处罚；构成犯罪的，依法追究刑事责任。

第八章 附 则

第五十七条 本法自 1999 年 11 月 1 日起施行。

后　记

刑满释放人员是社会的特殊群体。他们能否顺利地回归社会、融入社会一直以来都受到全社会的重视。刑满释放人员可能给社会造成更严重的伤害，同时也导致他们陷入更加难以回归社会的困境。为了探索刑满释放人员重新犯罪的影响因素，预测他们重新犯罪的风险，预防他们重新犯罪，我们开展了此项研究,并在大量调查与深入思考的基础上完成了本书稿。本书稿凝聚了我们对刑满释放人员顺利回归社会的关注与期待。

本研究获得了中国法学会的资助,同时也得到了上海市高原学科（监狱学）平台的大力支持。本研究在实际调查研究过程中得到了上海市司法局、上海市监狱管理局、上海市社区矫正管理局安置帮教处领导的热情帮助,他们多次不厌其烦地为我们联系多家监狱与安置帮教机构的负责人。笔者也要感谢上海市9家监狱与6个区安帮机构的负责人。笔者还要感谢工作在一线的、接受我们访谈的监狱民警、司法所安置帮教工作者。此外，笔者必须感谢接受我们调查的刑满释放人员，正是他们寄托了我们的关怀和期待!

笔者衷心感谢中国法制出版社的王雯汀老师，王老师对本书稿给予了精益求精的指导,花费了巨大的时间和精力。王老师对工作追求完美的精神令我深感钦佩,没有她的辛勤付出和倾力帮助,本书不可能顺利出版。笔者也要感谢华东师范大学社会学讲师庞荣博士，庞荣博士作为本课题最重要的参与者，参与了本课题绝大部分研究工作，为本课题顺利完成付出了巨大贡献。笔者还要感谢上海政法学院刑法学专业硕士研究生王丽和李露曦，她们承担了本研究许多的资料搜集与整理工作。本书参考了许多专家的研究与实践成果，对他们也一并表示衷心的感谢!

由于我国刑满释放人员重新犯罪研究尚处于初级阶段，并且，笔者对刑满释放人员重新犯罪也处于探索阶段，深感研究水平尚未达到理想状态。因此，本书的写作肯定还有许多不成熟的地方，敬请广大专家和读者们批评指正！

期待整个社会一起努力，为刑满释放人员重返社会创造一个更加包容的环境，帮助他们更好地回归社会！

李光勇

上海政法学院警务学院

2018 年 8 月 于上海

图书在版编目（CIP）数据

刑满释放人员重新犯罪影响因素检验与预防对策实证研究：基于上海市9所监狱累犯群体的抽样调查 / 李光勇著．—北京：中国法制出版社，2018.12

ISBN 978-7-5093-9853-1

Ⅰ.①刑… Ⅱ.①李… Ⅲ.①刑满释放人员—惯犯—影响因素—抽样调查统计—上海 Ⅳ. ①D927.510.411.4

中国版本图书馆CIP数据核字（2018）第244069号

策划编辑 舒 丹　　责任编辑 王雯汀　　封面设计 李 宁

刑满释放人员重新犯罪影响因素检验与预防对策实证研究：基于上海市9所监狱累犯群体的抽样调查

XINGMAN SHIFANG RENYUAN CHONGXIN FANZUI YINGXIANG YINSU JIANYAN YU YUFANG DUICE SHIZHENG YANJIU: JIYU SHANGHAISHI 9 SUO JIANYU LEIFAN QUNTI DE CHOUYANG DIAOCHA

著者 / 李光勇

经销 / 新华书店

印刷 / 北京京华虎彩印刷有限公司

开本 / 787毫米×960毫米 16开　　印张 / 32.75 字数 / 453千

版次 / 2018年12月第1版　　2018年12月第1次印刷

中国法制出版社出版

书号 ISBN 978-7-5093-9853-1　　定价：98.00元

北京西单横二条2号

邮政编码：100031　　传真：010-66031119

网址：http://www.zgfzs.com　　**编辑部电话：010-66060794**

市场营销部电话：010-66033393　　**邮购部电话：010-66033288**

（如有印装质量问题，请与本社印务部联系调换。电话：010-66032926）

中国法学会优秀课题成果文库

ZHONG GUO FA XUE HUI YOU XIU KE TI CHENG GUO WEN KU

· 2016 ·

刑事诉讼法修改后的司法解释研究　王敏远等 著

农村土地股权制改革：现实表达与法律应对　刘云生 著

技术侦查制度中的隐私权保障问题研究　胡忠惠等 著

社会保险基金信托法研究　黎建飞 主编

继承法修订入典之重点问题　杨立新 主编

证券欺诈规制的实证研究　邢会强 著

审判人员职能配置与分类管理研究　江必新 主编

中国特色社会主义法治发展道路　李林 主编

强化虚拟社会管理与健全网络立法研究　常健等 著

· 2017 ·

食品安全风险交流的法律制度研究　孙颖 著

财政责任视野下的地方政府债务治理研究　王婷婷 著

减刑、假释案件审理程序规范化研究　茅仲华等 著

中国反腐败立法研究　刘艳红等 著

新刑事诉讼法实施问题研究　卞建林 陈卫东等 著

非法经营罪适用问题研究　王安异 著

《政府信息公开条例》评估报告　叶必丰等 著

审判中心与刑事诉讼　胡铭 著

新民事诉讼法实施状况评估与对策建议　唐力等 著

· 2018 ·

法治解决道德领域突出问题的作用研究　胡玉鸿等 著

《联合国海洋法公约》与南海争端的解决　曲波 梁赞 著

网络庭审直播问题研究　张悦 著

刑满释放人员重新犯罪影响因素检验与预防对策实证研究　李光勇 著